Mitsch · Ellbogen | Fälle zum Strafprozessrecht

Fälle zum Strafprozessrecht

Von

Dr. Wolfgang Mitsch
em. Professor an der Universität Potsdam

und

Dr. Klaus Ellbogen
Assessor an der Universität Potsdam

3. neu bearbeitete Auflage 2024

Verlag Franz Vahlen

Zitiervorschlag: Mitsch/Ellbogen Fälle StrafProzR S.

vahlen.de

ISBN 978 3 8006 7003 1

Wilhelmstraße 9, 80801 München
Druck und Bindung: Beltz Grafische Betriebe GmbH
Am Fliegerhorst 8, 99947 Bad Langensalza

Satz: R. John + W. John GbR, Köln
Umschlag: Martina Busch, Grafikdesign, Homburg Saar

vahlen.de/nachhaltig

Gedruckt auf säurefreiem, alterungsbeständigem Papier
(hergestellt aus chlorfrei gebleichtem Zellstoff)

Vorwort zur 3. Auflage

Für die 3. Auflage haben die Autoren erforderliche Aktualisierungen, Ergänzungen und Korrekturen vorgenommen. Den Lesern, die durch konstruktive Hinweise diese Aufgabe erleichtert haben, sei herzlich gedankt. Auch weiterhin freuen sich die Autoren über jedes Feedback.

Prof. Dr. Wolfgang Mitsch

Dr. Klaus Ellbogen Potsdam, im Januar 2024

Zu diesem Buch

1. Strafprozessrecht ist ein Fach, in dem die Fallbearbeitungskompetenz geringe Bedeutung zu haben scheint. Dies trifft oberflächlich betrachtet zu, wenn man den Blick ausschließlich auf Qualität und Quantität von Strafprozessrechts-Aufgaben in universitären Übungen und in der ersten juristischen Prüfung beschränkt. In der Tat ist das strafprozessuale Klausurenschreiben in Universitätslehrveranstaltungen eine seltene Erscheinung. Prüfungsrelevanz hat das Strafprozessrecht traditionell in der verkümmerten Gestalt einer „strafprozessualen Zusatzfrage" im Rahmen der Strafrechtsklausur, die ansonsten ausschließlich materielles Strafrecht umfasst. In vielen Examensterminen taucht das Strafprozessrecht nicht einmal in diesem Minimalformat auf. Reine Strafprozessrechtsklausuren sind allenfalls in den strafrechtlichen Schwerpunktbereichen zu erwarten. Diese kann der Student aber vermeiden, indem er einen anderen Schwerpunktbereich wählt. Der „auf Lücke" lernende Studierende könnte also versucht sein, das Strafprozessrecht links liegen zu lassen und sich ausschließlich auf das materielle Strafrecht zu konzentrieren. Wenn der Studierende Glück hat, bleibt diese Taktik in der ersten juristischen Prüfung ohne negative Folgen. Sicher ist das aber nicht. Zumindest in der mündlichen Strafrechtsprüfung muss man immer mit strafprozessualen Fragen und Fällen rechnen. Insbesondere die Praktiker unter den Strafrechtsprüfern (Richter, Staatsanwälte) verwenden gern Erlebnisse aus ihrer beruflichen Praxis als Prüfungsstoff. Häufig handelt es sich dabei um Vorgänge im Strafverfahren mit einer strafprozessrechtlichen Problematik. Des Weiteren sollte der Studierende auch daran denken, wie es nach bestandener erster Prüfung weitergeht. Die meisten Absolventen werden den Referendardienst antreten und sich an dessen Ende der Assessorprüfung unterziehen müssen. Sowohl in der Strafrechtsstation des Vorbereitungsdienstes als auch in der abschließenden Prüfung sind solide Kenntnisse des Strafprozessrechts unabdingbar. Dabei muss der Referendar auch in der Lage sein, mit strafprozessrechtlichen Fällen umzugehen. Wer später einmal selbst Strafrechtspraktiker werden will als Richter, Staatsanwalt oder Strafverteidiger, muss natürlich das Strafprozessrecht perfekt beherrschen. Auch aus diesem Grund kann man nicht früh genug damit beginnen sich intensiv in diese Materie einzuarbeiten. Neben all diesen pragmatischen Erwägungen spricht für eine gründliche Beschäftigung mit dem Strafprozessrecht natürlich auch und vor allem, dass es sich um ein faszinierendes Rechtsgebiet handelt, dessen Beherrschung dem jungen Juristen zudem eine gehörige Portion Selbstbewusstsein und den Respekt und die Bewunderung von Professoren, Prüfern und Kommilitonen einbringen kann.

2. Es spricht also viel dafür, das Strafprozessrecht schon im Studium nicht zu vernachlässigen, sondern genauso gründlich zu erlernen wie das materielle Strafrecht und die anderen Rechtsgebiete. Dabei empfiehlt sich selbstverständlich wenigstens ein Lehrbuch durchzuarbeiten und zur Vertiefung Aufsätze, Gerichtsentscheidungen und Entscheidungsanmerkungen zu lesen. Nicht fehlen sollte aber auch das Bearbeiten praktischer Strafprozessrechts-Fälle in der Manier einer Übungs- oder Examensklausur. Gerade bei einer so wenig anschaulichen Materie wie dem Strafprozessrecht wird der Studierende, der ja nicht die Gelegenheit des Lernens in realen Verfahrenssituationen hat, erst durch die Beschäftigung mit Fallbeschreibungen das nötige Verständnis für die Rechtsmaterie erwerben und weiterentwickeln können. Vor allem ist die Arbeit an der Fall-Lösung eine wesentlich aktivere Befassung mit dem Stoff als das Lesen eines Buches und der Versuch sich das Gelesene einzuprägen. Denn Lehrbuchtexte führen den Leser immer zum Recht hin und nehmen ihm die Aufgabe ab, das zu einem Sachverhalt passende Recht zu finden. Im Prozessrecht ist es aber viel schwieriger als im materiellen Recht, zu erkennen, um welche rechtliche Thematik es überhaupt geht. Diese Kompetenz wird durch die Arbeit am Fall geschult. Denn gegeben ist nur ein Sachverhalt, der mutmaßlich eine rechtliche Bedeutung hat. Welche rechtliche Bedeutung das ist, muss der Bearbeiter selbst ermitteln. Dabei wird er oft noch mit Informationen konfrontiert, denen jede rechtliche Relevanz abgeht. Auch das muss erst einmal herausgefunden, also die Spreu vom Weizen getrennt werden.

3. Dieses Buch mit seinen zwölf recht schwierigen und umfangreichen Fällen gibt dem Benutzer Material zur praktischen Einarbeitung in das Strafprozessrecht mit der Methode der Fallbearbeitung. Wer sich vom Schwierigkeitsgrad und Umfang nicht abschrecken lässt, sollte folgendermaßen vorgehen: Den Sachverhalt und die Fallfragen gründlich lesen und anschließend in drei bis fünf Stunden Bearbeitungszeit eine Lösung verfassen. Danach die gutachterlichen Vorüberlegungen und die vorgeschlagene Lösung durchlesen und mit dem eigenen Lösungstext vergleichen. Die dabei aufgedeckten Fehler und Lücken aufmerksam zur Kenntnis nehmen und durch Lesen geeigneter Texte in Lehrbüchern, Kommentaren usw. korrigieren. Gegebenenfalls die Fallbearbeitung zu einem späteren Zeitpunkt wiederholen und prüfen, ob gegenüber dem ersten Versuch Fortschritte erzielt wurden. Das ist gewiss ein großer Aufwand an Zeit und Arbeit, aber er lohnt sich. Per aspera ad astra.

Wir wünschen viel Erfolg.

Anregungen und Vorschläge zur Veränderung oder Verbesserung nehmen wir gern – auch per E-Mail (wmitsch@uni-potsdam.de) – entgegen.

Wolfgang Mitsch

Klaus Ellbogen im Juni 2012

Inhaltsverzeichnis

Abkürzungsverzeichnis

aA .... andere Ansicht
aF .... alte Fassung
Abs. .... Absatz
Alt. .... Alternative
Art. .... Artikel
AT .... Allgemeiner Teil

BGB .... Bürgerliches Gesetzbuch
BGH .... Bundesgerichtshof
BGHSt .... Amtliche Sammlung des BGH in Strafsachen
BT .... Besonderer Teil
BVerfG .... Bundesverfassungsgericht
bzw. .... beziehungsweise

Dr. .... Doktor
DtStrafVerfR .... Deutsches Strafverfahrensrecht

Einl. .... Einleitung
EUR .... Euro

FS .... Festschrift

GA .... Goltdammer's Archiv (Zeitschrift)
gem. .... gemäß
GG .... Grundgesetz
GK .... Grundkurs
GmbH .... Gesellschaft mit beschränkter Haftung
GS .... Gedächtnisschrift
GVG .... Gerichtsverfassungsgesetz

HK .... Heidelberger Kommentar
hM .... herrschende Meinung

iSd .... im Sinne des
iVm .... in Verbindung mit

JR .... Juristische Rundschau (Zeitschrift)
jur. .... juris
JURA .... Juristische Ausbildung (Zeitschrift)
JuS .... Juristische Schulung (Zeitschrift)
JZ .... Juristenzeitung

Kap. .... Kapitel
KK .... Karlsruher Kommentar

LG .... Landgericht
LR .... Löwe/Rosenberg

m .... Meter
MüKoStGB ..... Münchener Kommentar zum Strafgesetzbuch

NJW .... Neue Juristische Wochenschrift (Zeitschrift)

NK-StGB .... Nomos Kommentar zum StGB
Nr. .... Nummer(n)
NStZ .... Neue Zeitschrift für Strafrecht
NZV .... Neue Zeitschrift für Verkehrsrecht

OLG .... Oberlandesgericht
OWiG .... Gesetz über Ordnungswidrigkeiten

Prof. .... Professor

R .... Recht
RiStBV .... Richtlinien für das Strafverfahren und das Bußgeldverfahren
Rn. .... Randnummer(n)

s. .... siehe
S. .... Satz
SDÜ .... Schengener Durchführungsübereinkommen
SK-StPO .... Systematischer Kommentar zur Strafprozessordnung
StGB .... Strafgesetzbuch
StPO .... Strafprozessordnung
StrafProzR ...... Strafprozessrecht
StrafR .... Strafrecht
StrafVerfR ...... Strafverfahrensrecht
StV .... Strafverteidiger (Zeitschrift)

UrhG .... Gesetz über Urheberrecht und verwandte Schutzrechte
Urt. .... Urteil

v. .... von/vom
vgl. .... vergleiche
VStGB .... Völkerstrafgesetzbuch
VwGO .... Verwaltungsgerichtsordnung

WaffG .... Waffengesetz
WÜD .... Wiener Übereinkommen vom 18. April 1961 über diplomatische Beziehungen

zB .... zum Beispiel

Literaturverzeichnis

Baumann, J./Weber, U./Mitsch, W./Eisele, J., Strafrecht Allgemeiner Teil, 13. Aufl. 2021 (zit.: Baumann/Weber/Mitsch/Eisele StrafR AT)

Beulke, W./Swoboda, S., Strafprozessrecht, 15. Aufl. 2020 (zit.: Beulke/Swoboda StrafProzR)

Cirener, G. u.a. (Hrsg.), Leipziger Kommentar zum StGB, Bd. 6, 13. Aufl. 2020 (zit.: LK-StGB/Bearbeiter)

Cirener, G. u.a. (Hrsg.), Leipziger Kommentar zum StGB, Bd. 13, 13. Aufl. 2022 (zit.: LK-StGB/Bearbeiter)

Engländer, A., Examens-Repetitorium Strafprozessrecht, 11. Aufl. 2022 (zit.: Engländer StrafProzR)

Erb, V./Schäfer, J. (Hrsg.), Münchener Kommentar zum StGB, Bd. 9 Nebenstrafrecht III, 4. Aufl. 2022 (zit.: MüKoStGB/Bearbeiter)

Fezer, G., Strafprozessrecht, 2. Aufl. 1995 (zit.: Fezer StrafProzR)

Gössel, K.-H., Strafverfahrensrecht, 1977 (zit.: Gössel StrafVerfR)

Hannich, R. (Hrsg.), Karlsruher Kommentar StPO, 8. Aufl. 2019 (zit.: KK-StPO/Bearbeiter)

Heger, M., Strafprozessrecht, 2. Aufl. 2018 (zit.: Heger StrafProzR)

Heghmanns, M., Strafverfahren Strafrecht für alle Semester, 2014 (zit.: Heghmanns StrafR)

Heinrich, B./Reinbacher, T., Examinatorium Strafprozessrecht, 3. Aufl. 2021 (zit.: Heinrich/Reinbacher Examinatorium StrafProzR)

Hellmann, U. (Hrsg.), Fallsammlung zum Strafprozessrecht, 3. Aufl. 2007 (zit.: Hellmann/Bearbeiter Fallsammlung StrafprozR)

Hellmann, U., Strafprozessrecht, 2. Aufl. 2005 (zit.: Hellmann StrafProzR)

Jarass, H. D./Pieroth, B., Grundgesetz Kommentar, 18. Aufl. 2024 (zit.: Jarass/Pieroth/Bearbeiter GG)

Jescheck, H.-H./Weigend, T., Lehrbuch des Strafrechts Allgemeiner Teil, 5. Aufl. 1996 (zit.: Jescheck/Weigend StrafR AT)

Joecks, W./Jäger, C., Studienkommentar StPO, 5. Aufl. 2022 (zit.: Joecks/Jäger StPO)

Gercke, B./Julius, K./Kurth, H./Temming, D./Zöller, M., Heidelberger Kommentar zur StPO, 6. Aufl. 2019 (HK-StPO/Bearbeiter)

Kindhäuser, U./Schumann, K., Strafprozessrecht, 7. Aufl. 2023 (zit.: Kindhäuser/Schumann StrafProzR)

Kissel, O./Mayer, H., Gerichtsverfassungsgesetz: GVG, 9. Aufl. 2018 (zit.: Kissel/Mayer/Bearbeiter GVG)

Krey, V./Heinrich, M., Deutsches Strafverfahrensrecht, 2. Aufl. 2019 (zit.: Krey/Heinrich Dt. StrafverfR)

Krey V./Hellmann, U./Heinrich, M., Strafrecht Besonderer Teil 1, 17. Aufl. 2021 (zit.: Krey/Hellmann/Heinrich StrafR BT I)

Kühne, H.-H., Strafprozessrecht, 9. Aufl. 2015 (zit.: Kühne StrafProzR)

Küpper, G./Börner, R., Strafrecht Besonderer Teil 1, 4. Aufl. 2017 (zit.: Küpper/Börner StrafR BT I)

Lackner, K./Kühl, K./Heger, M., Kommentar zum Strafgesetzbuch: StGB, 30. Aufl. 2023 (zit.: Lackner/Kühl/Heger)

Lesch, H., Strafprozessrecht, 2. Aufl. 2001 (zit.: Lesch StrafProzR)

Löwe, E./Rosenberg, W., Die Strafprozessordnung und das Gerichtsverfassungsgesetz Hrsg. Erb, Volker und andere, 27. Aufl. 2016 (zit.: LR/Bearbeiter)

Mansdörfer, M., Klausurenkurs im Strafprozessrecht, 2020 (zit.: Mansdörfer Klausurenkurs StrafProzR)

Meyer-Goßner, L./Schmitt, B., Strafprozessordnung: StPO, 66. Aufl. 2023 (zit.: Meyer-Goßner/Schmitt/Bearbeiter)

Mitsch, W., Medienstrafrecht, 2012 (zit.: Mitsch MedienStrafR)

Mitsch, W., Karlsruher Kommentar zum Gesetz über Ordnungswidrigkeiten, 5. Aufl. 2018 (zit.: KK-OWiG/Bearbeiter)

Murmann, U., Prüfungswissen Strafprozessrecht, 5. Aufl. 2022 (zit.: Murmann Prüfungswissen StrafProzR)

Pfeiffer, G., Kommentar zur Strafprozessordnung: StPO, 5. Aufl. 2005 (zit.: Pfeiffer)

Putzke, H./Scheinfeld, J., Strafprozessrecht, 9. Aufl. 2022 (zit.: Putzke/Scheinfeld StrafProzR)

Radtke, H./Hohmann, O., Strafprozessordnung: StPO, 2011 (zit.: Radtke/Hohmann/Bearbeiter)

Ranft, O., Strafprozessrecht, 3. Aufl. 2005 (zit.: Ranft StrafProzR)

Rengier, R., Strafrecht Besonderer Teil II, 23. Aufl. 2022 (zit.: Rengier StrafR BT II)

Roxin, C./Schünemann, B., Strafverfahrensrecht, 29. Aufl. 2017 (zit.: Roxin/Schünemann StrafVerfR)

Roxin, C./Greco, L., Strafrecht Allgemeiner Teil Band I, 5. Aufl. 2020 (zit.: Roxin/Greco StrafR AT I)

Schönke, A./Schröder, H., Strafgesetzbuch: StGB, 30. Aufl. 2019 (zit.: Schönke/Schröder/Bearbeiter)

Schroeder, F.-Ch./Verrel, T., Strafprozessrecht, 8. Aufl. 2022 (zit.: Schroeder/Verrel StrafProzR)

Volk, K./Engländer, A., Grundkurs StPO, 10. Aufl. 2021 (zit.: Volk/Engländer GK StPO)

Walter, T., Strafprozessrecht, 2020 (zit.: Walter StrafProzR)

Weidemann, M./Scherf, F., Die Revision im Strafrecht, 3. Aufl. 2017 (zit.: Weidemann/Scherf Revision StrafR)

Wessels, J./Beulke, W./Satzger, H., Strafrecht Allgemeiner Teil, 53. Aufl. 2023 (zit.: Wessels/Beulke/Satzger StrafR AT)

Wessels, J./Hettinger, M./Engländer, A., Strafrecht Besonderer Teil 1, 47. Aufl. 2023 (zit.: Wessels/Hettinger/Engländer StrafR BT I)

Wessels, J./Hillenkamp, T./Schuhr, J., Strafrecht Besonderer Teil 2, 46. Aufl. 2023 (zit.: Wessels/Hillenkamp/Schuhr StrafR BT II)

Wolter, J., Systematischer Kommentar StPO, 4. Aufl. 2012 (zit.: SK-StPO/Bearbeiter)

Fall 1: „Der verdorbene Urlaub des Staatsanwalts"

Staatsanwalt Stecher (S) macht Sommerurlaub auf Mallorca. In der Hotelanlage lernt S die deutschen Eheleute Elena (E) und Konrad Kronberger (K) kennen, die ebenfalls Urlaub machen. K ist ein bekannter Politiker, der in einem deutschen Bundesland Vorsitzender einer im Landtag vertretenen Partei ist. Beim abendlichen Smalltalk fängt der schon erheblich alkoholisierte K an, über seine akademischen Meriten und ihre Herkunft zu erzählen. Freimütig legt er offen, dass er den „Dr. iur." im Wesentlichen „geklaut" habe. Seine Doktorarbeit bestehe zu über 80% aus Textfragmenten, die er einfach wortwörtlich aus Büchern und Aufsätzen anderer Autoren übernommen habe, ohne durch korrekte Zitierweise die Urheberschaft aufzudecken. Sein Doktorvater Prof. Affolter (A), „dieser senile alte Trottel", habe nichts gemerkt, der Zweitgutachter Prof. Breitkopf (B), „dieser faule Sack", habe die Arbeit gar nicht gelesen, sondern sich einfach mit kurzer floskelhafter Begründung dem Erstgutachter angeschlossen. Im Kopf des S melden sich sofort einige Paragraphen und Straftatbestände. S verscheucht jedoch diese Gedanken und sagt sich „Ich habe Urlaub. Strafrecht gibt es hier für mich nicht." In derselben Nacht hört S aus der Nachbarwohnung laute Geräusche. Umfallende Möbelstücke, Angstschreie einer weiblichen Person und derbe Flüche aus Männerkehlen stören die Nachtruhe. S weiß, dass im Nachbarappartement zwei ungefähr 25-jährige deutsche Männer – Moritz (M) und Lutz (L) – wohnen. Er hat auch beobachtet, dass die Hauptbeschäftigung dieser Männer darin zu bestehen scheint, junge Frauen und Mädchen zur Beteiligung an gemeinsamen sexuellen Abenteuern zu animieren.

In dieser Nacht hatten die beiden Männer die 20-jährige deutsche Urlauberin Tanja (T) in ihr Appartement gelockt. Als T sich gegen deren Zudringlichkeiten zu wehren begann, wurden L und M gewalttätig. Durch die Wand konnte S hören, dass T mit Gewalt zur Duldung des Geschlechtsverkehrs gezwungen wurde. Von diesem Tag an plagte den S sein Gewissen, weil er der bedrängten T nicht zur Hilfe gekommen war. Lange überlegte er, ob er nach der Rückkehr in Deutschland die beiden deutschen Männer sowie den Politiker K anzeigen soll, damit ein Strafverfahren gegen sie eingeleitet werden kann. Schließlich beschloss er aber, seine Urlaubserlebnisse für sich zu behalten.

Gegen K wurde dennoch von der Staatsanwaltschaft ein Strafverfahren wegen unerlaubter Verwertung urheberrechtlich geschützter Werke (§ 106 UrhG) und wegen Beleidigung (§ 185 StGB) eingeleitet. K hatte seine Geschichte nämlich noch anderen deutschen Touristen erzählt und einer von ihnen hatte in Deutschland gegen K Anzeige erstattet. Daraufhin berichtete auch S gegenüber dem ermittelnden Staatsanwalt von dem Abend, an dem K die Entstehung seiner Doktorarbeit vor S ausbreitete. Es dauerte nicht lange, bis die Autoren der Texte, die sich K bei der Anfertigung seiner Doktorarbeit angeeignet hatte, Kenntnis von diesen Vorgängen erlangten. Einer dieser Autoren, der Staatsrechtsprofessor Platter (P), stellte gegen K Strafantrag. Die anderen Autoren unternahmen nichts. Die beiden Gutachter A und B im Promotionsverfahren, die K auf Mallorca als „seniler alter Trottel" und „fauler Sack" bezeichnet hatte, erfuhren von diesen Bemerkungen des K nichts.

Mit Zustimmung des Strafrichters stellte die Staatsanwaltschaft das Ermittlungsverfahren gegen K wegen § 106 UrhG vorläufig ein, nachdem dieser dem Vorschlag, einen Betrag von 50.000 EUR an die Staatskasse zu zahlen, zugestimmt hatte. Da K den Betrag sofort überwies, stellte die Staatsanwaltschaft das Verfahren endgültig ein.

Bearbeitervermerk:

Frage 1: Hatte S die Pflicht dafür zu sorgen, dass gegen K, L und M in Deutschland ein Strafverfahren eingeleitet wird?

Frage 2: Durfte die Staatsanwaltschaft gegen K ein Strafverfahren wegen des Verdachts der Beleidigung von A und B einleiten?

Frage 3: Durfte die Staatsanwaltschaft das Ermittlungsverfahren gegen K nach Zahlung der 50.000 EUR einstellen?

Frage 4: Hätte die Staatsanwaltschaft oder hätte das Gericht das Verfahren gegen K auch ohne Erteilung von Weisungen oder Auflagen einstellen können?

Frage 5: Hat P Anfechtungsmöglichkeiten, wenn die Staatsanwaltschaft oder das Gericht das Verfahren einstellt, weil K unschuldig sei oder weil kein öffentliches Interesse an der Strafverfolgung bestehe?

Gutachtliche Vorüberlegungen

Frage 1: Hatte S die Pflicht dafür zu sorgen, dass gegen K, L und M in Deutschland ein Strafverfahren eingeleitet wird?

Zur Beantwortung dieser Frage ist von dem das Handeln der Staatsanwaltschaft determinierenden Legalitätsprinzip auszugehen. Alsdann ist zu erörtern, welche konkreten Pflichten daraus für den einzelnen Staatsanwalt folgen. Letztlich kommt es darauf an, ob der Staatsanwalt auch aufgrund privat erlangter Verdachtskenntnis zur Einleitung eines Strafverfahrens verpflichtet ist.

Frage 2: Durfte die Staatsanwaltschaft gegen K ein Strafverfahren wegen des Verdachts der Beleidigung von A und B einleiten?

Hier ist Ausgangspunkt neben dem Legalitätsprinzip das Offizialprinzip. Grundsätzlich muss die Staatsanwaltschaft von Amts wegen einschreiten, wenn ein Straftatverdacht besteht. Aufgrund der konkreten Gegebenheiten des Falles sind die Ausnahmen vom Offizialprinzip näher zu erörtern: das Strafantragserfordernis und das Privatklagedelikt.

Frage 3: Durfte die Staatsanwaltschaft das Ermittlungsverfahren gegen K nach Zahlung der 50.000 EUR einstellen?

Zu prüfen ist die Anwendbarkeit des § 153a I StPO. Die besondere Problematik besteht hier darin, dass die verfahrensgegenständliche Tat zu den Privatklagedelikten gehört. Zur Beantwortung der Frage muss herausgearbeitet werden, welche Stellung die Staatsanwaltschaft gegenüber Privatklagedelikten hat.

Frage 4: Hätte die Staatsanwaltschaft oder hätte das Gericht das Verfahren gegen K auch ohne Erteilung von Weisungen oder Auflagen einstellen können?

Hier geht es um die Anwendbarkeit des § 153 StPO. Die spezielle Problematik hängt mit dem Privatklagedelikt zusammen. Entscheidender Gesichtspunkt ist das Kriterium „öffentliches Interesse an der Strafverfolgung“, das zwar der Staatsanwaltschaft die Verfolgungszuständigkeit in Bezug auf das Privatklagedelikt verleiht, andererseits aber der Anwendbarkeit des § 153 StPO entgegensteht. Die Verfahrenseinstellung durch das Gericht richtet sich hier nicht nach § 153 II StPO, sondern nach der für das Privatklageverfahren geltenden Sondervorschrift § 383 II StPO.

Frage 5: Hat P Anfechtungsmöglichkeiten, wenn die Staatsanwaltschaft oder das Gericht das Verfahren einstellt, weil K unschuldig sei oder weil kein öffentliches Interesse an der Strafverfolgung bestehe?

Zu prüfen ist, ob und inwieweit ein Klageerzwingungsverfahren möglich ist. Dabei sind die beiden Gesichtspunkte Privatklagedelikt und Opportunitätsprinzip zu beachten. Bei der Verfahrenseinstellung durch das Gericht ist zum einen auf die Anfechtbarkeit des Nichteröffnungsbeschlusses und zum anderen auf § 383 II 3 StPO einzugehen.

Lösungsgliederung

Frage 1

I. Pflicht der Staatsanwaltschaft zur Verfahrenseinleitung
II. Pflicht des einzelnen Staatsanwalts
1. Dienstliche Kenntnisse
2. Private Kenntnisse

III. Ergebnis

Frage 2

I. Anfangsverdacht
II. Offizialprinzip
1. Grundsatz
2. Ausnahmen
   a) Strafantragserfordernis
   b) Privatklagedelikt

III. Ergebnis

Frage 3

I. Zulässigkeit des staatsanwaltschaftlichen Verfahrens
1. Anfangsverdacht
2. Strafantrag
3. Privatklage

II. Einstellung des Verfahrens
1. Anlass zur Erhebung der öffentlichen Klage
2. Opportunitätsprinzip
   a) Öffentliches Strafverfolgungsinteresse
   b) Nicht zu schwere Schuld
   c) Zustimmungen
   d) Auflagen oder Weisungen
   e) Auflagenerfüllung

III. Ergebnis

Frage 4

I. Einstellung des Verfahrens durch die Staatsanwaltschaft
II. Einstellung des Verfahrens durch das Gericht
1. Einstellung nach § 153 II StPO
2. Einstellung nach § 383 II StPO

III. Ergebnis

Frage 5

I. Einstellung des Verfahrens durch die Staatsanwaltschaft
1. Einstellung nach § 170 II StPO
   a) Klageerzwingungsverfahren, § 172 StPO
   b) Privatklage, § 374 I Nr. 8 StPO
2. Einstellung nach § 153a I StPO

II. Einstellung des Verfahrens durch das Gericht
1. Nichteröffnung des Hauptverfahrens
2. Einstellung des Verfahrens nach § 383 II StPO

III. Ergebnis

Lösungsvorschlag

Frage 1: Hatte S die Pflicht dafür zu sorgen, dass gegen K, L und M in Deutschland ein Strafverfahren eingeleitet wird?

I. Pflicht der Staatsanwaltschaft zur Verfahrenseinleitung

Im deutschen Strafverfahren ist es die Aufgabe der Staatsanwaltschaft, die Initiative zur Einleitung der Strafverfolgung zu ergreifen. Die Strafgerichtsbarkeit wird mit Strafsachen nur aufgrund Anklage durch die Staatsanwaltschaft befasst (Akkusationsprinzip), § 151 StPO.[1] Auch im Strafprozess gilt: „Wo kein Kläger, da kein Richter". Diesem Anklagemonopol der Staatsanwaltschaft (§ 152 I StPO)[2] korrespondiert eine grundsätzliche Pflicht, bei gegebenem Anlass ein Strafverfahren einzuleiten, §§ 152 II, 160 I StPO (Legalitätsprinzip).[3] Ausgelöst wird die Anklagepflicht im konkreten Fall durch einen Anfangsverdacht. Von diesem muss die Staatsanwaltschaft Kenntnis haben, § 160 I StPO. Hier hatte S Kenntnis von tatsächlichen Umständen, die gegen K einen Verdacht strafbarer Urheberrechtsverletzung gem. § 106 UrhG und den Verdacht der Beleidigung (§ 185 StGB) und gegen L und M den Verdacht der Vergewaltigung (§ 177 I, VI 2 Nr. 1, Nr. 2 StGB), Nötigung (§ 240 StGB), Freiheitsberaubung (§ 239 StGB) und gefährlichen Körperverletzung (§§ 223, 224 I Nr. 4 StGB) begründeten. Diese Kenntnis wird der Behörde Staatsanwaltschaft zugerechnet, sofern S persönlich die Pflicht hatte, aufgrund der gemachten Wahrnehmungen auf die Einleitung eines Strafverfahrens hinzuwirken.

II. Pflicht des einzelnen Staatsanwalts

1. Dienstliche Kenntnisse

Sofern ein Staatsanwalt im Zusammenhang mit seiner dienstlichen Tätigkeit Kenntnis von verdachtsbegründenden Umständen erlangt, ist er verpflichtet, die ihm möglichen Schritte zu unternehmen, um die Einleitung eines Strafverfahrens zu veranlassen. Unterlässt der Staatsanwalt diese Maßnahmen, macht er sich wegen Strafvereitelung im Amt (§§ 258a, 13 I StGB) strafbar.[4] Hier befand sich S im Urlaub, als er seine Beobachtungen machte. Er war also nicht im Dienst, seine Kenntnisse sind keine dienstlich erlangten Kenntnisse.

---

1 Heger StrafProzR Rn. 216; Heinrich/Reinbacher Examinatorium StrafProzR 5/4; Hellmann StrafProzR Rn. 78; Murmann Prüfungswissen StrafProzR Rn. 35; Volk/Engländer GK StPO § 6 Rn. 7; § 18 Rn. 5; Walter StrafProzR Rn. 392.

2 Beulke/Swoboda StrafProzR Rn. 79; Gössel StrafVerfR 30.

3 Heghmanns StrafR Rn. 84; Heinrich/Reinbacher Examinatorium StrafProzR 5/3; Murmann Prüfungswissen StrafProzR Rn. 35; Volk/Engländer GK StPO § 6 Rn. 8.

4 Kindhäuser/Schumann StrafProzR § 4 Rn. 9; LK-StGB/Walter § 258a Rn. 11; Mansdörfer Klausurenkurs StrafProzR Rn. 47 ff.; Murmann Prüfungswissen StrafProzR Rn. 46; Schönke/Schröder/Stree/Hecker StGB § 258a Rn. 10; Walter StrafProzR Rn. 103.

2. Private Kenntnisse

Es ist umstritten, ob ein Staatsanwalt auf privat erlangte Kenntnisse von Tatsachen, die einen Straftatverdacht erzeugen, mit der Einleitung eines Strafverfahrens reagieren muss.[5] Dagegen spricht die unzumutbare Belastung des Privatlebens, die mit einer uneingeschränkten Verfolgungspflicht bei privater Verdachtsaufnahme verbunden wäre.[6] Auf der anderen Seite wäre es mit Stellung und Verantwortung eines Staatsanwalts auch nicht zu vereinbaren, wenn es selbst bei schwersten Verbrechen seiner eigenen beliebig motivierten Entscheidung überlassen bliebe, ob er sein Wissen für sich behält oder der Strafrechtspflege zur Verfügung stellt und den Anstoß zur Einleitung eines Strafverfahrens gibt.[7] Bei schweren Straftaten muss der Staatsanwalt auch im Fall privater Verdachtskenntnis verpflichtet sein, auf die Einleitung eines Strafverfahrens hinzuwirken. Da vor allem in Hinblick auf § 258a StGB eine klare Festlegung dahingehend erforderlich ist, bezüglich welcher Straftaten Verfolgungspflicht auch nach privat erlangter Verdachtskenntnis besteht, sollte die Grenze zwischen Verbrechen (§ 12 I StGB) und Vergehen (§ 12 II StGB) gezogen werden.[8] Für eine Beschränkung der Verfolgungspflicht auf die im Katalog des § 138 I StGB enthaltenen Verbrechen[9] gibt es keinen sachlichen Grund.[10] Viel zu ungenau[11] ist die Formel der Rechtsprechung, nach der es darauf ankommt, dass die Straftat „nach Art oder Umfang die Belange der Öffentlichkeit und der Volksgesamtheit in besonderem Maße berühre".[12] Private Wahrnehmungen, die die Aufmerksamkeit auf den Verdacht eines Vergehens lenken, lösen keine Verfolgungspflicht des Staatsanwalts aus. Deswegen war S hier nicht verpflichtet, dafür zu sorgen, dass gegen K ein Strafverfahren eingeleitet wird. Denn die Straftaten, die K begangen haben könnte (§ 106 UrhG, § 185 StGB) haben lediglich Vergehensqualität, § 12 II StGB. Anders verhält es sich mit dem Verdacht gegen L und M: Der Verdacht einer Vergewaltigung zum Nachteil der T betrifft ein Verbrechen, § 177 StGB. Dieses unterliegt gem. § 7 I, II Nr. 1 StGB[13] auch dem deutschen Strafrecht, obwohl der Tatort in Spanien liegt, §§ 3, 9 I StGB. S hätte in Deutschland die zuständige[14] Staatsanwaltschaft von den nächtlichen Vorfällen in der Ferienwohnung von L und M informieren müssen.

III. Ergebnis

S war verpflichtet sich aktiv dafür einzusetzen, dass von der zuständigen Staatsanwaltschaft in Deutschland gegen L und M ein Strafverfahren wegen des Verdachts der Vergewaltigung und weiterer Delikte eingeleitet wird. Dagegen hatte er nicht die Pflicht, auf die Einleitung eines Strafverfahrens gegen K hinzuwirken.

5 Heger StrafProzR Rn. 250; Heinrich/Reinbacher Examinatorium StrafProzR 2/6, 17 ff.; Walter StrafProzR Rn. 99 ff.
6 Lesch StrafProzR 2. Kap. Rn. 63; Murmann Prüfungswissen StrafProzR Rn. 47.
7 Gössel StrafVerfR 32; aA Volk/Engländer GK StPO § 8 Rn. 11.
8 Hellmann StrafProzR Rn. 52; Krey/Heinrich Dt. StrafverfR Rn. 611.
9 Kühne StrafProzR Rn. 315; Roxin/Schünemann StrafVerfR § 39 Rn. 3.
10 Krey/Heinrich Dt. StrafverfR Rn. 41, 611.
11 Krey/Heinrich Dt. StrafverfR Rn. 609; Volk/Engländer GK StPO § 8 Rn. 11.
12 Dafür aber und für eine Abwägung im Einzelfall Beulke/Swoboda StrafProzR Rn. 91; Murmann Prüfungswissen StrafProzR Rn. 47.
13 Vergewaltigung ist auch nach spanischem Strafrecht eine Straftat, Art. 179 span. Còdigo Penal.
14 Zur örtlichen Zuständigkeit vgl. § 143 GVG iVm § 8 I StPO.

Frage 2: Durfte die Staatsanwaltschaft gegen K ein Strafverfahren wegen des Verdachts der Beleidigung von A und B einleiten?

I. Anfangsverdacht

Die Staatsanwaltschaft darf ein Strafverfahren nur auf der Grundlage eines Anfangsverdachts einleiten.[15] Fehlt eine ausreichende Verdachtsgrundlage, sind allenfalls „Vorermittlungen“ ohne Eingriffsqualität zulässig, also zB „informatorische Befragungen“.[16] Hier existierte aufgrund der an die Staatsanwaltschaft weitergegebenen Wahrnehmungen des S ein ausreichender Anfangsverdacht in Bezug auf Beleidigungen, die K zum Nachteil von A und B begangen hatte. Auf diese in Spanien begangenen Taten ist gem. § 7 I, II Nr. 1 StGB deutsches Strafrecht anwendbar.[17]

II. Offizialprinzip

1. Grundsatz

Grundsätzlich hat die Staatsanwaltschaft von Amts wegen das Strafverfahren einzuleiten.[18] Das bedeutet, dass es dazu keiner Ermächtigung seitens des durch die Straftat Verletzten bedarf. Umgekehrt kann der Verletzte auch nicht die Durchführung des Strafverfahrens verhindern, indem er erklärt, er wünsche nicht, dass die Straftat verfolgt wird.

2. Ausnahmen

Vom Offizialprinzip gibt es in Bezug auf zwei Deliktsgruppen Ausnahmen: Straftaten, die nur auf Antrag verfolgt werden können und Privatklagedelikte.[19]

a) Strafantragserfordernis

Verlangt das Strafgesetz für die Verfolgung der Straftat einen Strafantrag und kann dieser nicht durch Bejahung eines „besonderen öffentlichen Interesses“ ersetzt werden (vgl. zB § 230 StGB)[20], darf die Staatsanwaltschaft das Strafverfahren erst nach Stellung eines wirksamen Strafantrags einleiten. Der Strafantrag ist eine Prozessvoraussetzung, ohne die das Strafverfahren unzulässig ist.[21] Beleidigung (§ 185 StGB) ist eine Straftat, deren Verfolgung von einem wirksamen Strafantrag abhängig ist (absolutes Antragsdelikt)[22], § 194 I 1 StGB. Das Fehlen eines Strafantrags kann bei diesem

15 Hellmann StrafProzR Rn. 57; Kühne StrafProzR Rn. 321; Murmann Prüfungswissen StrafProzR Rn. 56; anschaulich Walter StrafProzR Rn. 92: „Türöffner“.

16 Beulke/Swoboda StrafProzR Rn. 311; Volk/Engländer GK StPO § 8 Rn. 6; Walter StrafProzR Rn. 111.

17 Beleidigung (injuria) ist nach Art. 208 span. Còdigo Penal eine Straftat.

18 Hellmann StrafProzR Rn. 77; Murmann Prüfungswissen StrafProzR Rn. 35; Volk/Engländer GK StPO § 18 Rn. 2.

19 Beulke/Swoboda StrafProzR Rn. 16; Hellmann StrafProzR Rn. 77; Kindhäuser/Schumann StrafProzR § 26 Rn. 63; Volk/Engländer GK StPO § 18 Rn. 3, 4.

20 Schönke/Schröder/Bosch StGB § 77 Rn. 2.

21 Beulke/Swoboda StrafProzR Rn. 283; Heger StrafProzR Rn. 162, 203; Heinrich/Reinbacher Examinatorium StrafProzR 2/4.

22 Schönke/Schröder/Bosch StGB § 77 Rn. 1.

Delikt auch nicht durch ein besonderes öffentliches Strafverfolgungsinteresse kompensiert werden. Strafantragsberechtigt sind nur die Verletzten, § 77 I StGB. Verletzter des Delikts Beleidigung ist die Person, deren Ehre durch die beleidigende Äußerung verletzt worden ist.[23] Das sind hier die beiden Professoren A und B. Diese haben aber von der beleidigenden Bemerkung des K gegenüber S keine Kenntnis erlangt und deshalb auch keinen Strafantrag gestellt. Da die Prozessvoraussetzung nicht erfüllt ist, darf die Staatsanwaltschaft kein Strafverfahren wegen Beleidigung einleiten.

b) Privatklagedelikt

Noch aus einem zweiten Grund darf die Staatsanwaltschaft auf der Grundlage des Anfangsverdachts einer Beleidigung kein Strafverfahren gegen K einleiten. Beleidigung ist gem. § 374 I Nr. 2 StPO ein Privatklagedelikt. Vor Gericht gebracht wird ein derartiges Delikt nicht durch eine von der Staatsanwaltschaft erhobene öffentliche Klage, sondern durch eine Privatklage, zu deren Erhebung der durch die Tat Verletzte befugt ist. Die Staatsanwaltschaft hat das Recht zur Übernahme der Verfolgung nur im Fall eines öffentlichen Interesses, § 376 StPO. Solange allerdings kein Strafantrag gestellt ist, kann § 376 StPO selbst bei Vorliegen eines besonderen öffentlichen Interesses nicht angewendet werden.[24]

III. Ergebnis

Da kein Strafantrag gestellt wurde, durfte die Staatsanwaltschaft ein Strafverfahren wegen von K begangener Beleidigungen nicht einleiten.

Frage 3: Durfte die Staatsanwaltschaft das Ermittlungsverfahren gegen K nach Zahlung der 50.000 EUR einstellen?

I. Zulässigkeit des staatsanwaltschaftlichen Verfahrens

Die Einstellung des Verfahrens durch die Staatsanwaltschaft setzt voraus, dass die Staatsanwaltschaft überhaupt das Verfahren durchführen durfte.

1. Anfangsverdacht

Aufgrund der mit der Strafanzeige verbundenen Mitteilungen deutscher Urlauber über die von K selbst gemachten Angaben zur Entstehung seiner Dissertation bestand ein Anfangsverdacht einer strafbaren Urheberrechtsverletzung gem. § 106 UrhG. Damit bestand für die Staatsanwaltschaft Anlass zur Aufnahme der Ermittlungen, §§ 152 II, 160 I StPO.

23 Schönke/Schröder/Eisele/Schittenhelm StGB § 194 Rn. 3.

24 Linke, Das besondere öffentliche Interesse an der Strafverfolgung bei relativen Antragsdelikten, 2021, S. 159.

2. Strafantrag

Die unerlaubte Verwertung urheberrechtlich geschützter Werke (§ 106 UrhG) ist ein Strafantragsdelikt, sofern die Tat nicht gewerbsmäßig (§ 108a UrhG) begangen worden ist, § 109 UrhG. Die einmalige Verwendung fremder Texte zur Anfertigung einer Doktorarbeit ist keine gewerbsmäßige Verwertung.[25] Daher handelt es sich um ein Antragsdelikt. Strafantragsberechtigt ist der durch die Tat Verletzte, § 77 I StGB. Das ist der Urheber (§ 7 UrhG) des tatgegenständlichen Werkes (§ 2 UrhG).[26] Hier hat mit P ein Strafantragsberechtigter Strafantrag gestellt. Damit ist diese Prozessvoraussetzung erfüllt.

3. Privatklage

Trotz wirksam gestellten Strafantrags könnte die Durchführung eines staatsanwaltschaftlichen Strafverfahrens unzulässig sein, weil das verfahrensgegenständliche Delikt gem. § 374 I Nr. 8 StPO ein Privatklagedelikt ist.[27] Diese Eigenschaft der Straftat begründet für die Staatsanwaltschaft ein Verfahrenshindernis. Zur Strafverfolgung und Anklageerhebung befugt ist anstelle der Staatsanwaltschaft der Privatkläger. Privatkläger ist grundsätzlich der durch die Tat Verletzte.[28] Das Gesetz geht davon aus, dass bei Privatklagedelikten die Verfolgung der Tat durch die Staatsanwaltschaft grundsätzlich nicht im öffentlichen Interesse liegt. Daher gelten auch bei Privatklagedelikten die allgemeinen Regeln des staatsanwaltschaftlichen Offizialverfahrens, wenn im Einzelfall an der Verfolgung durch die Staatsanwaltschaft doch ein öffentliches Interesse besteht, § 376 StPO. Es gelten dann Legalitätsprinzip und Offizialprinzip, die Staatsanwaltschaft ist verpflichtet, von Amts wegen Ermittlungen aufzunehmen. Hier hat die Staatsanwaltschaft offenbar das öffentliche Interesse bejaht. Dies ist auch materiell plausibel, da es sich bei dem Beschuldigten um eine Person des öffentlichen Lebens handelt, die zudem als Politiker für die Bevölkerung eine gewisse Vorbildfunktion hat. Damit sind die Voraussetzungen für die Durchführung eines staatsanwaltschaftlichen Ermittlungsverfahrens erfüllt.

II. Einstellung des Verfahrens

Das Strafprozessrecht kennt die Einstellung des Verfahrens auf der Grundlage des Legalitätsprinzips und auf der Grundlage des Opportunitätsprinzips. Nach dem Legalitätsprinzip muss das Strafverfahren gem. § 170 II StPO eingestellt werden, wenn die Ermittlungen keinen genügenden Anlass zur Anklageerhebung geboten haben. Eine Verfahrenseinstellung nach dem Opportunitätsprinzip gem. §§ 153 ff. StPO ist folglich nur möglich, wenn die Staatsanwaltschaft Anklage erheben dürfte, wenn also genügend Anlass zur Erhebung der öffentlichen Klage besteht.[29]

---

25 Dreier/Schulze/Dreier, 7. Aufl. 2022, UrhG § 108a Rn. 5.

26 Dreier/Schulze/Dreier, 7. Aufl. 2022, UrhG § 109 Rn. 6; Mitsch MedienStrafR § 8 Rn. 55.

27 Heghmanns NStZ 1991, 112 (113).

28 Gössel StrafVerfR S. 330; Kindhäuser/Schumann StrafProzR § 26 Rn. 68; Meyer-Goßner/Schmitt/Schmitt § 374 Rn. 5.

29 Meyer-Goßner/Schmitt/Schmitt § 153 Rn. 2.

1. Anlass zur Erhebung der öffentlichen Klage

Die Erhebung der öffentlichen Klage durch die Staatsanwaltschaft ist veranlasst, wenn der Beschuldigte aufgrund der Ermittlungen einer Straftat hinreichend verdächtig ist.[30] Auf der Basis des Ermittlungsergebnisses ist eine Prognose dahingehend zu stellen, dass es im weiteren Verlauf des Verfahrens wahrscheinlich zu einer Verurteilung des Beschuldigten kommen werde.[31] Hier erschloss sich der Staatsanwaltschaft aufgrund mehrerer Zeugenaussagen der Verdacht einer von K begangenen strafbaren Urheberrechtsverletzung. Auf dieser Grundlage konnten weitere Ermittlungen angestellt werden, die diesen Anfangsverdacht erhärteten. Beispielsweise wird die Staatsanwaltschaft die Doktorarbeit des K ausgewertet und mit den Texten verglichen haben, die sich K angeeignet hat. Die Staatsanwaltschaft durfte auch davon ausgehen, dass die Verwertung dieser Beweisergebnisse in der Hauptverhandlung geeignet sein würde, das Gericht von der Schuld des K zu überzeugen. Daher bestand Anlass zur Erhebung der öffentlichen Klage, § 170 I StPO.

2. Opportunitätsprinzip

a) Öffentliches Strafverfolgungsinteresse

Die Einstellung des Verfahrens nach § 153a I 1 StPO setzt voraus, dass ein öffentliches Interesse an der Verfolgung der Tat besteht. Besteht ein öffentliches Verfolgungsinteresse nicht, kann das Verfahren nur nach § 153 StPO eingestellt werden. Hier bestand ein öffentliches Verfolgungsinteresse. Anderenfalls hätte die Staatsanwaltschaft die Verfolgung des Privatklagedelikts nicht übernehmen dürfen, § 376 StPO (s. oben). Im Privatklageverfahren wäre § 153a StPO nicht anwendbar, da diese Verfahrensart nur bei Delikten möglich ist, an deren Verfolgung kein öffentliches Interesse besteht.

b) Nicht zu schwere Schuld

Angemessen ist die Verfahrensbeendigung nach § 153a StPO nur bei Straftaten mit geringem oder höchstens mittlerem Schuldquantum.[32] Der Vergleich mit § 153 StPO zeigt, dass auch Fälle oberhalb der geringen Schuld – „mittlere Kriminalität“[33] – für § 153a StPO geeignet sind.[34] Bei dem Vergehen des § 106 I UrhG ist dies möglich.

c) Zustimmungen

Im Ermittlungsverfahren stellt die Staatsanwaltschaft das Verfahren nach § 153a I StPO ein. Jedoch müssen das für die Eröffnung des Hauptverfahrens zuständige Gericht und der Beschuldigte zustimmen. Diese Zustimmungen wurden hier erklärt. Kein Mitspracherecht hat der durch die Tat Verletzte. Seine Zustimmung ist nicht erforderlich, sein Widerspruch steht der Anwendung des § 153a StPO nicht entgegen.[35] Daran ändert auch der Umstand nichts, dass Gegenstand des Verfahrens ein Privatklagedelikt ist. Das öffentliche Interesse an der Strafverfolgung bewirkt, dass

30 Hellmann StrafProzR Rn. 545; Heinrich/Reinbacher Examinatorium StrafProzR 2/14; Kindhäuser/Schumann StrafProzR § 10 Rn. 2; Walter StrafProzR Rn. 391.

31 Kühne StrafProzR Rn. 578.

32 Kindhäuser/Schumann StrafProzR § 10 Rn. 19; Meyer-Goßner/Schmitt/Schmitt § 153a Rn. 7.

33 Heger StrafProzR Rn. 270; Hellmann StrafProzR Rn. 562.

34 Enger Heghmanns StrafR Rn. 150: Straferwartung von maximal einem Jahr Freiheitsstrafe.

35 LR/Mavany § 153a Rn. 123.

das Delikt nach den Regeln des staatsanwaltschaftlichen Offizialverfahrens verfolgt wird.[36] Die Rechtsstellung des Privatklägers ist damit hinfällig geworden.

d) Auflagen oder Weisungen

Die Verfahrenseinstellung setzt voraus, dass das öffentliche Interesse durch Auflagen oder Weisungen beseitigt werden kann. Eine taugliche Auflage ist die Zahlung eines Geldbetrages an die Staatskasse, § 153a I 2 Nr. 2 StPO. Auswahl und Bemessung der Auflage liegen im Ermessen der Staatsanwaltschaft, das Gericht und der Beschuldigte können aufgrund des Zustimmungserfordernisses Einfluss auf die staatsanwaltschaftliche Entscheidung nehmen. Die Auflage, einen Betrag von 50.000 EUR an die Staatskasse zu zahlen, liegt im Rahmen des § 153a I 2 StPO. Es ist auch nicht ersichtlich, dass die Staatsanwaltschaft bei der Formulierung ihres Auflagenvorschlags ermessensfehlerhaft gehandelt haben könnte. Nachdem Gericht und Beschuldigter zugestimmt haben, konnte die Staatsanwaltschaft das Verfahren vorläufig einstellen.

e) Auflagenerfüllung

Da K die Auflage ordnungsgemäß erfüllt hat, musste die Staatsanwaltschaft das Strafverfahren endgültig einstellen. Einen Ermessensspielraum hat die Staatsanwaltschaft nicht.[37]

III. Ergebnis

Die Staatsanwaltschaft durfte das Strafverfahren gegen K auf der Grundlage des § 153a I StPO einstellen.

Frage 4: Hätte die Staatsanwaltschaft oder hätte das Gericht das Verfahren gegen K auch ohne Erteilung von Weisungen oder Auflagen einstellen können?

I. Einstellung des Verfahrens durch die Staatsanwaltschaft

Eine Einstellung des Strafverfahrens durch die Staatsanwaltschaft ohne Erteilung von Weisungen und Auflagen ist unter den Voraussetzungen des § 153 I StPO möglich. Erste Voraussetzung ist, dass das Strafverfahren ein Vergehen iSd § 12 II StGB zum Gegenstand hat. Da es hier um das Delikt Unerlaubte Verwertung urheberrechtlich geschützter Werke (§ 106 UrhG) geht und das Gesetz dieses Delikt mit einer Mindeststrafe von einem Monat Freiheitsstrafe bedroht (§ 38 II StGB), handelt es sich um ein Vergehen. Des Weiteren muss das Delikt einen geringen Schuldgehalt haben. Dies hängt von den konkreten Tatumständen ab und ist durch die Staatsanwaltschaft im Wege einer Gesamtbetrachtung aller tat- und täterbezogenen Umstände zu bestimmen.[38] Da K durch seine Tat keinen kommerziellen Gewinn anstrebte und auf der anderen Seite die wirtschaftlichen Verwertungschancen der betroffenen Urheber

---

36 LR/Mavany § 153a Rn. 20.
37 LR/Mavany § 153a Rn. 53.
38 LR/Mavany § 153 Rn. 25.

nicht nennenswert beeinträchtigt haben dürfte, erscheint die Annahme von geringer Schuld plausibel. Schließlich dürfte kein öffentliches Interesse an der Strafverfolgung bestehen. Diese Voraussetzung ist wegen der Prominenz des Beschuldigten fraglich. Entscheidend ist aber, dass unter der Prämisse fehlenden öffentlichen Verfolgungsinteresses die Staatsanwaltschaft sich gar nicht mit dem Fall befassen darf. Da die verfahrensgegenständliche Tat ein Privatklagedelikt ist (§ 374 I Nr. 8 StPO), ist die Staatsanwaltschaft nur bei Bestehen eines öffentlichen Interesses an dem Verfahren beteiligt, § 376 StPO. Dann aber ist die Voraussetzung des § 153 I StPO nicht erfüllt. Aus diesem Grund kann § 153 I StPO in einem Privatklageverfahren nicht zur Anwendung kommen.[39]

II. Einstellung des Verfahrens durch das Gericht

1. Einstellung nach § 153 II StPO

Eine Einstellung des Verfahrens durch das Gericht gem. § 153 II StPO kommt erst in Betracht, wenn eine Klage erhoben worden ist. Da es hier um ein Privatklagedelikt geht und eine Verfahrenseinstellung ohne Weisungen und Auflagen nur bei Taten möglich ist, an deren Verfolgung kein öffentliches Interesse besteht, muss es sich um eine Privatklage handeln. § 153 II StPO meint mit „Klage" jedoch nur die öffentliche Klage,[40] also nicht die vom Privatkläger erhobene Klage. Deshalb kann § 153 StPO auch im gerichtlichen Privatklageverfahren nicht angewendet werden.

2. Einstellung nach § 383 II StPO

Im gerichtlichen Privatklageverfahren ist bei geringer Schuld des Täters eine Verfahrenseinstellung nach § 383 II 1 StPO möglich. Diese Vorschrift tritt an die Stelle des nicht anwendbaren § 153 II StPO (s. oben 1.).[41] Anwendbar ist sie nur unter der Voraussetzung, dass an der Verfolgung und Bestrafung der Tat kein öffentliches Interesse besteht. Anders ist nicht zu erklären, dass § 383 II StPO abweichend von § 153 II StPO keine Zustimmung der Staatsanwaltschaft – die im Falle öffentlichen Interesses das Verfahren übernehmen müsste (§ 376 StPO) – voraussetzt.[42] Auch eine Zustimmung des Privatklägers oder des Angeschuldigten ist nicht erforderlich.[43] Das Gericht kann also das Verfahren einstellen, ohne dem K Weisungen oder Auflagen zu erteilen.

III. Ergebnis

Eine Einstellung des Verfahrens ohne Erteilung von Weisungen oder Auflagen ist nur nach Klageerhebung durch das Gericht gem. § 383 II StPO möglich. Die Staatsanwaltschaft hat vor Klageerhebung eine derartige Einstellungsmöglichkeit nicht, weil sie bei fehlendem öffentlichem Interesse in der Phase vor Klageerhebung an dem Verfahren gar nicht beteiligt ist.

39 LR/Mavany § 153 Rn. 12.
40 LR/Mavany § 153 Rn. 61; Meyer-Goßner/Schmitt/Schmitt § 153 Rn. 21.
41 LR/Wenske § 383 Rn. 20; Meyer-Goßner/Schmitt/Schmitt § 383 Rn. 11.
42 LR/Wenske § 383 Rn. 25.
43 Meyer-Goßner/Schmitt/Schmitt § 383 Rn. 17.

Frage 5: Hat P Anfechtungsmöglichkeiten, wenn die Staatsanwaltschaft oder das Gericht das Verfahren einstellt, weil K unschuldig sei oder weil kein öffentliches Interesse an der Strafverfolgung bestehe?

I. Einstellung des Verfahrens durch die Staatsanwaltschaft

1. Einstellung nach § 170 II StPO

a) Klageerzwingungsverfahren, § 172 StPO

Stellt die Staatsanwaltschaft das Strafverfahren ein, weil nach dem Ergebnis der Ermittlungen kein Anlass zur Erhebung der öffentlichen Klage besteht, könnte P den Weg des Klageerzwingungsverfahrens beschreiten. Da P Verletzter des verfahrensgegenständlichen Delikts ist, hat er gem. § 172 I StPO das Recht, gegen die Verfahrenseinstellung Beschwerde zum Generalstaatsanwalt einzulegen (Einstellungsbeschwerde).[44] Voraussetzung ist allerdings, dass er während des Ermittlungsverfahrens einen Antrag auf Bestrafung des K gem. § 158 I StPO gestellt hatte. Der Beschwerdemöglichkeit steht nicht entgegen, dass es um ein Privatklagedelikt geht. Verwehrt ist dem P allerdings das Recht, gegen einen ablehnenden Bescheid des Generalstaatsanwalts gem. § 172 II 1 StPO Antrag auf gerichtliche Entscheidung zu stellen. Denn das Begehren, eine Bestrafung des K aus § 106 UrhG zu erwirken, kann P auf dem Privatklageweg verfolgen. Daher erklärt § 172 II 3 StPO den Klageerzwingungsantrag zum OLG für unzulässig. Das gilt nicht nur, wenn die Staatsanwaltschaft das öffentliche Interesse gem. § 376 StPO verneint hat, sondern auch dann, wenn sie das Verfahren nach § 170 II StPO eingestellt hat, weil sie zB ein Verfahrenshindernis annimmt oder keinen hinreichenden Tatverdacht ermittelt hat.[45] Die Einstellung des Verfahrens nach § 170 II StPO bedeutet für den Verletzten in jedem Fall eine „Verweisung auf den Privatklageweg“.

b) Privatklage, § 374 I Nr. 8 StPO

P kann die Einstellungsentscheidung der Staatsanwaltschaft nicht anfechten (s. oben a). Einen ähnlichen Effekt kann er jedoch erreichen, indem er selbst den Privatklageweg beschreitet. Denn sowohl das Klageerzwingungsverfahren als auch die Privatklage haben letztlich das Ziel, eine gerichtliche Untersuchung herbeizuführen. Aus diesem Grund besteht kein Rechtsschutzbedürfnis für einen Rechtsbehelf gegen die staatsanwaltschaftliche Verfahrenseinstellung.[46]

2. Einstellung nach § 153a I StPO

Stellt die Staatsanwaltschaft das Strafverfahren nach § 153a I StPO ein, hat sie zuvor das öffentliche Interesse an der Strafverfolgung bejaht, § 376 StPO (s. oben Frage 3 I. 3.). Daher hat P keine Möglichkeit durch Erhebung einer Privatklage ein gerichtliches Verfahren zu erzwingen. Ebenfalls ausgeschlossen ist die Beteiligung am

44 Gössel StrafVerfR S. 101; Hellmann StrafProzR Rn. 553; Murmann Prüfungswissen StrafProzR Rn. 158.

45 Gössel StrafVerfR S. 102; LR/Graalmann-Scheerer § 172 Rn. 23; Meyer-Goßner/Schmitt/Schmitt § 172 Rn. 2.

46 Roxin/Schünemann StrafVerfR § 41 Rn. 7.

Verfahren als Nebenkläger (§ 395 I Nr. 6 StPO), da die Anschlussmöglichkeit erst nach Anklageerhebung besteht. Auch der Weg des Klageerzwingungsverfahrens ist verschlossen, da § 172 II 3 StPO den Antrag zum OLG explizit für unzulässig erklärt, wenn die Staatsanwaltschaft das Verfahren aus Opportunitätserwägungen eingestellt hat. Dieser Ausschluss betrifft nicht nur die vorläufige Verfahrenseinstellung vor Auflagenerfüllung (§ 153a I 1 StPO), sondern auch die endgültige Einstellung, nachdem der Beschuldigte die Auflagen erfüllt hat.[47] Die Möglichkeit der Anfechtung der Verfahrenseinstellung nach § 153a I StPO besteht daher nicht.

II. Einstellung des Verfahrens durch das Gericht

1. Nichteröffnung des Hauptverfahrens

Gegen den Beschluss des Gerichts das Hauptverfahren nicht zu eröffnen (§ 204 StPO) kann die Staatsanwaltschaft sofortige Beschwerde einlegen, §§ 210 II, 311 StPO. Wurde das Gericht mit der Sache aufgrund einer Privatklage befasst und hat die Staatsanwaltschaft das Verfahren nicht gem. § 377 StPO übernommen, steht dem Privatkläger das Recht zur sofortigen Beschwerde zu, § 390 I StPO iVm § 210 II StPO. Hatte die Staatsanwaltschaft gem. § 376 StPO eine öffentliche Klage erhoben, wurde das Privatklageverfahren hinfällig. Der Verletzte hat aber im Zwischenverfahren die Möglichkeit, sich dem Verfahren als Nebenkläger anzuschließen, § 395 I Nr. 6 StPO. Als Nebenkläger steht ihm auch das Recht zu, gegen den Nichteröffnungsbeschluss des Gerichts sofortige Beschwerde einzulegen, § 400 II 1 StPO.

2. Einstellung des Verfahrens nach § 383 II StPO

Das Gericht kann im Privatklageverfahren das Verfahren wegen geringer Schuld des Täters einstellen, ohne dass es dabei auf eine Zustimmung des Privatklägers ankäme, § 383 II 1 StPO. Obwohl der Privatkläger die Anklägerfunktion der Staatsanwaltschaft übernommen hat, gesteht das Gesetz ihm nicht dieselbe Mitwirkungsbefugnis zu, wie sie die Staatsanwaltschaft bei einer gerichtlichen Entscheidung nach § 153 II 1 StPO hat. Stattdessen hat der Privatkläger das Recht, den Beschluss des Gerichts mit der sofortigen Beschwerde gem. § 383 II 3 StPO iVm § 311 StPO anzufechten.[48]

III. Ergebnis

Die Einstellung des Verfahrens durch die Staatsanwaltschaft ist für P unanfechtbar. Sofern die Staatsanwaltschaft das Verfahren nicht gem. § 153a I StPO eingestellt hat, kann P den Privatklageweg beschreiten. Stellt das Gericht das Verfahren ein, indem es die Nichteröffnung der Hauptverhandlung beschließt, kann P entweder als Privatkläger oder als Nebenkläger dagegen sofortige Beschwerde einlegen. Dasselbe Rechtsmittel steht ihm zu, wenn das Gericht im Privatklageverfahren das Verfahren wegen geringer Schuld des Täters einstellt.

---

47 LR/Mavany § 153a Rn. 135.

48 Meyer-Goßner/Schmitt/Schmitt § 383 Rn. 21.

Fall 2: „Der angeblich gewalttätige Ehemann"

In der Ehe von Erna Elster (E) und Max Elster (M) kriselt es schon seit längerem heftig. Am 2.1.2023 stellt E beim Amtsgericht in Potsdam Strafantrag gegen M. Sie trägt vor, M habe an Silvester 2022 sie und die gemeinsame zwei Jahre alte Tochter Tanja (T) mehrfach körperlich misshandelt. Unter anderem habe M der E von hinten den Pullover hochgeschoben und dann auf ihrem nackten Rücken glimmende Zigarettenstummel ausgedrückt. T sei zudem von M so heftig mit der flachen Hand und auch mit geballter Faust geschlagen worden, dass Bauch und Rücken des Mädchens voller blauer Flecken seien. Tatsächlich sind diese Behauptungen der E unwahr. M hat weder E noch T misshandelt. Gleichwohl wird gegen M ein Ermittlungsverfahren eingeleitet.

M bestreitet die gegen ihn erhobenen Vorwürfe energisch. Auf ausdrücklichen Wunsch des M und auf Antrag der Staatsanwaltschaft ordnet Ermittlungsrichter Reich (R) an, dass E und T von einem Arzt körperlich untersucht werden. Es soll ermittelt werden, ob sich an der Körperoberfläche der beiden Spuren physischer Gewalteinwirkung befinden. E äußert sich zu der Untersuchung ihrer Tochter T nicht. Das vom Vormundschaftsgericht für T zum Ergänzungspfleger (§ 1909 BGB) bestellte Jugendamt erklärt, der Untersuchung der T werde zugestimmt, damit der gegen den Vater bestehende Verdacht aufgeklärt werden kann. E dagegen lehnt es ab, sich untersuchen zu lassen. Sie macht geltend, sie sei berechtigt, die Untersuchung zu verweigern. Außerdem erklärt sie gegenüber der Staatsanwaltschaft in Potsdam, dass sie den am 2.1.2023 gestellten Strafantrag wieder zurücknehme.

Bearbeitervermerk:

Frage 1: Darf T körperlich untersucht werden?

Frage 2: Darf E körperlich untersucht werden?

Frage 3: Wie wäre die Frage 1 zu beantworten, wenn M nicht der leibliche Vater der T wäre?

Gutachtliche Vorüberlegungen

Frage 1: Darf T körperlich untersucht werden?

Bei der Entwicklung der Fallbearbeitungsstrategie ist wichtig, sich den Blick auf die Aufgabenstellung nicht dadurch verengen zu lassen, dass der Bearbeitervermerk nach der Zulässigkeit konkreter Einzelmaßnahmen fragt. Zwar begründen die Fallfragen eine starke Verlockung, sich sofort auf die Suche nach passenden Eingriffsnormen für körperbezogene Ermittlungsmaßnahmen zu begeben und deren Voraussetzungen zu prüfen. Ein im Strafprozessrecht Fortgeschrittener wird auch relativ schnell den Bereich der §§ 81 ff. StPO finden. Aber dabei darf nicht übersehen werden, dass jede strafprozessuale Maßnahme ihre rechtliche Qualität als zulässiger Eingriff allein in dem Rahmen des Strafverfahrens gewinnt. Daher ist die Zulässigkeit des Verfahrens zugleich immer auch eine Voraussetzung der Zulässigkeit einzelner Maßnahmen, die in diesem Verfahren getroffen werden. In einer speziellen Eingriffsnorm wie § 81c StPO wird dies natürlich allenfalls angedeutet („zur Erforschung der Wahrheit"), weil es nicht Gegenstand dieser Norm ist, sondern ihrer Anwendbarkeit rechtslogisch vorgelagert ist. § 81c StPO setzt voraus, dass die Strafverfolgungsbehörden überhaupt zur Erforschung einer bestimmten Wahrheit befugt sind. Erst wenn das geklärt ist, stellt sich die Frage, ob die körperliche Untersuchung einer Person ein zu diesem Zweck erlaubtes Mittel ist. Die allgemeinen Voraussetzungen eines zulässigen Strafverfahrens müssen erfüllt sein, damit es überhaupt Sinn macht, sich den speziellen Zulässigkeitsvoraussetzungen der konkreten Eingriffsnorm zu widmen. Für die Bearbeitung des Falles folgt daraus, dass – sofern der Sachverhalt dafür Anlass gibt – zunächst erörtert werden muss, ob ein Strafverfahren eingeleitet und durchgeführt werden darf. Wird dies bejaht, ist anschließend die Prüfung der speziellen Eingriffsbefugnisnorm durchzuführen. Im vorliegenden Fall sind es vor allem Fragen der Verfahrensvoraussetzung „Strafantrag", deren Beantwortung Aufschluss über die Zulässigkeit des Strafverfahrens als solchem gibt. Nachdem diese Prüfung erledigt ist und dabei die Erkenntnis gewonnen wurde, dass ein Strafverfahren gegen M sowohl wegen einer Straftat zum Nachteil der T als auch wegen einer Straftat zum Nachteil der E zulässig ist, folgt die ausführliche Erörterung des § 81c StPO. Im Mittelpunkt steht die Thematik des Untersuchungsverweigerungsrechts gem. § 81c III StPO. Besonders wichtig ist, die Zusammenhänge mit den Vorschriften über die Zeugnisverweigerungsrechte exakt zu erfassen. Da ein zweijähriges Mädchen nicht über die Ausübung eines Untersuchungsverweigerungsrechts entscheiden kann, muss die Stellungnahme der Eltern und des Jugendamtes erörtert werden.

Frage 2: Darf E körperlich untersucht werden?

Hier ist im Rahmen des Strafantragserfordernisses zu überlegen, ob die von M zum Nachteil der E angeblich begangene Tat überhaupt ein Antragsdelikt ist. Ausschlaggebend ist die materiell-strafrechtliche Qualifikation des Ausdrückens glimmender Zigarettenstummel auf nackter Haut. Beim Thema „Untersuchungsverweigerungsrecht" ist zu beachten, dass einige Abweichungen gegenüber dem Untersuchungsverweigerungsrecht der T (Frage 1) bestehen.

Frage 3: Wie wäre die Frage 1 zu beantworten, wenn M nicht der leibliche Vater der T wäre?

Die Angehörigenbeziehung zwischen T und M ist eine andere als im Ausgangsfall. Soweit es bei der Beantwortung einer strafprozessualen Frage darauf ankommt, muss diese Beziehung exakt qualifiziert werden. Bei der Entscheidung über die Ausübung des Untersuchungsverweigerungsrechts stellt sich die Frage, ob die Mutter der T als Ehefrau des Beschuldigten „befangen“ ist und deshalb von dieser Entscheidung ausgeschlossen sein muss.

Lösungsgliederung

Frage 1

I. Verfahrensvoraussetzung Anfangsverdacht
II. Verfahrensvoraussetzung Strafantrag
1. Antragstellung
2. Antragsrücknahme
3. Besonderes öffentliches Verfolgungsinteresse

III. Privatklageverfahren
IV. Körperliche Untersuchung gem. § 81c I StPO
1. Art der Maßnahme
2. Einwilligung
3. Untersuchungsbetroffener (Zeugengrundsatz)
4. Wahrheitserforschung (Spurengrundsatz)
5. Untersuchungsverweigerungsrecht
6. Zumutbarkeit
7. Gerichtliche Anordnung

V. Ergebnis

Frage 2

I. Verfahrensvoraussetzung Anfangsverdacht
II. Verfahrensvoraussetzung Strafantrag
III. Privatklageverfahren
IV. Körperliche Untersuchung
1. Voraussetzungen des § 81c I StPO
2. Untersuchungsverweigerungsrecht

V. Ergebnis

Frage 3

I. Strafantragserfordernis
II. Untersuchungsverweigerungsrecht
1. Zeugnisverweigerungsrecht
2. Entscheidung über die Ausübung des Untersuchungsverweigerungsrechts

III. Ergebnis

Lösungsvorschlag

Frage 1: Darf T körperlich untersucht werden?

I. Verfahrensvoraussetzung Anfangsverdacht

Da die Untersuchung der T ein Ermittlungsvorgang im Rahmen eines Strafverfahrens ist, hängt ihre Zulässigkeit davon ab, dass das Strafverfahren insgesamt überhaupt zulässig ist. Nach dem in § 152 II StPO verankerten Legalitätsprinzip muss die Staatsanwaltschaft ein Ermittlungsverfahren einleiten, wenn ein Anfangsverdacht für eine verfolgbare Straftat besteht. Fehlt es an einem solchen Verdacht, ist die Staatsanwaltschaft weder verpflichtet noch berechtigt, ein Strafverfahren durchzuführen. Der Anfangsverdacht ist somit auch eine unverzichtbare – wenngleich nicht in jedem Fall hinreichende – Zulässigkeitsbedingung konkreter Ermittlungsmaßnahmen.[1] Hier hat E im Zusammenhang mit der Strafantragstellung konkrete Beschuldigungen gegen M vorgebracht, die auf mehrere von M zum Nachteil der E und zum Nachteil der T begangene Körperverletzungen hindeuten. Dies reicht aus, um nach kriminalistischer Erfahrung das Vorliegen von Straftaten gem. §§ 223 ff. StGB[2] als möglich erscheinen zu lassen.[3] Ob es sich um verfolgbare Straftaten handelt, hängt davon ab, ob alle Verfahrensvoraussetzungen erfüllt sind und keine Verfahrenshindernisse bestehen[4] (s. dazu unten II. und III.).

II. Verfahrensvoraussetzung Strafantrag

1. Antragstellung

Wenn nach dem für die betroffene Straftat einschlägigen Strafgesetz die Verfolgung der Tat einen Strafantrag voraussetzt, darf das Strafverfahren nur durchgeführt werden, sofern ein wirksamer Strafantrag gestellt worden ist, § 77b I 1 StGB. Denn der Strafantrag ist eine Verfahrensvoraussetzung, deren Fehlen die Strafverfolgung unzulässig macht.[5] Die von E geschilderten Handlungsweisen des M gegenüber T sind als vorsätzliche Körperverletzung gem. § 223 StGB zu qualifizieren. Diese Straftat ist gem. § 230 I 1 StGB ein Antragsdelikt. „Verfolgbar" iSd § 152 II StPO ist die Körperverletzung nur nach Stellung eines wirksamen Strafantrages oder bei Vorliegen eines besonderen öffentlichen Interesses an der Strafverfolgung. Wirksamkeitsvoraussetzung eines Strafantrags ist die Strafantragsberechtigung. Antragsberechtigt ist der durch die Tat Verletzte, § 77 I StGB. Das ist hier, soweit es um Körperverletzung zum Nachteil der T geht, die T. Allerdings ist T als zweijähriges Kind geschäftsunfähig (§ 104 Nr. 1 BGB) und daher auch nicht prozesshandlungsfähig. Sie selbst kann daher keinen Strafantrag

1 Beulke/Swoboda StrafProzR Rn. 311; Heghmanns Strafverfahren Rn. 508.
2 Zur materiell-strafrechtlichen „Schlüssigkeitsprüfung" auf der Grundlage verdachtsbegründender Tatsachen vgl. Roxin/Schünemann StrafVerfR § 39 Rn. 19.
3 Joecks/Jäger StPO § 152 Rn. 6.
4 Hellmann StrafProzR Rn. 58.
5 Lackner/Kühl/Heger StGB § 77 Rn. 2.

stellen.[6] Das Antragsrecht steht deshalb dem gesetzlichen Vertreter in den persönlichen Angelegenheiten und dem Personensorgeberechtigten zu, § 77 III StGB. Inhaber dieser beiden familienrechtlichen Stellungen sind die Eltern der T, also E und M, §§ 1626 I, 1629 I BGB. Da es aber hier um eine Tat des M geht, kann dieser nicht für T über die Stellung eines Strafantrags bzw. das Unterlassen einer Antragsstellung entscheiden.[7] Den Strafantrag konnte somit die E als gesetzliche Vertreterin und Personensorgeberechtigte für T allein stellen. Der Umstand, dass das Verfahren sich gegen den eigenen Ehemann richtet, könnte allerdings die Antragsberechtigung der E ausschließen.[8] Dies lässt sich aus dem Grundgedanken der §§ 1629 II 1, 1795 I Nr. 3 BGB ableiten. Die Frage ist umstritten, kann wegen der Rücknahme des von E gestellten Strafantrags (unten 2.) aber unerörtert bleiben. Die Antragstellung am 2.1.2023 erfolgte innerhalb der Drei-Monats-Frist des § 77b I 1, II 1 StGB. Das Amtsgericht Potsdam war ein geeigneter Antragsadressat, § 158 II StPO.

2. Antragsrücknahme

Die Verfahrensvoraussetzung Strafantrag könnte aber infolge der von E erklärten Strafantragsrücknahme weggefallen sein. Ein gestellter Strafantrag kann innerhalb des Strafverfahrens bis zu dessen rechtskräftigem Abschluss zurückgenommen werden, § 77 d I 1, 2 StGB. Rücknahmeberechtigt ist, wer den Strafantrag gestellt hatte. Das gilt auch für den Fall, dass der Strafantrag gem. § 77 III StGB von einem gesetzlichen Vertreter gestellt wurde.[9] Den von ihr für T gestellten Strafantrag konnte E also auch wieder allein zurücknehmen. Geht man davon aus, dass die Ehefrau als gesetzliche Vertreterin des Kindes den Strafantrag nicht gegen den eigenen Ehemann stellen kann (s. oben 1.), ist die Antragsrücknahme gegenstandslos. Vom entgegengesetzten Standpunkt aus muss die Ehefrau befugt sein, einen gegen den eigenen Ehemann gerichteten Strafantrag als gesetzliche Vertreterin ihrer Tochter zurückzunehmen.[10] Die Rücknahmeerklärung ist formlos möglich und muss gegenüber der Stelle abgegeben werden, die dafür zuständig ist, aus der Antragsrücknahme die rechtlich gebotenen Konsequenzen zu ziehen. Da dies im Ermittlungsverfahren die Staatsanwaltschaft ist, hat E ihre Antragsrücknahme gegenüber der richtigen Stelle erklärt.[11] Folge der wirksamen Antragsrücknahme ist die Nichterfüllung der in § 230 I 1 Alt. 1 StGB aufgestellten Verfahrensvoraussetzung.

3. Besonderes öffentliches Verfolgungsinteresse

Die Rücknahme des Strafantrags stünde jedoch der Verfahrensdurchführung und -fortsetzung nicht entgegen, wenn die zweite Alternative des § 230 I 1 StGB, das besondere öffentliche Interesse an der Strafverfolgung, gegeben wäre. Zur Ausfüllung dieses unbestimmten Rechtsbegriffs hat die Staatsanwaltschaft einen breiten Beurteilungsspielraum. Orientierung bieten ihr dabei die RiStBV, die zwar keine Rechtssatzqualität haben, aber im internen Bereich staatsanwaltschaftlicher Prozessführung eine

6 Schönke/Schröder/Bosch StGB § 77 Rn. 15.
7 BGHSt 6, 155 (157) = NJW 1954, 1413; Lackner/Kühl/Heger StGB § 77 Rn. 13; Schönke/Schröder/Bosch StGB § 77 Rn. 22.
8 LK/Greger/Weingarten § 77 Rn. 48; Schönke/Schröder/Bosch StGB § 77 Rn. 22; aA OLG Celle NJW 1996, 2666 (betr. Rücknahme des Strafantrags); NK-StGB/Kargl StGB § 77 Rn. 42.
9 LK/Greger/Weingarten § 77d Rn. 5; NK-StGB/Kargl StGB § 77d Rn. 5.
10 OLG Celle NJW 1996, 2666.
11 LK/Greger/Weingarten § 77d Rn. 3; NK-StGB/Kargl StGB § 77d Rn. 9.

faktische Bindungswirkung entfalten.[12] Für den vorliegenden Fall einschlägig ist Richtlinie Nr. 235 II: danach ist bei Kindesmisshandlung das besondere öffentliche Interesse grundsätzlich zu bejahen. Sofern also keine Umstände vorliegen, die gegen ein öffentliches Interesse sprechen, ist der Richtlinie zu folgen. Bei der Verletzung eines zweijährigen Mädchens durch den eigenen Vater ist der Aspekt des staatlichen Wächteramtes über das Kindeswohl, der in Art. 6 II 2 GG verfassungsrechtliche Verankerung hat, berührt. Die Allgemeinheit hat ein Interesse daran, dass innerfamiliäre Gewalt nicht deswegen der strafrechtlichen Verfolgung entzogen wird, weil Opfer es nicht wagen, gegen ihren Peiniger Strafantrag zu stellen. Zudem steht am Rande stets auch mögliches Versagen des Jugendamtes, der Schule oder sonstiger staatlicher Stellen im Raum, das ein unmittelbares öffentliches Aufklärungsinteresse hervorruft. Mit sozialkritischem Impetus könnte man sogar behaupten, bei Straftaten gegen Kinder sitzt die Gesellschaft selbst mit auf der Anklagebank. Ein besonderes öffentliches Interesse an der Strafverfolgung ist also im Ergebnis zu bejahen.

III. Privatklageverfahren

Das staatsanwaltschaftliche Verfahren könnte unzulässig sein, weil die Tat, auf die sich der Anfangsverdacht richtet, ein Privatklagedelikt ist. Da die Tatschilderung der E, auf der der Tatverdacht gegen M beruht, keine Anhaltspunkte dafür enthält, dass es sich bei der von M gegenüber seiner Tochter T begangenen Körperverletzung um eine gem. §§ 224, 225 oder 226 StGB qualifizierte Körperverletzung handeln könnte, betrifft das Verfahren gem. § 374 I Nr. 4 StPO ein Privatklagedelikt. Im Privatklageverfahren findet kein staatsanwaltschaftliches Ermittlungsverfahren statt und es wird keine öffentliche Klage erhoben, es sei denn, die Übernahme der Strafverfolgung durch die Staatsanwaltschaft liegt im öffentlichen Interesse, § 376 StPO. Nicht erforderlich ist ein „besonderes" öffentliches Interesse iSd § 230 I 1 Alt. 2 StGB. Wenn letzteres bejaht worden ist, liegt also zwangsläufig auch das öffentliche Interesse iSd § 376 StPO vor.[13] Die Tat des M ist deshalb im Offizialverfahren zu verfolgen. Vor der Erhebung der öffentlichen Klage durch die Staatsanwaltschaft muss ein Ermittlungsverfahren durchgeführt werden, in dessen Rahmen auch eine körperliche Untersuchung in Betracht kommen kann, § 160 I StPO. Der Gesichtspunkt des Privatklagedelikts steht also einer auf Antrag der Staatsanwaltschaft (§ 162 I 1 StPO) richterlich angeordneten (§ 81c V 1 StPO) körperlichen Untersuchung der T nicht entgegen.

IV. Körperliche Untersuchung gem. § 81c I StPO

Die körperliche Untersuchung der T ist zulässig, wenn die rechtlichen Voraussetzungen dieser Maßnahme vorliegen. Gesetzliche Grundlage einer körperlichen Untersuchung könnte hier § 81c I StPO sein.

1. Art der Maßnahme

§ 81c StPO kommt als Rechtsgrundlage nur in Betracht, wenn es sich bei der richterlich angeordneten Untersuchung der T der Art nach um eine Untersuchung iSd § 81c

12 Kühne StrafProzR Rn. 22.

13 Meyer-Goßner/Schmitt/Schmitt § 376 Rn. 3.

StPO handelt. Da hier das Ziel der Ermittlungsmaßnahme das Auffinden von Anzeichen einer gegen den Körper der T begangenen Straftat ist und zu diesem Zweck die Körperoberfläche der T betrachtet werden soll, könnte es sich auch um eine schlichte Inaugenscheinnahme handeln. Deren Rechtmäßigkeit bemäße sich nicht nach § 81c StPO, vielmehr wäre sie auch ohne besondere gesetzliche Befugnis zulässig, soweit sie keinen Eingriffscharakter hat, was beim bloßen Betrachten der Person ohne Anwendung von Hilfsmitteln der Fall ist. Zielt die Ermittlungsmaßnahme hingegen auf die Gewinnung einer Erkenntnis, die über das unmittelbare Wahrnehmungsresultat hinausgeht und zB Schlussfolgerungen auf die Ursache der optisch wahrnehmbaren Merkmale ermöglichen soll, ist eine körperliche Untersuchung durchzuführen. Denn meistens bedarf es zum Erkennen und Verstehen des Untersuchungsgegenstands spezieller außerjuristischer Sachkunde und daher der Hinzuziehung zB eines Arztes.[14]

Hier könnte ein Richter die von E behaupteten „blauen Flecken" auf der Haut am Körper der T wahrscheinlich selbst und ohne ärztliche Unterstützung erkennen und als Folgen eines Übergriffs, wie E ihn behauptete, interpretieren. Dennoch ist die Maßnahme, die zum Auffinden dieser Körpermale führen soll, mehr als eine schlichte optische Augenscheinseinnahme, sondern eine körperliche Untersuchung. Das beruht schon darauf, dass eine Entkleidung des Oberkörpers erforderlich ist, um die optische Wahrnehmung überhaupt zu ermöglichen. Darin liegt ein Eingriff in die Personenwürde, der ohne gesetzliche Eingriffsbefugnis nicht zulässig sein kann, vgl. § 81d StPO. Eine andere Eingriffsnorm, die den Charakter der Maßnahme besser erfassen würde als § 81c I StPO, existiert nicht. Diese Vorschrift zeigt zudem, dass das Wesen einer körperlichen Untersuchung nicht zwingend mit dem Eindringen in das Körperinnere der untersuchten Person verbunden sein muss. Auch das Aufsuchen von Spuren „am" Körper, also auf der Körperoberfläche, ist eine körperliche Untersuchung. Daher ist die gegen den Körper der T gerichtete Ermittlungsmaßnahme eine körperliche Untersuchung iSd § 81c I StPO.

2. Einwilligung

Die körperliche Untersuchung wäre ohne weitere Voraussetzungen zulässig, wenn die von der Maßnahme betroffene Person wirksam eingewilligt hätte. § 81c I StPO ist als gesetzliche Grundlage nur für körperliche Untersuchungen erforderlich, die ohne Einwilligung des Betroffenen angeordnet werden.[15] Liegt eine wirksame Einwilligung vor, kommt es zB nicht darauf an, dass die zu untersuchende Person „als Zeuge in Betracht kommt". Da sich die Untersuchung auf den Körper der T beziehen soll, ist eine Einwilligung der T erforderlich. T kann aber als zweijähriges Kind noch keine wirksame Einwilligungsentscheidung treffen. Daher ist an ihrer Stelle der gesetzliche Vertreter für die Entscheidung zuständig.[16] Gesetzliche Vertreter der T sind ihre Eltern E und M (s. oben I.1.). Vater M hat in die Untersuchung der T nicht nur eingewilligt, sondern diese Maßnahme sogar ausdrücklich verlangt. E hingegen hat keine konkrete Stellungnahme abgegeben. Eine wirksame Einwilligung der T liegt deshalb nur vor, wenn dafür die Einwilligung eines Elternteils genügt. Die Einwilligung eines

14 Bei Putzke/Scheinfeld StrafProzR Rn. 244 ff.; Walter StrafProzR Rn. 285 ff. werden die körperlichen Untersuchungen deshalb unter der Überschrift „medizinische Zwangsmaßnahmen" erörtert.

15 Meyer-Goßner/Schmitt/Schmitt § 81c Rn. 2.

16 Meyer-Goßner/Schmitt/Schmitt § 81c Rn. 3.

Elternteils reicht aus, wenn der andere Elternteil an der gesetzlichen Vertretung des Kindes gehindert ist. Dies ist hier bezüglich des M der Fall, da er selbst Beschuldigter in dem Verfahren ist, in der die körperliche Untersuchung der T erfolgen soll. Da die Darbietung des eigenen Körpers als Augenscheinsobjekt und damit als Beweismittel, das möglicherweise den Beschuldigten belastende Erkenntnisse erzeugt, das Kind in einen ähnlichen Gewissenskonflikt wie bei einer Zeugenaussage stürzen kann, muss der Beschuldigte ebenso wie bei der Entscheidung über die Ausübung eines Zeugnisverweigerungsrechts (§ 52 II 2 StPO) oder des Untersuchungsverweigerungsrechts (§ 81c III 2 StPO) von der Entscheidung ausgeschlossen sein. Vater M kann also über eine Einwilligung in die körperliche Untersuchung nicht mitentscheiden.[17] Ob demzufolge die E allein entscheiden darf oder ebenfalls in Anlehnung an § 81c II StPO iVm § 52 II 2 StPO ausgeschlossen ist, kann dahinstehen, da E keine Einwilligung erklärt hat. Gegen eine Entscheidungsbefugnis der E spräche hier zudem, dass die Untersuchung der T aufdecken könnte, dass sie gelogen, ihren Ehemann fälschlich bezichtigt und sich damit selbst aus §§ 164, 187 StGB strafbar gemacht hat. Es liegt also keine Einwilligung vor. Die Entscheidung des vom Vormundschaftsgericht bestellten Ergänzungspflegers ist nicht als Einwilligung in die körperliche Untersuchung, sondern lediglich als Verzicht auf das gem. § 81c III 1 StPO bestehende Untersuchungsverweigerungsrecht zu verstehen (dazu unten 6.). Der Ergänzungspfleger hat keine Legitimation zum Abbau des rechtlichen Schutzes, den die eingriffsbegrenzenden Voraussetzungen des § 81c I StPO bieten. Erst wenn feststeht, dass die betreute Person auch ohne Einwilligung grundsätzlich zur Duldung der Untersuchung verpflichtet ist, wächst dem Ergänzungspfleger eine Entscheidungsbefugnis zu. Zudem hat sich der Ergänzungspfleger bei seiner Entscheidung ausschließlich am Kindeswohl zu orientieren und nicht die Interessen des beschuldigten Vaters wahrzunehmen.

3. Untersuchungsbetroffener (Zeugengrundsatz)

T müsste zu dem Kreis der Personen gehören, die § 81c I StPO als von der Untersuchung Betroffene definiert. Während § 81a StPO die körperliche Untersuchung von Beschuldigten regelt, bezieht sich § 81c StPO auf Personen, die in dem Verfahren nicht Beschuldigte sind. Allerdings beschränkt sich § 81c I StPO nicht auf eine reine Negativabgrenzung, die zur Folge hätte, dass jeder Mensch Untersuchungsbetroffener sein kann, der nicht Beschuldigter ist. Der Gesetzestext verlangt positiv, dass die zu untersuchende Person „als Zeuge in Betracht“ komme. Zeuge ist, wer aufgrund eigener Wahrnehmungen über Wissen verfügt, das für die Wahrheitsfindung in dem Strafverfahren von Bedeutung ist.[18] Da das Gesetz nur voraussetzt, dass die zu untersuchende Person als Zeuge „in Betracht kommt“, ist eine tatsächliche Zeugenstellung in dem Verfahren nicht erforderlich. Unbeachtlich ist auch, dass die Person als Zeuge ein Zeugnisverweigerungsrecht hätte. Dieser Umstand wird erst im Rahmen des Untersuchungsverweigerungsrechts gem. § 81c III StPO berücksichtigt. Problematisch ist hier jedoch, dass die zweijährige T nicht die Artikulationsfähigkeit hat, um als Zeugin eine Aussage zu machen. Sie ist eine „aussageuntüchtige“ Person. Eine Vernehmung der T als Zeugin ist daher nicht möglich. Allerdings stellt die gesetzliche Voraussetzung „in Betracht kommen“ darauf auch nicht ab. Vielmehr soll damit nur der Kreis der Personen eingeschränkt werden, denen auch gegen ihren Willen die

17 LR/Krause § 81c Rn. 47; SK-StPO/Rogall § 81c Rn. 17, 57.

18 Meyer-Goßner/Schmitt/Schmitt vor § 48 Rn. 1; Walter StrafProzR Rn. 193.

Duldung einer körperlichen Untersuchung abverlangt werden kann.[19] Dies betrifft in erster Linie Opfer von gegen ihren Körper gerichteten Straftaten. Da Kleinkinder und Säuglinge zu diesem Personenkreis gehören und das materielle Strafrecht mit § 225 StGB sogar einen Straftatbestand mit speziell auf derartige Opfer bezogenem Schutzzweck enthält, müssen diese Personen auch in den Anwendungsbereich des § 81c StPO einbezogen sein.[20] Bestätigt wird das durch § 81c III 2 StPO, der voraussetzt, dass Untersuchungsbetroffene auch Menschen mit eingeschränkter geistiger Reife und sonstigen ihre Kommunikationsfähigkeit einschränkenden psychischen Defekten sein können.[21] Es ist nicht ersichtlich, dass das Gesetz innerhalb dieser Personengruppe eine Grenze zieht und Kinder unterhalb einer bestimmten Altersgrenze von vornherein aus dem Anwendungsbereich des § 81c StPO ausschließt.

4. Wahrheitserforschung (Spurengrundsatz)

Die körperliche Untersuchung ist ohne wirksame Einwilligung zulässig, wenn sie ein geeignetes und taugliches Mittel für die Feststellung ist, ob sich am Körper der betroffenen Person Spuren oder Folgen einer Straftat befinden. Da die Staatsanwaltschaft auch entlastende Umstände ermitteln muss (§ 160 II StPO), ist ein relevantes Ziel auch die Feststellung, dass sich keine Spuren oder Folgen einer Straftat am Körper der untersuchten Person finden lassen. Die staatsanwaltschaftlichen Ermittlungen richten sich auf eine von M zum Nachteil der T begangene Körperverletzung, die durch Schläge gegen den Körper des Kindes ausgeführt wurde. Wenn M die Tat wirklich so begangen hat, wie E es behauptet hat, ist es wahrscheinlich, dass die Wirkung dieser Misshandlungen sich auf der Körperoberfläche abgezeichnet hat und dies im Zeitpunkt der Untersuchung noch zu erkennen ist. Umgekehrt kann es zur Entlastung des M beitragen, wenn bei einer körperlichen Untersuchung, die relativ kurz nach der angeblichen Tat durchgeführt wird, keine Folgen einer Straftat gefunden werden. Da die T nicht selbst als Zeugin vernommen werden kann, ist ihre körperliche Untersuchung zur Erforschung der Wahrheit erforderlich.

5. Untersuchungsverweigerungsrecht

Wäre T Zeugin in dem Strafverfahren gegen M, stünde ihr gem. § 52 I Nr. 3 StPO ein Zeugnisverweigerungsrecht zu. Daran knüpft § 81c III 1 StPO ein Recht zur Untersuchungsverweigerung. Dieses Recht kann T als zweijähriges Kind allerdings nicht selbst ausüben. Deshalb sind gem. § 81c III 2 StPO an sich ihre Eltern als gesetzliche Vertreter zur Entscheidung über die Ausübung dieses Rechts berufen. Da jedoch Vater M Beschuldigter ist, scheidet er ebenso aus wie seine Ehefrau E, § 81c III 2 StPO iVm § 52 II 2 StPO. An die Stelle der an der Wahrnehmung ihrer gesetzlichen Vertretungsmacht gehinderten Eltern muss daher ein Ergänzungspfleger treten.[22] Hier hat das Jugendamt als Ergänzungspfleger entschieden, dass die Duldung der Untersuchung nicht verweigert werde.

---

19 Kindhäuser/Schumann StrafProzR § 8 Rn. 61; LR/Krause § 81c Rn. 12; SK-StPO/Rogall § 81c Rn. 13.

20 Beulke/Swoboda StrafProzR Rn. 244; Meier JZ 1991, 638 (642); Meyer-Goßner/Schmitt/Schmitt § 81c Rn. 9; Volk/Engländer GK StPO § 10 Rn. 26.

21 Krause JZ 1976, 124 (125).

22 LR/Krause § 81c Rn. 47; SK-StPO/Rogall § 81c Rn. 58.

Allerdings wurde dies ausdrücklich mit dem Hinweis verbunden, dass die Freigabe der Untersuchung dem Zweck diene, den Straftatverdacht gegen M zu verifizieren. Möglicherweise hat das Untersuchungsverweigerungsrecht der T aber noch eine zweite Rechtsgrundlage, die auf der Beziehung der T zu ihrer Mutter E beruht. Wäre auch die E Beschuldigte in dem Verfahren, hätte T ein Untersuchungsverweigerungsrecht aus § 81c III 1 StPO iVm § 52 I Nr. 3 StPO auch aufgrund der Mutter-Tochter-Beziehung. E ist aber nicht Beschuldigte, weshalb § 52 I Nr. 3 StPO nicht einschlägig ist. Indessen besteht die Gefahr, dass die anlässlich einer körperlichen Untersuchung der T gewonnenen Erkenntnisse die E dem Verdacht aussetzen, durch die Bezichtigung des M eine Straftat der falschen Verdächtigung (§ 164 StGB) und der Verleumdung (§ 187 StGB) begangen zu haben. Daraus könnte die Gefahr resultieren, dass E selbst strafrechtlich verfolgt wird. Würde T diese Gefahr durch eine Zeugenaussage verursachen, stünde ihr insoweit ein Auskunftsverweigerungsrecht aus § 55 StPO iVm § 52 I Nr. 3 StPO zu. Ob daraus ein Untersuchungsverweigerungsrecht gem. § 81c III 1 StPO folgt, ist fraglich und umstritten. Die hM verneint dies.[23] Denn § 81c III 1 StPO nimmt nur auf Zeugnisverweigerungsrechte Bezug. § 55 StPO hingegen normiert kein Zeugnisverweigerungsrecht, sondern bloß ein Auskunftsverweigerungsrecht.[24] Zutreffend macht jedoch die Gegenansicht darauf aufmerksam, dass die Strafprozessordnung in § 56 StPO den Inhalt des in § 55 StPO verankerten Rechts als „Verweigerung des Zeugnisses“ bezeichnet.[25] Daher gibt der Gesetzeswortlaut für die Auslegung des § 81c III 1 StPO wenig her.[26] Entscheidend ist, dass der Schutzzweck des Untersuchungsverweigerungsrechts nicht erst greift, wenn die mit dem Zeugen verwandte Person bereits Beschuldigte ist, sondern schon dann, wenn das zu erwartende Untersuchungsergebnis die Gefahr begründet, dass sie zur Beschuldigten gemacht wird.[27] Diese Gefahr bestünde nicht, wenn gewährleistet wäre, dass das Ergebnis der körperlichen Untersuchung ausschließlich in dem Strafverfahren gegen M und nicht auch zur Einleitung eines Strafverfahrens gegen E sowie darüber hinaus in diesem Strafverfahren zur Wahrheitsfindung verwendet wird. Eine derartige Garantie gibt es aber nicht. Die Staatsanwaltschaft ist nach §§ 152 II, 160 I StPO zur Einleitung eines Ermittlungsverfahrens auch dann verpflichtet, wenn die Kenntnis von dem Straftatverdacht auf Informationen einer Person beruht, die diese hätte zurückhalten dürfen, wenn der Informationsgewinnungsvorgang im Rahmen eines bereits eingeleiteten Strafverfahrens stattgefunden hätte.[28] Wenn also die Staatsanwaltschaft aufgrund einer körperlichen Untersuchung der T im Verfahren gegen M erfahren hat, dass am Körper der T keinerlei Misshandlungsspuren zu finden sind, kann die T nicht mehr verhindern, dass die Staatsanwaltschaft diese Erkenntnis zum Anlass nimmt, ein Ermittlungsverfahren gegen E wegen falscher Verdächtigung und Verleumdung einzuleiten. Aus diesem Grund ist es notwendig, der T bereits vor der Beweiserhebungsmaßnahme, die Quelle von belastenden Erkenntnissen gegenüber E sein könnte, das Recht einzuräumen, die Mitwirkung an dieser Maßnahme zu verweigern. Ein auf § 55 StPO basierendes Untersuchungsverweigerungsrecht der T ist

23 Beulke/Swoboda StrafProzR Rn. 244; Hellmann StrafProzR Rn. 291 Fn. 131; Krey/Heinrich Dt. StrafverfR Rn. 1271; LR/Krause § 81c Rn. 39; Meyer-Goßner/Schmitt/Schmitt § 81c Rn. 23.

24 Kindhäuser/Schumann StrafProzR § 8 Rn. 67; MüKoStPO/Trück § 81c Rn. 25.

25 Suffa, Das Untersuchungsverweigerungsrecht aus § 81c Abs. 3 StPO als Beweiserhebungsverbot, 2003, S. 81.

26 Krause JZ 1976, 124 (126); Walter StrafProzR Rn. 290.

27 Krause JZ 1976, 124 (126); SK-StPO/Rogall § 81c Rn. 44.

28 Meyer-Goßner/Schmitt/Schmitt § 152 Rn. 4.

also zu bejahen.[29] Der Ergänzungspfleger hat bei seiner Entscheidung, mit der auf die Ausübung des Untersuchungsverweigerungsrechts verzichtet wurde, offensichtlich allein die Beziehung der T zu ihrem Vater M im Blick gehabt. Dass ein Untersuchungsverweigerungsrecht auch auf der Beziehung der T zu ihrer Mutter E beruhen könnte, ist ein Gesichtspunkt, der bei dieser Entscheidung keine Beachtung fand. Deshalb liegt hinsichtlich dieser Grundlage des Untersuchungsverweigerungsrechts noch keine Entscheidung vor, durch die diese Untersuchungsschranke beseitigt worden wäre. Solange der Ergänzungspfleger insoweit noch keine Stellungnahme abgegeben hat, darf die körperliche Untersuchung nur unter den Voraussetzungen des § 81c III 3 StPO und unter Beachtung der Verwertungsbeschränkung des § 81c III 5 StPO durchgeführt werden.

6. Zumutbarkeit

Wahrheitserforschung durch körperliche Untersuchung ist nicht zulässig, wenn und soweit dies der betroffenen Person nicht zugemutet werden kann, § 81c IV StPO. Zu den Umständen, auf deren Würdigung es in diesem Zusammenhang ankommt, gehört nicht das Angehörigenverhältnis zwischen T und ihrem Vater M. Dieses ist bereits durch die Zuerkennung eines Untersuchungsverweigerungsrechts gem. § 81c III 1 StPO berücksichtigt.[30] Dasselbe gilt, wenn man entgegen der hM aus § 55 StPO ein Untersuchungsverweigerungsrecht der T im Verhältnis zur Mutter E ableitet. Anderenfalls ist dieser Aspekt in die Abwägung der betroffenen und widerstreitenden Interessen einzubeziehen, auf der letztendlich die Zumutbarkeitsentscheidung beruht.[31]

7. Gerichtliche Anordnung

Die körperliche Untersuchung muss vom zuständigen Ermittlungsrichter (§ 162 StPO) angeordnet werden, es sei denn, es ist Gefahr im Verzug, § 81c V 1 StPO. Hier wurde die körperliche Untersuchung der T auf Antrag der Staatsanwaltschaft vom Ermittlungsrichter angeordnet.

V. Ergebnis

T darf körperlich untersucht werden, wenn der Ergänzungspfleger die Entscheidung trifft, dass die körperliche Untersuchung auch unter Berücksichtigung des aus dem Verwandtschaftsverhältnis zur Mutter E abgeleiteten Untersuchungsverweigerungsrechts der T gestattet wird. Anderenfalls ist eine körperliche Untersuchung nur nach § 81c III 3 StPO auf der Grundlage einer besonderen gerichtlichen oder staatsanwaltschaftlichen Anordnung zulässig.

Frage 2: Darf die E körperlich untersucht werden?

I. Verfahrensvoraussetzung Anfangsverdacht

Auch eine körperliche Untersuchung der E zwecks Erforschung einer von M zum Nachteil der E begangenen Straftat setzt voraus, dass Ermittlungen in diese Richtung überhaupt zulässig sind. Bestünde nämlich zunächst allein ein Verdacht auf Körper-

29 OLG Braunschweig NJW 1954, 1052 (1053); Eb. Schmidt JR 1959, 369.
30 SK-StPO/Rogall § 81c Rn. 73.
31 Meyer-Goßner/Schmitt/Schmitt § 81c Rn. 17.

verletzung zum Nachteil der T, dürfte nicht schon deswegen auch in andere Richtungen ermittelt werden, weil M möglicherweise ein gewalttätiger, aggressiver Schläger ist. Der Anfangsverdacht muss sich auf eine konkrete Tat richten. Nicht ausreichend ist die Mutmaßung einer Neigung zu Gewalttätigkeit, von der vage auf die Möglichkeit einer Vielzahl nicht näher identifizierter Taten geschlossen wird. Hier jedoch besteht ein konkreter Verdacht, dass M als Körperverletzung strafbare Misshandlungen zum Nachteil der E begangen hat. Die Einleitung eines Ermittlungsverfahrens ist daher zulässig.

II. Verfahrensvoraussetzung Strafantrag

Die Tat, die Gegenstand des Anfangsverdachts ist, wäre keine „verfolgbare“ Tat, wenn sie nur auf Strafantrag verfolgt werden dürfte und ein solcher Antrag nicht vorläge. Da die Verdachtsbehauptungen, die E gegen M aufstellte, eine vorsätzliche Körperverletzung gem. § 223 StGB beinhalten, besteht gem. § 230 I 1 StGB ein Antragserfordernis. E hatte zunächst einen Strafantrag gestellt, diesen aber wieder wirksam zurückgenommen, § 77d StGB. Sofern kein besonderes öffentliches Interesse an der Strafverfolgung bestünde, wäre somit die Strafverfolgung unzulässig. Jedoch umfasst der Anfangsverdacht möglicherweise sogar einen Straftatbestand, der der Tat des M die Qualität eines Offizialdelikts verleiht, sodass das Strafantragserfordernis gem. § 230 I StGB nicht durchgreift. Die behauptete Misshandlung der E mit glimmenden Zigarettenstummeln könnte eine gefährliche Körperverletzung gem. § 224 I Nr. 2 Alt. 2 StGB sein. Das qualifizierende Merkmal „gefährliches Werkzeug“ erfasst durchaus auch Gegenstände, deren Zweckbestimmung nicht darin besteht, anderen Menschen gesundheitliche Schäden zuzufügen.[32] Das Ausdrücken glimmender Zigarettenstummel auf der nackten Haut verursacht zum einen starke Schmerzen und zum anderen gegebenenfalls Verbrennungen, die den Grad erheblicher Beschädigungen der körperlichen Unversehrtheit haben.[33] Ob es zu einer gravierenden Schädigung der Gesundheit tatsächlich gekommen ist, ist unerheblich. Ausreichend ist die potentielle Gefährlichkeit des verwendeten Tatmittels. Es genügt, dass das bei der Tat benutzte Werkzeug seiner Beschaffenheit und konkreten Anwendungsart nach geeignet ist, erhebliche Gesundheitsbeeinträchtigungen zu verursachen. Zudem genügt im Stadium der Verdachtsermittlung, dass ausreichende Anhaltspunkte dafür bestehen, die Tat könnte derartig gravierende Folgen verursacht haben. Da Gegenstand des Ermittlungsverfahrens eine gefährliche Körperverletzung ist, entfällt das Strafantragserfordernis des § 230 I StGB. Die Staatsanwaltschaft hat dem Tatverdacht von Amts wegen nachzugehen.

III. Privatklageverfahren

Als gefährliche Körperverletzung gem. § 224 I Nr. 2 StGB ist die Tat des M kein Privatklagedelikt, vgl. § 374 I Nr. 4 StPO. Deshalb ist die Rechtmäßigkeit der staatsanwaltschaftlichen Ermittlungen gegen M nicht von einem positiv begründeten öffentlichen Interesse iSd § 376 StPO abhängig.

---

32 Vgl. die Beispiele bei Schönke/Schröder/Sternberg-Lieben StGB § 224 Rn. 5.

33 BGH NStZ 2002, 30; NStZ 2002, 86.

IV. Körperliche Untersuchung

1. Voraussetzungen des § 81c I StPO

Rechtsgrundlage einer körperlichen Untersuchung der E könnte § 81c I StPO sein. Wie bei T geht es auch bei E darum, durch Betrachtung des unbekleideten Körpers an Stellen, die üblicherweise durch Kleidung verdeckt sind, Folgen einer gegen E begangenen Körperverletzung zu ermitteln. E ist nicht Beschuldigte, sondern kommt in dem Verfahren gegen M als Zeugin in Betracht. Zur Erforschung der Wahrheit hinsichtlich der von M mutmaßlich begangenen gefährlichen Körperverletzung ist die körperliche Untersuchung der E erforderlich.

2. Untersuchungsverweigerungsrecht

Als Ehefrau des Beschuldigten M hat E ein Zeugnisverweigerungsrecht aus § 52 I Nr. 2 StPO. Daraus resultiert gem. § 81c III 1 StPO ein Untersuchungsverweigerungsrecht. Dieses Recht ist nicht dadurch erloschen, dass E den M angezeigt, gegen ihn Strafantrag gestellt und ihn belastende Angaben zur Sache gemacht hat. Selbst wenn dieses Verhalten als Verzicht auf das Zeugnisverweigerungsrecht bewertet werden müsste, könnte dieser doch widerrufen werden, § 52 III 2 StPO.[34] Zudem zieht der Verzicht auf das Zeugnisverweigerungsrecht nicht zwangsläufig den Verzicht auf das Untersuchungsverweigerungsrecht nach sich. Über beide Rechte kann der Zeuge individuell verfügen.[35] Keinen Einfluss auf Bestand und Ausübbarkeit des Untersuchungsverweigerungsrechts hat der Beschuldigte. Dieser kann zwar gem. § 163a II StPO zu seiner Entlastung Beweiserhebungen beantragen. Das Antragsrecht vermag aber rechtliche Schranken der Beweiserhebung nicht zu überwinden. Eine Schranke ist das Untersuchungsverweigerungsrecht. Dieses steht nur zur Disposition des weigerungsberechtigten Zeugen.[36] Der Beschuldigte kann die Untersuchung entgegen einem geltend gemachten Untersuchungsverweigerungsrecht auch dann nicht erzwingen, wenn durch die Untersuchung festgestellt werden könnte, dass der gegen ihn erhobene Vorwurf der Körperverletzung unbegründet ist. E hat hier also ein Untersuchungsverweigerungsrecht aus § 81c III 1 StPO iVm § 52 I Nr. 2 StPO.

Dagegen hat E nach hM kein Untersuchungsverweigerungsrecht aus § 81c III 1 StPO iVm § 55 StPO. Anders als in der Konstellation drohender Angehörigenbelastung (s. oben Frage 1 IV. 5.) ist dem hier zuzustimmen. Denn als Beschuldigter hat die zu untersuchende Person kein Weigerungsrecht, sondern muss die Untersuchung unter den Voraussetzungen des § 81a StPO auch „ohne Einwilligung" über sich ergehen lassen. Daher besteht auch kein Bedürfnis, den Untersuchungsbetroffenen in einem nicht gegen ihn gerichteten Strafverfahren davor zu schützen, dass anlässlich der Untersuchung Zufallsfunde gemacht werden, die einen Straftatverdacht gegen ihn begründen.[37]

V. Ergebnis

Wegen des bestehenden Untersuchungsverweigerungsrechts der E ist eine körperliche Untersuchung der E nicht zulässig.

34 Meyer-Goßner/Schmitt/Schmitt § 52 Rn. 22; MüKoStPO/Kreicker § 52 Rn. 47.
35 SK-StPO/Rogall § 81c Rn. 46.
36 SK-StPO/Rogall § 81c Rn. 49.
37 Anders Krause JZ 1976, 124 (126); SK-StPO/Rogall § 81c Rn. 45; Suffa, Das Untersuchungsverweigerungsrecht aus § 81c Abs. 3 StPO als Beweiserhebungsverbot, 2003, S. 96 ff.

Frage 3: Wie wäre die Frage 1 zu beantworten, wenn M nicht der leibliche Vater der T wäre?

I. Strafantragserfordernis

Die veränderte Angehörigenbeziehung der T zu M wirkt sich auf die Stellung des Strafantrags nicht aus. Wie im Ausgangsfall ist auch im abgewandelten Sachverhalt allein die Mutter E berechtigt, gem. § 77 III StGB für T den Strafantrag zu stellen. Lediglich die Begründung dieses Ergebnisses weicht vom Ausgangsfall ab: Da M nicht der Vater der T ist, hat er auch nicht die Stellung des gesetzlichen Vertreters und Personensorgeberechtigten. Bereits aus diesem Grund kommt er als Vertreter der T bei der Strafantragstellung nicht in Betracht.

II. Untersuchungsverweigerungsrecht

1. Zeugnisverweigerungsrecht

Zunächst ist zu klären, ob T im Verhältnis zu M ein Untersuchungsverweigerungsrecht hat. Voraussetzung dafür ist eine zwischen T und M bestehende Beziehung, die einem Zeugnisverweigerungsrecht zugrunde liegt. Rechtsgrundlage dafür kann § 52 I Nr. 3 StPO sein. Allerdings ist T mit M nicht verwandt, da sie nicht von ihm abstammt. Eine Angehörigenbeziehung zwischen M und T wird aber durch E vermittelt, mit der T in gerader Linie verwandt ist und die mit M verheiratet ist. Die durch eine Ehe vermittelte Beziehung ist eine Schwägerschaft. T ist mit M in gerader Linie verschwägert, weil sie in gerader Linie mit E verwandt ist und die Ehe der E mit M die Schwägerschaft zwischen T und M vermittelt. Somit hat T im Verhältnis zum Beschuldigten M ein Zeugnisverweigerungsrecht aus § 52 I Nr. 3 StPO und ein daran anknüpfendes Untersuchungsverweigerungsrecht aus § 81c III 1 StPO.

2. Entscheidung über die Ausübung des Untersuchungsverweigerungsrechts

T kann die Entscheidung über die Ausübung des Untersuchungsverweigerungsrechts nicht selbst treffen. An ihrer Stelle entscheidungsbefugt ist ihr gesetzlicher Vertreter, § 81c III 2 StPO. Gesetzliche Vertreterin ist hier allein die Mutter E (s. oben I.). Es ist aber fraglich, ob nicht der Umstand, dass E Ehefrau des Beschuldigten ist, ihrer Entscheidungszuständigkeit entgegensteht. Das Gesetz schließt in § 52 II 2 StPO den nicht beschuldigten Elternteil von der Entscheidung aus, wenn der andere Elternteil ebenfalls gesetzlicher Vertreter ist, die Vertretungsmacht aber nicht ausüben darf, weil er Beschuldigter ist. Grund für diese Regelung ist der Interessenkonflikt, in dem sich der nicht beschuldigte Elternteil befindet. Einerseits muss er das Interesse des Kindes wahrnehmen, das selbst nicht über die Ausübung des Zeugnis- bzw. Untersuchungsverweigerungsrechtes entscheiden kann. Andererseits besteht aber auch ein auf den Ehegatten gerichtetes Interesse, das ja durch ein eigenes Zeugnis- und Untersuchungsverweigerungsrecht des nicht beschuldigten Ehegatten berücksichtigt wird. Als gesetzlicher Vertreter müsste sich nun der nicht beschuldigte Ehegatte zwischen dem Interesse des Kindes und dem Interesse des Ehegatten entscheiden, was in der Regel bedeuten dürfte, dass das eine Interesse auf Kosten des anderen befriedigt wird. Diesen Konflikt will § 52 II 2 StPO der Mutter oder dem Vater ersparen.[38] Im vorliegenden Fall befindet sich E in einem ähnlichen Konflikt. § 52 II 2 StPO erfasst den Fall aber nicht, weil M nicht aufgrund seiner Beschuldigtenstellung von der gesetzlichen Vertretung der T ausgeschlossen ist, sondern weil er diese Vertreterstellung als bloßer „angeheirateter" „Stief"-Vater überhaupt nicht hat. Das Gesetz berücksichtigt diese Konstellation nicht. In der Literatur ist umstritten, wie mit dieser unbefriedigenden Situation umgegangen werden soll. Eine beachtliche Meinungsgruppe befürwortet eine analoge Anwendung des § 52 II 2 StPO.[39] Dieser Auffassung ist zu folgen, da die Nichtberücksichtigung des Falles bei der Neufassung des § 52 II 2 StPO durch den Gesetzgeber auf einem Redaktionsversehen beruht.[40] Danach ist auch die E von der Entscheidung über die Ausübung des Untersuchungsverweigerungsrechts ausgeschlossen und die Aufgabe muss einem Ergänzungspfleger anvertraut werden.

III. Ergebnis

Die körperliche Untersuchung der T ist zulässig, wenn das Jugendamt als Ergänzungspfleger entscheidet, dass T von ihrem Untersuchungsverweigerungsrecht keinen Gebrauch macht.

38 Schimansky FS Pfeiffer, 1988, 297 (301).

39 Rieß NJW 1975, 81 (83) Fn. 42; Roxin/Schünemann StrafVerfR § 26 Rn. 18; SK-StPO/Rogall § 81c Rn. 57; aA Meyer-Goßner/Schmitt/Schmitt § 52 Rn. 20; Schweckendieck NStZ 2008, 537 (539).

40 Schimansky FS Pfeiffer, 1988, 297 (300).

Fall 3: „Diplomatie und Strafverfolgung"

Boris Buck (B), der in Berlin residierende Botschafter eines europäischen Staates, hat durch einen deutschen Strohmann Sebastian Seiler (S) in Zehlendorf ein Haus gemietet, in dessen Keller B eine Geldfälscherwerkstatt eingerichtet hat. Gegenüber dem Vermieter tritt S als Mieter auf. Genutzt wird das Haus hauptsächlich von B als Privatwohnung, hin und wieder aber auch von S. Nachdem S eines Tages in einer Bank bei dem Versuch, gefälschte Hundert-Euro-Noten in echte englische Pfund umzutauschen, ertappt und festgenommen worden ist, führt die Kriminalpolizei wegen zutreffend angenommener Gefahr im Verzug sofort eine Durchsuchung des von S gemieteten Hauses durch. Dabei stößt die Polizei auf die Fälscherwerkstatt im Keller. Dort finden die Beamten zahlreiche Fälschungsutensilien und gefälschte Banknoten. Außerdem entdeckt der an der Durchsuchung beteiligte Polizeibeamte Peters (P) einen Karton mit Karteikarten im DIN-A 5 Format. Es handelt sich um Patientenunterlagen, die aus der Praxis des Frauenarztes Dr. Ammer (A) stammen. S war vor kurzem in diese Arztpraxis eingebrochen und hatte die Unterlagen mitgenommen, um aus ihnen Informationen zu erlangen, die sich für Erpressungen verwerten lassen. Der bei der Durchsuchung anwesende B versichert wahrheitsgemäß, er habe keine Kenntnis von dem Karton mit den Karteikarten gehabt. Er erklärt deshalb gegenüber den Polizeibeamten, dass er nichts dagegen habe, wenn diese Sachen mitgenommen werden. S hingegen widerspricht energisch einer Inverwahrungnahme dieser Papiere durch die Polizei.

Während B der polizeilichen Durchsuchung des Mietshauses beiwohnt, begeht seine Ehefrau Julia Buck (J), die dieselbe Staatsangehörigkeit wie ihr Ehemann hat, in einer Parfümerie am Kurfürstendamm einen Ladendiebstahl. Als J sich einen Moment unbeobachtet wähnt, lässt sie ein Fläschchen Eau de Toilette (Kaufpreis 89,95 EUR) in ihrer Handtasche verschwinden. Zufällig hat aber die Angestellte Viktoria (V) die Tat bemerkt. Als V die J darauf anspricht, lässt diese ihre Handtasche fallen und rennt weg. V nimmt die Verfolgung auf. J ist mit ihren Stöckelschuhen nicht gut zu Fuß und wird von der Turnschuhe tragenden V schnell eingeholt. V reißt die J zu Boden und hält sie danach trotz heftiger Gegenwehr 10 Minuten fest, bis die benachrichtigte Polizei eintrifft.

Unter den von S in der Arztpraxis entwendeten Patientenunterlagen befand sich auch eine Karteikarte über die Patientin Elke Seiler (E). E ist die geschiedene Ehefrau des S. Aus der Karteikarte geht hervor, dass E vor kurzem in strafbarer Weise eine eigene Schwangerschaft ohne jeden ärztlichen Beistand abgebrochen hat. Wegen der Folgen dieser Abtreibung hat E sich in die Behandlung des A begeben.

Bearbeitervermerk:

Frage 1: Welche strafprozessuale(n) Maßnahme(n) hat P bezüglich der gefundenen Patientenunterlagen zu treffen? Es ist davon auszugehen, dass S, A und E mit keiner der in Betracht kommenden Maßnahmen einverstanden sind.

Frage 2: Wie ist das Verhalten der V gegenüber J rechtlich zu bewerten?

Auszug aus dem Wiener Übereinkommen über diplomatische Beziehungen vom 18. April 1961 (WÜD):

Art. 22 (Immunität der Räumlichkeiten)

(1) Die Räumlichkeiten der Mission sind unverletzlich. Vertreter des Empfangsstaats dürfen sie nur mit Zustimmung des Missionschefs betreten. ...

Art. 29 (Die Person des Diplomaten)

Die Person des Diplomaten ist unverletzlich. Er unterliegt keiner Festnahme oder Haft irgendwelcher Art. ...

Art. 30 (Privatwohnung des Diplomaten)

(1) Die Privatwohnung des Diplomaten genießt dieselbe Unverletzlichkeit und denselben Schutz wie die Räumlichkeiten der Mission. ...

Art. 31 (Immunität von der Strafgerichtsbarkeit)

(1) Der Diplomat genießt Immunität von der Strafgerichtsbarkeit des Empfangsstaats. ...

Art. 37 (Vorrechte und Immunitäten von Familienmitgliedern)

(1) Die zum Haushalt eines Diplomaten gehörenden Familienmitglieder genießen, wenn sie nicht Angehörige des Empfangsstaats sind, die in den Artikeln 29 bis 36 bezeichneten Vorrechte und Immunitäten. ...

Gutachtliche Vorüberlegungen

Frage 1: Welche strafprozessuale(n) Maßnahme(n) hat P bezüglich der gefundenen Patientenunterlagen zu treffen? Es ist davon auszugehen, dass S, A und E mit keiner der in Betracht kommenden Maßnahmen einverstanden sind.

Diese sehr schwere Aufgabe setzt vor allem Verständnis für strafprozessuale Zusammenhänge zwischen Beweiserhebungsmaßnahmen und Beweisverwertung voraus. Um die Frage beantworten zu können, muss man nicht nur wissen, dass aus Gesetzesverletzungen bei der Beweiserhebung ein Verwertungsverbot resultieren kann, sondern dass als „Vorwirkung" ein zu prognostizierendes Beweisverwertungsverbot bereits die Unzulässigkeit der zeitlich prioritären Beweiserhebungsmaßnahme begründen kann. Deshalb ist hier bei der Prüfung der einstweiligen Beschlagnahme gem. § 108 StPO umfangreich zu erörtern, ob die zu beschlagnahmenden Gegenstände überhaupt im späteren Verfahrensverlauf verwertbar wären. Die §§ 94, 97, 102, 103 und 108 StPO dürften nicht schwer zu finden sein. Schwieriger ist wahrscheinlich schon das Erkennen der noch recht neuen und systematisch unglücklich platzierten Vorschrift § 160a StPO. Man sollte künftig immer an § 160a StPO denken, wenn der Sachverhalt eine Person enthält, die in den Katalog des § 53 I StPO gehört. Unschwer zu bemerken ist schließlich die Relevanz des diplomatischen Status des B. Hieran anknüpfend muss man § 18 GVG in den Blick nehmen. Die auszugsweise abgedruckten Artikel aus dem WÜD sind darüber hinaus ein deutlicher Hinweis auf die Bedeutung dieser Thematik. Die Anwendung dieser Normen setzt einige spezielle Kenntnisse voraus.

Frage 2: Wie ist das Verhalten der V gegenüber J rechtlich zu bewerten?

Diese relativ leichte Aufgabe ist schwerpunktmäßig materiell-strafrechtlicher Natur. Im Mittelpunkt steht die Frage nach einer Rechtfertigung des von V gegen J begangenen Übergriffs. Notwehr zu prüfen und im Ergebnis zu verneinen dürfte nicht schwer sein. Strafprozessrecht kommt anschließend mit dem Festnahmerecht des § 127 I 1 StPO auf die Agenda. Die Subsumtion unter diese Vorschrift ist nicht schwierig. Pointe des Falles ist die Relevanz des § 18 GVG sowie des WÜD im Kontext des Festnahmerechts.

Lösungsgliederung

Frage 1

I. Beschlagnahme, § 94 StPO
1. Untersuchung
2. Beweismittel
3. Ergebnis

II. Einstweilige Beschlagnahme, § 108 StPO
1. Einwilligung des B
2. Durchsuchung
3. Beweisbedeutung für andere Straftat
4. Beweiserhebungs- und Beweisverwertungsverbote
   a) Beschlagnahmeverbot
   b) Rechtswidrige Durchsuchung
   c) Beweisgewinnung durch rechtswidriges Handeln Privater
   d) Völkerrechtliche Immunität
5. Ergebnis

Frage 2

Strafbarkeit wegen Freiheitsberaubung, § 239 StGB
1. Tatbestandsmäßigkeit
2. Rechtswidrigkeit
   a) Notwehr, § 32 StGB
      aa) Angriff
      bb) Rechtswidrigkeit
      cc) Gegenwärtigkeit
      dd) Ergebnis
   b) Festnahmerecht, § 127 I 1 StPO
      aa) Auf frischer Tat betroffen
      bb) Festnahmegrund
      cc) Subjektives Rechtfertigungselement
      dd) Völkerrechtliche Immunität
      ee) Ergebnis
3. Schuld
4. Ergebnis

Lösungsvorschlag

Frage 1: Welche strafprozessuale(n) Maßnahme(n) hat P bezüglich der gefundenen Patientenunterlagen zu treffen?

I. Beschlagnahme, § 94 StPO

In Betracht kommt eine Beschlagnahme der Patientenunterlagen wegen Beweisbedeutung gem. § 94 StPO

1. Untersuchung

§ 94 I StPO setzt voraus, dass bereits eine „Untersuchung“ stattfindet. Gemeint ist damit ein Strafverfahren, in dem der zu beschlagnahmende Gegenstand als Beweismittel Bedeutung haben könnte. Die Beschlagnahme selbst kann eine Maßnahme sein, mit der eine Untersuchung eingeleitet wird.[1] Voraussetzung ist aber ein Anfangsverdacht iSd § 152 II StPO.[2] Dieser war hier entstanden, als S beim Versuch des Umtauschs von Falschgeld in echtes Geld betroffen wurde. Gegen S richtete sich nunmehr der Verdacht als Täter oder Teilnehmer (§§ 26, 27 StGB) an Geldfälschung (§ 146 StGB) beteiligt zu sein. Wie die anschließend durchgeführte Hausdurchsuchung bestätigt, wurde gegen S eine „Untersuchung“ wegen des Verdachts der Geldfälschung eingeleitet.

2. Beweismittel

Die Patientenunterlagen müssten als Beweismittel für die Untersuchung von Bedeutung sein können. Aus dem Inhalt der Patientenunterlagen ergeben sich möglicherweise Anhaltspunkte für Straftaten, die der Arzt A oder Patientinnen des A begangen haben. Auf die E trifft dies bezüglich § 218 StGB zu. Darüber hinaus kann den Patientenunterlagen auch entnommen werden, dass diese mit hoher Wahrscheinlichkeit auf illegale Weise in den Besitz des S gelangt sein dürften, dass also S sich unrechtmäßig Zutritt zu den Praxisräumen verschafft und die Unterlagen dort entwendet hat. Beweistauglichkeit der Patientenunterlagen ist somit gegeben. Allerdings muss die Beweisbedeutung auf die Untersuchung bezogen sein, also auf das Strafverfahren, das Anlass für die Beschlagnahme ist. Hier ist bislang kein Strafverfahren gegen A, E oder eine sonstige Patientin des A eingeleitet worden. Auch gegen S ist kein Strafverfahren wegen Einbruchs in die Arztpraxis eingeleitet worden. Das Verfahren wegen des Verdachts der Geldfälschung bezieht sich auf eine andere Tat im prozessualen Sinn, §§ 155, 264 StPO. Für dieses Verfahren haben die Patientenunterlagen keinerlei Beweiswert. Die Beweisbedeutung wirkt sich also nicht in der Untersuchung, auf die § 94 I StPO abstellt, aus. Es handelt sich vielmehr um einen „Zufallsfund“, der eine Beschlagnahme nach § 94 StPO nicht rechtfertigt. Zwar könnte mit dem Auffinden der Patientenunterlagen der Verdacht bezüglich einer damit zusammenhängenden anderen Tat entstanden sein, sodass zugleich mit der Beschlagnahme der Unterlagen

1 Meyer-Goßner/Schmitt/Köhler § 94 Rn. 8.
2 MüKoStPO/Hauschild § 94 Rn. 17; SK-StPO/Wohlers/Greco § 94 Rn. 15.

ein neues Verfahren wegen dieser anderen Tat eingeleitet würde. Jedoch ist ein dafür ausreichender Verdacht wohl nur nach Kenntnisnahme vom Inhalt der Patientenunterlagen möglich. An der Erlangung dieser Inhaltskenntnis ist P aber gehindert, weil die Durchsicht von Papieren gem. § 110 I StPO allein der Staatsanwaltschaft sowie Ermittlungspersonen wie P auf staatsanwaltschaftliche Anordnung – die hier nicht vorliegt – gestattet ist.

3. Ergebnis

Eine Beschlagnahme der Patientenunterlagen gem. § 94 StPO ist nicht zulässig.

II. Einstweilige Beschlagnahme, § 108 StPO

Die Patientenunterlagen könnten als Zufallsfund unter den Voraussetzungen des § 108 StPO einstweilen in Beschlag genommen werden.

1. Einwilligung des B

Da sich der Begriff der einstweiligen Beschlagnahme an § 94 II StPO anlehnt, könnte hier die Begründung amtlicher Verwahrung auch ohne Beschlagnahme zulässig sein, weil B damit einverstanden war, dass die gefundenen Karteikarten mitgenommen werden. Einer Beschlagnahme bedarf es nicht, wenn die Person, in deren Gewahrsam sich der Gegenstand befindet, den Gegenstand freiwillig herausgibt. Allerdings ist hier fraglich, ob B überhaupt Gewahrsam an den Karteikarten hatte, da er von diesen keine Kenntnis hatte. Andererseits begründet die tatsächliche Herrschaft über eine Räumlichkeit in der Regel zugleich Gewahrsam an allen beweglichen Sachen, die sich in der Räumlichkeit befinden. Indessen kann dies hier dahingestellt bleiben, da B jedenfalls nicht Alleingewahrsam an den Karteikarten hatte. Da Gewahrsam nicht die rechtliche Befugnis zur Ausübung tatsächlicher Herrschaft, sondern nur deren tatsächliche Möglichkeit voraussetzt, hatte S Gewahrsam an den Karteikarten, obwohl sie sich in dem Haus befanden, das nach der internen Absprache vorrangig dem B zur Verfügung stand. S hatte zumindest Mitgewahrsam an den Karteikarten. Der Widerspruch des S gegen die Mitnahme der Karteikarten hat zur Folge, dass zur Begründung staatlichen Gewahrsams eine Beschlagnahme erforderlich ist.

2. Durchsuchung

Die Karteikarten wurden „bei Gelegenheit einer Durchsuchung“ gefunden, § 108 I 1 StPO. Es handelte sich entweder um eine Durchsuchung beim Verdächtigen gem. § 102 StPO oder um eine Durchsuchung bei anderen Personen gem. § 103 StPO. Die Durchsuchung diente nicht gem. § 103 I 2 StPO ausschließlich der Ergreifung des Beschuldigten, § 108 I 3 StPO. Da bei der Durchsuchung nach § 103 I 1 StPO die rechtlichen Voraussetzungen strenger sind als bei einer Durchsuchung nach § 102 StPO, könnte die hier zugrunde liegende Durchsuchung unzulässig gewesen sein. Inwieweit dies tatsächlich der Fall ist und ob es die Zulässigkeit der einstweiligen Beschlagnahme beeinflusst, kann jedoch an dieser Stelle unerörtert bleiben. Denn das entscheidende Kriterium der Zulässigkeit einer beweissichernden Maßnahme ist stets die Verwertbarkeit der zu sichernden Beweise. Da dies ein Thema ist, in dessen Erörterung noch weitere Gesichtspunkte einzubeziehen sind, soll auch der möglicherweise bestehende Zusammenhang zwischen einer rechtswidrigen Durchsuchung und der Verwertbarkeit des bei der Durchsuchung gefundenen Beweismaterials unten (4.) behandelt werden.

3. Beweisbedeutung für andere Straftat

Die einstweilige Beschlagnahme setzt voraus, dass der Gegenstand „auf die Verübung einer anderen Straftat hindeutet". Diese Indizwirkung kann schwächer sein als die eines Anfangsverdachts iSd § 152 II StPO, weil anderenfalls der Zufallsfund stets die mit der Beschlagnahme gem. § 94 II StPO zusammenfallende Einleitung eines neuen Strafverfahrens wegen der anderen Straftat gebieten würde.[3] P darf zwar vom Inhalt der gefundenen Karteikarten keine Kenntnis nehmen, § 110 I StPO. Die äußeren Umstände, unter denen die Karteikarten gefunden wurden, sind jedoch verdächtig genug, um die Möglichkeit einer anderen Straftat nahezulegen.[4]

4. Beweiserhebungs- und Beweisverwertungsverbote

Wenn die Beschlagnahme eines Gegenstandes wegen seiner Bedeutung als Beweismittel zulässig ist, dann muss bei dieser Voraussetzung auch geprüft werden, ob dieser Gegenstand als Beweismittel verwertet werden dürfte. Dies gilt auch für die Ingewahrsamnahme von „Zufallsfunden", wie sich aus § 479 II 2 StPO ergibt. Da die Erhebung von Beweisen, die einem Verwertungsverbot unterliegen, unzulässig ist, folgt aus der Prognose eines Verwertungsverbots als dessen „Vorwirkung" auch ein Beweiserhebungsverbot. Hier liegen mehrere Umstände vor, die Einfluss auf die Verwertbarkeit haben könnten.

a) Beschlagnahmeverbot

Nicht nur eine Beschlagnahme nach § 94 II StPO, sondern auch eine vorläufige Beschlagnahme nach § 108 StPO ist unzulässig, wenn der Gegenstand einem Beschlagnahmeverbot gem. § 97 StPO unterliegt.[5] Die Patientenunterlagen könnten gem. § 97 I Nr. 2 StPO beschlagnahmefrei sein, weil A als Arzt gem. § 53 I 1 Nr. 3 StPO ein berufsbezogenes Zeugnisverweigerungsrecht hat. Es ist davon auszugehen, dass die Karteikarten berufsbezogene Aufzeichnungen des A iSd § 97 I Nr. 2 StPO enthalten. Auch ist A von seinen Patientinnen nicht von der Schweigepflicht entbunden worden, § 53 II 1 StPO. Fraglich ist allerdings, in welchen Verfahren das Beschlagnahmeverbot besteht. Denkbar ist eine Differenzierung dahin, dass der Gegenstand in einem Verfahren gegen eine Patientin des A beschlagnahmefrei ist, in einem Verfahren gegen einen anderen Beschuldigten hingegen beschlagnahmt werden darf. Die hM legt der Anwendung des § 97 I StPO eine derartige Differenzierung zugrunde.[6] Daraus folgt, dass ein Beschlagnahmeverbot nicht besteht, sofern die Patientenunterlagen als Beweismittel in einem Strafverfahren gegen einen Beschuldigten Bedeutung haben könnten, der nicht Patient des A ist.[7] Wären hingegen die Patientenunterlagen allein in einem Strafverfahren gegen E oder eine andere Patientin des A von Bedeutung, würde § 97 I Nr. 2 StPO eingreifen. Da hier auf die bei S vorgefundenen Kar-

3 SK-StPO/Wohlers/Jäger § 108 Rn. 11.
4 Meyer-Goßner/Schmitt/Köhler § 108 Rn. 2.
5 BGHSt 53, 257 (262) = NJW 2009, 2690; Brüning NStZ 2006, 253 (256); Gössel NStZ 2010, 288 (289); Meyer-Goßner/Schmitt/Köhler § 108 Rn. 4; SK-StPO/Wohlers/Jäger § 108 Rn. 12.
6 Goeckenjan FS Samson, 2010, 641 (654); Meyer-Goßner/Schmitt/Schmitt § 97 Rn. 10; Radtke/Hohmann/Joecks § 97 Rn. 3.
7 SK-StPO/Wohlers/Jäger § 97 Rn. 12.

teikarten gegebenenfalls der Beweis einer von S bei der Erlangung dieser Gegenstände begangenen Straftat gestützt werden könnte, liegt nach hM schon wegen des beschränkten persönlichen Schutzbereichs des § 97 I Nr. 2 StPO kein Beschlagnahmeverbot vor. Diese hM ist allerdings gewichtigen Einwänden ausgesetzt.[8] Indessen kann dies hier unberücksichtigt bleiben. Denn unabhängig von der Vorzugswürdigkeit der hM oder der Gegenmeinung hängt das Beschlagnahmeverbot von einer bestimmten Gewahrsamskonstellation ab. Der Gegenstand muss sich im Gewahrsam der zeugnisverweigerungsberechtigten Person – also A – befinden, § 97 II 1 StPO.[9] Hier hatte A aber keinen Gewahrsam mehr an den von S entwendeten Patientenunterlagen. Die Karteikarten waren im Gewahrsam des S. Daher ist die Voraussetzung des § 97 II 1 StPO nicht erfüllt. Die Patientenunterlagen unterliegen keinem Beschlagnahmeverbot.

Die Unzulässigkeit der Erkenntnisschöpfung aus den Patientenunterlagen und eine daraus resultierende Unverwertbarkeit könnte aber auf § 160a II StPO beruhen. § 160a II 1 StPO enthält ein relatives Beweiserhebungsverbot, § 160a II 3 StPO ein korrespondierendes relatives Beweisverwertungsverbot.[10] Diese den § 97 StPO „unberührt" lassende (§ 160a V StPO), von ihm aber auch nicht verdrängte Vorschrift errichtet in allgemeiner Form Ermittlungsschranken zum Schutz von Zeugnisverweigerungsberechtigten und kann in Fällen zum Zuge kommen, in denen ein Beschlagnahmeverbot aus § 97 StPO nicht besteht. Anwendbar ist § 160a II StPO auch, wenn der Zeugnisverweigerungsberechtigte nicht durch eine unmittelbar gegen ihn gerichtete Ermittlungsmaßnahme, sondern infolge eines „Zufallsfundes" betroffen ist.[11] Die Voraussetzungen des § 160a II 1 StPO sind hier erfüllt. Die Patientenunterlagen enthalten Angaben, zu denen A gem. § 53 I 1 Nr. 3 StPO das Zeugnis verweigern könnte. Soweit es sich dabei nicht um Themen handelt, die zum abwägungsfreien absolut geschützten „Kernbereich" privater Lebensgestaltung gehören,[12] ist das betroffene Schutzinteresse des A bzw. seiner Patientinnen in die Verhältnismäßigkeitsprüfung einzubeziehen. Da die Kommunikation zwischen einem Frauenarzt und seinen Patientinnen zumindest „kernbereichsnahe" Themen zum Gegenstand hat[13] und die allgemein als verfehlt bewertete Vorschrift des § 160a II StPO verfassungskonform so auszulegen ist, dass das Interesse des Zeugnisverweigerungsberechtigten in der Regel überwiegt,[14] ist hier im Ergebnis ein Ermittlungs- und Verwertungsverbot anzunehmen. Die Beschlagnahme der Patientenunterlagen ist also im Hinblick auf § 53 I 1 Nr. 3 StPO unverhältnismäßig. Eine einstweilige Beschlagnahme gem. § 108 I StPO ist bereits aus diesem Grund unzulässig.

b) Rechtswidrige Durchsuchung

Die Unzulässigkeit einer einstweiligen Beschlagnahme könnte auch Folge einer Rechtsverletzung bei der Durchsuchung sein.[15] Angenommen wird dies bei schwerwiegenden Verstößen, zB der gezielten und willkürlichen Umgehung des Richtervor-

8 Krekeler NStZ 1987, 199 (201).
9 Volk/Engländer GK StPO § 10 Rn. 36.
10 SK-StPO/Wolter/Greco § 160a Rn. 32.
11 Meyer-Goßner/Schmitt/Schmitt § 160a Rn. 9; SK-StPO/Wolter/Greco § 160a Rn. 35.
12 Meyer-Goßner/Schmitt/Schmitt § 160a Rn. 13; SK-StPO/Wolter/Greco § 160a Rn. 9.
13 Meyer-Goßner/Schmitt/Schmitt § 160a Rn. 13.
14 SK-StPO/Wolter/Greco § 160a Rn. 36.
15 Amelung NJW 1991, 2533 (2535).

behalts gem. § 105 I StPO.[16] Hier könnte die Durchsuchung rechtswidrig sein, weil es an einer gesetzlichen Grundlage fehlt. Eine Hausdurchsuchung, die dem Auffinden von Beweismitteln dient, ist unter den Voraussetzungen des § 102 StPO zulässig, wenn sie sich gegen den Verdächtigen richtet. Die Durchsuchung bei einer nichtverdächtigen Person ist gem. § 103 I 1 StPO hingegen nur unter strengeren Voraussetzungen zulässig.[17] S ist aufgrund der Erkenntnisse, die seit seiner Festnahme gegen ihn vorliegen, zweifellos Verdächtiger iSd § 102 StPO. Problematisch ist die Anwendung des § 102 StPO jedoch, weil das durchsuchte Haus nicht von S allein genutzt wird und die anderen Nutzer möglicherweise keine Verdächtigen sind.[18] Auf den Vermieter des Hauses trifft dies gewiss zu, da keine Anhaltspunkte für die Vermutung existieren, dass er irgendwie in Straftaten des S oder des B verwickelt sein könnte. Er ist also kein Verdächtiger iSd § 102 StPO. Andererseits ist er aber von der Durchsuchung nicht betroffen. Zwar ist er möglicherweise Eigentümer des vermieteten Hauses und insoweit auch in einer Rechtsposition (Art. 14 GG) berührt. Die Vorschriften über die Durchsuchung sind jedoch Konkretisierungen des grundgesetzlichen Gesetzlichkeitsprinzips zum Schutz des Wohnungsgrundrechts aus Art. 13 GG.[19] Durchsuchungsbetroffener ist deshalb nur der Inhaber dieses Grundrechts. Dies ist nur derjenige, der die Räumlichkeit zu Wohnzwecken tatsächlich nutzt, im Falle einer vermieteten Wohnung also der Mieter, nicht der Vermieter. Demzufolge ist „Inhaber“ iSd § 106 StPO ebenfalls nicht der Eigentümer/Vermieter des Hauses, sondern der tatsächlich darin wohnende Mieter.[20] Tatsächlicher Inhaber des Wohnungsgrundrechts ist hier neben S der B. Dieser ist im Zeitpunkt der Durchsuchungsanordnung kein Verdächtiger. Zwar hat er Straftaten begangen, die Anlass einer Durchsuchung sein könnten. Jedoch liegen bei Beginn der Durchsuchung noch keine verdachtsbegründenden Erkenntnisse gegen ihn vor. Ihm gegenüber ist eine Durchsuchung daher nur unter den Voraussetzungen des § 103 StPO zulässig. Da B jedoch das Haus gemeinsam mit dem Verdächtigen S nutzt, ist nach hM ausschließlich § 102 StPO die einschlägige Rechtsgrundlage.[21] Folgt man dieser Ansicht nicht, müssen die Voraussetzungen des § 103 StPO erfüllt sein. Da es nicht um die Ergreifung eines Beschuldigten (§ 103 I 1 Alt. 1 StPO) geht, müssten Tatsachen vorliegen, aus denen geschlossen werden kann, dass konkrete Spuren der Straftat oder sonstige individualisierte Beweisgegenstände in dem Haus gefunden werden können.[22] Ausreichend ist auch die begründete Erwartung, dass bei der Durchsuchung Gegenstände gefunden werden, die gem. § 111 b I StPO wegen der Aussicht künftiger Einziehung (§ 74 StGB) vorläufig beschlagnahmt werden können. Diese Voraussetzungen sind hier erfüllt. Das bei S anlässlich seiner Festnahme gefundene Falschgeld begründet die konkrete Erwartung, dass bei einer Durchsuchung der von S genutzten Wohnung weiteres Falschgeld oder sonstige instrumenta sceleris aufgefunden werden können, § 111b II StPO. Diese Gegenstände unterliegen der Einziehung (§ 74 StGB) und kommen zudem als Beweismittel in Betracht. Die Durchsuchung erfüllt daher sowohl die Voraussetzungen des § 102 StPO als auch die Voraussetzungen des § 103 I 1 StPO.

16 BGHSt 51, 285 (295) = NStZ 2007, 601; Jahn JuS 2016, 1138; Meyer-Goßner/Schmitt/Köhler § 94 Rn. 21.
17 Putzke/Scheinfeld StrafProzR Rn. 307; Roxin/Schünemann StrafVerfR § 35 Rn. 15.
18 SK-StPO/Wohlers/Jäger § 102 Rn. 11.
19 HK-StPO/Gercke § 102 Rn. 1; SK-StPO/Wohlers/Jäger § 102 Rn. 3.
20 SK-StPO/Wohlers/Jäger § 106 Rn. 4.
21 BGH NStZ 1986, 84 (85).
22 SK-StPO/Wohlers/Jäger § 103 Rn. 9.

c) Beweisgewinnung durch rechtswidriges Handeln Privater

Der Verwertung der bei S gefundenen Patientenunterlagen als Beweismittel könnte auch der Umstand entgegenstehen, dass die Polizei die Gelegenheit zur Inverwahrungnahme dieser Gegenstände infolge eines rechtswidrigen und strafbaren Eingriffs des S in die Rechtssphäre des A erhalten hat. Hätte S die Patientenunterlagen nicht in der Praxis des A entwendet, wären sie bei der Durchsuchung nicht gefunden worden. S hatte sich die Karteikarten mittels eines Einbruchs in die Praxisräume verschafft. Damit hat er zumindest Hausfriedensbruch (§ 123 StGB), wohl aber auch Diebstahl in einem besonders schweren Fall (§§ 242, 243 I 2 Nr. 1 StGB) begangen. Ob derart kontaminierte Beweisgegenstände in einem Strafverfahren gegen Dritte – insbesondere gegen das „Opfer" des illegalen Beweismittelbeschaffungseingriffs – verwertet werden dürfen, ist umstritten.[23] Grundsätzlich werden Beweisverwertungsverbote wegen rechtswidriger Erlangung des Beweisgegenstandes nur bei Gesetzesverstößen von Strafverfolgungsorganen bejaht.[24] Dagegen soll rechtswidriges Verhalten von Privaten im Zusammenhang mit der Beweismittelgewinnung, das der staatlichen Strafrechtspflege nicht zuzurechnen ist, grundsätzlich kein Verwertungsverbot zur Folge haben.[25] Lediglich bei ganz besonders schwerwiegenden Gesetzesübertretungen, insbesondere Verletzungen der Menschenwürde (zB Geständniserlangung durch Folter), sollen auch die Strafverfolgungsbehörden daran gehindert sein, das auf illegalem Wege erlangte Material im Strafverfahren zu Beweiszwecken zu verwerten.[26] Diesen Grad an Verwerflichkeit erreicht das gegen A und seine Patientinnen gerichtete Verhalten des S nicht. Enthalten die Patientinnenunterlagen jedoch Informationen, die dem unantastbaren Intimbereich zuzurechnen sind, ist schon aus diesem Grund eine Verwertung unzulässig. Der Aspekt der rechtswidrigen Erlangung mittels strafbaren Verhaltens des S ist dann nicht ausschlaggebend.[27]

d) Völkerrechtliche Immunität

Ein letzter Grund für eine Unverwertbarkeit der bei S gefundenen Patientenunterlagen könnte die völkerrechtliche Immunität des B sein. B ist als diplomatischer Vertreter seines Heimatstaates („Entsendestaat") in der Bundesrepublik Deutschland („Empfangsstaat") von der deutschen Strafgerichtsbarkeit befreit. Dies folgt aus § 18 GVG in Verbindung mit dem Wiener Übereinkommen über diplomatische Beziehungen v. 18. April 1961 (WÜD). Der Inhalt des WÜD ist durch das Zustimmungsgesetz zum WÜD in die Regelung des § 18 GVG („nach Maßgabe") einbezogen.[28] Gemäß § 18 S. 2 GVG spielt es dabei keine Rolle, ob der Entsendestaat dem Übereinkommen beigetreten ist. Nach Art. 31 I 1 WÜD genießt der diplomatische Vertreter „Immunität von der Strafgerichtsbarkeit". Die Immunität ist ein von Amts wegen zu berücksichtigendes Verfahrenshindernis.[29] Daraus folgt, dass jegliche Ermittlungs- und sonstige Zwangsmaßnahme in einem Strafverfahren gegen diese

---

23 Instruktiv Heinrich/Reinbacher Examinatorium StrafProzR 33/1 ff.; Murmann Prüfungswissen StrafProzR Rn. 241 ff.; Putzke/Scheinfeld StrafProzR Rn. 454 ff.

24 Beulke/Swoboda StrafProzR Rn. 478; Roxin/Schünemann StrafverfR § 24 Rn. 65.

25 Kindhäuser/Schumann StrafProzR § 23 Rn. 34; Volk/Engländer GK StPO § 28 Rn. 35.

26 Beulke/Swoboda StrafProzR Rn. 479; Heger StrafProzR Rn. 399; Heinrich/Reinbacher Examinatorium StrafProzR 33/4; Murmann Prüfungswissen StrafProzR Rn. 243.

27 Hellmann StrafProzR Rn. 789.

28 Meyer-Goßner/Schmitt/Schmitt GVG § 18 Rn. 1; SK-StPO/Frister GVG § 18 Rn. 1.

29 Kissel/Mayer/Mayer GVG § 18 Rn. 3; Meyer-Goßner/Schmitt/Schmitt GVG § 18 Rn. 4; SK-StPO/Frister GVG vor § 18 Rn. 37.

Person unzulässig ist.[30] Weder eine Beschlagnahme noch eine Durchsuchung dürfte gegen B angeordnet werden. Hier ist allerdings fraglich, ob die einstweilige Beschlagname der Patientenunterlagen überhaupt gegen B gerichtet ist. Aus § 94 II StPO und aus § 97 II 1 StPO ist zu schließen, dass Betroffener einer Beschlagnahme allein der Inhaber des Gewahrsams an dem Beschlagnahmegegenstand ist. Gewahrsamsinhaber ist S, der Kenntnis von dem Aufbewahrungsort hat und sich zu diesem jederzeit Zutritt verschaffen kann. Ein Mitgewahrsam des B ist hingegen fraglich. Da B keine Kenntnis von der Einbringung dieser Gegenstände in das Haus hatte, fehlte ihm ein konkretes Herrschaftsbewusstsein. Zwar kann ein genereller Herrschaftswille ausreichen, soweit er sich auf Gegenstände richtet, die sich üblicherweise in einem Gebäude befinden oder in dieses hineingebracht werden. Bei Gegenständen, die aus einer von einem Dritten begangenen Straftat herrühren und dem Inhaber der Raumherrschaft untergeschoben werden (zB Betäubungsmittel), ist dies aber zweifelhaft. Überzeugender ist deshalb die Feststellung, dass B keinen Gewahrsam an den von S versteckten Patientenunterlagen hatte. Daher ist er auch nicht von einer Beschlagnahme betroffen. Aber auch bei einer anderen Beurteilung der Gewahrsamssituation wäre die Beschlagnahme nicht wegen des Diplomatenstatus des B unzulässig. Soweit es um einzelne Beweiserhebungsmaßnahmen geht, kann nämlich der Exterritoriale wirksam auf den Immunitätsschutz verzichten, ohne dass zusätzlich eine Einwilligung des Entsendestaates erforderlich wäre.[31]

Unzulässig ist hingegen eine gegen B gerichtete Wohnungsdurchsuchung. Nach § 18 S. 1 GVG iVm Art. 22 I 1 WÜD sind die Räumlichkeiten der Mission unverletzlich. Diese Exemtion dehnt Art. 30 I WÜD auf die Privatwohnung des diplomatischen Vertreters aus. Die daraus folgende Unzulässigkeit einer Durchsuchung dieser Wohnung gilt auch für eine Durchsuchung, die sich nicht gegen den diplomatischen Vertreter persönlich, sondern gegen einen Dritten richtet, der selbst nicht zu dem privilegierten Personenkreis gehört.[32] Unerheblich ist in diesem Zusammenhang auch, dass nach außen und gegenüber dem Vermieter nicht B, sondern S als Mieter und Wohnungsinhaber aufgetreten ist. Für den Immunitätsschutz ist allein die tatsächliche Wohnungssituation ausschlaggebend. Die Durchsuchung des Hauses war also wegen Verstoßes gegen § 18 GVG iVm Art. 22 I 1 WÜD, Art. 30 I WÜD rechtswidrig. Fraglich ist allerdings, was aus dieser Rechtswidrigkeit für die Zulässigkeit der Beschlagnahme gegenüber S sowie die Verwertbarkeit der einstweilen zu beschlagnahmenden Gegenstände folgt. Die einstweilige Beschlagnahme gem. § 108 StPO ist eine von der Durchsuchung zu unterscheidende Maßnahme, setzt eine Durchsuchung jedoch voraus. § 108 StPO ist aber nicht zu entnehmen, dass die zugrunde liegende Durchsuchung rechtmäßig sein muss. Anerkannt ist jedoch, dass eine rechtswidrige und objektiv willkürliche Durchsuchung zur Folge hat, dass die Zufallsfunde nicht verwertet werden dürfen.[33] Dies wird man dahingehend zu erweitern haben, dass schwerwiegende Rechtsverletzungen bei Anordnung oder Durchführung der Durchsuchung zur Folge haben, dass Zufallsfunde nicht verwertet werden und aus diesem Grund auch nicht einstweilen beschlagnahmt werden dürfen. Der Verstoß gegen die völkerrechtliche Immunität ist eine schwerwiegende Rechtsverletzung.

30 Meyer-Goßner/Schmitt/Schmitt GVG § 18 Rn. 2.

31 Kissel/Mayer/Mayer GVG § 18 Rn. 21; Meyer-Goßner/Schmitt/Schmitt GVG § 18 Rn. 5; aA SK-StPO/Frister GVG vor § 18 Rn. 53.

32 Kissel/Mayer/Mayer GVG § 18 Rn. 18.

33 SK-StPO/Wohlers § 108 Rn. 17.

Überwiegend wird gerichtlichen Entscheidungen und Maßnahmen, denen dieser Fehler anhaftet, Nichtigkeit attestiert.[34] Auch wenn man diese Ansicht nicht teilt, kann man aus der zugrunde liegenden Bewertung die Konsequenz ableiten, dass Beweisergebnisse, denen eine Verletzung der Diplomatenimmunität vorausgegangen ist, einem Verwertungsverbot anheimfallen.

5. Ergebnis

Die einstweilige Beschlagnahme der Patientenunterlagen nach § 108 StPO ist aus mehreren Rechtsgründen unzulässig.

Frage 2: Wie ist das Verhalten der V gegenüber J rechtlich zu bewerten?

Strafbarkeit wegen Freiheitsberaubung, § 239 StGB

Indem V die J zu Boden riss und anschließend längere Zeit festhielt, könnte sie sich wegen Freiheitsberaubung gem. § 239 I StGB strafbar gemacht haben.

1. Tatbestandsmäßigkeit

Das Niederreißen und Festhalten hat die J daran gehindert sich fortzubewegen. Dieser Zustand dauerte 10 Minuten, also einen beträchtlichen Zeitraum an. V hat damit den objektiven Tatbestand der Freiheitsberaubung erfüllt. Da V vorsätzlich handelte, erfüllte sie auch den subjektiven Tatbestand der Freiheitsberaubung, § 15 StGB.

2. Rechtswidrigkeit

a) Notwehr, § 32 StGB

Die Freiheitsberaubung könnte durch Notwehr in der Erscheinungsform der Nothilfe gem. § 32 StGB gerechtfertigt sein.

aa) Angriff

J hatte bereits einen vollendeten Diebstahl begangen, als sie das Fläschchen Eau de Toilette in ihrer Handtasche verschwinden ließ. Nach den Grundsätzen der Gewahrsamsenklave war die Wegnahme des Fläschchens bereits erfolgt, als sich J noch in dem Laden aufhielt.[35] Diese Tat ist ein Angriff auf das Eigentum bzw. Vermögen des Parfümerieinhabers.

bb) Rechtswidrigkeit

J hatte kein Recht, das Eau de Toilette ohne Bezahlung mitzunehmen. Der Angriff auf das Eigentum des Parfümerieinhabers war deshalb rechtswidrig.

---

34 Kissel/Mayer/Mayer GVG § 18 Rn. 6; aA Meyer-Goßner/Schmitt/Schmitt GVG § 18 Rn. 4.

35 Wessels/Hillenkamp/Schuhr StrafR BT II Rn. 133.

cc) Gegenwärtigkeit

Der Angriff der J müsste während der von V begangenen Freiheitsberaubung gegenwärtig gewesen sein. Das ist der Fall, wenn er unmittelbar bevorsteht, schon begonnen hatte, noch andauerte und noch nicht beendet war. Solange sich das Fläschchen Eau de Toilette in der Handtasche der J befand und J die Tasche bei sich hatte, war der Angriff auf das Eigentum gegenwärtig.[36] Als aber J die Handtasche fallen ließ und ohne Tasche wegrannte, endete dieser Angriff.[37] Das Fläschchen Eau de Toilette befand sich immer noch in den Räumlichkeiten der Parfümerie und J übte keine Herrschaft mehr über die Handtasche aus. Sachherrschaft bezüglich Handtasche und Fläschchen hatte nunmehr der Inhaber der Parfümerie. Ein Angriff auf sein Eigentum an dem Fläschchen lag nicht mehr vor. Als V die J niederriss und festhielt, war der Angriff der J auf fremdes Eigentum bereits abgeschlossen und nicht mehr gegenwärtig.

dd) Ergebnis

Die Tat der V ist nicht durch Notwehr gem. § 32 StGB gerechtfertigt.

b) Festnahmerecht, § 127 I 1 StPO

Die Tat der V könnte durch das Recht zur vorläufigen Festnahme gem. § 127 I 1 StPO gerechtfertigt sein.

aa) Auf frischer Tat betroffen

Kurz bevor die flüchtende J von V eingeholt, niedergerissen und festgehalten wurde, hatte J in der Parfümerie einen vollendeten Diebstahl begangen. Die Tatsache, dass J Ausländerin ist, steht der Anwendbarkeit des deutschen Strafrechts auf ihre Tat nicht entgegen, §§ 3, 9 I StGB. Auch die Tatsache, dass J Ehefrau eines in Deutschland akkreditierten ausländischen Botschafters ist, hat auf die materiell-strafrechtliche Qualität ihres Verhaltens keinen Einfluss. Eine etwaige Immunität betrifft lediglich das Strafverfahrensrecht (s. unten dd). Das Verhalten der J erfüllt also alle Voraussetzungen der Strafbarkeit gem. § 242 I StGB und ist somit eine „Tat“ iSd § 127 I 1 StPO.[38] V hatte die J bei der Begehung dieser Tat beobachtet und damit „betroffen“. Der zeitliche Zusammenhang zwischen dieser Beobachtung und der Tatbegehung ist so eng, dass die Tat „frisch“ war, als J von V betroffen wurde.[39]

bb) Festnahmegrund

J hat durch ihr Weglaufen gezeigt, dass sie sich der Verantwortung für ihre Tat durch Flucht entziehen will.[40] Außerdem war es der V nicht möglich, die Identität der J sofort festzustellen. Zwar hatte die J ihre Handtasche in der Parfümerie zurückgelassen. Dies versetzte die V jedoch nicht in die Lage, die Identität der J ohne Festnahme festzustellen. Selbst wenn sich in der Handtasche Ausweispapiere der J befunden haben, war das für V nicht klar erkennbar. Zudem hätte V kein Recht gehabt, die J und ihre

36 Baumann/Weber/Mitsch/Eisele StrafR AT § 15 Rn. 22; Roxin/Greco StrafR AT I § 15 Rn. 28; Wessels/Beulke/Satzger StrafR AT Rn. 501.

37 Baumann/Weber/Mitsch/Eisele StrafR AT § 15 Rn. 21.

38 Meyer-Goßner/Schmitt/Schmitt § 127 Rn. 4.

39 Meyer-Goßner/Schmitt/Schmitt § 127 Rn. 5.

40 Meyer-Goßner/Schmitt/Schmitt § 127 Rn. 10.

Handtasche zu durchsuchen oder zur Preisgabe ihrer Identität zu zwingen. Daher war die Festnahme erforderlich, damit die Polizei gem. § 163 b I 1 StPO die notwendigen Maßnahmen zur Identifizierung der J treffen kann.

cc) Subjektives Rechtfertigungselement

V müsste die Tatsachen gekannt haben, aus denen sich ein Festnahmerecht gem. § 127 I 1 StPO ergibt. Dies ist hier der Fall. Darüber hinaus müsste V auch mit der Intention gehandelt haben, durch das Festhalten der J deren Verfolgung als Beschuldigte durch Polizei oder Staatsanwaltschaft zu ermöglichen.[41] Denkbar ist, dass V die Verfolgung der J aufnahm, um auf der Grundlage des § 32 StGB einen gegenwärtigen Angriff der J auf das Eigentum des Parfümerieinhabers abzuwehren. Andererseits hatte V mitbekommen, dass J ihre Handtasche fallen ließ und damit auch das gestohlene Fläschchen in dem Laden zurückließ. V war also bewusst, dass ein Angriff der J auf das Eigentum des Parfümerieinhabers gar nicht mehr vorlag. Deshalb ist anzunehmen, dass V die J nur deshalb festnahm, damit die Polizei anschließend die Möglichkeit hat, den gegen J bestehenden Straftatverdacht zu untersuchen.

dd) Völkerrechtliche Immunität

Die Berufung auf das Festnahmerecht aus § 127 I 1 StPO könnte jedoch ausgeschlossen sein, weil J den Schutz der völkerrechtlichen Immunität von Botschaftsangehörigen genießt. Familienmitglieder von Mitgliedern der in Deutschland errichteten diplomatischen Missionen sind nämlich „nach Maßgabe des Wiener Übereinkommens über diplomatische Beziehungen vom 18. April 1961 von der deutschen Gerichtsbarkeit befreit", § 18 S. 1 GVG. Als Botschafterehefrau ohne deutsche Staatsangehörigkeit fällt J in den persönlichen Schutzbereich des WÜD.[42] Sachlich umfasst der Schutz der zum Haushalt des diplomatischen Vertreters gehörenden Familienmitglieder gem. Art. 37 I WÜD unter anderem die „Unverletzlichkeit der Person", Art. 29 WÜD. Konkret folgt daraus, dass „Festnahme oder Haft irgendwelcher Art" unzulässig sind, Art. 29 S. 2 WÜD. Zwar meinen die Begriffe „Festnahme und Haft" Zwangsmaßnahmen gegen die persönliche Freiheit durch staatliche Bedienstete wie zB Polizeibeamte. Deshalb sind Eingriffe von Privatpersonen in die Freiheit einer von § 18 GVG geschützten Person auf der Grundlage privater Notrechte wie § 32 StGB oder § 229 BGB erlaubt.[43] Nicht in diese Kategorie von Notrechten gehört die vorläufige Festnahme durch eine Privatperson nach § 127 I 1 StPO. Der Bürger handelt hier „pro magistratu"[44], gewissermaßen an Stelle der nicht auf frischer Tat präsenten staatlichen Befugnisträger. Die private Festnahmeaktion hat deshalb den Charakter eines Eingriffs zur Sicherung der Strafverfolgung. Deshalb unterfällt sie ebenso Art. 29 S. 2 WÜD wie die Festnahme oder Verhaftung durch Polizeibeamte. § 127 I 1 StPO ist nicht anwendbar, die von V gegen J begangene Freiheitsberaubung kann nicht durch das Festnahmerecht gerechtfertigt werden.[45]

---

41 Baumann/Weber/Mitsch/Eisele StrafR AT § 14 Rn. 49; Meyer-Goßner/Schmitt/Schmitt § 127 Rn. 8; Roxin/Greco StrafR AT I § 14 Rn. 103.

42 SK-StPO/Frister GVG § 18 Rn. 4.

43 Kissel/Mayer/Mayer GVG § 18 Rn. 8; SK-StPO/Frister GVG vor § 18 Rn. 51.

44 Roxin/Greco StrafR AT I § 17 Rn. 22.

45 SK-StPO/Frister GVG vor § 18 Rn. 52.

ee) Ergebnis

Die Tat ist nicht durch § 127 I 1 StPO gerechtfertigt.

3. Schuld

Die Schuld könnte ausgeschlossen sein, weil V nicht wusste, dass J eine unter völkerrechtlicher Immunität stehende exterritoriale Person ist. Hätte J diesen Status nicht, wäre die Freiheitsberaubung gem. § 127 I 1 StPO gerechtfertigt. Da sich V somit irrtümlich eine Situation vorstellte, in der ihr Verhalten gerechtfertigt wäre, befand sie sich in einem Erlaubnistatbestandsirrtum. Dieser positivgesetzlich nicht normierte Irrtum beeinflusst den Strafwürdigkeitsgehalt der Tat in ähnlicher Weise wie ein Tatbestandsirrtum iSd § 16 I 1 StGB. Daher ist eine Behandlung in Anlehnung an § 16 I StGB angemessen.[46] Zwar verwirklicht der im Erlaubnistatbestandsirrtum handelnde Täter das Unrecht einer vorsätzlichen Tat. Jedoch kann ihm dieses Unrecht aufgrund des Erlaubnistatbestandsirrtums nicht vorgeworfen werden. Nach zutreffender Ansicht beseitigt der Erlaubnistatbestandsirrtum die Vorsatzschuld.[47] V hat daher nicht schuldhaft gehandelt.

4. Ergebnis

V hat sich durch ihr Verhalten gegenüber J nicht strafbar gemacht.

---

46 Roxin/Greco StrafR AT I § 14 Rn. 64; Wessels/Beulke/Satzger StrafR AT Rn. 753 ff.

47 Wessels/Beulke/Satzger StrafR AT Rn. 759.

Fall 4: „Rechtsanwaltskommunikation"

Die Staatsanwaltschaft ermittelt gegen den deutschen Staatsangehörigen Anton (A) wegen des Verdachts der gewerbsmäßigen Verbreitung kinderpornografischer Schriften. Seiner Verhaftung konnte sich A durch Flucht nach Österreich entziehen. In Deutschland hat A außer seiner Mutter Martha (M) keine Angehörigen. Während seines Aufenthalts in Österreich telefoniert A regelmäßig mit M. Auf Antrag der Staatsanwaltschaft ordnet der Ermittlungsrichter gegenüber M die Überwachung der Telekommunikation an. Eines der überwachten Telefonate führt M mit Rechtsanwalt Rother (R), dem Verteidiger des A. In diesem Gespräch teilt R der M mit, dass einer seiner Mandanten, der Oberstudienrat Otto (O), Interesse am Erwerb tierpornografischer Filme habe. Bei ihrem nächsten Telefonat mit A solle die M ihren Sohn fragen, ob er Material habe, mit dem die Wünsche des O befriedigt werden könnten.

A begeht in Österreich eine Unfallflucht, wegen der er zu einer Geldstrafe verurteilt wird. Der Unfall passierte in einem Ort drei Kilometer vor der deutsch-österreichischen Grenze. A fuhr dann auf die Autobahn Richtung Deutschland und noch zwei Kilometer weiter bis zu einer Tankstelle, wo er seinen Wagen auftankte und einen Kaffee trank. Anschließend passierte er die Grenze und fuhr bis nach München, wo er in einem Hotel übernachtete. Am nächsten Tag fuhr er wieder nach Österreich zurück. Von einer österreichischen Straßenverkehrsbehörde wurde A wegen seines Verhaltens nach dem Unfall zu einer Geldstrafe von 1.000 EUR verurteilt. A hat diesen Betrag sofort bezahlt.

Gegen R wird ein Strafverfahren wegen des Verdachts der Verbreitung tierpornografischer Schriften eingeleitet. Auf Antrag der Staatsanwaltschaft ordnet der zuständige Ermittlungsrichter beim Amtsgericht an, dass die auf dem Server des Mailbox-Betreibers X-Offline-GmbH an R gerichteten und bis zu einem bestimmten Tag eingegangenen sowie bisher abgesandten und noch nicht gelöschten E-Mails unter der E-Mail-Adresse kanzlei.rother@x-offline.de beschlagnahmt werden. Die X-Offline-GmbH stellt daraufhin der Staatsanwaltschaft die für R gespeicherten E-Mails zur Verfügung. In einer dieser an R gerichteten E-Mails fragt ein Kollege – Rechtsanwalt Bodo (B) – ob R ihm kinderpornografische Filme mit „echten Darstellern" beschaffen könne. Daraufhin werden auf Anordnung des Ermittlungsrichters die Privatwohnung und die Kanzleiräume des B durchsucht. Während der Durchsuchung der Kanzleiräume nimmt B gerade einen Gerichtstermin wahr. Obwohl es möglich wäre, die Ehefrau Ella (E) des B hinzuzuziehen, unterbleibt dies. Die Durchsuchung bleibt ohne Erfolg.

In dem Strafverfahren gegen R soll die M vor dem Ermittlungsrichter als Zeugin über den Inhalt des mit R geführten Telefongesprächs aussagen. R hatte zuvor der Verwertung dieses Gesprächsinhalts ausdrücklich widersprochen. M erklärt daraufhin, dass sie zu diesem Telefongespräch keine Angaben machen werde. Daher verhängt der Richter gegen M ein Ordnungsgeld von 100 EUR. Dagegen legt M zwei Wochen später beim Amtsgericht durch mündliche Erklärung zu Protokoll der Geschäftsstelle Beschwerde ein.

Bearbeitervermerk:

Frage 1: Kann gegen A in Deutschland ein Strafverfahren wegen der vor der österreichisch-deutschen Grenze begangenen Unfallflucht durchgeführt werden, wenn er nach Deutschland zurückkehrt?

Frage 2: Wie sind die Erfolgsaussichten der von M eingelegten Beschwerde?

Frage 3: Kann B mit Aussicht auf Erfolg gegen die Anordnung und Durchführung der Durchsuchung mit Rechtsbehelfen vorgehen?

Hinweise: Nach österreichischem Recht ist das unerlaubte Entfernen vom Unfallort eine „Verwaltungsübertretung", die gem. § 99 II lit. a der österreichischen Straßenverkehrsordnung mit einer „Geldstrafe" von 36 bis zu 2.180 EUR geahndet werden kann. Zuständig für die Ahndung sind gem. § 26 des österreichischen Verwaltungsstrafgesetzes Verwaltungsbehörden.
Art. 54 des Schengener Durchführungsübereinkommens (SDÜ) lautet:
„Wer durch eine Vertragspartei rechtskräftig abgeurteilt worden ist, darf durch eine andere Vertragspartei wegen derselben Tat nicht verfolgt werden, vorausgesetzt, dass im Fall einer Verurteilung die Sanktion bereits vollstreckt worden ist, gerade vollstreckt wird oder nach dem Recht des Urteilsstaats nicht mehr vollstreckt werden kann."

Gutachtliche Vorüberlegungen

Frage 1: Kann gegen A in Deutschland ein Strafverfahren wegen der vor der österreichisch-deutschen Grenze begangenen Unfallflucht durchgeführt werden, wenn er nach Deutschland zurückkehrt?

Die Fragestellung zielt deutlich erkennbar auf die Prüfung von Verfahrensvoraussetzungen bzw. Verfahrenshindernissen. Der Auslandsbezug des Sachverhalts und der Hinweis auf die in Österreich erfolgte Ahndung mit „Geldstrafe“ lenken die Aufmerksamkeit zunächst auf den Aspekt des Strafklageverbrauchs unter besonderer Berücksichtigung der Auslandsverurteilung. Ausgangspunkt der Prüfung ist Art. 103 III GG, der jedem Studierenden in diesem Zusammenhang geläufig sein sollte. Dass diese Norm nur Verurteilungen durch deutsche Gerichte erfasst, ist Gegenstand von Spezialwissen, das nicht von jedem Bearbeiter zu erwarten ist. Der aufmerksame Bearbeiter kann sich aber erschließen, dass der abgedruckte Art. 54 SDÜ in diesem Zusammenhang eine Rolle spielen könnte. Detaillierte Kenntnisse von den Voraussetzungen dieser europarechtlichen Vorschrift sind aber nur von Bearbeitern zu erwarten, die sich – zB in einem Schwerpunktbereich – mit Europäischem und Internationalem Strafrecht beschäftigen.

Der zweite Aspekt im Kontext „Verfahrensvoraussetzungen“ ist der räumliche Geltungsbereich des deutschen Strafrechts. Die Tatsache, dass die Verkehrsunfallflucht auf österreichischem Territorium begangen wurde, wirft die Frage auf, ob die Anwendung des § 142 StGB auf diese Tat überhaupt möglich ist. Dass dies eine Grundvoraussetzung für ein in Deutschland durchzuführendes Strafverfahren ist, versteht sich von selbst. Denn welchen Sinn sollte ein Strafverfahren in Deutschland haben, wenn auf die Tat, die Gegenstand dieses Verfahrens ist, deutsches Strafrecht nicht anwendbar ist? Die Prüfung hat dann bei § 3 StGB anzusetzen und zunächst die Tatortfrage auf der Grundlage des § 9 StGB zu klären. Hier ist schon sehr ausgereiftes Verständnis in Bezug auf die Tatbestandsstruktur des § 142 I StGB erforderlich. Dass die Weiterfahrt nach dem Unfall nicht nur faktisch die Landesgrenze zwischen Österreich und Deutschland, sondern zuvor schon rechtlich die Tatbestandsgrenze des § 142 I StGB überschreitet, ist nicht leicht zu erkennen. Am Ende geht es darum, die Voraussetzungen des § 7 II Nr. 1 StGB zu prüfen und dabei den Hinweis auf die Rechtsnatur der Unfallflucht im österreichischen Recht richtig zu verwerten. Da sich schließlich herausstellt, dass die Tat eine Ordnungswidrigkeit ist, ist noch zu überlegen, ob ein Strafverfahren zwecks Verfolgung und Ahndung der Tat als Ordnungswidrigkeit möglich ist. Die Antwort auf die Frage findet man in § 5 OWiG.

Frage 2: Wie sind die Erfolgsaussichten der von M eingelegten Beschwerde?

„Aufhänger“ der Lösung sind § 304 StPO und § 70 StPO. Zentrales Thema ist die Pflicht der M als Zeugin eine Aussage zu machen. Die primär zu erörternden §§ 52 und 55 StPO bergen keine schwierigen Probleme. Komplizierter wird die Bearbeitung danach, weil noch zu klären ist, ob die Informationen, die eine Zeugenaussage den Strafverfolgungsorganen verschaffen könnte, in dem Verfahren überhaupt verwertet werden dürften. Grund eines Verwertungsverbotes könnte die Verwendungsbeschränkung für „Zufallsfunde" in § 479 II 2 StPO sein. Von dieser Norm wird der Bearbeiter zu § 100a StPO verwiesen. Dessen Voraussetzung „Katalogtat" muss letztlich mit dem Tatbestand verglichen werden, der in dem Verfahren gegen R zur Anwendung kommen soll. Daraus ergibt sich am Ende das Verwertungsverbot und daraus das Recht der M, die Aussage zu verweigern.

Frage 3: Kann B mit Aussicht auf Erfolg gegen die Anordnung und Durchführung der Durchsuchung mit Rechtsbehelfen vorgehen?

Thema dieser Frage ist der gerichtliche Rechtsschutz gegen strafprozessuale Zwangsmaßnahmen. Der richtige Rechtsbehelf gegen richterlich angeordnete Maßnahmen ist die Beschwerde (§ 304 StPO) und zwar auch bezüglich Durchführungsmodalitäten der Maßnahme. Anerkanntermaßen steht die Erledigung der gerichtlichen Anordnung durch Vollzug der Maßnahme der Beschwerde nicht entgegen. Anspruchsvoll ist die Begründetheitsprüfung. Nach der noch recht einfachen Erörterung des § 102 StPO ist eine recht komplizierte inzidente Verwertungsverbotsprüfung durchzuführen. Denn die Zulässigkeit der Durchsuchung könnte daran scheitern, dass die Gegenstände, deren Auffindung die Maßnahme dient, in dem Strafverfahren gegen B gar nicht verwertet werden dürfen. Hier ist erneut auf § 479 II 2 StPO einzugehen. Dass von diesem Ausgangspunkt eine Verweisung zu § 100a StPO führt, findet man nur heraus, wenn man die Diskussion um die „Beschlagnahme" von E-Mails kennt. Ist dieses Ziel erreicht worden, geht es nur noch darum, den Katalog des § 100a II StPO zu durchforsten und dabei auf die §§ 184b, 184c StGB zu stoßen. Relativ leicht ist die Würdigung der Beschwerde gegen die Durchführung der Durchsuchung. Den Verstoß gegen § 106 I StPO erkennt man, nachdem man die Vorschrift gefunden und gelesen hat.

Lösungsgliederung

Frage 1

I. Strafklageverbrauch
1. Art. 103 III GG
2. Art. 54 SDÜ

II. Geltung deutschen Strafrechts
1. Inlandstat
2. Auslandstat
3. Strafverfahren wegen Ordnungswidrigkeit

III. Ergebnis

Frage 2

I. Zulässigkeit der Beschwerde
1. Statthaftigkeit
2. Beschwerdeberechtigung
3. Beschwer
4. Einlegung der Beschwerde

II. Begründetheit der Beschwerde
1. Zeugnisverweigerung
2. Weigerungsgrund
   a) Zeugnisverweigerungsrecht, § 52 StPO
   b) Auskunftsverweigerungsrecht, § 55 StPO
   c) Verwendungsverbot
3. Ergebnis

Frage 3

I. Rechtsbehelf gegen die Anordnung der Durchsuchung
1. Zulässigkeit
   a) Statthafter Rechtsbehelf
   b) Prozessuale Überholung
   c) Ergebnis
2. Begründetheit
   a) Voraussetzungen des § 102 StPO
   b) Verwertungsverbot
      aa) Verwertbarkeit von Zufallsfunden
      bb) Strafprozessualer Zugriff auf E-Mail-Kommunikation
      cc) Verdacht der Pornografiekriminalität
      dd) Konsequenzen für die Ermittlungsdurchsuchung
3. Ergebnis

II. Rechtsbehelf gegen die Durchführung der Durchsuchung
1. Zulässigkeit
2. Begründetheit
3. Ergebnis

Lösungsvorschlag

Frage 1: Kann gegen A in Deutschland ein Strafverfahren wegen der vor der deutsch-österreichischen Grenze begangenen Unfallflucht durchgeführt werden, wenn er nach Deutschland zurückkehrt?

I. Strafklageverbrauch

Ein Strafverfahren gegen A wegen der in Österreich begangenen Unfallflucht-Tat wäre unzulässig, wenn ihm das Verfahrenshindernis des Strafklageverbrauchs entgegenstünde.[1]

1. Art. 103 III GG

Über seinen Wortlaut hinaus enthält Art. 103 III GG nicht nur ein Verbot mehrfacher Bestrafung, sondern ein Verbot mehrfacher Strafverfolgung wegen ein und derselben Tat. Ein rechtskräftig abgeschlossenes Strafverfahren begründet deshalb ein Verfahrenshindernis für ein späteres erneutes Verfahren bezüglich derselben Tat.[2] Voraussetzung dieses Verfahrenshindernisses ist jedoch, dass die rechtskräftige Entscheidung, mit der das erste Verfahren abgeschlossen wurde, ein Sachurteil über die Tat auf der Grundlage der „allgemeinen Strafgesetze“ ist. „Allgemeine Strafgesetze“ sind nur solche, die in einem deutschen Strafverfahren Maßstab für die Beurteilung der Tat durch ein deutsches Strafgericht sein können. Das sind nur Vorschriften des deutschen Strafrechts. Da in ausländischen Verfahren und Entscheidungen deutsches Strafrecht nicht angewendet werden kann, können ausländische Verfahren auch keinen Strafklageverbrauch begründen, der einem späteren Strafverfahren in Deutschland entgegenstünde.[3] Dies wird bestätigt durch § 51 III StGB[4] und § 153c II StPO.[5] Diese Vorschriften setzen voraus, dass nach einer rechtskräftigen Verurteilung im Ausland noch ein Strafverfahren wegen derselben Tat in Deutschland durchgeführt werden kann bzw. – infolge des Legalitätsprinzips, § 152 II StPO – sogar durchgeführt werden muss. Die Voraussetzungen des Art. 103 III GG sind also nicht erfüllt. Aus Art. 103 III GG resultiert kein Verfahrenshindernis.

2. Art. 54 SDÜ

Da Art. 103 III GG nur einen innerdeutschen Strafklageverbrauch begründet, muss bei der Beurteilung des Konflikts von Verfahren in verschiedenen Ländern auf Normen des supranationalen ne-bis-in-idem zurückgegriffen werden.[6] Die wichtigste

---

1 Beulke/Swoboda StrafProzR Rn. 280; Volk/Engländer GK StPO § 14 Rn. 20, § 32 Rn. 13.
2 Heinrich/Reinbacher Examinatorium 51/1; Volk/Engländer GK StPO § 32 Rn. 6.
3 Jarass/Pieroth/Kment GG Art. 103 Rn. 98; Meyer-Goßner/Schmitt/Schmitt Einleitung Rn. 177; Roxin/Schünemann StrafVerfR § 52 Rn. 21; Satzger, Internationales und Europäisches Strafrecht, 10. Aufl. 2022, § 10 Rn. 63.
4 Lackner/Kühl/Heger StGB § 51 Rn. 12; Satzger, Internationales und Europäisches Strafrecht, 10. Aufl. 2022, § 10 Rn. 64.
5 Meyer-Goßner/Schmitt/Schmitt § 153c Rn. 12.
6 Satzger FS Roxin, 2011, 1515 (1517).

dieser Normen ist Art. 54 SDÜ.[7] Sowohl Deutschland als auch Österreich sind Vertragsparteien des SDÜ.[8] A hat in Österreich wegen seines Verhaltens nach dem von ihm verursachten Verkehrsunfall eine Geldstrafe auferlegt bekommen. Da er den Betrag bezahlt hat, ist diese Sanktion bereits vollstreckt worden. Fraglich ist allerdings, ob es sich um eine „Verurteilung" und um eine „Sanktion" iSd Art. 54 SDÜ handelt. Entgegen der Bezeichnung „Geldstrafe" handelt es sich nicht um eine strafrechtliche Sanktion und bei der zugrunde liegenden Tat demzufolge nicht um eine Straftat. Nach österreichischem Recht ist das Entfernen vom Unfallort ein Verwaltungsdelikt, vergleichbar der deutschen Ordnungswidrigkeit. Die Geldstrafe ist eine Sanktion, die der Geldbuße des deutschen Ordnungswidrigkeitenrechts entspricht. In prozessualer Hinsicht wird diese materiellrechtliche Qualifizierung dadurch unterstrichen, dass das Delikt nicht durch ein Gericht, sondern durch eine Verwaltungsbehörde geahndet wird.[9] Ob Art. 54 SDÜ auch ausländischen Entscheidungen strafklageverbrauchende Wirkung zumisst, die die Tat als Ordnungswidrigkeit beurteilen und mit Geldbuße ahnden, ist umstritten. Nach zutreffender Ansicht ist das zu verneinen.[10] Schon innerstaatlich kann die Ahndung einer Tat als Ordnungswidrigkeit durch die Verwaltungsbehörde die erneute Verfolgung und Ahndung derselben Tat als Straftat nicht sperren, vgl. § 84 I OWiG. Im zwischenstaatlichen Bereich muss dies erst recht gelten, wenn das Recht im Staat des Erstverfahrens eine Ahndung der Tat als Straftat überhaupt nicht vorsieht. Einem Strafverfahren gegen A wegen unerlaubten Entfernens vom Unfallort steht also auch aus Art. 54 SDÜ kein Verfahrenshindernis entgegen.

II. Geltung deutschen Strafrechts

Eine Ahndung der Tat in einem deutschen Strafverfahren durch ein deutsches Strafgericht setzt voraus, dass der räumliche Geltungsbereich des deutschen Strafrechts die Tat einschließt, dass also deutsches Strafrecht zur Bewertung und Sanktionierung der Tat anwendbar ist. Denn die Anwendung ausländischen Strafrechts in einem deutschen Strafverfahren ist nicht möglich. Ein Strafverfahren kann also nur auf der Grundlage deutschen materiellen Strafrechts durchgeführt werden. Erfasst der Anwendungsbereich des deutschen Strafrechts die Tat nicht, besteht ein Verfahrenshindernis und ist die Durchführung eines Strafverfahrens unzulässig.[11]

1. Inlandstat

Deutsches Strafrecht ist ohne weiteres anwendbar, wenn Gegenstand des Verfahrens eine Inlandstat ist, also eine Tat mit deutschem Tatort, § 3 StGB. Der Tatortbegriff richtet sich nach § 9 StGB. Tatortbegründend ist unter anderem (Ubiquitätsprinzip[12]) die Handlung des Täters, § 9 I Alt. 1 StGB. Darauf könnte hier ein deutscher Tatort beruhen, da A nach dem von ihm verursachten Unfall weitergefahren ist, die deutsch-österreichische Landesgrenze überquert hat und sich damit auf deutsches Territorium begeben hat. Allerdings sind allein tatbestandsmäßige Handlungen geeignet, einen

7 Von Art. 50 GRCh wird Art. 54 SDÜ nicht verdrängt, vgl. BVerfG NJW 2012, 1202; Volk/Engländer GK StPO § 32 Rn. 13.
8 Meyer-Goßner/Schmitt/Schmitt Einleitung Rn. 216.
9 Mitsch FS Krey, 2010, 351 (362).
10 KK-OWiG/Mitsch Einleitung Rn. 143.
11 Lackner/Kühl/Heger StGB vor § 3 Rn. 10, Schönke/Schröder/Eser/Weißer StGB vor § 3 Rn. 9.
12 Lackner/Kühl/Heger StGB § 9 Rn. 1; Schönke/Schröder/Eser/Weißer StGB § 9 Rn. 3.

Tatort zu begründen.[13] Handlungen, die zwar mit der Tat in einem Zusammenhang stehen, jedoch das tatbestandsmäßige Handlungsmerkmal nicht erfüllen, sind für den Tatort irrelevant. Maßstab für die Definition tatbestandsmäßigen Handelns ist die Tatbeschreibung in § 142 I StGB. Die tatbestandsmäßige Handlung ist demnach das Sich-Entfernen vom Unfallort.[14] Darunter ist eine – typischerweise aktive – Fortbewegung zu verstehen, die den Unfallbeteiligten an einen anderen Ort bringt und somit eine Distanz zum Unfallort herstellt.[15] Zur Größe dieser Distanz, die zur Tatbestandserfüllung und damit zur Tatvollendung erforderlich ist, trifft das Gesetz keine Festlegung. Maßgebendes Kriterium ist, dass der Unfallbeteiligte vom Unfallort aus gesehen nicht mehr als Unfallbeteiligter wahrgenommen werden kann.[16] Dies dürfte hier bereits bei der Auffahrt auf die Autobahn, spätestens aber mit Erreichen der Tankstelle der Fall gewesen sein. Die Tat war deshalb spätestens bei dem Halt an der Autobahntankstelle vollendet. Die Weiterfahrt nach Tanken und Kaffeepause war ein Verhalten, das jenseits der vollendeten Tat vollzogen wurde und daher kein tatbestandsmäßiges Sich-Entfernen mehr war.[17] Selbst wenn man bei manchen Delikten eine der Vollendung nachfolgende Beendigungs-Phase anerkennt,[18] ist dies jedenfalls bei § 142 I StGB zu verneinen. Die Qualität tatbestandsmäßigen Entfernens hat eine Fortbewegung nur bis zu dem Punkt, der vom Unfallort weit genug entfernt ist, um ein vollendetes Delikt der Unfallflucht annehmen zu können. Jede darüber hinausgehende Entfernung liegt im außertatbestandlichen Bereich.[19] Sie kann daher einen Tatort gem. § 9 I Alt. 1 StGB nicht begründen. Als A mit dem Pkw die österreichisch-deutsche Grenze passierte und seine Fahrt auf deutschem Territorium fortsetzte, verhielt er sich nicht mehr tatbestandsmäßig iSd § 142 I StGB. Die Tat wurde ausschließlich auf österreichischem Territorium begangen und ist deshalb keine Inlandstat iSd § 3 StGB.

2. Auslandstat

Da die in Österreich begangene Tat des A eine Auslandstat ist, wird sie vom räumlichen Geltungsbereich des deutschen Strafrechts nur unter den Voraussetzungen der §§ 5, 6 oder 7 StGB erfasst. In Betracht kommt hier § 7 II Nr. 1 StGB. A ist deutscher Staatsangehöriger. Die von ihm begangene Tat müsste am Tatort – also in Österreich – mit Strafe bedroht sein. In § 99 II lit. a der österreichischen Straßenverkehrsordnung ist mit Geldstrafe ein Verhalten bedroht, wie A es nach dem von ihm verursachten Verkehrsunfall vollzogen hat. Allerdings ist die als „Geldstrafe“ bezeichnete Sanktion ihrer wahren Rechtsnatur nach nur eine Geldbuße und das der Sanktion zugrunde liegende Delikt keine Straftat, sondern eine Ordnungswidrigkeit (s. oben I. 2.). „Mit Strafe bedroht“ iSd § 7 II StGB ist eine Tat jedoch nur, wenn sie im Recht des Tatortlandes als Straftat im Sinne des „Kriminalstrafrechts“ qualifiziert wird. Nicht ausreichend ist die Qualifizierung als Ordnungswidrigkeit.[20] Daher ist die Voraussetzung des § 7 II Nr. 1 StGB nicht erfüllt. Deutsches Strafrecht ist auf die von A begangene Auslandstat nicht anwendbar.

---

13 Schönke/Schröder/Eser/Weißer StGB § 9 Rn. 4.
14 Lackner/Kühl/Heger StGB § 142 Rn. 9.
15 Schönke/Schröder/Sternberg-Lieben StGB § 142 Rn. 43.
16 Lackner/Kühl/Heger StGB § 142 Rn. 11; Schönke/Schröder/Sternberg-Lieben StGB § 142 Rn. 43.
17 BGH StV 2011, 160.
18 Schönke/Schröder/Eser/Bosch StGB vor § 22 Rn. 4 ff.
19 Mitsch NZV 2009, 105 (109).
20 Schönke/Schröder/Eser/Weißer StGB § 7 Rn. 3.

3. Strafverfahren wegen Ordnungswidrigkeit

Möglicherweise kann die von A in Österreich begangene Tat in Deutschland als Ordnungswidrigkeit verfolgt und geahndet werden. Dies würde in einem Bußgeldverfahren gem. §§ 35 ff. OWiG geschehen. Möglich ist aber auch, dass die Ordnungswidrigkeit im Rahmen eines Strafverfahrens verfolgt und geahndet wird. Wenn nämlich wegen des Verdachts einer Straftat ein Strafverfahren durchgeführt wird, haben die Strafverfolgungsorgane gem. §§ 40, 64, 82 OWiG auch den möglichen rechtlichen Gesichtspunkt der Ordnungswidrigkeit zu berücksichtigen. Diese Konstellation ist im vorliegenden Fall deswegen denkbar, weil am Anfang der Ermittlungen durchaus der Verdacht bestanden haben könnte, dass A eine nach § 142 I StGB ahndbare Tat, auf die deutsches Strafrecht anwendbar ist, begangen hat. Sollte sich in diesem Verfahren herausstellen, dass eine Ahndung aus § 142 I StGB nicht möglich ist, könnte das Strafverfahren eventuell noch auf der Grundlage einer Ordnungswidrigkeit fortgesetzt und abgeschlossen werden. Das Verhalten des A nach dem in Österreich verursachten Verkehrsunfall ist gemessen an deutschem Straßenverkehrsrecht eine Ordnungswidrigkeit. A hätte nämlich gem. § 34 I 1 Nr. 1 StVO unter anderem unverzüglich halten müssen, was er nicht getan hat. Diese vorsätzliche Pflichtverletzung ist gem. § 49 I Nr. 29 StVO iVm § 24 StVG eine Ordnungswidrigkeit. Allerdings ist fraglich, ob § 49 I Nr. 29 StVO auf die von A begangene Tat überhaupt anwendbar ist. Da die Tat auf ausländischem Territorium begangen wurde, stellt sich die Frage, ob der räumliche Geltungsbereich des deutschen Ordnungswidrigkeitenrechts Auslandstaten umfasst. Dies ist gem. § 5 OWiG grundsätzlich nicht der Fall. Eine davon abweichende Ausnahmeregelung existiert nicht. Das deutsche Ordnungswidrigkeitenrecht ist auf die von A in Österreich begangene Tat nicht anwendbar. Daher ist eine Verfahrensdurchführung unter diesem rechtlichen Gesichtspunkt nicht möglich.

III. Ergebnis

Gegen A kann in Deutschland wegen der in Österreich begangenen Unfallflucht kein Strafverfahren durchgeführt werden.

Frage 2: Wie sind die Erfolgsaussichten der von M eingelegten Beschwerde?

I. Zulässigkeit der Beschwerde

1. Statthaftigkeit

Statthaft ist die Beschwerde gegen richterliche Maßnahmen, die weder ausdrücklich einer Anfechtung entzogen sind noch mit Berufung oder Revision angefochten werden können, § 304 StPO. Das Ordnungsgeld wird durch richterlichen Beschluss festgesetzt.[21] Diese richterliche Maßnahme ist nicht ausdrücklich einer Anfechtung entzogen. Vielmehr ist in § 305 S. 2 StPO hervorgehoben, dass Ordnungsmittel selbst dann mit Beschwerde angefochten werden können, wenn sie durch eine der Urteilsfällung vorausgehende Entscheidung des erkennenden Gerichts angeordnet worden sind. Die Beschwerde ist daher statthaft.[22]

21 Meyer-Goßner/Schmitt/Schmitt § 70 Rn. 17.
22 Meyer-Goßner/Schmitt/Schmitt § 70 Rn. 20.

2. Beschwerdeberechtigung

Die Berechtigung zur Einlegung der Beschwerde hat auch ein Zeuge, wenn er von der angefochtenen Maßnahme betroffen ist, § 304 II StPO. Daher ist M beschwerdeberechtigt.

3. Beschwer

Die allgemeine Zulässigkeitsvoraussetzung Beschwer ist erfüllt, wenn der Rechtsmittelführer geltend macht, durch die angefochtene Maßnahme in eigenen Rechten unmittelbar beeinträchtigt zu sein.[23] M ist durch Auferlegung des Ordnungsgeldes unmittelbar in ihrem Vermögen betroffen. Da es sich nicht um eine Kosten- oder Auslagenentscheidung handelt,[24] ist die Wertgrenze des § 304 III StPO unbeachtlich.

4. Einlegung der Beschwerde

Die Beschwerde kann beim zuständigen Gericht schriftlich oder durch mündliche Erklärung zu Protokoll der Geschäftsstelle eingelegt werden, § 306 I StPO. Letzteres hat M hier getan. Beschwerdeadressat ist das Gericht, dessen Entscheidung angefochten wird (iudex a quo). Da es um die Beschwerde gegen eine Entscheidung des Ermittlungsrichters am Amtsgericht geht, hat M ihre Beschwerde beim zuständigen Gericht eingelegt. Bei der einfachen Beschwerde ist im Gegensatz zur sofortigen Beschwerde (§ 311 StPO) eine Frist nicht einzuhalten.[25] M konnte also auch noch zwei Wochen nach der richterlichen Ordnungsgeldfestsetzung Beschwerde einlegen.

Die von M eingelegte Beschwerde ist also zulässig.

II. Begründetheit der Beschwerde

Die Beschwerde ist begründet, wenn die Auferlegung des Ordnungsgeldes rechtswidrig ist.

1. Zeugnisverweigerung

Rechtsgrundlage des Ordnungsgeldes ist § 70 I 2 StPO. M müsste als Zeugin das Zeugnis ohne gesetzlichen Grund verweigert haben. M ist Zeugin, da sie durch das Telefongespräch mit R Informationen erlangt hat, die für das Verfahren gegen R von Bedeutung sind.[26] Da sie sich geweigert hat, gegenüber dem Ermittlungsrichter eine Aussage zu machen, hat sie das Zeugnis verweigert.

2. Weigerungsgrund

a) Zeugnisverweigerungsrecht, § 52 StPO

M hätte das Zeugnis nicht ohne gesetzlichen Grund verweigert, wenn sie ein Zeugnisverweigerungsrecht aus § 52 I StPO hätte.[27] Als Mutter ist M mit A in gerader Linie verwandt, § 1589 S. 1 BGB. Da gegen A ein staatsanwaltschaftliches Ermittlungsverfahren läuft, ist A ein Beschuldigter. Daher könnten die Voraussetzungen des

---

23 Meyer-Goßner/Schmitt/Schmitt vor § 296 Rn. 9.
24 Meyer-Goßner/Schmitt/Schmitt § 304 Rn. 9.
25 Beulke/Swoboda StrafProzR Rn. 580.
26 Meyer-Goßner/Schmitt/Schmitt vor § 48 Rn. 1.
27 Meyer-Goßner/Schmitt/Schmitt § 70 Rn. 6.

§ 52 I Nr. 3 StPO erfüllt sein. Allerdings begründet die Verwandtschaftsbeziehung ein Zeugnisverweigerungsrecht nur in dem Verfahren, in dem der Angehörige Beschuldigter ist. M soll hier in dem Strafverfahren aussagen, das gegen R eingeleitet worden ist. Das gegen A laufende Strafverfahren ist ein anderes Verfahren. Die Mutter-Sohn-Beziehung zwischen M und A könnte in dem Verfahren gegen R ein Zeugnisverweigerungsrecht allein unter der Voraussetzung begründen, dass A in diesem Verfahren Mitbeschuldigter ist.[28] Da die Verfahren gegen A und R nicht miteinander verbunden sind, kann sich eine Mitbeschuldigtenstellung des A allenfalls aus einem materiellrechtlichen Zusammenhang der Taten ergeben, die Gegenstände der Verfahren sind. Ein derartiger Zusammenhang wird jedoch nicht schon dadurch hergestellt, dass es in beiden Verfahren um Pornografiestraftaten geht und R sich darum bemüht hat, von A mit tierpornografischen Schriften beliefert zu werden. Da ein Verdacht dahingehend, dass A auf ein derartiges Ersuchen des R eingegangen ist, nicht besteht, ist ein materiell-strafrechtlicher Zusammenhang zwischen strafbarem Verhalten des A und strafbarem Verhalten des R nicht zu erkennen. Zudem ist nach h. M. ein solcher Zusammenhang nicht geeignet, eine Mitbeschuldigtenstellung zu begründen. Erforderlich ist vielmehr eine prozessuale Gemeinsamkeit, also eine zumindest vorübergehende Verfahrensverbindung.[29] Eine solche ist hier jedoch zu keinem Zeitpunkt erfolgt. Daher ist A nicht Mitbeschuldigter im Verhältnis zu und im Verfahren gegen R. M hat somit im Strafverfahren gegen R kein Zeugnisverweigerungsrecht aus § 52 I Nr. 3 StPO.

b) Auskunftsverweigerungsrecht, § 55 StPO

Als Mutter des A hat M ein Auskunftsverweigerungsrecht aus § 55 I StPO. Danach hat sie das Recht, die Beantwortung von Fragen zu verweigern, die den A belasten und in die Gefahr bringen könnten, wegen einer Straftat oder Ordnungswidrigkeit verfolgt zu werden. Die Tatsache, dass gegen A bereits ein Strafverfolgungsverfahren eingeleitet worden ist, steht der Anwendung des § 55 I StPO jedenfalls dann nicht entgegen, wenn die Zeugenaussage neue belastende Angaben zum Nachteil des A enthalten könnte. Diese Möglichkeit besteht hier, da das bisherige Verfahren gegen A nicht auf dem Verdacht einer kriminellen Beziehung zu R beruht. Von einem Auskunftsverweigerungsrecht der M aus § 55 I StPO ist also auszugehen. Indessen gewährt diese Rechtsstellung grundsätzlich nicht das Recht, das Zeugnis insgesamt und unterschiedslos zu verweigern. Das Weigerungsrecht besteht nur bezüglich konkreter Aussagethemen, die das Potential zur Selbst- oder Angehörigenbelastung haben. Soweit die Zeugenvernehmung auch neutrale Inhalte umfasst, bleibt die Aussagepflicht des Zeugen unberührt. Ausnahmsweise erstarkt das punktuelle Auskunftsverweigerungsrecht zu einem umfassenden Zeugnisverweigerungsrecht, wenn ein Aussageinhalt ohne mögliche belastende Nebeneffekte praktisch ausgeschlossen ist.[30] Für das Vorliegen einer derartigen Konstellation ist hier jedoch nichts ersichtlich. Daher gewährte § 55 I StPO der M nicht das Recht, gegenüber dem Ermittlungsrichter jegliche Aussage zu verweigern.

28 Beulke/Swoboda StrafProzR Rn. 192; Meyer-Goßner/Schmitt/Schmitt § 52 Rn. 11.
29 Beulke/Swoboda StrafProzR Rn. 192; Meyer-Goßner/Schmitt/Schmitt § 52 Rn. 11.
30 Meyer-Goßner/Schmitt/Schmitt § 55 Rn. 2.

c) Verwendungsverbot

Möglicherweise war M zu einer Aussage nicht verpflichtet, weil die Informationen, die sie bei wahrheitsgemäßer Aussage vermitteln würde, in dem Strafverfahren gegen R nicht verwertet werden dürfen. M hatte Kenntnis von einer möglichen Straftat des R aufgrund des mit ihm geführten Telefongesprächs. Die Staatsanwaltschaft wiederum hat Kenntnis von M als Informationsträgerin aufgrund der Überwachung dieses Telefongesprächs.

aa) Die Unverwertbarkeit dieser Informationen könnte Folge einer Rechtsverletzung bei dieser Überwachungsmaßnahme sein. Die Anordnung der Überwachung der Telekommunikation beruht auf § 100a I StPO. Nach dem Sachverhalt ist davon auszugehen, dass die Staatsanwaltschaft Kenntnis von Tatsachen hat, die den Verdacht einer von A begangenen schweren Straftat gem. § 184b StGB tragen. Die Verbreitung kinderpornografischer Schriften ist eine schwere Straftat iSd § 100a I 1 Nr. 1 StPO, da sie in dem Katalog des § 100a II Nr. 1g StPO enthalten ist. Da der Tatverdacht auf gewerbsmäßige Verbreitung kinderpornografischer Schriften gerichtet ist, kann davon ausgegangen werden, dass die Taten auch im Einzelfall schwer wiegen, § 100a I 1 Nr. 2 StPO. Sowohl die Erforschung des Sachverhalts als auch die Ermittlung des Aufenthaltsorts des A wären ohne die Überwachung der Telekommunikation zumindest wesentlich erschwert, § 100a I 1 Nr. 3 StPO. Die Voraussetzungen des § 100a I StPO sind also erfüllt. Dass die Überwachung nicht gegen den Beschuldigten A selbst, sondern gegen seine Mutter M gerichtet ist, steht im Einklang mit § 100a III StPO. Denn die Staatsanwaltschaft hat aufgrund bestimmter Tatsachen Grund zu der Annahme, dass M mit A mittels Telefon kommuniziert („Nachrichtenmittler"[31]).

bb) Die Überwachung des Telefongesprächs der M mit R könnte aber unzulässig gewesen sein, weil R Rechtsanwalt und Verteidiger des A ist. Zwar ergibt sich aus §§ 100a ff. StPO unmittelbar kein Überwachungsverbot zugunsten von Rechtsanwälten und Strafverteidigern.[32] Allerdings könnte in erweiternder Auslegung des § 148 StPO ein Verbot der Überwachung von Verteidigerkommunikation anzunehmen sein. Es ist anerkannt, dass § 148 StPO generell die Gewinnung von Informationen untersagt, deren Quelle die Kommunikation eines Strafverteidigers bzw. mit einem Strafverteidiger ist. Das gilt unter anderem[33] auch für die Überwachung der Telekommunikation.[34] § 148 StPO regelt jedoch ausschließlich den Kontakt des Verteidigers mit seinem Mandanten, dem Beschuldigten. Kommunikation des Verteidigers mit Dritten ist nicht geschützt. Hier schöpfte die Staatsanwaltschaft ihr Wissen aus einem Telefongespräch zwischen R und M. Davon war das Vertrauensverhältnis zwischen Verteidiger und Beschuldigtem nicht unmittelbar betroffen. Daher liegen die Voraussetzungen für eine Privilegierung der Verteidigerkommunikation nicht vor. Daran ändert nichts der Umstand, dass M ihrerseits zu dem von R verteidigten A in einer gem. § 52 I Nr. 3 StPO privilegierten Beziehung steht. Die Kommunikation des Verteidigers mit einem zeugnisverweigerungsberechtigten Angehörigen des Beschuldigten steht der Kommunikation mit dem Beschuldigten selbst nicht gleich.

---

31 Meyer-Goßner/Schmitt/Schmitt § 100a Rn. 19.

32 Hellmann StrafProzR Rn. 330.

33 Verboten ist zB über § 97 StPO hinaus die Beschlagnahme von Schriftstücken, vgl. Beulke/Swoboda StrafProzR Rn. 154; Meyer-Goßner/Schmitt/Schmitt § 148 Rn. 8.

34 Beulke/Swoboda StrafProzR Rn. 155; Hellmann StrafProzR Rn. 330; Meyer-Goßner/Schmitt/Köhler § 100a Rn. 21; Meyer-Goßner/Schmitt/Schmitt § 148 Rn. 16.

cc) Ein Verbot, die Erkenntnisse aus der Überwachung des Telefongesprächs zwischen R und M im Verfahren gegen R zu verwerten könnte sich aus § 160a I 2 StPO ergeben. R ist Rechtsanwalt und von einer Ermittlungsmaßnahme betroffen. Unerheblich ist, dass die Überwachung der Telekommunikation gem. § 100a III StPO nicht gegen ihn, sondern gegen M gerichtet ist, § 160a I 5 StPO. Die Mitteilungen, die R der M über das Interesse des Mandanten O an tierpornografischen Filmen gemacht hat, unterliegen dem Zeugnisverweigerungsrecht des R aus § 53 I Nr. 3 StPO. Hingegen geht es hier nicht ausschließlich um Äußerungen, die R gegenüber M in Beziehung auf O gemacht hat. Vielmehr richtet sich das Erkenntnisinteresse der Staatsanwaltschaft darauf, dass R durch seine gegenüber M geäußerte Bitte um Unterstützung bei der Beschaffung tierpornografischen Anschauungsmaterials Indizien einer von ihm selbst begangenen Straftat aus § 184a StGB produziert hat. In Bezug auf diese selbstbelastenden Äußerungen hat R kein Zeugnisverweigerungsrecht aus § 53 I Nr. 3 StPO, sondern das allgemeine Schweigerecht des Beschuldigten gem. § 136 I 2 StPO. Auf dieses Schweigerecht bezieht sich § 160a StPO nicht. Dieser nimmt sogar den Schutz des Zeugnisverweigerungsrechts zurück, wenn gegen den Zeugnisverweigerungsberechtigten ein begründeter Verstrickungsverdacht besteht, § 160a IV 1 StPO. Ein Verwertungsverbot auf der Grundlage des § 160a I 2 StPO besteht also nicht.

dd) Der Verwendung der aus dem Telefongespräch zwischen M und R gewonnenen Erkenntnisse könnte ein Verbot aus § 479 II 2 StPO entgegenstehen. Diese Vorschrift enthält eine Verwendungsbeschränkung für Zufallsfunde, die im Rahmen eines anderen Strafverfahrens erlangt wurden.[35] Hier handelt es sich um einen Zufallsfund, weil in einem gegen A gerichteten Strafverfahren Informationen erlangt wurden, die einen Straftatverdacht gegen R stützen. Die Informationen enthalten personenbezogene Daten des R. Die Ermittlungsmaßnahme, durch die diese Informationen gewonnen wurden, ist die Überwachung der Telekommunikation. Eine solche Maßnahme ist nur beim Verdacht bestimmter Straftaten zulässig, nämlich beim Verdacht bzgl. einer Katalogtat iSd § 100a II StPO. Daher dürfen die gewonnenen Informationen im Verfahren gegen R nur zur Aufklärung von Straftaten verwertet werden, die in dem Katalog des § 100a II StPO enthalten sind. Das Strafverfahren gegen R basiert auf dem Verdacht der Verbreitung tierpornografischer Schriften gem. § 184a StGB. Dieser Straftatbestand gehört nicht zur Klasse der „schweren Straftaten" iSd § 100a I Nr. 1, II StPO. Nur die Verbreitung kinderpornografischer und jugendpornografischer Schriften (§§ 184b, 184c StGB) legitimiert die Überwachung der Telekommunikation. Daher darf der Inhalt des Telefongesprächs zwischen M und R in dem Verfahren nicht zu dem Zweck verwendet werden, den R der Verbreitung tierpornografischer Schriften zu überführen. Dieses Verwertungsverbot betrifft in erster Linie die unmittelbare Auswertung der Abhöraktion. Ebenso verboten ist aber auch die mittelbare Verwertung des Gesprächsinhalts, indem die Gesprächspartnerin M als Zeugin darüber vernommen wird, was ihr am Telefon von R mitgeteilt wurde. Denn dass die M Kenntnis von diesem Gesprächsinhalt hat, ist der Staatsanwaltschaft allein aufgrund der Gesprächsüberwachung bekannt. Die Vernehmung der M als Zeugin wäre eine Umgehung der Verwendungsbeschränkung des § 479 II 2 StPO.

35 Meyer-Goßner/Schmitt/Schmitt § 477 Rn. 5.

3. Ergebnis

M verweigerte eine Zeugenaussage, die ausschließlich Angaben enthalten hätte, die in dem Verfahren gegen R nicht verwertet werden dürften. Wegen dieses Verwertungsverbotes bestand von Anfang an ein Beweiserhebungsverbot. M war nicht verpflichtet eine Aussage zu machen, deren Ergebnis unverwertbar gewesen wäre. Sie hat ihr Zeugnis nicht ohne gesetzlichen Grund verweigert. Da die Voraussetzungen des § 70 I 2 StPO nicht vorlagen, war die Festsetzung des Ordnungsgeldes rechtswidrig. Die Beschwerde ist daher begründet.

Frage 3: Kann B mit Aussicht auf Erfolg gegen die Anordnung und Durchführung der Durchsuchung mit Rechtsbehelfen vorgehen?

I. Rechtsbehelf gegen die Anordnung der Durchsuchung

1. Zulässigkeit

a) Statthafter Rechtsbehelf

Da die Durchsuchung durch eine richterliche Entscheidung angeordnet worden ist, könnte die Beschwerde gem. § 304 StPO das richtige, also statthafte, Rechtsmittel sein.[36] § 305 S. 1 StPO steht der Statthaftigkeit nicht entgegen, da die Durchsuchung nicht durch das erkennende Gericht angeordnet wurde. Erkennendes Gericht ist das Gericht, bei dem das Hauptverfahren anhängig ist.[37] Hier wurde die Durchsuchung im Ermittlungsverfahren durch den Ermittlungsrichter angeordnet. Dies ist kein Fall des § 305 S. 1 StPO. Die Beschwerde ist also statthaft.

b) Prozessuale Überholung

Fraglich ist die Zulässigkeit der Beschwerde, weil sich die Durchsuchungsanordnung mit ihrem Vollzug bereits erledigt hat. Eine Aufhebung der richterlichen Durchsuchungsanordnung – also das primäre Ziel eines Rechtsmittels – ist mit der Beschwerde nicht mehr erreichbar. Jedoch wäre der verfassungsrechtliche Anspruch auf effektiven Rechtsschutz gegen Akte der hoheitlichen Gewalt (Art. 19 IV GG) verkürzt, wenn der Betroffene mit dem Vollzug der Maßnahme die Möglichkeit der Anfechtung verlöre. Kann auch dieser Rechtsschutz nicht mehr darin bestehen, dass die angefochtene richterliche Anordnung im Rechtsmittelverfahren aufgehoben wird, so besteht doch noch die Möglichkeit, nachträglich gerichtlich feststellen zu lassen, dass die Anordnung der Maßnahme rechtswidrig gewesen sei. Zwar sieht die Strafprozessordnung anders als die Verwaltungsgerichtsordnung (vgl. § 113 I 4 VwGO) einen derartigen Rechtsschutz nach Erledigung nicht explizit vor. Existiert aber ein berechtigtes Rechtsschutzinteresse, dem mit einer nachträglichen Rechtswidrigkeitsfeststellung genüge getan werden kann, gebietet Art. 19 IV GG auch und gerade im Strafverfahren die Zuerkennung der Möglichkeit zur Anrufung des Beschwerdegerichts.[38]

---

36 Beulke/Swoboda StrafProzR Rn. 324; Roxin/Schünemann StrafVerfR § 29 Rn. 14.
37 Beulke/Swoboda StrafProzR Rn. 76; Meyer-Goßner/Schmitt/Schmitt § 305 Rn. 2.
38 Beulke/Swoboda StrafProzR Rn. 326; Putzke/Scheinfeld StrafProzR Rn. 366.

Die Zulässigkeit der Fortsetzungsfeststellungsbeschwerde setzt ein besonderes Feststellungsinteresse voraus.[39] Ähnlich wie im Verwaltungsprozessrecht werden als Gründe eines solchen besonderen Rechtsschutzinteresses die Wiederholungsgefahr, ein Rehabilitierungsinteresse wegen dauernder Diskriminierung sowie ein tiefgreifender Grundrechtseingriff genannt.[40] Teilweise wird vorgeschlagen, das Rechtsschutzinteresse an nachträglicher Überprüfung erledigter Anordnungen grundsätzlich stets als gegeben anzunehmen und nur bei Bagatelleingriffen zu verneinen.[41] Indessen ist auch das strengere Erfordernis des „tiefgreifenden" Grundrechtseingriffs hier zu bejahen. Denn die Durchsuchung tangiert den Betroffenen in einer gem. Art. 13 GG mit Grundrechtsschutz ausgestatteten Position. Betont wird die Schwere des Eingriffs durch das vom Grundgesetz selbst aufgestellte Erfordernis richterlicher Anordnung, Art. 13 II GG.[42] Ein hinreichendes Feststellungsinteresse ist also gegeben.

c) Ergebnis

Wenn B die Beschwerde in der Form des § 306 I StPO einlegt, ist sein Rechtsmittel zulässig.

2. Begründetheit

a) Voraussetzungen des § 102 StPO

Gegen B besteht der Verdacht, dass er es unternimmt (vgl. § 11 I Nr. 6 StGB), sich den Besitz kinderpornografischer Schriften (§ 11 III StGB) zu verschaffen, die tatsächliches Geschehen wiedergeben, § 184b III StGB. Dieser Verdacht beruht auf dem Inhalt der E-Mail, die auf dem Server des Adressaten R gefunden wurde. Die Durchsuchung der Wohnung und der Kanzleiräume des B war von der Vermutung getragen, dass die Durchsuchung zum Auffinden von Beweismitteln in Bezug auf diese Straftat führen würde. Grundlage dieser Auffindungsvermutung war die E-Mail, aus der geschlossen werden konnte, dass sich kinderpornografische Filme im Besitz des B befinden und diese in den zu durchsuchenden Räumen gefunden werden könnten. Da diese Filme im Falle einer Verurteilung des B aus § 184b III StGB einzuziehen wären (§ 184b VII 1 StGB), könnte gem. § 111b II StPO die Durchsuchung auch auf das Ziel gerichtet werden, ihre vorläufige Beschlagnahme gem. §§ 111b I, 111c StPO zu ermöglichen. Die Voraussetzungen des § 102 StPO sind also erfüllt.

b) Verwertungsverbot

aa) Verwertbarkeit von Zufallsfunden

Die Durchsuchung mit dem Ziel des Auffindens von Beweismitteln wäre aber unzulässig, wenn die gesuchten Beweismittel in dem Strafverfahren nicht verwertet werden dürften, weil in Bezug auf sie ein Beweisverwertungsverbot besteht. Ein Verwertungsverbot könnte sich aus § 479 II 2 StPO ergeben. Auf B als Tatverdächtigen wurde die Staatsanwaltschaft aufmerksam infolge der Beschlagnahme der an R gerichteten E-Mail. Da dies eine Ermittlungsmaßnahme im Strafverfahren gegen R war, handelte es sich in Bezug auf B um einen Zufallsfund. Die Verwertung dieser zufällig

39 Beulke/Swoboda StrafProzR Rn. 327; Roxin/Schünemann StrafVerfR § 29 Rn. 21.
40 Volk/Engländer GK StPO § 10 Rn. 80; Putzke/Scheinfeld StrafProzR Rn. 371; Roxin/Schünemann StrafVerfR § 29 Rn. 21.
41 Roxin/Schünemann StrafVerfR § 29 Rn. 22.
42 Putzke/Scheinfeld StrafProzR Rn. 373.

gewonnenen Erkenntnisse zu Beweiszwecken wäre unzulässig, wenn Quelle des Fundes eine Maßnahme wäre, die nur bei Verdacht bestimmter Straftaten zulässig ist und eine derartige Maßnahme im Strafverfahren gegen B nicht möglich gewesen wäre. Die Informationen aus den E-Mails beruhen auf einer Beschlagnahme iSd § 94 II StPO. Die Zulässigkeit einer Beschlagnahme ist anders als zB die Überwachung der Telekommunikation (§ 100a StPO) nicht auf den Verdacht bestimmter Straftaten beschränkt. Daher scheinen die Voraussetzungen des § 479 II 2 StPO nicht vorzuliegen. Etwas anderes könnte jedoch daraus resultieren, dass die Beschlagnahme in Bezug auf den Inhalt der E-Mails die falsche Maßnahme gewesen ist und bei korrekter Vorgehensweise eine andere Maßnahme erforderlich gewesen wäre, die nach dem Gesetz nur bei Verdacht bestimmter Straftaten zulässig ist. Denn unter dieser Voraussetzung wäre sogar fraglich, ob die gezielt gefundenen Erkenntnisse – im Verfahren gegen R – überhaupt bzw. nur unter den Voraussetzungen des § 479 II 2 StPO verwertet werden dürfen. Für die Verwertung von Zufallsfunden gälte dies dann erst recht.

bb) Strafprozessualer Zugriff auf E-Mail-Kommunikation

Der strafprozessuale Zugriff auf elektronische Kommunikation ist grundsätzlich zulässig.[43] Umstritten ist jedoch, welche strafprozessrechtliche Rechtsgrundlage dafür in Betracht kommt. Einigkeit besteht dahingehend, dass die Ausforschung des E-Mail-Verkehrs während der Sendephasen ein Fall von Telekommunikationsüberwachung gem. § 100a StPO ist.[44] Ebenfalls außer Streit steht, dass die vom Empfänger abgerufenen E-Mails nicht mehr dem Telekommunikationsgeheimnis unterliegen und deshalb die Rechtmäßigkeit des strafprozessualen Zugriffs in der Empfängersphäre nicht an § 100a StPO, sondern an § 94 StPO zu messen ist.[45] Umstritten ist die Rechtslage nur bezüglich der E-Mails, die bei dem Provider des Empfängers gespeichert und vom Empfänger noch nicht abgerufen worden sind. Das BVerfG hat dazu entschieden, dass es nicht gegen den verfassungsrechtlichen Schutz des Telekommunikationsgeheimnisses aus Art. 10 GG verstoße, wenn die Strafverfolgungsbehörde sich Kenntnis vom Inhalt dieser E-Mails durch Beschlagnahme gem. § 94 StPO verschafft.[46] Der verfassungsrechtliche Schutz des Telekommunikationsgeheimnisses werde nicht nur durch § 100a StPO, sondern auch durch § 94 StPO hinreichend gewährleistet. Da das BVerfG aber nur über die Grundrechtskonformität einer Anwendung des einfachen Rechts zu entscheiden hat, ist damit nicht gesagt, dass diese Vorgehensweise der Strafverfolgungsbehörde auch strafprozessrechtlich richtig ist. Vorzugswürdig ist die in der Literatur herrschende Ansicht, wonach die gesamte E-Mail-Übermittlung vom Absender bis zum Empfänger einschließlich der Speicherung der E-Mails auf dem Server des Providers einheitlich als Telekommunikation iSd § 100a StPO zu qualifizieren ist.[47] Daher dürfen E-Mail-Daten, die die Herrschaftssphäre des Empfängers noch nicht erreicht haben, nur beim Verdacht einer Katalogtat iSd § 100a II StPO zu Beweiszwecken im Strafverfahren erhoben und verwendet werden. Soweit es um die Verwendung als Zufallsfund geht, ergibt sich dieses Erfordernis aus § 479 II 2 StPO.

---

43 Radtke/Hohmann/Röwer StPO § 100a Rn. 16.
44 Beulke/Meininghaus FS Widmaier, 2008, 63 (77).
45 Beulke/Meininghaus FS Widmaier, 2008, 63 (65).
46 BVerfG NJW 2009, 2431.
47 Beulke/Meininghaus FS Widmaier, 2008, 63 (77); SK-StPO/Wohlers/Greco § 94 Rn. 27; Volk/Engländer GK StPO § 10 Rn. 38; aA Kühne StrafProzR Rn. 517: § 99.

cc) Verdacht der Pornografiekriminalität

Die Anordnung der Telekommunikationsüberwachung wegen des Verdachts von Pornografiekriminalität ist gem. § 100a II Nr. 1g StPO zulässig. Allerdings nimmt die Norm nur auf § 184b I, II und § 184c II StGB Bezug. Diese Strafvorschriften erfassen lediglich die „Lieferanten" kinder- und jugendpornografischer Schriften, nicht die Erwerber bzw. Konsumenten. Letztere sind Tatsubjekte der Strafvorschriften in § 184b III und § 184c III StGB. Telekommunikationsüberwachung zur Verfolgung der Straftaten von Pornografiekonsumenten ist somit nicht zulässig. Die gesetzliche Beschränkung der Telekommunikationsüberwachung auf die Lieferantenseite darf auch nicht dadurch unterlaufen werden, dass die Konsumenten als Teilnehmer (§§ 26, 27 StGB) der in § 184b I, II, § 184c II StGB pönalisierten Taten qualifiziert werden. Die Konsumentenstrafbarkeit ist in § 184b III, § 184c III StGB abschließend geregelt, Strafbarkeit aus §§ 184b I–III, 184c III StGB iVm §§ 26, 27 StGB kommt nicht in Betracht. Da sich der Tatverdacht gegen B allein auf den Straftatbestand § 184b III StGB stützt, wäre die Anordnung der Telekommunikationsüberwachung gegenüber B gem. § 100a I, II StPO nicht zulässig gewesen. Daraus folgt, dass die aus den E-Mails gewonnenen Informationen nicht zu Beweiszwecken in einem Strafverfahren gegen B verwendet werden dürfen.

dd) Konsequenzen für die Ermittlungsdurchsuchung

Die Unverwertbarkeit hat zur Folge, dass eine auf § 102 StPO gestützte Raumdurchsuchung nicht mit dem Zweck der Auffindung von Beweismitteln legitimiert werden kann. Fraglich ist, ob die Zulässigkeit der Durchsuchung damit begründet werden kann, dass die bei B vermuteten kinderpornografischen Schriften gem. § 184b VII StGB der Einziehung unterliegen und deshalb gem. § 111b II StPO iVm § 102 StPO eine Durchsuchung mit diesbezüglicher Zielsetzung zulässig gewesen wäre. Würden diese bei der Durchsuchung aufgefundenen Gegenstände in dem Verfahren gegen B nicht dazu benötigt, die Begehung der in § 184b III StGB pönalisierten Straftat zu beweisen, wäre § 479 II 2 StPO nicht berührt. Denn dann ginge es nicht um eine Verwendung der zufällig gefundenen Erkenntnisse „zu Beweiszwecken". Die Einziehung tatbefangener Gegenstände nach § 184b VII StGB iVm § 74 StGB setzt jedoch voraus, dass der Verdächtige aus § 184b III StGB verurteilt wird. Auch die Einziehung ist eine strafrechtliche Sanktion, die eine Straftat voraussetzt, die zur Überzeugung des Gerichts begangen worden ist. Daher geht auch der Einziehung der Beweis der zugrunde liegenden Tat voraus. Wenn es also bei einer Durchsuchung nach § 102 StPO darum gehen soll, Einziehungsgegenstände gem. § 111b II StPO aufzufinden, muss entweder der Beweis der Straftat mit anderen Beweismitteln gewährleistet sein oder die Einziehungsgegenstände selbst müssen zugleich wegen ihrer Beweismittelfunktion Durchsuchungszielobjekt sein. Letzteres ist hier der Fall. Andere Beweise als die aus der beschlagnahmten E-Mail liegen gegen B nicht vor. Wenn also die Durchsuchung damit begründet wird, dass bei B der Einziehung unterliegende Gegenstände gefunden werden könnten, wird die dabei implizit gestellte Prognose einer Verurteilung des B aus § 184b III StGB allein darauf gestützt, dass der E-Mail-Inhalt und die bei der Durchsuchung voraussichtlich zu findenden Gegenstände den Beweis für die Täterschaft des B liefern würden. Die Erkenntnisse gegen B aus der E-Mail-Überwachung würden also auch dann „zu Beweiszwecken" Verwendung finden, wenn die Anordnung der Durchsuchung allein damit begründet wird, dass der Einziehung unterliegende Gegenstände gefunden werden sollen. Eine solche Verwendung ist hier gem. § 479 II 2 StPO unzulässig.

3. Ergebnis

Die Durchsuchung der Wohnung und der Praxisräume des B war rechtswidrig. Dadurch wurde das Grundrecht des B aus Art. 13 GG[48] tiefgreifend verletzt. Die Fortsetzungsfeststellungsbeschwerde gegen die richterliche Durchsuchungsanordnung ist deshalb begründet.

II. Rechtsbehelf gegen die Durchführung der Durchsuchung

1. Zulässigkeit

Der gerichtliche Rechtsschutz gegen die Durchführung strafprozessualer Zwangsmaßnahmen hat die gleiche Grundlage wie der Rechtsschutz gegen die Anordnung derartiger Maßnahmen. Bei Maßnahmen, die vom Ermittlungsrichter angeordnet worden sind, ist also die Beschwerde gem. § 304 StPO das statthafte Rechtsmittel.[49] Dass die Maßnahme bereits vollzogen worden ist, steht der Zulässigkeit nicht entgegen. Mit der Beschwerde kann an das Gericht auch das Rechtsschutzbegehren herangetragen werden, dass nachträglich die Rechtswidrigkeit der durchgeführten Maßnahme festgestellt werde. Das besondere Rechtsschutzinteresse ist aufgrund der tiefgreifenden grundrechtsrelevanten (Art. 13 GG) Beeinträchtigungswirkung einer Wohnungsdurchsuchung zu bejahen. Daher ist die Beschwerde zulässig.

2. Begründetheit

Die Beschwerde ist begründet, wenn die Durchführung der Durchsuchung rechtswidrig war. Hier wurde bei der Durchsuchung der Praxisräume das Erfordernis des § 106 I StPO nicht beachtet. Die Zuziehung des Inhabers B war wegen dessen berufsbedingter Abwesenheit nicht möglich. An seiner Stelle hätte aber die Ehefrau als Angehörige hinzugezogen werden können. Dies ist unterblieben, ohne dass dafür ein rechtfertigender Grund vorgelegen hätte. Die Durchsuchung fand daher unter Missachtung des § 106 I StPO statt und war deshalb rechtswidrig.

3. Ergebnis

Die Beschwerde ist zulässig und begründet und hat daher Aussicht auf Erfolg.

---

48 „Wohnung" iSd Art. 13 GG sind auch Arbeits-, Betriebs- und Geschäftsräume, vgl. Jarass/Pieroth/Jarass GG Art. 13 Rn. 5.

49 Ranft StrafProzR Rn. 616.

Fall 5: „Beweismittelschwund in der Hauptverhandlung"

Die 13-jährige Charlotte (C) wurde über einen längeren Zeitraum hinweg von mehreren Erwachsenen beiderlei Geschlechts körperlich misshandelt und sexuell missbraucht. Eines Tages vertraut sie sich ihrer Tante Trude (T) an und erzählt ihr alles.

T geht sofort zur Polizei und erstattet dort gegenüber dem Polizeibeamten Pohlmann (P) eine Strafanzeige. Sie teilt mit, was ihr die C über die Taten gesagt hat. Demnach seien daran unter anderem die Eltern der C – Vater Viktor (V) und Mutter Marie (M) –, die beiden Brüder des Vaters – Anton (A) und Bert (B) – sowie die Ehefrau des B – Doris (D) – beteiligt gewesen. P fertigt ein schriftliches Protokoll an, das von T unterschrieben wird.

Daraufhin wird ein Strafverfahren gegen V, M, A, B und D eingeleitet.

C wird als Zeugin durch den Ermittlungsrichter Horstmann (H) vernommen. Nach ordnungsgemäßer Belehrung erklärt C, dass sie ihr Zeugnisverweigerungsrecht nicht ausübe. Anschließend macht C eine umfassende Aussage. Aufgrund richterlicher Anordnung wird C danach von der Ärztin Dr. Stolze (S) untersucht. Auf ihr Untersuchungsverweigerungsrecht hatte die sehr intelligente C wirksam verzichtet. Bei der Untersuchung findet die Ärztin am Körper der C Spuren von Gewalteinwirkung – unter anderem im Genitalbereich –, die mit der Aussage der C übereinstimmen.

In der ersten richterlichen Beschuldigtenvernehmung der D durch den Ermittlungsrichter Roland (R) bezichtigt D heftig den V. Richter H war kurz zuvor bei einem Verkehrsunfall ums Leben gekommen.

In der richterlichen Beschuldigtenvernehmung des B, von deren Termin die anderen Beschuldigten nicht informiert wurden, belastet B den V schwer. Auch bei der richterlichen Beschuldigtenvernehmung der M wird V durch die Aussagen seiner Ehefrau schwer belastet.

Bei der polizeilichen Beschuldigtenvernehmung des A, die auf dessen Wunsch ohne Verteidiger stattfindet, schweigt der Beschuldigte beharrlich. Die sich bei der Vernehmung abwechselnden Polizeibeamten versuchen 24 Stunden lang ununterbrochen den A zum Reden zu bringen. A hatte bei Beginn der Vernehmung schon seit acht Stunden nicht mehr geschlafen. Auf die Frage, ob er sich endlich hinlegen dürfe, antworten die Polizeibeamten, die Vernehmung werde so lange fortgesetzt, bis A ein Geständnis ablegt. Daraufhin bricht der völlig erschöpfte A sein Schweigen und schildert die Vorgänge. Dabei belastet er vor allem den V schwer.

Einen Tag nach der polizeilichen Vernehmung wird A durch den Ermittlungsrichter R vernommen. R belehrt den A über seine Rechte als Beschuldigter, geht dabei aber nicht darauf ein, wie das Geständnis des A bei der polizeilichen Vernehmung zustande gekommen ist. A hatte sich vor Beginn der richterlichen Vernehmung darüber beschwert, dass die Polizeibeamten ihn „unmenschlich" behandelt hätten. R entgegnete darauf, das spiele keine Rolle mehr, denn jetzt werde er ja von einem Richter vernommen und da gehe es keineswegs unmenschlich zu. A sieht nach seinem Geständnis bei der Polizei keinen Sinn mehr die Tat zu leugnen oder vom Schweigerecht Gebrauch zu machen. Daher wiederholt er gegenüber R die Angaben, die er einen Tag zuvor bei der Polizei gemacht hatte.

Die Staatsanwaltschaft klagt V, M, A und B vor der Jugendschutzkammer des Landgerichts an. Das Verfahren gegen D wird nach § 170 II StPO eingestellt.

Kurz vor Beginn der Hauptverhandlung erkrankt B schwer. Das Verfahren gegen ihn wird daher von den Verfahren gegen die anderen Angeklagten abgetrennt und vorläufig eingestellt.

Alle Angeklagten machen in der Hauptverhandlung von ihrem Schweigerecht Gebrauch.

Die Angeklagte M erklärt außerdem, sie widerrufe die gegenüber R gemachten belastenden Angaben in Bezug auf V. Daraufhin ordnet der Vorsitzende an, dass der Ermittlungsrichter R als Zeuge über die frühere Aussage der M vernommen werden soll.

In Bezug auf den A und den B ordnet der Vorsitzende Richter die Verlesung der Protokolle der richterlichen Vernehmungen des A und des B durch R an.

Die immer noch 13-jährige C erklärt überraschend, dass sie ihr Zeugnisverweigerungsrecht ausübe. Außerdem widerspricht sie der Verwertung der bei der ärztlichen Untersuchung erhobenen Befunde. Die Richter und Staatsanwälte vermuten, dass C von ihren Großeltern – den Eltern des Angeklagten V –, bei denen sie seit der Verhaftung ihrer Eltern lebt, unter Druck gesetzt worden ist. Der Vorsitzende Richter schlägt vor, dass man gegen die C oder gegen ihre Großeltern Erzwingungshaft anordnen könne, um die C zu einer Aussage zu bewegen. Außerdem ordnet er an, dass die Ärztin S über die körperliche Untersuchung der C vernommen wird. Wie sich erst jetzt herausstellt, ist S eine Schwester der Ehefrau des Angeklagten A. Der Verteidiger des V erklärt, auch aus diesem Grund dürfe die S nicht über das Untersuchungsergebnis vernommen werden. Der Staatsanwalt schließt sich dieser Einschätzung an.

Auch die als Zeugin geladene D macht in der Hauptverhandlung von ihrem Zeugnisverweigerungsrecht Gebrauch. Der Vorsitzende ordnet daraufhin an, dass der Ermittlungsrichter R als Zeuge über die frühere Beschuldigtenvernehmung der D vernommen wird.

Die Verteidiger der Angeklagten erheben gegen sämtliche Anordnungen des Vorsitzenden Widerspruch.

Bearbeitervermerk:

Rechtsreferendar Kraus (K) soll für das Gericht ein Rechtsgutachten zu folgenden Fragen erstellen:

Frage 1: Darf der Ermittlungsrichter R als Zeuge über die Beschuldigtenvernehmungen von M und D vernommen werden?

Frage 2: Dürfen die Protokolle der richterlichen Beschuldigtenvernehmungen von A und B verlesen werden?

Frage 3: Darf zur Erlangung einer Zeugenaussage der C Erzwingungshaft angeordnet werden?

Frage 4: Darf die S über das Ergebnis der körperlichen Untersuchung der C vernommen werden?

Gutachtliche Vorüberlegungen

Frage 1: Darf der Ermittlungsrichter R als Zeuge über die Beschuldigtenvernehmungen von M und D vernommen werden?

Zwischen den meisten Personen des Falles bestehen Angehörigenbeziehungen in Form von Ehe, Verwandtschaft, Schwägerschaft. Solche Beziehungen haben im Strafverfahren hauptsächlich im Zusammenhang mit Zeugnisverweigerungsrechten rechtliche Bedeutung, vgl. § 52 StPO. Das ist auch der zentrale Gesichtspunkt bei der rechtlichen Beurteilung der Vernehmung des R in der Hauptverhandlung. Relevante Norm ist § 252 StPO. Das Hauptproblem besteht darin, dass D vor der Hauptverhandlung nicht Zeugin, sondern Beschuldigte war und M sogar in der Hauptverhandlung noch Angeklagte ist. Dass § 252 StPO dennoch anwendbar ist, ist in Bezug auf D relativ einfach, in Bezug auf M dagegen sehr schwer zu begründen.

Frage 2: Dürfen die Protokolle der richterlichen Beschuldigtenvernehmungen von A und B verlesen werden?

Die Schilderung der bei der polizeilichen Vernehmung des Beschuldigten A angewandten Methoden lenkt die Aufmerksamkeit schnell auf § 136a StPO. Es ist auch leicht zu begründen, dass die Polizeibeamten gegen § 136a I StPO verstoßen haben und daher das Geständnis des A nicht verwertbar ist, § 136a III StPO. Aber gefragt ist nicht nach der Verwertung der Angaben, die A bei der polizeilichen Vernehmung gemacht hat. Die Fallfrage zielt auf die Aussage des A gegenüber dem Ermittlungsrichter. Unmittelbar aus § 136a StPO lässt sich die Unverwertbarkeit dieser Aussage nicht ableiten. Da es bei der Vernehmung des A durch R nach dem Sachverhalt auch keine Verstöße gegen § 136a StPO gegeben hat, ist fraglich, welche Rolle diese Vorschrift hier überhaupt noch spielen kann. Hier muss nun die im Sachverhalt recht ausführlich beschriebene Belehrung des A durch R in den Blick genommen werden. Nur vordergründig betrachtet war diese Belehrung in Ordnung. Bei genauem Hinsehen zeigt sich aber, dass die Belehrung unvollständig war. R hätte den A „qualifiziert" belehren müssen, nämlich darüber, dass sein bei der Polizei abgelegtes Geständnis wegen § 136a III StPO unverwertbar ist. Der Belehrungsfehler hat zur Folge, dass auch das Ergebnis der richterlichen Beschuldigtenvernehmung unverwertbar ist.

Hinsichtlich des Protokolls der Beschuldigtenvernehmung des B ist zunächst zu erörtern, ob das in § 250 S. 2 StPO verankerte Verlesungsverbot von einer der Ausnahmen des § 251 I, II StPO durchbrochen ist. Da dies der Fall ist, muss abschließend geprüft werden, ob es einen anderen rechtlichen Grund gibt, der die Verlesung dieses Protokolls verbietet. Welcher Grund dies sein könnte, findet der Bearbeiter heraus, wenn er darüber nachdenkt, wieso im Sachverhalt nur bei der Vernehmung des B durch R ausdrücklich hervorgehoben wurde, dass die anderen Beschuldigten von dieser Vernehmung nicht verständigt wurden. Dies könnte nämlich ein Verstoß gegen § 168c V StPO sein. Hier muss nun die umstrittene Frage einer Antwort zugeführt werden, ob bei der richterlichen Vernehmung eines Beschuldigten andere Mitbeschuldigte ein Anwesenheitsrecht haben. Dass § 168c StPO ein solches Recht nicht gewährt, ergibt sich aus dem Gesetzestext selbst. Wie Rechtsprechung und Literatur dazu und zu der Option einer analogen Anwendung des § 168c StPO stehen, ist Spezialwissen, das von dem Bearbeiter nicht unbedingt erwartet wird.

Frage 3: Darf zur Erlangung einer Zeugenaussage der C Erzwingungshaft angeordnet werden?

Die erste hier zu erbringende Leistung besteht darin, § 70 StPO zu finden. Sodann muss erkannt werden, dass § 70 I 2 StPO strafähnliche repressive Maßnahmen vorsieht, die deshalb nur gegenüber schuldfähigen Zeugen zulässig sind, also nicht gegenüber C. In einem nächsten Schritt ist dieses Erfordernis auf das Beugemittel des § 70 II StPO zu übertragen. Dass Erzwingungshaft gegenüber den Großeltern nicht in Frage kommt, folgt eigentlich schon daraus, dass die Großeltern nicht Zeugen sind. Zudem gibt der Wortlaut des § 70 StPO für die Anwendung von Beugemitteln in diese Richtung nichts her.

Frage 4: Darf die S über das Ergebnis der körperlichen Untersuchung der C vernommen werden?

Der Sachverhalt bietet für die Erörterung der Frage zwei Ansatzpunkte: Zunächst könnte die verwandtschaftliche Beziehung zu der Ehefrau eines Angeklagten ein Grund sein, die S wegen Besorgnis der Befangenheit abzulehnen. Diese in erster Linie für Richter geschaffene Beschränkung der Mitwirkung am Strafverfahren hat gem. § 74 StPO auch für Sachverständige Bedeutung. Daher muss geklärt werden, ob S in dem Verfahren als Sachverständige oder als sachverständige Zeugin agiert. Letzterenfalls wäre § 74 StPO nicht anwendbar. Der zweite Gesichtspunkt ist die Berufung der C auf das Untersuchungsverweigerungsrecht gem. § 81c III StPO. Da C sich im Ermittlungsverfahren körperlich untersuchen ließ, geht es in der Hauptverhandlung darum, ob § 252 StPO eingreift und deshalb das Untersuchungsergebnis nicht durch Vernehmung der S in die Hauptverhandlung eingeführt werden darf.

Lösungsgliederung

Frage 1

I. Schweigerecht der Angeklagten
1. Angeklagte M
2. Beschuldigte D

II. Schutz des Zeugnisverweigerungsrechts
1. Verbotsbereich des § 252 StPO
2. Zeugnisverweigerungsrecht der D
   a) Zeuge
   b) Gebrauch des Zeugnisverweigerungsrechts
      aa) Zeugnisverweigerungsrecht
      bb) Gebrauch erst in der Hauptverhandlung
3. Zeugnisverweigerungsrecht der M
   a) Zeuge
   b) Gebrauch des Zeugnisverweigerungsrechts
      aa) Zeugnisverweigerungsrecht
      bb) Gebrauch erst in der Hauptverhandlung

III. Ergebnis

Frage 2

I. Protokoll der Beschuldigtenvernehmung des A
1. Verlesungsverbot gem. § 250 StPO
   a) Ersetzung der Vernehmung
   b) Verlesung gem. § 251 StPO
   c) Verlesung gem. § 254 StPO
2. Belehrungsfehler
   a) Belehrung gem. § 136 I StPO
   b) Qualifizierte Belehrung
      aa) Begriff der qualifizierten Belehrung
      bb) Voraussetzungen der qualifizierten Belehrung

II. Protokoll der Beschuldigtenvernehmung des B
1. Verlesungsverbot gem. § 250 StPO
2. Verstoß gegen § 168c V StPO

III. Ergebnis

Frage 3

I. Erzwingungshaft gegen C
1. Zeugnisverweigerung ohne gesetzlichen Grund
2. Verantwortlichkeit

II. Erzwingungshaft gegen die Großeltern der C

III. Ergebnis

Frage 4

I. Ablehnung der S wegen Angehörigenbeziehung zu einem Angeklagten
1. Sachverständigenbeweis
2. Ablehnungsgrund

II. Verwertungsverbot gem. § 252 StPO

III. Ergebnis

Lösungsvorschlag

Frage 1: Darf der Ermittlungsrichter R als Zeuge über die Beschuldigtenvernehmungen von M und D vernommen werden?

I. Schweigerecht der Angeklagten

1. Angeklagte M

M hat als Angeklagte das Recht, sich in der Hauptverhandlung jeglicher Einlassung zur Sache zu enthalten, § 243 V 1 StPO. Dieses Schweigerecht verliert der Angeklagte auch nicht dadurch, dass er in einem Verfahrensstadium vor der Hauptverhandlung Angaben zur Sache gemacht hat. Hier hat M erklärt, dass sie nicht zur Sache aussage. Fraglich ist, ob die Ausübung des Schweigerechts zur Folge hat, dass frühere Aussagen der Angeklagten nicht in die Hauptverhandlung eingeführt werden dürfen. Denn die Tatsache der Ausübung des Schweigerechts darf selbst nicht zum Gegenstand der Beweiswürdigung gemacht werden.[1] Weiterhin ist zu bedenken, dass ein mit dem Angeklagten verwandter Zeuge, der vor der Hauptverhandlung eine den Beschuldigten belastende Aussage gemacht hat, durch Ausübung des Zeugnisverweigerungsrechts (§ 52 I StPO) in der Hauptverhandlung verhindern kann, dass diese frühere Aussage zum Nachteil des Angeklagten in die Beweisaufnahme der Hauptverhandlung einbezogen wird, § 252 StPO. Allerdings gibt es dafür einen Grund, der im Fall einer selbstbelastenden Aussage des Beschuldigten nicht greift: Der Zeuge soll vor dem seelischen Konflikt bewahrt werden, der aufgrund seiner Beziehung zum Angeklagten entstünde, wenn seine Zeugenaussage in der Hauptverhandlung verwertet werden könnte. In einer solchen Konfliktlage befindet sich der Angeklagte nicht, wenn eine von ihm früher gemachte Aussage nun in die Hauptverhandlung gegen ihn eingeführt wird. Deshalb dürfen Aussagen, die der jetzige Angeklagte vor der Hauptverhandlung in Bezug auf den Verfahrensgegenstand gemacht hat, ohne weiteres zum Gegenstand der Beweisaufnahme gemacht werden. Es besteht kein Beweisthemaverbot. Dies wird besonders deutlich ausgedrückt in § 254 StPO. Diese Vorschrift setzt voraus, dass „Erklärungen des Angeklagten" in der Beweisaufnahme verwertet werden dürfen. Die Existenz dieser Vorschrift ist im Zusammenhang mit § 250 StPO zu sehen: Protokollverlesung als Beweismittel ist grundsätzlich unzulässig, unter den Voraussetzungen des 254 StPO aber gestattet. Für die Verwendung anderer Beweismittel – zB (wie hier) Vernehmung des Ermittlungsrichters oder anderer Verhörspersonen (Staatsanwalt, Polizeibeamter[2]) – gibt es keine rechtlichen Beschränkungen. Sie ist auch über die Grenzen des § 254 StPO hinaus zulässig.

2. Beschuldigte D

Da das Strafverfahren gegen die Beschuldigte D von der Staatsanwaltschaft gem. § 170 II StPO eingestellt worden ist, ist die D in der Hauptverhandlung keine Ange-

1 Heger StrafProzR Rn. 141a; Heinrich/Reinbacher Examinatorium StrafProzR 39/13; Mansdörfer Klausurenkurs StrafProzR Rn. 118; Meyer-Goßner/Schmitt/Schmitt § 261 Rn. 15; Murmann Prüfungswissen StrafProzR Rn. 210; Roxin/Schünemann StrafVerfR § 25 Rn. 32.

2 Hellmann StrafProzR Rn. 674 f.

klagte. Folglich ist in Bezug auf D eine Argumentation aus § 243 V 1 StPO von vornherein nicht möglich. Zudem ergäbe sich – wie oben zu M festgestellt – aus dieser Rechtsquelle kein Verbot der Verwertung früherer Aussagen zur Sache.

II. Schutz des Zeugnisverweigerungsrechts

Ein Verbot der Vernehmung des R könnte sich aus § 252 StPO ergeben, weil eine Aussage des R geeignet wäre, die Ausübung von Zeugnisverweigerungsrechten durch D und M zu beeinträchtigen.

1. Verbotsbereich des § 252 StPO

Dieser Ansatz ist nach dem Gesetzeswortlaut jedoch problematisch, weil der Text des § 252 StPO nur ein Urkundenverlesungsverbot enthält. Hier geht es aber nicht um die Verlesung eines Vernehmungsprotokolls, sondern um die Vernehmung des Ermittlungsrichters, der die Vernehmung der D und der M durchgeführt hatte. Dieser Form der Beweiserhebung stellt sich § 252 StPO seinem Wortlaut nach nicht entgegen. Dennoch ist überwiegend anerkannt, dass § 252 StPO jede Art des Rückgriffs auf die frühere Zeugenaussage in der Beweisaufnahme verbietet, also auch die Vernehmung von Personen, die der Vernehmung beigewohnt und die Aussage wahrgenommen hatten.[3] Praktisch richtet sich das in erster Linie gegen die Verhörsperson, also den Richter im Falle einer richterlichen Zeugenvernehmung, den Staatsanwalt oder Polizeibeamten im Fall einer staatsanwaltschaftlichen oder polizeilichen Zeugenvernehmung. Die Rechtsprechung schränkt den Bereich des Verwertungsverbots jedoch ein und leitet aus § 252 StPO lediglich das Verbot des Rückgriffs auf Zeugenaussagen ab, die nicht im Rahmen einer richterlichen Vernehmung gemacht wurden.[4] Diese Differenzierung geht nicht nur am Schutzzweck des § 252 StPO vorbei, sondern missachtet diesen sogar dadurch, dass sie die den Schutzzweck stärker tangierende Verwertungsart zulässt und die den Schutzzweck schwächer tangierende Verwertungsart verbietet.[5] Die überwiegende Auffassung in der Literatur erstreckt das aus § 252 StPO folgende Verwertungsverbot zu Recht auch auf richterliche Vernehmungen.[6] Deshalb darf R nicht über die von M und D gemachten Aussagen vernommen werden, wenn die Voraussetzungen des § 252 StPO vorliegen. Dies muss in Bezug auf D und M getrennt untersucht werden.

2. Zeugnisverweigerungsrecht der D

a) Zeuge

D ist in der Hauptverhandlung des Verfahrens gegen A, V und M Zeugin. Da das Verfahren gegen sie eingestellt wurde, ist sie nicht mehr (Mit-)Beschuldigte. Allerdings war D keine Zeugin, sondern Beschuldigte, als sie von R vernommen wurde.

---

3 BGHSt 42, 391 (397) = NJW 1997, 1790; Beulke/Swoboda StrafProzR Rn. 419; Heger StrafProzR Rn. 400; Heinrich/Reinbacher Examinatorium StrafProzR 28/4; Meyer-Goßner/Schmitt/Schmitt § 252 Rn. 13; Murmann Prüfungswissen Rn. 230; Roxin/Schünemann StrafVerfR § 46 Rn. 29; Volk/Engländer GK StPO § 27 Rn. 10; Walter StrafProzR Rn. 540.

4 BGHSt 2, 99 ff. = BeckRS 1952, 103533; zust. Kühne StrafProzR Rn. 945; Meyer-Goßner/Schmitt/Schmitt § 252 Rn. 14; Schroeder/Verrel StrafProzR Rn. 246; aA Beulke/Swoboda StrafProzR Rn. 420.

5 Mitsch JURA 1998, 306 (310).

6 Heghmanns StrafR Rn. 924; Hellmann StrafProzR Rn. 670; Joecks/Jäger StPO § 252 Rn. 12.

Diese Vernehmung war deshalb auch keine Zeugenvernehmung, sondern eine Beschuldigtenvernehmung. Für die Anwendung des § 252 StPO ist aber allein entscheidend, dass die Aussageperson im Zeitpunkt der Hauptverhandlung Zeuge ist und ein Zeugnisverweigerungsrecht hat.[7]

b) Gebrauch des Zeugnisverweigerungsrechts

aa) Zeugnisverweigerungsrecht

D ist als Ehefrau des B gem. § 52 I Nr. 2 StPO zeugnisverweigerungsberechtigt, wenn und soweit B Beschuldigter ist. Die vorläufige Einstellung des Verfahrens gegen B gem. § 205 S. 1 StPO hat seine Beschuldigtenstellung nicht aufgehoben. Allerdings ist B aufgrund der Verfahrenstrennung nicht mehr (Mit-)Beschuldigter in dem Verfahren, in dem D als Zeugin aussagen soll. Dennoch besteht das aus der Ehe mit B resultierende Zeugnisverweigerungsrecht fort. Denn ursprünglich bestand eine prozessuale Gemeinsamkeit, die bewirkte, dass das Zeugnisverweigerungsrecht aus § 52 I Nr. 2 StPO auch im Verhältnis zu den anderen Mitbeschuldigten wirkte. Durch die Abtrennung des gegen B geführten Verfahrens hat sich daran nichts geändert.[8] Im Übrigen hat D ein Zeugnisverweigerungsrecht auch aufgrund ihrer Beziehung zu V und A. Mit beiden ist D in der Seitenlinie im zweiten Grad verschwägert, § 1590 BGB.[9] Daraus ergibt sich ein Zeugnisverweigerungsrecht gem. § 52 I Nr. 3 StPO.

bb) Gebrauch erst in der Hauptverhandlung

D hat ihr Zeugnisverweigerungsrecht in der Hauptverhandlung gebraucht. Die Voraussetzung „erst“ gebraucht ist streng genommen nicht erfüllt, weil D bei ihrer früheren Vernehmung gar kein Zeugnisverweigerungsrecht hatte. Aber auch als Beschuldigte hatte sie ein Recht zur Aussageverweigerung (§ 136 I 2 StPO). Also hat sie ihr schon vor der Hauptverhandlung bestehendes Recht, keine sachbezogene Aussage zu machen, erstmalig in der Hauptverhandlung ausgeübt.

3. Zeugnisverweigerungsrecht der M

a) Zeuge

M ist von Anfang des Verfahrens an Beschuldigte und ist es auch noch in der Hauptverhandlung. Da sie von der Staatsanwaltschaft angeklagt wurde und ihr Verfahren mit denen gegen die anderen Angeklagten verbunden worden war, ist sie im Verhältnis zu V und A Mitangeklagte. Deshalb kann sie aber keine Zeugin sein. Diese Inkompatibilität besteht auch gegenüber den Mitangeklagten. M kann nicht beide Rollen einnehmen, Angeklagte bezüglich des gegen sie selbst erhobenen Tatvorwurfs und Zeugin bezüglich der gegen V und A gerichteten Tatvorwürfe.[10] Folglich kann M an sich kein Zeugnisverweigerungsrecht haben und folglich kann auch § 252 StPO nicht eingreifen. Andererseits befindet sich M als mit V verheiratete und mit A verschwägerte Mitbeschuldigte in einer Konfliktlage, die zum einen die Komponente „Selbstschutz“ und zum anderen die Komponente „Angehörigenschutz“ aufweist.

---

7 BGHSt 42, 391 (398) = NJW 1997, 1790; Joecks/Jäger StPO § 252 Rn. 9; Meyer-Goßner/Schmitt/Schmitt § 252 Rn. 11; Volk/Engländer GK StPO § 27 Rn. 9.

8 Joecks/Jäger StPO § 52 Rn. 7; Meyer-Goßner/Schmitt/Schmitt § 52 Rn. 11; Volk/Engländer GK StPO § 21 Rn. 12.

9 Meyer-Goßner/Schmitt/Schmitt § 52 Rn. 7.

10 Beulke/Swoboda StrafProzR Rn. 185; Meyer-Goßner/Schmitt/Schmitt vor § 48 Rn. 21.

Das Schweigerecht, das M als Beschuldigte hat, taugt zu einer vollkommenen Konfliktlösung nicht. Mit der Verweigerung einer den Angehörigen belastenden Aussage schützt die M diesen, schadet aber zugleich ihren eigenen Verteidigungsinteressen. Umgekehrt bedeutet eine den Angehörigen belastende Aussage zur Selbstverteidigung zugleich Verzicht auf Schonung des Angehörigen. Die berechtigten Interessen der M liegen also im Widerstreit. Eine vollständige Befriedigung dieser Interessen dadurch, dass der M sowohl Beschuldigten- als auch Zeugenstellung zuerkannt wird, ist nicht möglich. Möglich ist aber, der M hinsichtlich der Verwertbarkeit ihrer Aussage sowohl die Rechte des Beschuldigten als auch die Rechte des Zeugen zu gewähren:[11] Zur optimalen Selbstverteidigung hat die M das Recht, eine den V belastende Aussage zu machen und damit eine Verwertung dieser Aussage in dem gegen sie selbst gerichteten Verfahren zu bewirken. Aufgrund ihrer Angehörigenstellung muss sie aber auch das Recht haben, der Verwertung dieser Aussage zum Nachteil der anderen Mitangeklagten, zu denen die Angehörigenbeziehung besteht, zu widersprechen.

b) Gebrauch des Zeugnisverweigerungsrechts

aa) Zeugnisverweigerungsrecht

M steht sowohl zu V als auch zu A und zu B in Beziehungen, die gem. § 52 I StPO Grundlage von Zeugnisverweigerungsrechten sind. Mit V ist M verheiratet (§ 52 I Nr. 2 StPO), mit A und B ist sie in der Seitenlinie im zweiten Grad verschwägert (§ 52 I Nr. 3 StPO). Als Beschuldigte war M zwar keine Zeugin und hatte deshalb auch kein Zeugnisverweigerungsrecht. Wie oben gesehen, hatte sie aber eine Rechtsstellung, die es ihr ermöglichte, die rechtlichen Folgen der Ausübung eines Zeugnisverweigerungsrechts im Verhältnis zu ihren Angehörigen zu beanspruchen. Dies ist der Innehabung eines Zeugnisverweigerungsrechts gleichwertig.

bb) Gebrauch erst in der Hauptverhandlung

M hat im Ermittlungsverfahren eine Aussage gemacht und dabei den V belastet. Sie hat also bei der richterlichen Vernehmung gerade keine Zeugnisverweigerungsberechtigung geltend gemacht. In der Hauptverhandlung hat M ihr Schweigerecht als Angeklagte ausgeübt und der Verwertung ihrer früheren Aussage zum Nachteil des V widersprochen. Dies steht der Ausübung eines auf der Beziehung zu V beruhenden Zeugnisverweigerungsrechts gleich. Also hat sie dieses Recht erst in der Hauptverhandlung gebraucht.

III. Ergebnis

Sowohl in Bezug auf D als auch in Bezug auf M sind die Voraussetzungen des § 252 StPO erfüllt. Die Vernehmung des R zwecks Einführung der früheren den V belastenden Aussagen von D und von M in die Hauptverhandlung ist unzulässig.

11 Mitsch FS Lenckner, 1998, 721 (732).

Frage 2: Dürfen die Protokolle der richterlichen Beschuldigtenvernehmungen von A und B verlesen werden?

I. Protokoll der Beschuldigtenvernehmung des A

1. Verlesungsverbot gem. § 250 StPO

a) Ersetzung der Vernehmung

Die Verlesung des Protokolls der richterlichen Beschuldigtenvernehmung könnte gem. § 250 S. 2 StPO unzulässig sein, weil durch diese Verlesung eine Vernehmung des A ersetzt würde. A hat bei der Vernehmung durch den Ermittlungsrichter zugegeben, an der Tat beteiligt gewesen zu sein. Er hat also über eigene Wahrnehmungen bezüglich seines eigenen Verhaltens sowie weiterer Umstände ausgesagt. Da A sich weigert in der Hauptverhandlung eine Aussage über diese Wahrnehmungen zu machen, würde insoweit seine Vernehmung durch die Verlesung des Vernehmungsprotokolls ersetzt werden.

b) Verlesung gem. § 251 StPO

Die Protokollverlesung zur Ersetzung der Vernehmung könnte gem. § 251 I Nr. 2 StPO zulässig sein. § 251 I StPO bezieht sich auf alle Arten von Vernehmungsprotokollen, also auch auf Protokolle einer richterlichen Vernehmung.[12] Da die Angeklagten mit der Protokollverlesung nicht einverstanden sind (§ 251 I Nr. 1 StPO) und § 251 I Nr. 3 StPO offensichtlich nicht einschlägig ist, kommt allenfalls § 251 I Nr. 2 StPO in Betracht. Nachdem A erklärt hat, er mache von seinem Schweigerecht Gebrauch, steht fest, dass der Versuch einer Vernehmung des A aussichtslos ist. Allerdings sieht die Strafprozessordnung vor, dass gegenüber einer die Aussage verweigernden Person in erster Linie Zwang einzusetzen ist, um eine Aussage zu erreichen, vgl. § 70 StPO. Deshalb ist davon auszugehen, dass jedenfalls der Fall eines sich unberechtigt weigernden Zeugen nicht bei § 251 I Nr. 2 StPO einzuordnen ist. Gegenüber einer Aussageperson, die sich zu Recht weigert, eine Aussage zu machen, ist zwar § 70 StPO nicht anwendbar. Daraus folgt aber nicht, dass die nicht erlangbare Aussage durch Verlesung eines Vernehmungsprotokolls ersetzt werden darf. Denn § 251 I Nr. 2 StPO greift nur bei faktischen Vernehmungshindernissen (zB Krankheit)[13], nicht aber, wenn aus rechtlichen Gründen eine Vernehmung nicht möglich ist, zB weil ein Zeugnisverweigerungsrecht oder das Schweigerecht des Angeklagten entgegensteht.[14] Daher ist hier eine vernehmungsersetzende Protokollverlesung auf der Grundlage des § 251 I Nr. 2 StPO nicht möglich.

c) Verlesung gem. § 254 StPO

Die Verlesung des richterlichen Vernehmungsprotokolls könnte gem. § 254 I StPO zulässig sein. Gegenstand des Protokolls ist eine Beschuldigtenvernehmung durch den Richter. Das Protokoll enthält Erklärungen des A, der in der Hauptverhandlung Angeklagter ist. Zwar war A bei der Vernehmung durch den Ermittlungsrichter noch nicht Angeklagter, sondern Beschuldigter, § 157 StPO. Aber § 254 I StPO meint mit

---

12 Beulke/Swoboda StrafProzR Rn. 414; Meyer-Goßner/Schmitt/Schmitt § 251 Rn. 6.

13 Meyer-Goßner/Schmitt/Schmitt § 251 Rn. 9; Walter StrafProzR Rn. 533.

14 BGHSt 51, 325 (328) = NJW 2007, 2195; Beulke/Swoboda StrafProzR Rn. 414b; Joecks/Jäger StPO § 251 Rn. 7; Meyer-Goßner/Schmitt/Schmitt § 251 Rn. 11.

„Erklärungen des Angeklagten“ nicht ausschließlich Aussagen, die der Angeklagte nach Eröffnung des Hauptverfahrens gemacht hat, sondern jegliche Aussagen, die der jetzige Angeklagte in einem früheren Stadium des Verfahrens als Beschuldigter gemacht hat.[15] Zum Teil wird sogar angenommen, dass § 254 I StPO auch anwendbar ist auf selbstbelastende Äußerungen, die der jetzige Angeklagte als Zeuge gemacht hatte.[16] Inhalt der protokollierten Erklärung ist das Geständnis des A, an der verfahrensgegenständlichen Tat beteiligt gewesen zu sein. Die Voraussetzungen einer Protokollverlesung sind also erfüllt. Nach überwiegender Ansicht darf der Inhalt des verlesenen Protokolls auch gegenüber Mitangeklagten des A verwertet werden, soweit deren Tatbeteiligung mit den Tatsachen zusammenhängt, auf die sich das selbstbelastende Geständnis des A bezieht.[17]

2. Belehrungsfehler

Die auf § 254 I StPO beruhende Verlesbarkeit richterlicher Geständnisprotokolle erfasst nur ordnungsgemäß zustande gekommene Protokolle. Verfahrensfehler bei Vernehmung und Protokollierung schließen die Verlesbarkeit aus.[18] Eine diesbezügliche Bedingung der Verlesbarkeit ist die ordnungsgemäße Belehrung des Beschuldigten durch den vernehmenden Richter.

a) Belehrung gem. § 136 I StPO

Als Beschuldigter musste A vor seiner Vernehmung unter anderem darüber belehrt werden, dass es ihm freisteht, sich zu dem Tatvorwurf zu äußern oder keine Aussage zu machen, § 136 I 2 Hs. 1 StPO. Laut Sachverhalt hat R den A über dieses Recht aufgeklärt. Mangels entgegenstehender Angaben ist außerdem davon auszugehen, dass R auch im Übrigen – zB bezüglich des Rechts zur Verteidigerkonsultation (§ 136 I 2 Hs. 2 StPO) – korrekt belehrt hat. Ein Verstoß gegen § 136 I StPO liegt also nicht vor.

b) Qualifizierte Belehrung

aa) Begriff der qualifizierten Belehrung

Möglicherweise war aber die Belehrung des R deswegen nicht einwandfrei, weil sie nicht in „qualifizierter“ Weise erfolgt ist. Eine sog. „qualifizierte Belehrung“ ist erforderlich, wenn ein Beschuldigter oder Zeuge zu einem Thema vernommen werden soll, nachdem er dazu schon im Rahmen einer anderweitigen Vernehmung eine Aussage gemacht hat, die aber einem Verwertungsverbot unterliegt. Die folgende Vernehmung muss dann mit dem ausdrücklichen Hinweis darauf eingeleitet werden, dass die frühere Aussage ohne Einwilligung der Aussageperson in dem Strafverfahren nicht verwertet werden kann.[19] Eine qualifizierte Belehrung hat R dem A nicht erteilt. Dies wäre ein Verfahrensfehler, wenn die Aussage, die A gegenüber den Polizeibeamten gemacht hat, unverwertbar wäre.

---

15 Meyer-Goßner/Schmitt/Schmitt § 254 Rn. 4; Roxin/Schünemann StrafVerfR § 25 Rn. 3.

16 Meyer-Goßner/Schmitt/Schmitt § 254 Rn. 4; aA KK-StPO/Diemer § 254 Rn. 3; Radtke/Hohmann/Pauly § 254 Rn. 3.

17 v. Dellingshausen FS Stree/Wessels, 1993, 685 (688); Meyer-Goßner/Schmitt/Schmitt § 254 Rn. 5; aA Roxin/Schünemann StrafVerfR § 46 Rn. 19.

18 Joecks/Jäger StPO § 254 Rn. 4; Meyer-Goßner/Schmitt/Schmitt § 254 Rn. 4.

19 Beulke/Swoboda StrafProzR Rn. 119; Ellbogen NStZ 2010, 464 (465); Murmann Prüfungswissen StrafProzR Rn. 251; Ranft StrafProzR Rn. 342; Volk/Engländer GK StPO § 9 Rn. 11.

bb) Voraussetzungen der qualifizierten Belehrung

Der Verwertung der Aussage, die A bei seiner polizeilichen Vernehmung gemacht hat, könnte ein Verwertungsverbot aus § 163a IV 2 StPO iVm § 136a III 2 StPO entgegenstehen. Voraussetzung ist der Verstoß gegen das Verbot, bei der Vernehmung Methoden anzuwenden, die die Freiheit der Willensentschließung und der Willensbetätigung des Beschuldigten beeinträchtigen § 163a IV 2 StPO iVm § 136a I 1 StPO. Hier kommt eine Beeinträchtigung durch Ermüdung in Betracht. Als A sein Geständnis ablegte, dauerte die polizeiliche Vernehmung bereits 24 Stunden an, ohne dass A sich in der Zwischenzeit ausruhen konnte. Die letzte Schlafphase des A lag zu Beginn der Vernehmung bereits acht Stunden zurück. Im Zeitpunkt des Geständnisses hatte A somit seit 32 Stunden nicht mehr geschlafen. Schon diese lange Zeitspanne an sich ist ein starkes Indiz einer unzulässigen Beeinträchtigung der Willensfreiheit.[20] Ausschlaggebend ist aber, dass sich A tatsächlich aufgrund der langen Schlaflosigkeit in einem starken Erschöpfungszustand befand und nicht mehr Herr seiner Entscheidungen war.[21] Die von den Polizeibeamten angewandte Vernehmungsmethode verstieß somit gegen § 163a IV 2 StPO iVm § 136a I 1 StPO. Daraus resultiert die Unverwertbarkeit des von A abgelegten Geständnisses sowie seiner sonstigen Angaben, § 163a IV 2 StPO iVm § 136a III 2 StPO. Das Verwertungsverbot hätte R in die Beschuldigtenbelehrung des A einbeziehen müssen. Nachdem A sich über seine Behandlung bei der Polizei mit konkreten Beanstandungen beklagt hatte, bestand für R auch genügend Anlass, dem Verdacht der Verletzung des § 136a StPO nachzugehen und die Vernehmung des A erst nach Verdachtsklärung durchzuführen. Bei dieser Vernehmung hätte R den A dann qualifiziert belehren müssen. Das Versäumnis der qualifizierten Belehrung hat zur Folge, dass die Aussage des A nicht verwertet werden darf.[22] Da A der Verlesung des richterlichen Vernehmungsprotokolls in der Hauptverhandlung ausdrücklich widersprochen hat, ist diese Verlesung unzulässig.

II. Protokoll der Beschuldigtenvernehmung des B

1. Verlesungsverbot gem. § 250 StPO

Mit der Verlesung des Protokolls über die richterliche Beschuldigtenvernehmung würde eine Vernehmung des B in der Hauptverhandlung ersetzt werden. Das ist gem. § 250 S. 2 StPO grundsätzlich unzulässig. Eine vernehmungsersetzende Protokollverlesung könnte hier jedoch nach § 251 I Nr. 2 StPO ausnahmsweise statthaft sein. B ist im Verhältnis zu den Angeklagten, auf die sich die Hauptverhandlung bezieht, Mitbeschuldigter. Das Protokoll einer richterlichen Vernehmung ist nicht nur Regelungsgegenstand des § 251 II StPO, sondern – neben Protokollen staatsanwaltschaftlicher und polizeilicher Vernehmungen – auch Gegenstand der Reglung in § 251 I StPO.[23] Das ursprünglich mit den Verfahren gegen die anderen Beschuldigten verbundene Verfahren gegen B ist hier abgetrennt worden, weil die angeschlagene Gesundheit des B dessen Mitwirkung in der Hauptverhandlung nicht zuließ. Zumindest die Anwesenheit des B in den Hauptverhandlungssitzungen war hier auf absehbare Zeit nicht gewährleistet. Ob B darüber hinaus in seinem Zustand überhaupt nicht

---

20 BGHSt 13, 60 (61) = NJW 1959, 1142.
21 Radtke/Hohmann/J. Kretschmer § 136a Rn. 16.
22 Beulke/Swoboda StrafProzR Rn. 119; aA BGHSt 53, 11 = BeckRS 2008, 22657.
23 Radtke/Hohmann/Pauly § 251 Rn. 11; Pfeiffer § 251 Rn. 2.

vernommen werden konnte, geht aus dem Sachverhalt nicht hervor. Möglicherweise kommt es darauf aber nicht an. Steht eine schwere Krankheit nicht nur dem Erscheinen der Aussageperson in der Hauptverhandlung, sondern auch ihrer Vernehmung auf nicht absehbare Zeit entgegen, ist eine Protokollverlesung gem. § 251 I Nr. 2 StPO zulässig. Handelt es sich dagegen um eine Krankheit, die die Aussageperson zwar am Erscheinen in der Hauptverhandlung, nicht aber an einer Vernehmung anderen Orts – zB im Krankenhaus – hindert, ist die Ersetzung der Vernehmung durch Verlesung eines richterlichen Vernehmungsprotokolls nicht gem. § 251 I Nr. 2 StPO, wohl aber gem. § 251 II Nr. 1 StPO zulässig. Da es hier um ein Protokoll einer richterlichen Vernehmung geht, kann dahingestellt bleiben, ob der Krankheitszustand des B ein Fall des § 251 I Nr. 2 StPO oder ein Fall des § 251 II Nr. 1 StPO ist. Die Protokollverlesung ist in beiden Alternativen zulässig. Die Vernehmungsersetzung kann auch durch Verlesung eines Protokolls geschehen, das auf einer vor der Hauptverhandlung durchgeführten Vernehmung durch den Ermittlungsrichter beruht.[24] Ob das Gericht sich bei der Wahrheitsfindung auf dieses Protokoll stützen kann oder eine aktuelle Vernehmung des Mitbeschuldigten durch einen kommissarischen Richter erforderlich ist, richtet sich nach § 244 II StPO.

2. Verstoß gegen § 168c V StPO

Die Verlesung des richterlichen Vernehmungsprotokolls wäre jedoch unzulässig, wenn der Inhalt des Protokolls einem Verwertungsverbot unterläge. Grund eines derartigen Verbots könnte eine Verfahrensrechtsverletzung bei der Durchführung der protokollierten Beschuldigtenvernehmung sein. Hier wurden die anderen Beschuldigten nicht von dem Termin der richterlichen Beschuldigtenvernehmung des B benachrichtigt. Dies wäre ein Verfahrensfehler, wenn die Mitbeschuldigten bei dieser Beschuldigtenvernehmung ein Anwesenheitsrecht hatten und die Benachrichtigung den Untersuchungserfolg nicht gefährdet hätte, § 168c V StPO. Allerdings ist in § 168c StPO an keiner Stelle ein Anwesenheitsrecht von Beschuldigten bei der richterlichen Vernehmung eines anderen Mitbeschuldigten normiert. Nach § 168c I StPO dürfen bei der Beschuldigtenvernehmung die Staatsanwaltschaft und der Verteidiger anwesend sein, nicht aber andere Beschuldigte bzw. deren Verteidiger. § 168c II StPO betrifft überhaupt nicht die Beschuldigtenvernehmung, sondern die Vernehmung von Zeugen und Sachverständigen. Die Rechtsprechung lehnt unter Berufung auf den Gesetzeswortlaut des § 168c StPO ein Anwesenheitsrecht des Beschuldigten bei der richterlichen Vernehmung eines Mitbeschuldigten ab.[25] Die Möglichkeit einer analogen Anwendung wird mit dem Argument zurückgewiesen, dass der Gesetzgeber bewusst von der Einräumung eines Anwesenheitsrechts für Mitbeschuldigte abgesehen habe.[26] Denn die Anwesenheit von Mitbeschuldigten gefährde in der Regel den Untersuchungserfolg.[27] Dem hält die h. M. im Schrifttum entgegen, dass eine Gleichbehandlung mit der richterlichen Vernehmung von Zeugen (§ 168c II StPO) deshalb geboten sei, weil die Strafprozessordnung bei der Thematik der Verlesung richterlicher Vernehmungsprotokolle in der Hauptverhandlung Zeugenvernehmung und Mitbeschuldigtenvernehmung gleich behandele, § 251 I, II StPO.[28] Der vorliegende

24 Radtke/Hohmann/Pauly § 251 Rn. 35.
25 BGHSt 42, 391 (394) = NJW 1997, 1790; BGH NStZ 2010, 159.
26 BGHSt 42, 391 (395) = NJW 1997, 1790; Ranft StrafProzR Rn. 409.
27 BGHSt 42, 391 (396) = NJW 1997, 1790.
28 Radtke/Hohmann/J. Kretschmer § 168c Rn. 5; Roxin/Schünemann StrafVerfR § 39 Rn. 31.

Fall zeigt, dass die Verteidigungsrechte der Angeklagten durch die Verwertung des Vernehmungsprotokolls erheblich beeinträchtigt würden. De facto würde auf diese Weise das Ergebnis einer richterlichen Vernehmung zur Urteilsgrundlage gemacht, obwohl die Angeklagten zu keinem Zeitpunkt des Verfahrens die Gelegenheit hatten, Fragen an die Aussageperson zu richten, was bei einer Vernehmung dieser Person in der Hauptverhandlung möglich gewesen wäre, § 240 II StPO. Hinzu kommt eine Benachteiligung in Bezug auf das Recht auf Akteneinsicht, § 147 III StPO. Die besseren Sachgründe sprechen deshalb für eine analoge Anwendung des § 168c II StPO. Zudem überzeugt die Argumentation der Rechtsprechung zur angeblich fehlenden planwidrigen Regelungslücke nicht. Die Thematik ist vielmehr in der Gesetzgebung nicht ernsthaft erörtert worden.[29] Die Mitbeschuldigten des B hatten also bei der richterlichen Vernehmung ein Anwesenheitsrecht.[30] Von dem Vernehmungstermin hätten sie gem. § 168c V StPO benachrichtigt werden müssen. Da für das Vorliegen einer Ausnahme von der Benachrichtigungspflicht gem. § 168c V 2 StPO nichts ersichtlich ist, war die Nichtbenachrichtigung rechtswidrig. Rechtliche Konsequenz ist ein umfassendes Beweisverwertungsverbot bezüglich der von B gemachten Aussage.[31] Da die Angeklagten der Verlesung des Vernehmungsprotokolls in der Hauptverhandlung widersprochen haben, ist die Verlesung unzulässig.

III. Ergebnis

Beide Vernehmungsprotokolle unterliegen einem Beweisverwertungsverbot. Weder das den A betreffende noch das den B betreffende richterliche Vernehmungsprotokoll darf in der Hauptverhandlung verlesen werden.

Frage 3: Darf zur Erlangung einer Zeugenaussage der C Erzwingungshaft angeordnet werden?

I. Erzwingungshaft gegen C

1. Zeugnisverweigerung ohne gesetzlichen Grund

Rechtsgrundlage einer Haft zur Erzwingung einer Zeugenaussage könnte § 70 II StPO sein. C ist in der Hauptverhandlung Zeugin und hat sich geweigert, eine Aussage zur Sache zu machen. Fraglich ist, ob diese Weigerung „ohne gesetzlichen Grund" geschah. Als Tochter der Mitangeklagten M und V hatte C ein Zeugnisverweigerungsrecht, § 52 I Nr. 3 StPO. Auf dieses hat sie sich in der Hauptverhandlung ausdrücklich berufen. Da sie trotz ihrer Minderjährigkeit offenbar verständig genug ist, die Bedeutung des Zeugnisverweigerungsrechts zu begreifen, konnte C dieses Recht auch ohne Mitwirkung gesetzlicher Vertreter ausüben, § 52 II 1 StPO. Sollte sie bei der Entscheidung über die Ausübung des Zeugnisverweigerungsrechts unter dem Eindruck von Drohungen seitens ihrer Großeltern gestanden haben, ändert dies

29 v. Dellingshausen FS Stree/Wessels, 1993, 685 (694); Gless NStZ 2010, 98 (99); Küpper/Mosbacher JuS 1998, 690 (693).

30 Küpper/Mosbacher JuS 1998, 690 (694); Mosbacher NStZ 2015, 303.

31 BGHSt 26, 332 (335) = NJW 1976, 1546; BGHSt 31, 140 (144) = NJW 1983, 1006; Radtke/Hohmann/J. Kretschmer § 168c Rn. 21; Pfeiffer § 168c Rn. 5.

an der Wirksamkeit ihrer Entscheidung nichts. Insbesondere ist diese Situation, in die auch volljährige Zeugen geraten können, kein Anwendungsfall des § 52 II 1 StPO. Selbst wenn die Berufung auf das Zeugnisverweigerungsrecht wegen erheblicher Willensmängel unbeachtlich wäre, hat dies nicht zur Folge, dass C das Zeugnis „ohne gesetzlichen Grund" verweigert hat. Der gesetzliche Grund ist allein das Bestehen des Zeugnisverweigerungsrechts.[32] Eine unwirksame Erklärung über die Ausübung dieses Rechts beseitigt es nicht, sondern begründet nur die Erforderlichkeit zur Herbeiführung einer wirksamen Entscheidung. Solange kein wirksamer Verzicht auf das Zeugnisverweigerungsrecht vorliegt, kann die Zeugin die Aussage mit gesetzlichem Grund verweigern.

2. Verantwortlichkeit

Da C im Zeitpunkt der Zeugnisverweigerung erst 13 Jahre alt ist, ist sie im strafrechtlichen Sinne noch nicht schuldfähig, 19 StGB. Die in § 70 I 2 StPO verankerten Ordnungsmittel haben Sanktionscharakter und dürfen deshalb nur gegenüber schuldfähigen Zeugen angeordnet werden.[33] Die Haft gem. § 70 II StPO ist zwar ein Beugemittel und hat – anders als die „Ordnungshaft" des § 70 I 2 StPO – keine repressive Rechtsnatur.[34] Aus Wortlaut und Systematik des § 70 II StPO geht jedoch hervor, dass dieses Beugemittel nur in Fällen eingesetzt werden darf, in denen auch die Maßnahmen des § 70 I StPO zulässig sind. Also setzt auch die Erzwingungshaft des § 70 II StPO Schuldfähigkeit des Zeugen voraus.[35] Da dies auf C nicht zutrifft, ist die Anordnung der Erzwingungshaft unzulässig.

II. Erzwingungshaft gegen die Großeltern der C

Das Vorgehen gegen die Großeltern mit Zwangsmaßnamen könnte seine Berechtigung aus der Erwägung beziehen, dass die Großeltern mit ihrem Verhalten gegenüber der C die Ursache dafür setzen, dass C ihr Zeugnis verweigert. Indessen gibt es für Maßnahmen gegenüber den Großeltern keine gesetzliche Grundlage. § 70 StPO sieht ausschließlich Zwangsmaßnahmen gegen den Zeugen selbst vor, dagegen nicht gegen Dritte. Handelt es sich bei dem Zeugen um eine minderjährige Person, können nicht einmal deren Eltern als gesetzliche Vertreter dem Zwang aus § 70 StPO unterworfen werden.[36] Daher ist dies den Großeltern gegenüber, die nicht einmal gesetzliche Vertreter oder Erziehungsberechtigte sind, erst recht nicht möglich.

III. Ergebnis

Die Anordnung von Haft zur Erzwingung einer Zeugenaussage ist weder der C noch ihren Großeltern gegenüber zulässig.

32 Meyer-Goßner/Schmitt/Schmitt § 70 Rn. 6.
33 Radtke/Hohmann/Otte § 70 Rn. 3.
34 Radtke/Hohmann/Otte § 70 Rn. 9.
35 Meyer-Goßner/Schmitt/Schmitt § 70 Rn. 3; Radtke/Hohmann/Otte § 70 Rn. 3.
36 Radtke/Hohmann/Otte § 70 Rn. 3.

Frage 4: Darf die S über das Ergebnis der körperlichen Untersuchung der C vernommen werden?

I. Ablehnung der S wegen Angehörigenbeziehung zu einem Angeklagten

Die Vernehmung der S könnte unzulässig sein, weil S wegen ihrer Verwandtschaft mit der Ehefrau des Angeklagten A abgelehnt wurde.

1. Sachverständigenbeweis

Eine Ablehnung der S wäre gem. § 74 I 1 StPO möglich, wenn die Rolle der S in der Hauptverhandlung die einer Sachverständigen wäre. Gegenstand der Beweiserhebung, die durch Vernehmung der S durchgeführt werden soll, sind die bei der körperlichen Untersuchung festgestellten Spuren am Körper der C. Zur Feststellung dieser Spuren und ihrer medizinischen Bewertung ist eine spezielle Sachkunde erforderlich, die dem Gericht fehlt. S besitzt als Ärztin diese Sachkunde und ist daher in der Lage, dem Gericht Informationen über Art und mutmaßliche Ursachen der am Körper der C festgestellten Spuren zu vermitteln. Diese Kompetenz ist ein Merkmal des Sachverständigen[37], aber auch ein Merkmal des sachverständigen Zeugen, § 85 StPO.[38] Da für den sachverständigen Zeugen die Vorschriften über den Zeugenbeweis, also nicht die Vorschriften über den Sachverständigenbeweis (§§ 73 ff. StPO) gelten, hängt die Anwendbarkeit des § 74 StPO davon ab, ob S Sachverständige oder sachverständige Zeugin ist. Der Unterschied zwischen dem sachverständigen Zeugen und dem Sachverständigen besteht darin, dass letzterer seine sachkundegestützten Wahrnehmungen aufgrund eines strafverfolgungsbehördlichen Auftrags macht.[39] Dagegen wird der sachverständige Zeuge – wie der Zeuge – typischerweise zufällig mit dem Sachverhalt konfrontiert, der Gegenstand seiner Wahrnehmungen ist. Er bringt seine Wahrnehmungen in das Verfahren ein, ohne zuvor dazu beauftragt worden zu sein.[40] Auf einen Arzt trifft dies zB zu, wenn er als Verkehrsteilnehmer an den Ort eines Verkehrsunfalls kommt und die Verletzten untersucht.[41] Hier war die S im Ermittlungsverfahren auf richterliche Anordnung hin tätig geworden. Sie wurde also beauftragt, die Zeugin C körperlich zu untersuchen und darüber ein Gutachten zu erstatten. S ist daher Sachverständige, § 74 StPO ist anwendbar.

2. Ablehnungsgrund

S kann als Sachverständige abgelehnt werden, wenn ein Grund besteht, aus dem ein Richter abgelehnt werden könnte, § 74 I 1 StPO. Damit wird auf § 24 StPO und – weil auch Ausschlussgründe Ablehnungsgründe sind – auf § 22 StPO verwiesen.[42] Hier könnte die Ablehnbarkeit auf § 22 Nr. 3 StPO beruhen. S ist die Schwester der

---

37 Heger StrafProzR Rn. 367; Hellmann StrafProzR Rn. 741; Roxin/Schünemann StrafVerfR § 27 Rn. 1.

38 Meyer-Goßner/Schmitt/Schmitt § 85 Rn. 1; Roxin/Schünemann StrafVerfR § 27 Rn. 7.

39 Putzke/Scheinfeld StrafProzR Rn. 194; Roxin/Schünemann StrafVerfR § 27 Rn. 3; Volk/Engländer GK StPO § 21 Rn. 26.

40 Heger StrafProzR Rn. 366; Volk/Engländer GK StPO § 21 Rn. 25.

41 Beulke/Swoboda StrafProzR Rn. 197; Hellmann StrafProzR Rn. 712; Roxin/Schünemann StrafVerfR § 27 Rn. 8; Volk/Engländer GK StPO § 21 Rn. 25.

42 Meyer-Goßner/Schmitt/Schmitt § 74 Rn. 3.

Ehefrau des Angeklagten A. Mit diesem ist S daher in der Seitenlinie im zweiten Grad verschwägert. Diese Angehörigenbeziehung ist von § 22 Nr. 3 StPO erfasst. Rechtsfolge ist nicht der Ausschluss der S kraft Gesetzes (Inhabilität), sondern die Möglichkeit, sie wegen Besorgnis der Befangenheit abzulehnen.[43] Allerdings sind die Umstände, die bei einem Richter gem. § 22 StPO zum Ausschluss kraft Gesetzes führen, beim Sachverständigen zwingend Ablehnungsgründe.[44] Es bedarf also keiner darüber hinausgehender Begründung der Besorgnis der Befangenheit. Ablehnungsberechtigt sind die Staatsanwaltschaft und die Angeklagten, § 74 II 1 StPO. Der Verteidiger hat kein eigenes Ablehnungsrecht, kann aber im Namen des von ihm verteidigten Angeklagten die Ablehnung erklären.[45] Hier hat der Verteidiger des V die S abgelehnt. Es ist anzunehmen, dass er dies als Vertreter des Angeklagten tat. Außerdem hat sich der ablehnungsberechtigte Staatsanwalt dem Verteidiger angeschlossen. Damit liegt eine wirksame Ablehnung der S wegen Besorgnis der Befangenheit vor. S darf nicht als Sachverständige vernommen werden.[46] Zu beachten ist allerdings, dass dies nur in Bezug auf die sog. „Befundtatsachen" gilt, also Tatsachen, zu deren Wahrnehmung besondere Sachkunde erforderlich ist.[47] Sonstige von dem Sachverständigen anlässlich der Untersuchung wahrgenommene Tatsachen (zB für den Laien mit bloßem Auge sichtbare Verletzungen auf der Körperoberfläche der untersuchten Person, sog. Zusatztatsachen) werden im Wege des Zeugenbeweises in die Hauptverhandlung eingeführt.[48] Insoweit gilt § 74 StPO iVm § 22 Nr. 3 StPO nicht. Darüber hinaus darf S als Zeugin über alle Tatsachen vernommen werden, die sie anlässlich der Untersuchung der C gemacht hat.[49]

II. Verwertungsverbot gem. § 252 StPO

Der Vernehmung der S über die körperliche Untersuchung der C könnte ein Verwertungsverbot aus § 252 StPO entgegenstehen. C ist in dem Strafverfahren Zeugin. Sie hat aufgrund der Angehörigenbeziehungen zu den Angeklagten ein Zeugnisverweigerungsrecht aus § 52 I Nr. 3 StPO. C war im Ermittlungsverfahren von dem Ermittlungsrichter H als Zeugin vernommen worden und hatte dabei wirksam auf die Ausübung ihres Zeugnisverweigerungsrechtes verzichtet. Sie hat somit erstmals in der Hauptverhandlung ihr Zeugnisverweigerungsrecht gebraucht. Allerdings war der Ermittlungsvorgang, um dessen Einführung in die Hauptverhandlung durch Vernehmung der S es geht, keine Zeugenvernehmung, sondern eine körperliche Untersuchung iSd § 81c StPO. Diese Untersuchung wurde rechtlich korrekt durchgeführt. C hatte laut Sachverhalt wirksam auf ihr Untersuchungsverweigerungsrecht aus § 81c III 1 StPO iVm § 52 I Nr. 3 StPO verzichtet. Die Ablehnbarkeit der S gem. § 74 I StPO iVm § 22 Nr. 3 StPO (s. oben) beeinträchtigt die Rechtmäßigkeit der körperlichen Untersuchung ebenfalls nicht, da S vor der Untersuchung der C von niemandem abgelehnt worden war. Fraglich ist, ob die Verbotswirkung des § 252 StPO

43 Meyer-Goßner/Schmitt/Schmitt § 74 Rn. 3.
44 Meyer-Goßner/Schmitt/Schmitt § 74 Rn. 3.
45 Meyer-Goßner/Schmitt/Schmitt § 74 Rn. 9.
46 Meyer-Goßner/Schmitt/Schmitt § 74 Rn. 19.
47 Beulke/Swoboda StrafProzR Rn. 198.
48 BGHSt 18, 107 (108) = NJW 1963, 401; BGHSt 20, 164 (166) = NJW 1965, 827; Beulke/Swoboda StrafProzR Rn. 198; Putzke/Scheinfeld StrafProzR Rn. 218.
49 BGHSt 20, 222 (224) = NJW 1965, 1492; BGH NStZ 2002, 44 (45); Meyer-Goßner/Schmitt/Schmitt § 74 Rn. 19.

auch die Verwertung von Ergebnissen einer körperlichen Untersuchung gem. § 81c StPO erfasst. Dafür könnte die in § 81c III StPO angelegte Parallelität von Untersuchungsverweigerungsrecht und Zeugnisverweigerungsrecht sprechen. Demzufolge wird von Teilen der Literatur eine analoge Anwendung des § 252 StPO auf die Geltendmachung des Untersuchungsverweigerungsrechts in der Hauptverhandlung befürwortet[50]. Dem könnte man aber entgegnen, dass zwischen der Verwertung einer früheren Zeugenaussage und der Verwertung eines vor der Hauptverhandlung gewonnenen Untersuchungsergebnisses ein Unterschied besteht, der relevant ist für den Schutzzweck des § 252 StPO. Diese Vorschrift will den Zeugen davor bewahren, entweder durch Verzicht auf das Zeugnisverweigerungsrecht in der Hauptverhandlung ein Beweisergebnis zu erzeugen oder durch Gebrauch des Zeugnisverweigerungsrechts die Einführung der früheren Zeugenaussage in die Hauptverhandlung zu veranlassen. Vor diesem Entscheidungszwiespalt steht die untersuchte Person nicht, da in der Hauptverhandlung kein neues Untersuchungsergebnis gewonnen werden soll, sondern nur das schon vorhandene Untersuchungsergebnis in die Hauptverhandlung eingeführt wird. Dennoch erscheint die analoge Anwendung des § 252 StPO auf § 81c III 1 StPO vorzugswürdig. Das Untersuchungsverweigerungsrecht ist gewissermaßen das Surrogat des Zeugnisverweigerungsrechts, weil der Ermittlungserfolg am Körper ohne Hinzuziehung eines Sachverständigen nicht erreichbar ist. Einen Teil der Ergebnisse einer körperlichen Untersuchung könnte wahrscheinlich die untersuchte Person selbst durch Zeugenaussage in das Verfahren einbringen. Handelt es sich um eine auf dem medizinischen Gebiet sachkundige Person, wäre möglicherweise die körperliche Untersuchung durch eine andere sachverständige Person gänzlich überflüssig. Die zu untersuchende Person könnte sich selbst untersuchen und der Strafverfolgungsbehörde darüber als Zeuge berichten. Das Ergebnis der körperbezogenen Spurenerforschung stünde in einem solchen Fall vollständig zur Disposition des zeugnisverweigerungsberechtigten Zeugen und zwar gem. § 252 StPO in der Hauptverhandlung selbst dann noch, wenn vor der Hauptverhandlung schon Aussagen zum Untersuchungsbefund gemacht wurden. Das Untersuchungsverweigerungsrecht ist die Verlängerung des bei einer reinen „Selbstuntersuchung" geltenden Zeugnisverweigerungsrechts in die Situation der Untersuchung durch einen Dritten. Deshalb ist eine Gleichschaltung dieses Rechts in der Hauptverhandlung geboten und § 252 StPO entsprechend anzuwenden. S darf daher in der Hauptverhandlung nicht über die körperliche Untersuchung der C vernommen werden.

III. Ergebnis

Die Vernehmung der S als Sachverständiger ist wegen der Ablehnung durch den Angeklagten und den Staatsanwalt unzulässig. Darüber hinaus ist aufgrund analoger Anwendung des § 252 StPO auch die Vernehmung der S als Zeugin unzulässig.

50 Geppert JURA 1988, 363 (365); Rengier JURA 1981, 299 (304); Eb. Schmidt JR 1959, 369 (373); SK-StPO/Velten § 252 Rn. 20; aA Meyer-Goßner/Schmitt/Schmitt § 81c Rn. 25; § 252 Rn. 6.

Fall 6: „Verbindungen und Trennungen"

Anton Axt (A) und die Brüder Bertold Blau (B) und Christoph Blau (C) waren im Juli 2020 nachts gemeinsam in einen Supermarkt eingedrungen und hatten Gegenstände im Wert von 30.000 EUR gestohlen. Bei den Ermittlungen der Polizei fiel der Tatverdacht alsbald auf A und B. Gegen C richtete sich zunächst kein Verdacht, da im Supermarkt nur zwei Täter – A und B – sichtbar waren. C hatte nämlich im Wagen vor dem Supermarkt gesessen und auf seine Komplizen gewartet, während diese den Einbruch ausführten. Die Staatsanwaltschaft verbindet durch förmliche Anordnung die Ermittlungsverfahren gegen A und B und erhebt gegen beide gemeinsam Anklage vor dem Schöffengericht.

Vor Beginn der Hauptverhandlung im Frühjahr 2021 gelingt B die Flucht aus der Untersuchungshaft. Die Verfahren gegen A und B werden daraufhin getrennt und gegen A wird allein weiterverhandelt. Das Gericht verurteilt A wegen Diebstahls in einem besonders schweren Fall zu einer Freiheitsstrafe von drei Jahren. A legt zwar gegen dieses Urteil Berufung ein, nimmt dieses Rechtsmittel aber noch vor der Berufungshauptverhandlung zurück.

Im Frühjahr 2022 hat die Staatsanwaltschaft auch gegen C ein Ermittlungsverfahren eingeleitet. Sein Bruder B war kurz zuvor in Spanien festgenommen worden und an die deutschen Strafverfolgungsbehörden ausgeliefert worden. Nachdem die Staatsanwaltschaft auch C vor dem Schöffengericht angeklagt hat, werden die Verfahren gegen B und C miteinander verbunden.

Zu der Hauptverhandlung im Herbst 2022 gegen B und C werden A und Sophie Axt (S), die Schwester von A, als Zeugen geladen. S war zur Tatzeit bereits über ein Jahr Lebensgefährtin des C. Einen Monat vor Beginn der Hauptverhandlung hatten sich S und C getrennt. Die Zeugen sollen darüber aussagen, was sie von der Tat, die B und C vorgeworfen wird, wissen.

Aufgrund der Zeugenaussage der S wird während der Hauptverhandlung bekannt, dass C bei dem Einbruch in den Supermarkt eine Schusswaffe bei sich führte, für die er weder einen Waffenschein noch eine Waffenbesitzkarte besaß. Weitere Nachforschungen und eine Anfrage beim Bundeszentralregister ergeben, dass der Waffenbesitz Gegenstand eines seit Januar 2022 rechtskräftigen Strafbefehls ist, mit dem gegen C wegen unerlaubtem Besitz einer Schusswaffe gem. § 52 I Nr. 1 WaffG eine zur Bewährung ausgesetzte Freiheitsstrafe verhängt wurde. Die Zeugin S bekundet weiterhin, dass C noch am selben Tag zusammen mit A ein Juweliergeschäft überfallen, den Inhaber mit der geladenen Pistole bedroht und zur Herausgabe von Schmuck im Wert von 100.000 EUR gezwungen hatte. Die Staatsanwaltschaft, deren Ermittlungen wegen des Überfalls auf den Juwelier bisher ergebnislos verlaufen waren, sieht nun die Chance, diese Tat einer schnellen Aburteilung zuzuführen. Staatsanwalt Wulf (W) stellt in der Hauptverhandlung den Antrag, den Komplex „bewaffneter Überfall auf den Juwelier J" in die Hauptverhandlung einzubeziehen. C äußert sich dazu nicht, sein Verteidiger erklärt, dass er damit nicht einverstanden sei. Der Vorsitzende Richter Reinhold (R) meint, eine förmliche Einbeziehung sei nicht notwendig, weil dieser Tatkomplex ohnehin Gegenstand des laufenden Verfahrens sei. Rechtsreferendar Oberschlau (O), der bei dem R seine Strafrechtsstation absolviert, hält die Diskussion über die Einbeziehung für überflüssig, weil nach allem, was jetzt bekannt ist, das Verfahren gegen C sowieso eingestellt werde müsse. R versteht diese Bemerkung überhaupt nicht und fordert den O auf, in einem umfassenden Rechtsgutachten Stellung zu nehmen. Der unsicher gewordene O wendet sich ratsuchend an seinen Onkel, den Strafrechtsprofessor Neunmalklug (N).

Bearbeitervermerk:

Frage 1: Welche Belehrungspflichten hat der Vorsitzende Richter in der Hauptverhandlung gegenüber A und S?

Frage 2: Welche Rechtsauskünfte wird N seinem Neffen O geben?

Gutachtliche Vorüberlegungen

Frage 1: Welche Belehrungspflichten hat der Vorsitzende Richter in der Hauptverhandlung gegenüber A und S?

Zunächst ist zu klären, welche Prozesssubjektstellung die zu belehrenden Personen im Strafverfahren haben. Bei S ist das unproblematisch, da gegen sie kein Tat- oder Tatbeteiligungsverdacht besteht. Sie ist nicht Beschuldigte, sondern Zeugin. Bei A ist die Qualifikation nicht so einfach. Zwar ist er nicht in dem Verfahren angeklagt. Aufgrund seiner Tatbeteiligung könnte er aber im Verhältnis zu B und C Mitbeschuldigter und deshalb in der Hauptverhandlung wie ein Angeklagter zu vernehmen sein. An dieser Stelle müssen die verschiedenen Theorien zur Begründung der Mitbeschuldigten-Stellung erörtert werden. Nach der vorzugswürdigen formellen Theorie ist A nicht Mitbeschuldigter und folglich als Zeuge zu belehren.

Zur Bestimmung des erforderlichen Belehrungsinhalts ist bei beiden Aussagepersonen zu untersuchen, ob Zeugnis- oder Aussageverweigerungsrechte bestehen. Bei A geht es um das Auskunftsverweigerungsrecht des § 55 StPO, bei S kommt § 52 I Nr. 3 StPO und § 55 StPO in Bezug auf A sowie eventuell ein Zeugnisverweigerungsrecht aus § 52 I StPO aufgrund der Beziehung zu C in Betracht.

Frage 2: Welche Rechtsauskünfte wird N seinem Neffen O geben?

Im Mittelpunkt der Aufgabe steht die Frage, ob die infolge der Zeugenaussage der S erstmalig bekannt gewordenen Tatsachen zum Verfahrensstoff der Hauptverhandlung gehören. Bejahendenfalls müsste das Gericht darüber Beweis erheben und am Ende der Hauptverhandlung auch entscheiden, ob C den Juwelier überfallen und beraubt hat. Der Einbeziehung dieses Vorgangs in die Hauptverhandlung können zwei verschiedene prozessrechtliche Gegebenheiten zugrunde liegen, die sich gegenseitig ausschließen. Es könnte sein, dass der Überfall auf das Juweliergeschäft Bestandteil der prozessualen Tat ist, zu der auch der Einbruch in den Supermarkt gehört. Dann wäre der Überfall auf das Juweliergeschäft zusammen mit dem Einbruch in den Supermarkt angeklagt und durch Eröffnungsbeschluss zum Gegenstand der Hauptverhandlung gemacht worden. Einer Nachtragsanklage bedürfte es dazu nicht (so die Ansicht des Vorsitzenden). Grundlage der Zugehörigkeit des Überfalls auf das Juweliergeschäft zu der prozessualen Tat könnte die Tatsache sein, dass C bei beiden Vorfällen illegal eine Schusswaffe bei sich führte und er dadurch eine Straftat nach dem Waffengesetz begangen hat. Dieses Waffendelikt könnte die beiden anderen Delikte (Supermarkt, Juwelier) „verklammern" und zu einer einheitlichen prozessualen Tat „zusammenschweißen". Rechtsfolge wäre dann nicht nur die Einbeziehung des Überfalls auf das Juweliergeschäft in die Hauptverhandlung, sondern möglicherweise sogar das von O behauptete Verfahrenshindernis: Wenn nämlich der strafbare Waffenbesitz und der Überfall auf das Juweliergeschäft ein und dieselbe Tat sind, dann erstreckt sich eventuell der Strafklageverbrauch (Art. 103 III GG) des auf dem Waffendelikt beruhenden rechtskräftigen Strafbefehls auch auf den Überfall. Nicht nur dieser, sondern auch der Einbruch in den Supermarkt dürfte dann nicht mehr strafrechtlich verfolgt werden, das Strafverfahren wäre einzustellen. Wenn aber der Überfall auf das Juweliergeschäft nicht zusammen mit dem Einbruch in den Supermarkt eine einheitliche prozessuale Tat bildet, dann ist der Überfall auf das Juweliergeschäft nicht angeklagt. Zum Gegenstand der Hauptverhandlung kann diese Tat dann nur mittels Nachtragsanklage gem. § 266 StPO gemacht werden. Gegen eine wirksame Einbeziehung der Tat in die Hauptverhandlung durch Nachtragsanklage sprechen hier jedoch drei Gründe: Das Gericht hat den gem. § 266 I StPO erforderlichen Beschluss nicht erlassen, der Angeklagte C hat nicht zugestimmt und das Schöffengericht ist sachlich nicht zuständig, weil die Tat – schwere räuberische Erpressung gem. §§ 255, 250 II Nr. 1 StGB – in den Zuständigkeitsbereich der großen Strafkammer (§§ 74 I 1, 24 II GVG) fällt. Im Ergebnis hat das Gericht nur über die Beteiligung des C an dem Einbruch in den Supermarkt zu entscheiden.

Lösungsgliederung

Frage 1

A. Zuständigkeit des Vorsitzenden für die Belehrungen

B. Belehrungspflichten gegenüber A

I. Beschuldigtenbelehrung

1. Anklage und Eröffnungsbeschluss
2. Mitbeschuldigter
   a) Materieller Begriff
   b) Formeller Begriff

II. Zeugenbelehrung

1. Belehrung über Zeugenpflichten
2. Belehrung über Aussageverweigerungsrecht
   a) Zeugnisverweigerungsrecht
   b) Auskunftsverweigerungsrecht
3. Belehrung über Eidesverweigerungsrecht

C. Belehrungspflichten gegenüber S

I. Belehrung über Zeugenpflichten

II. Belehrung über Zeugnis- und Auskunftsverweigerungsrechte

1. Zeugnisverweigerungsrecht
   a) Zeugnisverweigerungsrecht aufgrund Beziehung zu A
   b) Zeugnisverweigerungsrecht aufgrund Beziehung zu C
2. Auskunftsverweigerungsrecht

III. Belehrung über Eidesverweigerungsrecht

D. Ergebnis

Frage 2

I. Angeklagte Tat

1. Prozessualer Tatbegriff
2. Konkurrenzen

II. Nachtragsanklage

1. Anklageerhebung durch die Staatsanwaltschaft
2. Zustimmung des Angeklagten
3. Zuständigkeit des Gerichts

III. Strafklageverbrauch

IV. Ergebnis

Lösungsvorschlag

Frage 1: Welche Belehrungspflichten hat der Vorsitzende Richter in der Hauptverhandlung gegenüber A und S?

A. Zuständigkeit des Vorsitzenden für die Belehrungen

Die Erteilung von Belehrungen ist ein prozessualer Vorgang im Zusammenhang mit der Vernehmung von Aussagepersonen. Diese werden vor ihrer Vernehmung über ihre Pflichten und Rechte, sowie über die rechtlichen Konsequenzen pflichtwidrigen Verhaltens belehrt. Die Strafprozessordnung regelt in verschiedenen Vorschriften, wer belehrt werden muss und welchen Inhalt die Belehrung haben muss. Wer für die Erteilung der Belehrung zuständig ist, regeln diese Vorschriften hingegen nicht. Soweit es um Belehrungen in der Hauptverhandlung geht, gibt es aber eine allgemeine Zuständigkeitsregelung, die auch die Erteilung von Belehrungen einschließt. Die Leitung der Verhandlung, die Vernehmung des Angeklagten und die Aufnahme der Beweise ist Aufgabe des Vorsitzenden, § 238 I StPO. Diese Aufgabenzuweisung umfasst sämtliche Belehrungen. Die Vernehmung des Angeklagten, der eine Belehrung vorausgehen muss, ist ausdrücklich erwähnt. Belehrung sonstiger Aussagepersonen – Zeugen[1], Sachverständige[2] – ist Teil der Beweisaufnahme, für deren Leitung der Vorsitzende ebenfalls zuständig ist. Der Vorsitzende Richter des Schöffengerichts (§ 29 I 1 GVG) ist also in der Hauptverhandlung für die Belehrung sämtlicher Angeklagten, Zeugen und Sachverständigen zuständig.

B. Belehrungspflichten gegenüber A

I. Beschuldigtenbelehrung

Die Art der Belehrung, die der Vorsitzende dem A zu erteilen hat, hängt von der prozessualen Rolle ab, die A in der Hauptverhandlung besetzt. Er könnte Angeklagter oder Zeuge sein.

1. Anklage und Eröffnungsbeschluss

Wer Angeklagter in der Hauptverhandlung ist, richtet sich nach Anklage und Eröffnungsbeschluss. In der Anklage ist der Angeschuldigte bestimmt (§ 200 I 1 StPO), mit dem Eröffnungsbeschluss (§ 203 StPO) wird der Angeschuldigte zum Angeklagten, § 157 StPO. Andere Personen als die in der Anklage Angeschuldigten können nicht durch Eröffnung des Hauptverfahrens Angeklagte in diesem Verfahren werden. Die möglichen Abweichungen des Eröffnungsbeschlusses von der Anklage sind in § 207 II StPO abschließend geregelt. Die Erweiterung des Kreises der Personen, gegen die sich das Strafverfahren richtet, gehört nicht zu den möglichen Änderungen. Hier waren A, B und C von der Staatsanwaltschaft beim Schöffengericht angeklagt worden. Die Anklage gegen A ist aufgrund der rechtskräftig gewordenen Verurteilung nach Verfahrenstrennung bereits erledigt. Die Anklage, die der jetzigen Haupt-

---

1 Meyer-Goßner/Schmitt/Schmitt § 52 Rn. 27.
2 Meyer-Goßner/Schmitt/Schmitt § 78 Rn. 1.

verhandlung zugrunde liegt, richtet sich nur gegen B und gegen C, deren Verfahren miteinander verbunden worden waren. A ist daher nicht Angeklagter.

2. Mitbeschuldigter

Möglicherweise hat A gleichwohl die Stellung eines Angeklagten, weil er im Verhältnis zu B und C Mitbeschuldigter ist und diese Beziehung zur Folge hat, dass A in der Hauptverhandlung gegen B und C wie ein Angeklagter behandelt werden muss. Dass die Figur des Mitbeschuldigten im deutschen Strafprozessrecht anerkannt ist, bestätigt zB § 251 I, II StPO. Ob A diese prozessuale Stellung hat, hängt davon ab, auf welche Weise jemand zum Mitbeschuldigten wird.

a) Materieller Begriff

Nach dem materiellen Mitbeschuldigtenbegriff ist Mitbeschuldigter jeder, gegen den der Verdacht besteht, an der prozessualen Tat, die bereits Gegenstand eines Strafverfahrens ist, in strafbarer Weise beteiligt zu sein. Nicht erforderlich ist, dass diese Person schon durch einen formellen Inkulpationsakt in ein Strafverfahren hineingezogen worden ist. Das Anliegen der Vertreter des materiellen Mitbeschuldigten-Begriffs besteht darin zu verhindern, dass einem in die Tat Verstrickten von den Strafverfolgungsbehörden die besonderen Rechtsschutzgarantien des Beschuldigten – insbesondere nemo tenetur und diesbezügliche Belehrungen (vgl. §§ 136 I 2, 243 V 1 StPO) – vorenthalten werden, indem er formell von der Beschuldigten-Stellung ferngehalten wird („Rollenkonflikt“)[3]. Da nämlich auch ein Mitbeschuldigter nicht als Zeuge vernommen werden kann,[4] könnten die Strafverfolgungsbehörden einen Tatverdächtigen auf der Grundlage des materiellen Mitbeschuldigten-Begriffs nicht – zB durch eine Verfahrenstrennung – in die Zeugenrolle drängen.

Gegen den materiellen Mitbeschuldigten-Begriff bestehen aber auf der Grundlage des geltenden Rechts durchgreifende Einwände. Da A die Kriterien des materiellen Mitbeschuldigten-Begriffs erfüllt, hätte er in der Hauptverhandlung gegen B und C eine rechtliche Zwitter-Stellung, die mit dem geltenden Strafprozessrecht nicht zu vereinbaren ist. Soweit es darum geht, ob er zur Aussage und gegebenenfalls sogar zur Beeidigung seiner Aussage verpflichtet ist, wäre er wie ein Angeklagter zu behandeln. Im Übrigen aber kämen ihm gegenüber Vorschriften über die Rechtsstellung des Angeklagten nicht zur Anwendung. Beispielsweise können die Vorschriften über An- und Abwesenheit eines Angeklagten in der Hauptverhandlung (§§ 230 ff. StPO) auf A keine Anwendung finden. Denn die Hauptverhandlung gegen B und C kann ohne weiteres auch im Falle der Abwesenheit des A durchgeführt werden, ohne dass dabei auf eine der Ausnahmebestimmungen in §§ 231 II ff. StPO abgestellt werde müsste. Des Weiteren hätte A nicht das in § 240 II 1 StPO normierte Fragerecht des Angeklagten. Auch § 240 II 2 StPO ist nicht anwendbar, dh sowohl B als auch C könnten auf der Grundlage des § 240 II 1 StPO den A während oder nach seiner Aussage befragen. Dem A bräuchte auch kein Verteidiger bestellt zu werden, wenn zB die Hauptverhandlung im ersten Rechtszug vor dem Landgericht stattfindet, § 140 I Nr. 1 StPO.

3 Vgl. Fezer StrafProzR 13/30; Hellmann StrafProzR Rn. 720.

4 BGHSt 10, 8 (11) = BeckRS 1956, 103648; Kindhäuser/Schumann StrafProzR § 21 Rn. 17; Kühne StrafProzR Rn. 803; Meyer-Goßner/Schmitt/Schmitt vor § 48 Rn. 21; Volk/Engländer GK StPO § 21 Rn. 24; Walter StrafProzR Rn. 194.

Zur Befriedigung der berechtigten Schutzinteressen des Tatverstrickten ist die Konstruktion eines materiellen Mitbeschuldigten-Begriffs nicht notwendig. Den Schutz vor dem Zwang zu selbstbelastenden Aussagen, den dem Beschuldigten das Schweigerecht gem. §§ 136 I 2, 243 V 1 StPO bietet, gewährleistet dem Nichtbeschuldigten in der Zeugenrolle § 55 StPO.[5] Da aus dem Gebrauch dieses Aussageverweigerungsrechts in einem späteren Strafverfahren gegen den Zeugen keine verdachtsbestärkenden Schlüsse gezogen werden dürfen, steht der von § 55 StPO geschützte Zeuge nicht schlechter als der schweigeberechtigte Beschuldigte.[6] Zudem würde der rechtliche Schutz durch Konstruktion eines materiellen Mitbeschuldigten-Begriffs sogar überzogen. Denn als Beschuldigter oder Mitbeschuldigter geht die Aussageperson kein strafrechtliches Risiko ein, da §§ 153, 154 StGB die Lüge des Beschuldigten nicht erfasst. Dieses Schutzes bedarf der Verdächtige, gegen den das Verfahren sich gar nicht richtet, nicht.

Das stärkste Argument gegen den materiellen Mitbeschuldigten-Begriff liefert aber das positive Strafprozessrecht selbst. Der materielle Mitbeschuldigten-Begriff ist nämlich nicht mit §§ 55, 60 Nr. 2 und 97 II 3 StPO zu vereinbaren.[7] Alle diese Vorschriften drücken einheitlich den Gedanken aus, dass eine Aussageperson an der Tat, die Verfahrensgegenstand ist, in möglicherweise strafbarer Weise beteiligt sein kann, ohne dadurch „automatisch" zum Mitbeschuldigten zu werden. Anderenfalls könnte eine Person, die sich durch eine wahrheitsgemäße Aussage selbst belasten würde, nicht Zeuge mit Auskunftsverweigerungsrecht gem. § 55 StPO sein. Das Eidesverbot des § 60 Nr. 2 StPO knüpft explizit an den Verdacht, dass der Zeuge Beteiligter der verfahrensgegenständlichen Tat sein könnte. Würde dieser Verdacht die Aussageperson zum Mitbeschuldigten machen, könnte er gar nicht Zeuge sein und § 60 Nr. 2 StPO liefe leer.[8] Auch § 97 II 3 StPO setzt die Möglichkeit der Zeugenstellung trotz Tatbeteiligungsverdacht voraus. Denn Ausgangslage des § 97 II 3 StPO ist ein Zeugnisverweigerungsrecht des Gewahrsamsinhabers, vgl. § 97 I StPO. Ist dieser aber Mitbeschuldigter, kann er nicht Zeuge sein und kein Zeugnisverweigerungsrecht haben.

Der materielle Mitbeschuldigten-Begriff ist daher abzulehnen.

b) Formeller Begriff

Die klar herrschende Meinung stützt die Mitbeschuldigten-Stellung auf formelle Kriterien, wobei teilweise eine gemischt formell-materielle Auffassung vertreten wird.[9] Der Mitbeschuldigte muss selbst durch einen gegen ihn gerichteten Verfolgungsakt (Inkulpation) in die Position eines Beschuldigten versetzt worden sein. Um die für den Mitbeschuldigten charakteristische Verbindung mit einem anderen Beschuldigten herzustellen, ist eine prozessuale Gemeinsamkeit erforderlich.[10] Diese wird durch

5 Volk/Engländer GK StPO § 21 Rn. 24.

6 BGHSt 38, 302 (306) = BeckRS 1992, 5878; Meyer-Goßner/Schmitt/Schmitt § 261 Rn. 20; Roxin/Schünemann StrafVerfR § 26 Rn. 36.

7 BGHSt 38, 302 (306) = BeckRS 1992, 5878; Beulke/Swoboda StrafProzR Rn. 185; Geppert FS Schroeder, 2006, 675 (679); Hellmann StrafProzR Rn. 720; Volk/Engländer GK StPO § 21 Rn. 24.

8 BGHSt 10, 8 (10) = BeckRS 1956, 103648; Putzke/Scheinfeld StrafProzR Rn. 192, Roxin/Schünemann StrafVerfR § 26 Rn. 5; Walter StrafProzR Rn. 196.

9 Beulke/Swoboda StrafProzR Rn. 185; Kindhäuser/Schumann StrafProzR § 21 Rn. 20.

10 BGHSt 34, 215 (216) = NStZ 1987, 286; BGHSt 38, 96 (98) = BeckRS 1991, 5419.

eine förmliche Verbindung der Verfahren erzeugt.[11] Eine derartige Verfahrensverbindung hatte die Staatsanwaltschaft hier in Bezug auf B und A vor der Anklageerhebung vorgenommen. Allerdings war nach der Flucht des B diese Verbindung durch Trennung wieder aufgehoben worden. Damit wurde auch die Mitbeschuldigten-Stellung des A im Verhältnis zu B beseitigt. Diese Verfahrenstrennung wurde nicht zum Zweck einer missbräuchlichen „Rollenvertauschung" vorgenommen, um den Mitbeschuldigten in die Rolle des Zeugen zu drängen.[12] Anlass der Abtrennung des Verfahrens war die Flucht des B ins Ausland. Wären die Verfahren gegen A und B verbunden geblieben, hätte gem. § 230 StPO die Hauptverhandlung auch dem A gegenüber nicht fortgesetzt werden können. Die Verfahrenstrennung erfolgte also zur Vermeidung eines Verfahrensstillstands und einer Verzögerung der Verfahrensbeendigung. Sie war deshalb nicht missbräuchlich. Zwischen A und C hatte zu keinem Zeitpunkt eine prozessuale Gemeinsamkeit bestanden. Im Zeitpunkt der Hauptverhandlung gegen B und C ist also A weder im Verhältnis zu B noch im Verhältnis zu C Mitbeschuldigter.

Eine Mitbeschuldigten-Stellung des A ergibt sich auch nicht aus den in der Hauptverhandlung bekannt gewordenen Verdachtsmomenten bezüglich eines von C und A gemeinsam begangenen Überfalls auf das Juweliergeschäft. Wegen dieser Tat liegt noch kein Inkulpationsakt gegenüber A vor.

Die Belehrung des A durch den Vorsitzenden ist demnach keine Beschuldigtenbelehrung.

II. Zeugenbelehrung

Da A in der Hauptverhandlung nicht Mitbeschuldigter ist, ist er als Zeuge zu vernehmen und dementsprechend zu belehren.

1. Belehrung über Zeugenpflichten

Zeugen werden üblicherweise zu Beginn der Hauptverhandlung nach der Präsenzfeststellung (§ 243 I 2 StPO) gemeinsam belehrt, bevor sie den Sitzungssaal verlassen, § 243 II 1 StPO.[13] Die Belehrung beinhaltet die Ermahnung zur Wahrheit und Vollständigkeit, was auch für die Angaben zur Person gilt (§ 68 I StPO). Über die strafrechtlichen Konsequenzen einer Falschaussage bzw. eines Meineids (§§ 153, 154 StGB) ist aufzuklären, gegebenenfalls auch auf andere Straftatbestände wie Begünstigung oder Strafvereitelung (§§ 257, 258 StGB) einzugehen.[14] Der Hinweis auf die Möglichkeit der Vereidigung (§ 57 S. 2 StPO) entfällt, da wegen der abgeurteilten Beteiligung des A an der Tat ein Eidesverbot besteht, § 60 Nr. 2 StPO.

2. Belehrung über Aussageverweigerungsrecht

Sofern dem A ein Zeugnis- oder Auskunftsverweigerungsrecht zusteht, muss ihn der Vorsitzende auch darüber belehren.

---

11 BGHSt 10, 8 (11) = BeckRS 1956, 103648; BGHSt 34, 215 (217) = BeckRS 1986, 1378; Meyer-Goßner/Schmitt/Schmitt vor § 48 Rn. 21.

12 Instruktiv dazu BGHSt 10, 8 (12) = BeckRS 1956, 103648.

13 Meyer-Goßner/Schmitt/Schmitt § 57 Rn. 1; § 243 Rn. 6.

14 Meyer-Goßner/Schmitt/Schmitt § 57 Rn. 2.

a) Zeugnisverweigerungsrecht

Ein Zeugnisverweigerungsrecht hat A nicht, da er zu den Angeklagten B und C in keiner gem. § 52 I StPO relevanten persönlichen Beziehung steht. Dass seine Schwester S vorübergehend Lebensgefährtin des Angeklagten C gewesen ist, würde selbst dann kein Schwägerschaftsverhältnis zu C begründen, wenn der S ihrerseits aufgrund dieser Beziehung zu C ein Zeugnisverweigerungsrecht zustünde (dazu unten C. II. 1. b).

b) Auskunftsverweigerungsrecht

A könnte ein Auskunftsverweigerungsrecht gem. § 55 I StPO haben. Darüber wäre er von dem Vorsitzenden zu belehren, § 55 II StPO. Voraussetzung ist die Gefahr der Selbstbelastung durch wahrheitsgemäße Zeugenaussage[15]. Da Gegenstand der Hauptverhandlung gegen B und C eine Straftat ist, an der A beteiligt gewesen ist, müsste A zwangsläufig Angaben machen, die seine strafrechtliche Verstrickung in das Geschehen aufdecken und folglich eine taugliche Verdachtsgrundlage für ein Strafverfahren gegen A schaffen. Problematisch ist allerdings, dass A wegen seiner Tatbeteiligung bereits strafrechtlich verfolgt worden war und das gegen ihn geführte Strafverfahren mit einer rechtskräftigen Verurteilung abgeschlossen worden ist. Die Tat, die Gegenstand dieses rechtskräftigen Strafurteils ist, kann deshalb nicht noch einmal strafrechtlich verfolgt werden. Dem steht das Verfahrenshindernis Straflageverbrauch (ne bis in idem) entgegen, Art. 103 III GG. Aus diesem Grund besteht nicht mehr die Gefahr, dass A nach einer selbstbelastenden Aussage erneut mit einem Strafverfahren wegen dieser Tat überzogen wird.[16] Anders verhielte es sich aber, wenn die Möglichkeit der Wiederaufnahme des Strafverfahrens in Bezug auf die rechtskräftig abgeurteilte Tat bestünde.[17] Dafür müssten die Voraussetzungen des § 362 StPO erfüllt sein. In Betracht käme allenfalls § 362 Nr. 4 StPO, wenn nämlich die wahrheitsgemäße und die eigene Tatbeteiligung einräumende Aussage des A ein Geständnis wäre. Jedoch ist das Geständnis ein Wiederaufnahmegrund nur nach einem Freispruch. A ist nicht freigesprochen, sondern verurteilt worden. Deshalb liegt ein Fall des § 362 Nr. 4 StPO nicht vor. Die Wiederaufnahme des Verfahrens ist nicht möglich.

Ein anderer Grund für eine mit der Zeugenaussage verbundene Gefahr der Strafverfolgung könnte eine andere Tat sein, wegen der A noch verfolgbar ist und die während der Vernehmung des A zur Sprache kommen könnte. In Betracht kommt der gemeinsam mit C begangene Überfall auf den Juwelier. Da A wegen dieser Tat noch nicht verfolgt und noch nicht verurteilt worden ist, stünde Art. 103 III GG einem neuen Strafverfahren nicht entgegen. Die Wahrscheinlichkeit, dass sich A während seiner Vernehmung zu dieser Tat äußern muss, hängt davon ab, ob diese Tat überhaupt Gegenstand der Hauptverhandlung ist. Nachdem die Zeugin S mit ihrer Aussage die Aufmerksamkeit auf diese Vorgänge gelenkt hat, ist diese Tat in der Verhandlung ein Thema geworden. Einstweilen steht aber noch nicht fest, ob sie Verhandlungsgegenstand ist und das Gericht über sie urteilen müsste. Der Fall wäre dies, wenn die Tat entweder ein Teil der bereits angeklagten Tat wäre oder durch eine Nachtragsanklage (§ 266 StPO) in die Hauptverhandlung eingeführt worden wäre. Dazu näher bei Frage 2.

15 BGHSt 38, 302 (303) = BeckRS 1992, 5878.
16 Meyer-Goßner/Schmitt/Schmitt § 55 Rn. 8.
17 Meyer-Goßner/Schmitt/Schmitt § 55 Rn. 9.

Sofern also die Zeugenvernehmung des A den Überfall auf das Juweliergeschäft und seine mutmaßliche Beteiligung daran berührt, darf A insofern die Aussage verweigern. Darüber muss er vom Vorsitzenden belehrt werden.

3. Belehrung über Eidesverweigerungsrecht

Die Strafprozessordnung sieht vor, dass Zeugen nach ihrer Aussage vereidigt werden können, § 59 StPO. Dies betrifft auch Zeugen, die ein Zeugnis- oder Auskunftsverweigerungsrecht haben. Allerdings haben Zeugen, die zu den gem. § 52 I StPO Zeugnisverweigerungsberechtigten gehören, ein Eidesverweigerungsrecht, § 61 StPO. Ein derartiges Recht ist jedoch gegenstandslos, wenn der Zeuge gar nicht vereidigt werden darf. A ist der Beteiligung an der von B und C begangenen Tat nicht nur verdächtig, sondern deswegen sogar schon rechtskräftig verurteilt. Daher besteht gegenüber A ein Vereidigungsverbot gem. § 60 Nr. 2 StPO. Schon aus diesem Grund hat A kein Eidesverweigerungsrecht. Zudem gehört A nicht zu den in § 52 I StPO bezeichneten Angehörigen der Beschuldigten. Das Auskunftsverweigerungsrecht aus § 55 StPO, das ihm zur Vermeidung selbstbelastender Aussage zusteht, ist keine Grundlage eines Eidesverweigerungsrechts.

C. Belehrungspflichten gegenüber S

Da S weder Beschuldigte noch Mitbeschuldigte ist, ist sie als Zeugin zu belehren.

I. Belehrung über Zeugenpflichten

Als Zeugin ist S zur wahrheitsgemäßen und vollständigen Aussage zu ihrer Person und zur Sache verpflichtet.[18] Darüber wird sie vom Vorsitzenden zusammen mit den anderen Zeugen bei Beginn der Hauptverhandlung belehrt (s. oben B. II. 1.). Anders als bei A ist bei S die Möglichkeit der Vereidigung nicht gem. § 60 StPO ausgeschlossen. Daher wird der Vorsitzende die S auch darüber aufklären, dass sie ihre Aussage eventuell beeiden muss. Die Belehrung über die strafrechtlichen Konsequenzen einer unwahren Aussage umfasst demgemäß auch die Strafvorschrift über den Meineid, § 154 StGB.

II. Belehrung über Zeugnis- und Auskunftsverweigerungsrechte

1. Zeugnisverweigerungsrecht

Nach dem Sachverhalt steht bzw. stand S sowohl zu A als auch zu C in einer persönlichen Beziehung, die Grundlage eines Zeugnisverweigerungsrechts aus § 52 I StPO sein könnte.

a) Zeugnisverweigerungsrecht aufgrund Beziehung zu A

Als Schwester ist S mit A in der Seitenlinie im zweiten Grad verwandt, § 1589 S. 2, 3 BGB. Daher stünde ihr gem. § 52 I Nr. 3 StPO ein Zeugnisverweigerungsrecht zu, wenn A Beschuldigter in dem Verfahren wäre, in dem S Zeugin ist. Angeklagte in diesem Verfahren sind B und C. A hat – wie oben gesehen – auch nicht die Stellung

18 Kindhäuser/Schumann StrafProzR § 21 Rn. 29 ff.; Meyer-Goßner/Schmitt/Schmitt § 68 Rn. 2.

eines Mitbeschuldigten. Allerdings war A in einem früheren Stadium des Verfahrens Mitbeschuldigter des B. Die Angehörigenbeziehung eines Zeugen begründet ein Zeugnisverweigerungsrecht, das auch im Verhältnis zu den anderen Mitbeschuldigten wirkt, wenn der Zeuge Angaben zu einer Tat machen muss, an der der angehörige Beschuldigte beteiligt ist. Das Zeugnisverweigerungsrecht ist unter dieser Voraussetzung unteilbar.[19] Das auf der Beziehung zu A basierende Zeugnisverweigerungsrecht der S besteht also auch gegenüber dem Mitbeschuldigten B. Zu C stand A jedoch zu keinem Zeitpunkt in einer Mitbeschuldigten-Beziehung. Dennoch könnte ein Zeugnisverweigerungsrecht der S auch im Verhältnis zu C bestehen, weil C seinerseits Mitbeschuldigter des B ist. Wenn also S in der Hauptverhandlung ein Zeugnisverweigerungsrecht gegenüber B hat, so wirkt dies auch gegenüber C. Ob somit die Verwandtschaft mit A Quelle eines Zeugnisverweigerungsrechts gegenüber B und C sein kann, ist fraglich, weil A in dem Verfahren gegen B und C keine Mitbeschuldigten-Stellung hat. Möglicherweise wirkt jedoch die aus der früheren prozessualen Gemeinsamkeit zwischen A und B resultierende Erstreckung des Zeugnisverweigerungsrechts auf B fort und trägt immer noch ein Zeugnisverweigerungsrecht, obwohl sich das Verfahren nicht mehr gegen A richtet. Dafür spricht, dass das Schutzbedürfnis, dem das Zeugnisverweigerungsrecht Rechnung trägt, auch nach einer Verfahrensabtrennung noch fortbestehen kann. Der mit dem Beschuldigten verwandte Zeuge muss auch unter diesen Bedingungen davor bewahrt werden, eine Aussage machen zu müssen, die in dem abgetrennten Verfahren gegen den Angehörigen verwendet werden könnte. Deshalb hat das Ausscheiden des mit dem Zeugen verwandten Beschuldigten aus dem Verfahren nicht das Erlöschen des Zeugnisverweigerungsrechts in diesem Verfahren zur Folge.[20] Besteht dagegen die Gefahr, dass eine Aussage in dem Verfahren außerhalb des Verfahrens gegen den Angehörigen verwendet werden könnte, nicht, braucht der Zeuge nicht mehr durch ein Zeugnisverweigerungsrecht geschützt werden. Das Interesse an einer optimalen Wahrheitsermittlung hat dann Vorrang, zumal die Zeugnisverweigerung unmittelbar einen Angeklagten betrifft, der zu dem Zeugen gar nicht in einem Angehörigenverhältnis steht.[21] Eine derartige Situation ist gegeben, wenn der verwandte Beschuldigte in dem abgetrennten Verfahren bereits rechtskräftig verurteilt ist und daher gem. Art. 103 III GG nicht erneut wegen derselben Tat verfolgt werden kann.[22] Hier wurde A wegen seiner Beteiligung an der Tat verurteilt und dieses Urteil ist rechtskräftig geworden. Da keinerlei Voraussetzungen für eine Wiederaufnahme des Verfahrens gegen A vorliegen, kann eine Zeugenaussage der S nicht mehr in einem Strafverfahren gegen A verwendet werden. Daran ändert auch die Tatsache nichts, dass in der Hauptverhandlung Anhaltspunkte für eine andere von A begangene Tat bekannt geworden sind. Gegen A wird wegen dieser Tat noch nicht ermittelt, er ist also noch nicht Beschuldigter. S hat also kein Zeugnisverweigerungsrecht aufgrund ihrer Verwandtschaft mit A.

---

19 BGHSt 34, 215 (216) = NStZ 1987, 286; Beulke/Swoboda StrafProzR Rn. 192; Roxin/Schünemann StrafVerfR § 26 Rn. 16.

20 BGHSt 34, 215 (216) = NStZ 1987, 286; Meyer-Goßner/Schmitt/Schmitt § 52 Rn. 11.

21 BGHSt 38, 96 (99) = BeckRS 1991, 5419.

22 BGHSt 38, 96 (101) = BeckRS 1991, 5419; Meyer-Goßner/Schmitt/Schmitt § 52 Rn. 11; Roxin/Schünemann StrafVerfR § 26 Rn. 16; Volk/Engländer GK StPO § 21 Rn. 12; aA Beulke/Swoboda StrafProzR Rn. 192.

b) Zeugnisverweigerungsrecht aufgrund Beziehung zu C

S könnte ein Zeugnisverweigerungsrecht aus § 52 I StPO haben, weil sie vorübergehend Lebensgefährtin des C war. C ist Beschuldigter in dem Verfahren, in dem S als Zeugin vernommen wird. Fraglich ist allerdings, ob die Beziehung zwischen S und C von § 52 I StPO erfasst wird. Um eine „Lebenspartnerschaft" iSd § 52 I Nr. 2a StPO handelt es sich nicht, da dieser Begriff nur Partnerschaften zwischen Personen gleichen Geschlechts nach § 1 I LPartG meint.[23] Auch Verlobte des C (§ 52 I Nr. 1 StPO) war S nicht, weil beide sich kein Eheversprechen gegeben hatten. Da eheähnliche Gemeinschaften wie die zwischen S und C im Text des § 52 I StPO keine Berücksichtigung gefunden haben, kann ein Zeugnisverweigerungsrecht nur durch entsprechende Anwendung des § 52 I Nr. 2 StPO begründet werden. Dafür spricht, dass eheähnliches Zusammenleben „ohne Trauschein" in der gesellschaftlichen Realität als Alternative zur Ehe fest etabliert ist und weite Verbreitung gefunden hat. Viele Partner gehen derartige Verbindungen mit der Intention dauerhaften Zusammenlebens als Mann und Frau und der Gründung einer Familie mit Kindern ein. Das Recht, dem einer Straftat beschuldigten Partner im Strafverfahren nicht mit belastenden Aussagen schaden zu müssen, ist für den Zusammenhalt in einer solchen Lebensgemeinschaft nicht weniger wichtig als in einer Ehe. Ein gewichtiger Einwand gegen die Gleichstellung der eheähnlichen Gemeinschaft mit der Ehe ist aber die Manipulationsanfälligkeit und Unbestimmtheit der nichtformalisierten Partnerschaft. Ohne das formale Kriterium der Eheschließung weist eine Lebenspartnerschaft keine Merkmale auf, anhand derer sie trennscharf abgegrenzt werden könnte von lockeren Beziehungen, die die Gleichstellung mit der Ehe nicht verdienen. Zudem lassen sich eheähnliche Partnerschaften bei Bedarf ad hoc zu dem Zweck kurzfristig konstruieren, ein Zeugnisverweigerungsrecht zu erschleichen. Nach Erreichung dieses Zweckes könnte die nur vorgespiegelte Lebenszeitgemeinschaft kurzerhand und ohne bürokratischen Aufwand und ohne rechtliche Folgen (wie zB Zugewinnausgleich) wieder aufgelöst werden. Daher existieren Gründe, die eheähnliche Lebensgemeinschaft nicht als Grund eines Zeugnisverweigerungsrechts anzuerkennen. Dies ist auch die Ansicht des Gesetzgebers, der zuletzt bei der Einfügung der Nr. 2a in § 52 I StPO deutlich zum Ausdruck gebracht hat, dass Lebensgemeinschaften, die nicht vor dem Standesamt geschlossen worden sind, kein Zeugnisverweigerungsrecht begründen sollen.[24] Zudem zeigt der Vergleich mit § 35 I 1 StGB, dass eine Ausdehnung des Bereichs der Zeugnisverweigerungsberechtigten auf nahestehende Personen nicht gewollt ist. Ein Zeugnisverweigerungsrecht der S aufgrund ihrer persönlichen Beziehung zu C besteht daher nicht.

2. Auskunftsverweigerungsrecht

S könnte als Schwester des A ein Auskunftsverweigerungsrecht aus § 55 I StPO haben. Als Verwandter in der Seitenlinie zweiten Grades ist A ein Angehöriger, zu dessen Gunsten der S das Recht eingeräumt ist, Auskünfte zu verweigern, durch die A in die Gefahr der Strafverfolgung gebracht werden könnte. Allerdings besteht diese Gefahr nicht in Bezug auf die Tat, wegen der A bereits rechtskräftig verurteilt worden ist. So wie A selbst mit Blick auf diese Tat aus § 55 I StPO ein Aussageverweigerungsrecht nicht ableiten könnte, kann auch S kein angehörigenschützendes Aussagever-

23 Meyer-Goßner/Schmitt/Schmitt § 52 Rn. 5a.
24 Meyer-Goßner/Schmitt/Schmitt § 52 Rn. 5; aA Hellmann/Golovnenkov Fallsammlung Rn. 445.

weigerungsrecht haben. Anders verhält es sich mit dem Überfall auf das Juweliergeschäft, der noch nicht Gegenstand eines Strafverfahrens gegen A gewesen ist. Soweit S in ihrer Vernehmung auf diesen Tatkomplex eingehen müsste und dabei auch den A in Verdacht bringen würde, steht ihr ein Aussageverweigerungsrecht zu. Eine diesbezügliche Belehrungspflicht des Vorsitzenden (§ 55 II StPO) entsteht jedoch nicht, solange kein Anlass für die Annahme besteht, dass die Vernehmung der S eine Straftat des A berühren könnte, die bislang nicht Gegenstand des Verfahrens gewesen ist.

III. Belehrung über Eidesverweigerungsrecht

Da S zu A in einer Angehörigenbeziehung gem. § 52 I Nr. 3 StPO steht, könnte sie gem. § 61 StPO berechtigt sein, die Leistung des Eides nach ihrer Aussage zu verweigern. Ein Recht zur Eidesverweigerung besteht jedoch nur, wenn auch das Recht zur Zeugnisverweigerung besteht. Das ist hier jedoch in dem Verfahren gegen B und C nicht der Fall. S kann in diesem Verfahren weder das Zeugnis verweigern noch die Beeidigung einer gemachten Aussage verweigern. Demzufolge hat der Vorsitzende Richter auch keine Pflicht zur Belehrung über ein Eidesverweigerungsrecht.

D. Ergebnis

Der Vorsitzende hat A und S als Zeugen zu belehren. Die Belehrung umfasst neben den Zeugenpflichten die strafrechtlichen Konsequenzen einer Falschaussage. Belehrungen über Zeugnisverweigerungsrechte aus § 52 I StPO sind nicht zu erteilen, da weder A noch S ein solches Recht hat. Gegebenenfalls ist über ein Auskunftsverweigerungsrecht aus § 55 I StPO zu belehren.

Frage 2: Welche Rechtsauskünfte wird N seinem Neffen O geben?

I. Angeklagte Tat

Der angebliche Überfall des C auf den Juwelier J ist möglicherweise bereits aufgrund der gegen C erhobenen und zur Hauptverhandlung zugelassenen Anklage wegen Beteiligung am Einbruch in den Supermarkt Gegenstand der Hauptverhandlung. Wenn das nicht der Fall ist, kann diese Tat eventuell nachträglich durch eine Nachtragsanklage in die Hauptverhandlung einbezogen werden (s. unten II.). Einer Nachtragsanklage bedarf es aber nicht, wenn der Überfall auf den Juwelier Teil derselben prozessualen Tat ist, deren Bestandteil auch der Einbruch in den Supermarkt ist.[25]

1. Prozessualer Tatbegriff

Der Verfahrensstoff in der Hauptverhandlung wird bestimmt und begrenzt durch die Tat, die von der Staatsanwaltschaft zur Anklage gebracht wurde, § 155 I StPO. Mit dem gerichtlichen Eröffnungsbeschluss (§ 203 StPO) wird – vorbehaltlich einer Modifizierung gem. § 207 StPO – diese Tat zum Gegenstand des Hauptverfahrens und der Hauptverhandlung gemacht. Grenzen und Substanz der Tat richten sich nach dem

25 Beulke/Swoboda StrafProzR Rn. 385.

prozessualen Tatbegriff, § 264 StPO. Dieser stimmt mit dem materiell-strafrechtlichen Tatbegriff weitgehend, aber nicht vollkommen überein.[26] Maßstab für Übereinstimmung und Abweichung sind die materiell-strafrechtlichen Regeln der Konkurrenz. Übereinstimmung herrscht, wenn Tatsachen, die die Erfüllung mehrerer in Tateinheit (§ 52 StGB) zueinanderstehender Straftatbestände begründen, Bestandteile einer einheitlichen Tat im prozessualen Sinne sind (eine materiell-strafrechtliche Tat → eine prozessuale Tat). Materieller und prozessualer Tatbegriff stimmen ebenfalls überein, wenn mehrere Taten, die materiell-strafrechtlich zueinander in Realkonkurrenz stehen (§ 53 StGB), Bestandteile verschiedener Taten im prozessualen Sinne sind (mehrere materiell-strafrechtliche Taten → mehrere prozessuale Taten). Obwohl die Gestalt der prozessualen Tat das Resultat eigener prozessualer Kriterien[27] und nicht einer Anlehnung an die materiell-strafrechtliche Konkurrenz ist, sind die oben skizzierten Übereinstimmungen die Regel. Nur ausnahmsweise existieren trotz materiell-strafrechtlicher Tateinheit prozessual verschiedene Taten[28] und umgekehrt trotz materiell-strafrechtlicher Tatmehrheit prozessual eine einheitliche Tat.[29] Die materiell-strafrechtliche Konkurrenz hat also eine gewisse Indizwirkung im Hinblick auf Einheit oder Mehrheit der prozessualen Tat(en).[30] Aus diesem Grund ist es zweckmäßig, zunächst das materiell-strafrechtliche Konkurrenzverhältnis der beteiligten Straftatbestände zu klären.

2. Konkurrenzen

Das unerlaubte Führen bzw. der unerlaubte Besitz einer Schusswaffe gem. § 52 I Nr. 1 WaffG ist eine Dauerstraftat[31], deren Begehungszeitraum sich bis zum Verlust der Herrschaft über die Waffe erstreckt.[32] Mit einem Diebstahl oder Raub, bei dem der Täter die Waffe mit sich führt, steht dieses Waffendelikt in Tateinheit gem. § 52 StGB.[33] Damit ist aber noch nicht gesagt, dass Tateinheit auch zwischen zwei verschiedenen Taten besteht, die zwar jeweils mit dem Dauerdelikt idealiter konkurrieren, miteinander aber nicht durch ganze oder auch nur partielle Handlungsidentität verbunden sind. Tateinheit zwischen diesen Delikten könnte allenfalls durch „Klammerwirkung" des mit ihnen jeweils in Idealkonkurrenz stehenden Dauerdelikts begründet werden. Eine solche Verklammerung zweier Delikte durch ein drittes Delikt ist grundsätzlich anerkannt.[34] Das verklammernde Delikt darf aber nicht leichter wiegen als die verklammerten Delikte.[35] Denn dann würde der Täter ungerechtfertigt

26 Beulke/Swoboda StrafProzR Rn. 513; Heger StrafProzR Rn. 179; Heghmanns StrafR Rn. 168; Walter StrafProzR Rn. 712.

27 Hellmann StrafProzR Rn. 815; Kindhäuser/Schumann StrafProzR § 25 Rn. 12.

28 Kindhäuser/Schumann StrafProzR § 25 Rn. 20 ff.; Roxin/Schünemann StrafVerfR § 20 Rn. 8; Volk/Engländer GK StPO § 13 Rn. 14.

29 Beulke/Swoboda StrafProzR Rn. 516; Roxin/Schünemann StrafVerfR § 20 Rn. 12; Volk/Engländer GK StPO § 13 Rn. 15.

30 Beulke/Swoboda StrafProzR Rn. 514 f.; Kindhäuser/Schumann StrafProzR § 25 Rn. 12.

31 Allgemein dazu Baumann/Weber/Mitsch/Eisele StrafR AT, 13. Aufl. 2021, § 6 Rn. 58.

32 BGHSt 36, 151 (152) = NJW 1989, 1810; Hellmann StrafProzR Rn. 497; Schönke/Schröder/Stree/Sternberg-Lieben/Bosch StGB vor § 52 Rn. 81.

33 MüKoStGB/Heinrich WaffG § 52 Rn. 136; Schönke/Schröder/Stree/Sternberg-Lieben/Bosch StGB vor § 52 Rn. 91.

34 MüKoStGB/Heinrich WaffG § 52 Rn. 167; Schönke/Schröder/Sternberg-Lieben/Bosch StGB § 52 Rn. 14.

35 MüKoStGB/Heinrich WaffG § 52 Rn. 172; Schönke/Schröder/Sternberg-Lieben/Bosch StGB § 52 Rn. 17.

begünstigt, der außer den beiden verklammerten Delikten noch ein weiteres – das verklammernde – Delikt begangen hat. Hier treffen mit dem unerlaubten Waffenbesitz eine schwere räuberische Erpressung (§§ 253, 255, 250 II Nr. 1 StGB) und ein Diebstahl mit Waffen (§§ 242, 244 I Nr. 1a StGB) zusammen. Beide Delikte wiegen schwerer als das Waffendelikt. Letzteres ist in § 52 I Nr. 1 WaffG mit Freiheitsstrafe von sechs Monaten bis zu fünf Jahren bedroht. Dagegen hat der Diebstahl mit Waffen einen Strafrahmen von sechs Monaten bis zu zehn Jahren. Die schwere räuberische Erpressung ist mit einer Mindeststrafe von fünf Jahren Freiheitsstrafe bedroht. An diesem Unwertgefälle ändert sich auch nichts bei konkreter Betrachtung der Taten. Das Waffendelikt wurde durch Strafbefehl mit einer zur Bewährung ausgesetzten Freiheitsstrafe geahndet, die nicht höher als ein Jahr sein kann, vgl. § 407 II 2 StPO. Demgegenüber zeigt schon die Verurteilung des A zu einer Freiheitsstrafe von drei Jahren, dass der Einbruch in den Supermarkt selbst ohne Berücksichtigung der mitgeführten Schusswaffe eine sehr gravierende Straftat war. Da somit beide verklammerten Delikte wesentlich gewichtiger sind als das verklammernde Dauerdelikt, besteht zwischen ihnen keine Idealkonkurrenz. Der beim Einbruch in den Supermarkt von C begangene Diebstahl mit Waffen steht zu der bei dem Überfall auf den Juwelier begangenen schweren räuberischen Erpressung in Realkonkurrenz, § 53 StGB. Diese beiden Delikte sind deshalb auch nicht Teile ein und derselben prozessualen Tat. Sie gehören verschiedenen prozessualen Taten an. Ein Fall, in dem ausnahmsweise Taten, die zueinander in Realkonkurrenz stehen, prozessual als Teile einer einheitlichen Tat anzusehen sind, liegt hier nicht vor. Vielmehr spricht der zeitliche und räumliche Abstand dieser Taten auch ohne jede Konkurrenzerwägung für prozessuale Tatmehrheit.

Daraus folgt, dass der Überfall auf das Juweliergeschäft nicht zusammen mit der Beteiligung an dem Einbruch in den Supermarkt angeklagt worden ist. Diese Tat ist somit kein Gegenstand der Hauptverhandlung, es sei denn, sie wird durch Nachtragsanklage in die Hauptverhandlung einbezogen.

II. Nachtragsanklage

Die Nachtragsanklage ist eine Prozesshandlung, mit der die Staatsanwaltschaft in der Hauptverhandlung die Anklage auf weitere Straftaten des Angeklagten erstreckt, § 266 I StPO.

1. Anklageerhebung durch die Staatsanwaltschaft

Der Staatsanwalt W hat in der Hauptverhandlung erklärt, dass der Überfall auf das Juweliergeschäft mitverhandelt und abgeurteilt werden solle. Eine mündliche Erklärung ist ausreichend, § 266 II 1 StPO. Inhaltlich muss sie den Anforderungen an eine Anklageschrift gem. § 200 I StPO entsprechen. Wird die Nachtragsanklage mündlich erhoben, muss sie in die Sitzungsniederschrift aufgenommen werden, § 266 II 3 StPO.

2. Zustimmung des Angeklagten

Wirkung kann die von der Staatsanwaltschaft erhobene Nachtragsanklage nur entfalten, wenn der Angeklagte der Einbeziehung zugestimmt hat, § 266 I StPO. Beachtlich ist allein eine Zustimmung des Angeklagten, auf Äußerungen seines Verteidigers kommt es nicht an.[36] Erforderlich ist eine aktive Zustimmungserklärung, die Nichterhebung eines Widerspruchs reicht nicht.[37] C hat zu dem Antrag des Staatsanwalts keine Stellungnahme abgegeben. Das ist zwar kein Widerspruch, aber auch keine Zustimmung. Daher konnte schon aus diesem Grund der Überfall auf das Juweliergeschäft nicht in die Hauptverhandlung einbezogen werden.

3. Zuständigkeit des Gerichts

Eine weitere Zulässigkeitsvoraussetzung der Nachtragsanklage ist die Zuständigkeit des erkennenden Gerichts für die neu einzubeziehende Straftat. Hier handelt es sich um eine Hauptverhandlung vor dem Schöffengericht. Die Nachtragsanklage würde den Verfahrensgegenstand um eine Tat erweitern, die mutmaßlich die Qualität einer schweren räuberischen Erpressung gem. §§ 253, 255, 250 II Nr. 1 StGB hat. Dies ist ein Verbrechen mit einer gesetzlichen Mindeststrafe von fünf Jahren. Das Schöffengericht hat jedoch nur eine Rechtsfolgenkompetenz bis zu vier Jahren Freiheitsstrafe, § 24 I Nr. 2, II GVG. Zwar ist auch bei der schweren räuberischen Erpressung eine Strafe von weniger als vier Jahren möglich, wenn die Tat zB ein minder schwerer Fall ist, § 250 III StGB. Wenn jedoch die Entscheidungsprognose[38] nichts dafür hergibt, dass der Sanktionsausspruch in diesem Bereich liegen wird, muss davon ausgegangen werden, dass die Tat die Strafgewalt des Schöffengerichts übersteigt. Hier kommt noch hinzu, dass im Falle einer Verurteilung des C der Strafzumessung Realkonkurrenz (§ 53 StGB) zwischen der Beteiligung an dem Einbruch in den Supermarkt und dem Überfall auf den Juwelier zugrunde zu legen wäre. Eine Freiheitsstrafe von mehr als vier Jahren ist deshalb sehr wahrscheinlich. Sachlich zuständig für die Verhandlung und Entscheidung über den Überfall auf das Juweliergeschäft wäre also die große Strafkammer am Landgericht, § 74 I GVG. Auch aus diesem Grund ist eine Nachtragsanklage nicht möglich.

III. Strafklageverbrauch

Die Bemerkung des O, dass das Verfahren gegen C eingestellt werden müsse, zielt auf ein Verfahrens- und Verurteilungshindernis, das auch den Vorwurf der Beteiligung an dem Einbruch in den Supermarkt betrifft. Der Verfolgung und Aburteilung dieser Tat könnte das Verfahrenshindernis „Strafklageverbrauch" entgegenstehen. Art. 103 III GG bringt Voraussetzungen und Folgen dieses Verfahrenshindernisses nur unvollkommen und missverständlich zum Ausdruck.[39] Nicht nur die wiederholte Bestrafung einer bereits rechtskräftig abgeurteilten Tat ist untersagt, sondern schon die erneute Durchführung eines Strafverfahrens und zwar selbst dann, wenn das erste Verfahren mit einem Freispruch endete.[40] Voraussetzung dieses Verfolgungshindernisses ist, dass die Tat Gegenstand eines früheren Strafverfahrens gewesen ist und ein Gericht über sie mit rechtskräftig gewordenem Sachurteil entschieden hat.[41] Hier ist C wegen seiner Beteiligung an dem Einbruch in den Supermarkt noch nicht verurteilt oder

36 Meyer-Goßner/Schmitt/Schmitt § 266 Rn. 12.
37 Meyer-Goßner/Schmitt/Schmitt § 266 Rn. 11.
38 Meyer-Goßner/Schmitt/Schmitt GVG § 24 Rn. 4.
39 Hellmann StrafProzR Rn. 833.
40 Beulke/Swoboda StrafProzR Rn. 503; Hellmann StrafProzR Rn. 833, Meyer-Goßner/Schmitt/Schmitt Einl. Rn. 171.
41 Hellmann StrafProzR Rn. 832.

freigesprochen worden. Möglicherweise resultiert ein Strafklageverbrauch bezüglich dieser Tat aber aus dem Strafbefehl, mit dem der Verstoß des C gegen das Waffengesetz geahndet worden ist. Da der nicht mehr anfechtbare Strafbefehl einem rechtskräftigen Urteil gleichsteht (§ 410 IV StPO), kann er auch Grundlage des Strafklageverbrauchs sein. Dies wird bestätigt durch § 373a StPO. Allerdings hat der Strafbefehl die Beteiligung des C an dem Einbruch in den Supermarkt nicht explizit zum Gegenstand. Dennoch bezöge sich die Rechtskraft des Strafbefehls auf diesen strafrechtlichen Vorwurf, wenn die Einbruchsbeteiligung Teil derselben Tat im prozessualen Sinne wäre, die Gegenstand des Strafbefehls ist. Das könnte seinen Grund darin haben, dass der Diebstahl mit Waffen (§§ 242, 244 I Nr. 1a StGB) und das Dauerdelikt unerlaubter Waffenbesitz (§ 52 I Nr. 1 WaffG) in Tateinheit stehen. Auch wenn der dem Strafbefehl zugrunde liegende Sachverhalt lediglich ein Ausschnitt aus dem waffenrechtlichen Gesamt-Dauerdelikt ist und dieser Ausschnitt nicht mit dem Einbruch in den Supermarkt koinzidiert, besteht zwischen Dauerdelikt und Einbruchsdelikt Idealkonkurrenz. Daraus könnte sich prozessuale Tatidentität ergeben. Allerdings ist die materiell-strafrechtliche Tateinheit nur ein Indiz für prozessuale Tatidentität. Dieses Indiz ist entkräftet, wenn die tatsächlichen Umstände eine einheitliche Betrachtung und Behandlung der verschiedenen Vorgänge nicht zu plausibilisieren vermögen. So wie eine „unnatürliche Aufspaltung" zusammengehöriger Sachverhaltsteile zur Annahme von Tateinheit drängt, gebietet es umgekehrt eine „unnatürliche Verschmelzung" klar getrennter Vorgänge diese verfahrensrechtlich auseinanderzuhalten und als verschiedene Taten im prozessualen Sinn zu behandeln. Insbesondere darf eine den tatsächlichen Gegebenheiten widersprechende rechtliche Vereinheitlichung nicht zur Folge haben, dass der Beschuldigte davon profitiert, außer der einen – noch nicht abgeurteilten – Tat noch eine andere – abgeurteilte – Tat begangen zu haben. Im Verhältnis eines Waffenbesitzfragments und einer dazu asynchronen Mitführung der Waffe bei einem Einbruchsdiebstahl liegt eine derartige Sachverhaltsverschiedenheit vor. Der Strafbefehl erfasst nicht den Waffenbesitz während des Einbruchs in den Supermarkt, sondern einen anderen – zeitlich und räumlich davon klar getrennten – Realitätsausschnitt. Es mutete unnatürlich an, würden diese beiden Vorgänge als zusammenhängendes einheitliches Geschehen charakterisiert. Zudem wäre es ungerecht, wenn C aufgrund einer relativ bagatellhaften Sanktionierung durch Strafbefehl vor der Bestrafung wegen der wesentlich gravierenderen Mitwirkung an dem Einbruch in den Supermarkt verschont bliebe. Die dem Strafbefehl zugrunde liegende und die in der Hauptverhandlung verhandelte Tat sind somit nicht identisch, sondern verschieden. Die Rechtskraftwirkung des Strafbefehls bezieht sich nicht auf den Gegenstand der Hauptverhandlung. Deshalb besteht das Verfahrenshindernis Strafklageverbrauch nicht.[42]

IV. Ergebnis

N wird seinem Neffen O folgende Rechtsauskünfte geben: Der Überfall auf das Juweliergeschäft ist nicht Gegenstand der Hauptverhandlung und kann auch nicht durch Nachtragsanklage in die Hauptverhandlung einbezogen werden. Der Verurteilung des C wegen Beteiligung an dem Einbruch in den Supermarkt steht kein Verfahrenshindernis entgegen, da diese Tat nicht von der Strafklageverbrauchswirkung des Strafbefehls erfasst ist.

42 BGHSt 36, 151 ff. = NJW 1989, 1810; Hellmann/Hellmann Fallsammlung StrafProzR Rn. 497.

Fall 7: „Der Kannibale"

Der in Berlin lebende 40-jährige Computerfachmann Otto Ohm (O) wurde von seiner Schwester Susanne (S) bei der Polizei als vermisst gemeldet, nachdem S über eine Woche nichts mehr von ihm gehört hatte. Nachforschungen ergaben, dass O mit einem ICE nach Kassel gefahren war, um sich dort mit einem unbekannten Mann zu treffen. Weitere Ermittlungen erzeugten den Verdacht, dass O einem Tötungsverbrechen zum Opfer gefallen ist. Tatsächlich hatte sich O am Bahnhof Kassel-Wilhelmshöhe mit dem gleichaltrigen Karl Klein (K) getroffen und war mit ihm zu dessen Haus in einer nordhessischen Kleinstadt gefahren. Dort kam es zwischen den beiden homosexuellen Männern zu bizarren sexuellen Interaktionen, in deren Verlauf O von K mit einem Messerstich in den Hals getötet wurde. Zuvor hatte K den O auf dessen ausdrücklichen Wunsch mit einem Küchenmesser kastriert. Den ganzen Vorgang einschließlich der Tötung nahm K mit einer Videokamera auf. Nach dem Tod des O zerstückelte K die Leiche und verstaute die Einzelteile in Gefrierbeuteln eingeschweißt in seiner Tiefkühltruhe. Später bereitete sich K aus den Leichenteilen Mahlzeiten zu, bei deren Verzehr er sich die Videoaufnahmen von der „Schlachtung" des O anschaute.

Durch einen anonymen Hinweis wurde die Polizei auf den K aufmerksam. Der Hinweis war so konkret, dass die Staatsanwaltschaft beim zuständigen Ermittlungsrichter die Überwachung der Telekommunikation des K beantragte. Daraufhin ordnete der Richter die Überwachung und Aufzeichnung der Telekommunikation mit einem von ihm regelmäßig benutzten Mobiltelefon für die Dauer von drei Monaten an. Inzwischen war K von demselben anonymen Anrufer darüber informiert worden, dass die Polizei ihm auf der Spur sei. K rief deshalb von zu Hause mit seinem Handy den Rechtsanwalt Rossmann (R) an, um ihm Mandat für seine Verteidigung zu erteilen. Da R jedoch gerade in einer Besprechung war und das Gespräch nicht annahm, schaltete sich dessen Mailbox ein. K wollte nicht auf die Mailbox sprechen und schloss die Tastaturklappe seines Mobiltelefons, um die Verbindung zu beenden. Dabei unterließ er aber aus Versehen, die Taste zur Gesprächstrennung zu drücken. Infolgedessen wurden für die Dauer von sieben Minuten bis zum automatischen Ende der Mailbox-Aufzeichnung alle Geräusche in dem Raum, in dem sich K aufhielt, übertragen und von der Polizei aufgezeichnet. Nach dem fehlgeschlagenen Anruf bei R lief K nervös in dem Zimmer umher und führte dabei laut und aufgeregt Selbstgespräche, die von der überwachenden Polizei mitgehört und aufgezeichnet wurden: „Was mach ich bloß, was mach ich bloß. Ich muss die Videos verschwinden lassen. Am besten, ich verstecke sie im Brunnen." Noch am selben Tag verpackte K die Videokassetten in wasserdichte Plastikbeutel und versenkte diese in dem Brunnen, der sich auf dem Grundstück befand. Nur wenige Stunden später kam es auf dem Grundstück zu einer richterlich angeordneten Durchsuchung. Aufgrund der bei der Telefonüberwachung gewonnenen Informationen fanden die Beamten die Videokassetten in dem Brunnen und beschlagnahmten sie. Die Kassetten waren so gut versteckt, dass die Beamten sie nie gefunden hätten, wenn ihnen das Versteck nicht bereits aufgrund der Telekommunikationsüberwachung bekannt gewesen wäre.

K wurde vorläufig festgenommen und gegen ihn wurde Haftbefehl erlassen. In der völlig überbelegten Untersuchungshaftanstalt wurde K zusammen mit dem Untersuchungshäftling Arno (A) in einem Haftraum untergebracht. A hatte sich schon des Öfteren den Strafverfolgungsbehörden als Informant angedient. Der ermittelnde Staatsanwalt hatte daher mit dem Leiter der Vollzugsanstalt vereinbart, dass K mit A zusammen in einer Zelle untergebracht werden soll, weil man auf diese Weise vielleicht wertvolle Informationen erlangen könne. Tatsächlich führte K auch in der Untersuchungshaft nächtliche Selbstgespräche, wobei er nicht bemerkte, dass der sich schlafend stellende A alles mithörte. So erfuhr A zahlreiche Details über die von K begangene Tat. Dieses Wissen leitete A sofort an die Anstaltsleitung weiter, die ihrerseits die Polizei davon unterrichtete.

Nach Abschluss ihrer Ermittlungen erhob die Staatsanwaltschaft gegen K Anklage beim Landgericht Kassel. Am ersten Tag der öffentlichen Hauptverhandlung erklärte K, dass er von seinem Schweigerecht Gebrauch mache. In der anschließenden Beweisaufnahme führte das Gericht mehrere Zeugenvernehmungen durch.

Der inzwischen identifizierte anonyme Hinweisgeber Heinzmann (H) wurde über seine Kontakte mit K vernommen. H gab freimütig an, dass er von den speziellen sexuellen Interessen des K gewusst und ihm öfters dabei geholfen habe, Kontakt zu geeigneten Partnern – auch Minderjährigen – herzustellen und diese mit großzügigen Geldgeschenken zur Teilnahme an sexuellen Handlungen zu überreden. Während der ganzen Vernehmung wurde H zu keinem Zeitpunkt darüber belehrt, dass er unter Umständen die Aussage verweigern dürfe.

A wurde über die Selbstgespräche des K vernommen, die er als Mitgefangener in dem von K und A gemeinsam bewohnten Haftraum gehört hatte.

Anschließend wurde das Band der Telekommunikationsüberwachung mit dem aufgenommenen Selbstgespräch in der Hauptverhandlung abgespielt.

Danach verkündete der Vorsitzende, dass nun die bei K beschlagnahmten Videobänder vorgeführt werden sollen. Zu diesem Zweck werde das Gericht beschließen, dass die Öffentlichkeit ausgeschlossen wird. Der Verteidiger des K, der bereits zuvor gegen alle Beweisaufnahmevorgänge mit dem Argument, die Beweise seien unverwertbar, Widerspruch erhoben hatte, wandte ein, für einen Ausschluss der Öffentlichkeit gebe es keine rechtliche Grundlage. Vielmehr sei die Vorführung und Verwertung der Videoaufnahmen überhaupt unzulässig. Das Gericht hielt die Gegenvorstellung des R für unbeachtlich und beschloss den Ausschluss der Öffentlichkeit wegen Gefährdung der öffentlichen Ordnung und Sittlichkeit. Daraufhin wurden die Videoaufnahmen in der Hauptverhandlung vorgeführt.

An einem anderen Hauptverhandlungstag führte das Gericht eine Besichtigung des Tatortes im Haus des K durch. Der Vorsitzende gestattete einem Kamerateam des Hessischen Rundfunks, in dem Haus während der Augenscheineinnahme Aufnahmen zu machen, die am Abend in der „Hessenschau“ dem Fernsehpublikum gezeigt werden sollen. Sowohl K als auch R hatten ausdrücklich erklärt, dass sie damit einverstanden sind, der Staatsanwalt hatte gesagt, ihm sei es egal. Einer Gruppe von zehn Bürgern, die an der Augenscheineinnahme in dem Haus teilnehmen wollten, verwehrte der Vorsitzende den Zutritt, nachdem K erklärt hatte, er dulde die Anwesenheit fremder Leute in seinem Haus nicht.

Das Gericht verurteilte den K wegen Totschlags zu einer Freiheitsstrafe von neun Jahren. Ihre Überzeugung von der Schuld des Angeklagten stützten die Richter unter anderem auf die Aussagen der Zeugen A und H, auf den Inhalt des in der Hauptverhandlung vorgespielten Überwachungstonbandes, auf die Videoaufnahmen und auf die beim Augenschein im Haus des K gewonnenen Erkenntnisse.

Gegen dieses Urteil legt die Staatsanwaltschaft Revision ein. Sie begründet die Revision mit der Verletzung materiellen Strafrechts. Außerdem wird in der Revisionsbegründung darauf abgestellt, dass der Zeuge H nicht über ein Aussageverweigerungsrecht belehrt wurde. Dieser

Umstand wird durch das Hauptverhandlungsprotokoll bestätigt, das keinen Vermerk über eine entsprechende Belehrung des H enthält. Auch K hat gegen das Urteil Revision eingelegt. Verteidiger R überlegt, wie er die Revision erfolgversprechend begründen kann.

Bearbeitervermerk:

Frage 1: Wie kann R die Revision des K erfolgversprechend begründen?

Frage 2: Wie sind die Erfolgsaussichten der Verfahrensrüge, mit der die Staatsanwaltschaft ihre Revision begründet?

Gutachtliche Vorüberlegungen

Frage 1: Wie kann R die Revision des K erfolgversprechend begründen?

Von § 337 StPO ausgehend muss man den Sachverhalt nach revisionstauglichen Gesetzesverletzungen durchsuchen. Dabei ist darauf zu achten, dass die Gesetzesverletzung sich in Form des „Beruhens“ im Urteil niedergeschlagen haben muss. Deshalb kommen letztlich nur Gesetzesverletzungen in der Hauptverhandlung in Betracht. Da der Sachverhalt aber auch Schilderungen von Vorgängen im Ermittlungsverfahren enthält, muss man deren Beziehung zur Hauptverhandlung klären. Verfahrensfehler im Ermittlungsverfahren führen dadurch zu Verfahrensfehlern in der Hauptverhandlung, dass sie die Grundlage für Verwertungsverbote schaffen können, gegen die das Gericht in der Hauptverhandlung verstößt. Ein solches Verwertungsverbot könnte hier in Bezug auf die Zeugenaussage des A bestehen, weil dessen von der Staatsanwaltschaft veranlasste „Bespitzelung“ des K in der Untersuchungshaft eine Verletzung des Verfahrensrechts gewesen sein könnte. Des Weiteren ist zu prüfen, ob bezüglich der Zeugenaussage des H ein Verwertungsverbot bestand, weil dieser Zeuge in der Hauptverhandlung nicht über sein Aussageverweigerungsrecht aus § 55 StPO belehrt worden ist. Die Verwertung der Aufzeichnung der Telekommunikationsüberwachung könnte unzulässig gewesen sein, weil das aufgenommene „Raumgespräch“ des K mit sich selbst möglicherweise keine Telekommunikation iSd § 100a StPO war, weil Kommunikation des Beschuldigten mit seinem Verteidiger gem. § 148 StPO von Überwachung freizuhalten ist und weil Selbstgespräche dem Kernbereich der privaten Lebensgestaltung angehören. Bei der Tatortbesichtigung im Haus des K könnte mehrfach gegen Vorschriften über die Öffentlichkeit der Hauptverhandlung (§§ 169 ff. GVG) verstoßen worden sein: Die Zulassung der Fernsehaufnahmen könnte eine Verletzung des § 169 I 2 GVG, die Ausschließung der an der Tatortbesichtigung interessierten Bürger könnte eine Verletzung des § 169 I 1 GVG sein. Schließlich könnte auch das Abspielen der Videoaufnahmen in der Hauptverhandlung unter Ausschluss der Öffentlichkeit eine Verletzung des § 169 I 1 GVG gewesen sein. Darüber hinaus könnte sich hier eine „Fernwirkung“ eines Verwertungsverbotes ausgewirkt haben.

Frage 2: Wie sind die Erfolgsaussichten der Verfahrensrüge, mit der die Staatsanwaltschaft ihre Revision begründet?

Hier geht es nur um die Revisionsrelevanz der Zeugenaussage des H, der in der Hauptverhandlung nicht über sein Aussageverweigerungsrecht aus § 55 StPO belehrt wurde. Da die darin liegende Gesetzesverletzung sowie das Beruhen des Urteils auf ihr schon bei Frage 1 festgestellt wurde, kann hier allein ein spezieller rechtlicher Gesichtspunkt bedeutsam sein, der die Revision einer Staatsanwaltschaft betrifft. Dies ist die in § 339 StPO normierte Einschränkung der Begründungsmöglichkeiten einer staatsanwaltschaftlichen Revision zuungunsten des Angeklagten. Es ist daher zu klären, ob § 55 StPO eine Vorschrift ist, deren Schutzwirkung ausschließlich den Angeklagten begünstigt.

Lösungsgliederung

Frage 1

I. Zulässigkeit der Revision

II. Begründetheit der Revision

1. Vernehmung des Zeugen H
   a) Verletzung der Belehrungspflicht, § 55 II StPO
   b) Verwertungsverbot
      aa) Schutzzweck
      bb) Widerspruchserfordernis
   c) Beruhen
2. Vernehmung des Zeugen A
   a) Verletzung des Kernbereichs privater Lebensgestaltung
   b) Beruhen
3. Vorspielen des Bandes der Telekommunikationsüberwachung
   a) Überwachung der Telekommunikation, § 100a StPO
   b) Wohnraumüberwachung, § 100c StPO
      aa) Hypothetischer Ermittlungseingriff
      bb) Überwachungsfreie Verteidigerkommunikation, § 148 StPO
      cc) Kernbereich privater Lebensgestaltung
   c) Verwertungsverbot
   d) Beruhen
4. Aufnahmen des Kamerateams
   a) Verletzung des § 169 I 2 GVG
   b) Beruhen
5. Ausschluss der Zuhörer von der Tatortbesichtigung
   a) Verletzung des § 169 I 1 GVG
   b) Ausschluss oder Ausschließung der Öffentlichkeit
6. Vorführung der Videoaufnahmen in nichtöffentlicher Hauptverhandlung
   a) Verletzung des § 169 I 1 GVG
   b) Ausschluss oder Ausschließung der Öffentlichkeit
   c) Unverwertbarkeit der Videoaufnahmen
   d) Beruhen

III. Ergebnis

Frage 2

I. Revisionsgrund Verstoß gegen die Belehrungspflicht, § 55 II StPO

1. Gesetzesverletzung und Beruhen
2. Ausschluss des Revisionsgrundes, § 339 StPO

II. Ergebnis

Lösungsvorschlag

Frage 1: Wie kann R die Revision des K erfolgversprechend begründen?

I. Zulässigkeit der Revision

Damit die Begründung einer Revision erfolgversprechend ist, muss die Revision überhaupt zulässig sein. Die Revision ist statthaftes Rechtsmittel gegen Urteile der Strafkammern, § 333 StPO.[1] Hier wurde K – der Zuständigkeitsregelung in § 74 II 1 Nr. 4 GVG entsprechend – durch eine Schwurgerichtsstrafkammer des Landgerichts verurteilt. Die Revision ist daher statthaft. Als Angeklagter ist K revisionsberechtigt, § 296 I StPO. Da K verurteilt wurde, ist er durch das Urteil beschwert.[2] Geht man davon aus, dass K die Revision fristgemäß und in der richtigen Form einlegt (§ 341 I StPO)[3] und – durch seinen Verteidiger (§ 345 II StPO) – ordnungsgemäß begründet (§§ 344, 345 StPO), ist seine Revision zulässig.[4] Die Begründung selbst muss an § 344 II StPO ausgerichtet sein. Für die Geltendmachung der Verletzung materiellen Strafrechts (Sachrüge) genügt die schlichte Bemerkung, dass „die Verletzung sachlichen Rechts“ gerügt werde.[5] Dagegen muss die Verletzung des Verfahrensrechts konkret und substantiiert gerügt werden. Angegeben werden müssen die Verfahrensnorm, die verletzt wurde sowie der tatsächliche prozessuale Vorgang, auf dem diese Gesetzesverletzung beruht, § 344 II StPO.[6] Zum Nachweis dieser Tatsachen kann wegen § 274 StPO gegebenenfalls eine Bezugnahme auf das Hauptverhandlungsprotokoll sinnvoll sein.[7] Zulässigkeitsvoraussetzung ist sie aber nicht.

II. Begründetheit der Revision

Die Revision ist begründet, wenn das Urteil auf einer vom Revisionsführer ordnungsgemäß gerügten (vgl. § 352 I StPO) Verletzung des Gesetzes beruht, § 337 StPO. Dabei entfällt die Beruhensprüfung, wenn die Gesetzesverletzung ein absoluter Revisionsgrund iSd § 338 StPO ist.[8] Bei der Begründung der Revision mit Verfahrensrügen, die relative Revisionsgründe sind, ist also zu prüfen, ob in dem Verfahren vor der Strafkammer Verfahrensrechtsverletzungen begangen wurden, auf denen das Urteil beruhen kann.

1. Vernehmung des Zeugen H

a) Verletzung der Belehrungspflicht, § 55 II StPO

H hat in der Hauptverhandlung als Zeuge ausgesagt. Dabei machte er Angaben zur Sache, die den Verdacht begründen, dass er sich selbst strafbar gemacht haben könnte.

---

1 Beulke/Swoboda StrafProzR Rn. 559; Hellmann StrafProzR Rn. 898.
2 Beulke/Swoboda StrafProzR Rn. 537.
3 Beulke/Swoboda StrafProzR Rn. 561; Hellmann StrafProzR Rn. 899.
4 Vgl. zur Zulässigkeit der Revision auch das Schema bei Beulke/Swoboda StrafProzR Rn. 613.
5 Hellmann StrafProzR Rn. 901.
6 Beulke/Swoboda StrafProzR Rn. 562; Hellmann StrafProzR Rn. 902.
7 Meyer-Goßner/Schmitt/Schmitt § 273 Rn. 1.
8 Beulke/Swoboda StrafProzR Rn. 566; Hellmann StrafProzR Rn. 907; Joecks/Jäger StPO § 338 Rn. 1. Das Beruhen wird unwiderleglich vermutet.

Die Schilderung der Unterstützung des K bei der Kontaktaufnahme mit Minderjährigen zwecks sexueller Betätigung trägt zumindest einen Anfangsverdacht in Bezug auf Beihilfe zum sexuellen Missbrauch von Jugendlichen (§§ 182, 27 StGB). Damit hat sich H durch seine Aussage der Gefahr ausgesetzt, wegen einer Straftat verfolgt zu werden. Er hätte daher gem. § 55 I StPO die Aussage bezüglich dieser Vorgänge verweigern können. Über dieses Recht war H gem. § 55 II StPO zu belehren. Hier wurde H während seiner gesamten Vernehmung nicht über sein Aussageverweigerungsrecht belehrt. Zwar besteht bei einem nicht offensichtlich Tatbeteiligten keine Pflicht, die Belehrung schon zu Beginn der Vernehmung zu erteilen. Sobald jedoch im Zuge der Vernehmung konkrete Anhaltspunkte dafür sichtbar werden, dass ein Auskunftsverweigerungsrecht nach § 55 I StPO bestehen könnte, muss der Zeuge entsprechend belehrt werden.[9] Dies ist hier nicht geschehen. Daher wurde § 55 II StPO verletzt.

b) Verwertungsverbot

Die Nichterfüllung der Belehrungspflicht wäre jedoch revisionsrechtlich unbeachtlich, wenn die Zeugenaussage des H gleichwohl ohne Einschränkung verwertet werden durfte. Dem Verstoß gegen die Belehrungspflicht müsste also noch ein Verstoß gegen ein Verwertungsverbot gefolgt sein, damit das Urteil unmittelbar auf einer Gesetzesverletzung beruht. Umgekehrt ausgedrückt wäre die in dem Belehrungsmangel liegende Gesetzesverletzung neutralisiert, wenn die Aussage des H trotz des Mangels verwertbar wäre.

aa) Schutzzweck

Die hM lehnt ein Verwertungsverbot ab.[10] Das Auskunftsverweigerungsrecht aus § 55 I StPO und damit auch die korrespondierende Belehrungspflicht (§ 55 II StPO) diene allein dem Schutz des Zeugen vor Selbstbelastung.[11] Der „Rechtskreis" des Angeklagten sei durch eine Verletzung des § 55 StPO nicht berührt.[12] Der geminderte Beweiswert der Aussage eines von Verfolgungsgefahr bedrohten unbelehrten Zeugen sei bei der Beweiswürdigung zu berücksichtigen.[13] Insoweit gelte nichts anderes als für die Aussage eines Mitbeschuldigten.[14] Jedoch trifft die Behauptung des auf Schutz vor Selbstbelastung beschränkten Normzwecks nicht zu. Die Einräumung eines Aussageverweigerungsrechts eröffnet dem Zeugen einen Ausweg, seine Zeugenpflicht zu erfüllen, ohne sich dabei selbst zu belasten und ohne eine Falschaussage zu machen. Gäbe es diesen Ausweg nicht, bestünde die Gefahr, dass der Zeuge zur Abwendung der Verfolgungsgefahr falsche Angaben macht. Demzufolge dient § 55 StPO auch der Erlangung einer wahren Aussage des möglicherweise in die Tat verstrickten Zeugen.[15] Nutznießer dieses Schutzzwecks ist auch der Angeklagte. Praktisch wenig hilfreich ist der Hinweis auf die Selbstverständlichkeit, dass der geminderte Beweiswert der Aussage eines belasteten Zeugen bei der Beweiswürdigung zu berücksichtigen ist.

9 Fezer StrafProzR 15/36; Meyer-Goßner/Schmitt/Schmitt § 55 Rn. 14.
10 BGHSt 11, 213 (218) = NJW 1958, 557.
11 BGHSt 11, 213 (217) = NJW 1958, 557.
12 BGHSt 11, 213 (218) = NJW 1958, 557.
13 BGHSt 11, 213 (216) = NJW 1958, 557.
14 Beulke/Swoboda StrafProzR Rn. 464; Hellmann StrafProzR Rn. 788; Kindhäuser/Schumann StrafProzR § 23 Rn. 28; Meyer-Goßner/Schmitt/Schmitt § 55 Rn. 17; Volk/Engländer GK StPO § 28 Rn. 19.
15 Roxin/Schünemann StrafVerfR § 24 Rn. 48.

Wenn das Gericht nicht erkennt, dass es sich um einen Zeugen dieser Kategorie handelt, wird es faktisch diesen Gesichtspunkt nicht in die Würdigung der Aussage einfließen lassen. Der Vergleich mit der Aussage eines Mitbeschuldigten hat zwar argumentatives Gewicht, jedoch in genau entgegengesetzte Richtung: Der Mitbeschuldigte ist über sein Schweigerecht zu belehren, §§ 136 I 2, 243 V 1 StPO. Unterbleibt die Belehrung oder ist sie fehlerhaft, hat dies die Unverwertbarkeit der Einlassung des Beschuldigten zur Sache zur Folge.[16] Eine Beweiswürdigung, die den beschränkten Beweiswert berücksichtigen kann, ist also nur bei einer Mitbeschuldigten-Aussage möglich, der eine ordnungsgemäße Belehrung vorausgegangen ist. Insgesamt sprechen die besseren Gründe für die Mindermeinung, nach der die Aussage eines Zeugen, der entgegen § 55 II StPO über sein Aussageverweigerungsrecht nicht belehrt worden ist, einem Beweisverwertungsverbot unterliegt.[17]

bb) Widerspruchserfordernis

Die Rechtsprechung würde ein Verwertungsverbot noch aus einem weiteren – übergreifenden – Gesichtspunkt verneinen: Nach der inzwischen „Widerspruchslösung“ genannten richterrechtlichen Reduktion des Verfahrensrechts sollen verwertungsverbotstaugliche Verfahrensfehler gewissermaßen geheilt werden, wenn der verteidigte Angeklagte oder der unverteidigte Angeklagte nach richterlichem Hinweis der Verwertung rechtswidrig erlangter Beweisergebnisse nicht bis zu dem in § 257 StPO genannten Zeitpunkt ausdrücklich widersprochen hat.[18] Diese in der Literatur heftig kritisierte Relativierung selbst schwerster Verfahrensverstöße verkennt die Verantwortung von Gericht und Staatsanwaltschaft für eine rechtlich einwandfreie Verfahrensgestaltung und bürdet vor allem der Verteidigung die Last auf, dafür zu sorgen, dass die gebotenen rechtlichen Konsequenzen von gerichtlichen Verfahrensfehlern auch tatsächlich gezogen werden. Die Widerspruchslösung ist daher abzulehnen.[19]

c) Beruhen

Der Verstoß gegen die Belehrungspflicht des § 55 II StPO und das daraus resultierende Verwertungsverbot ist kein absoluter Revisionsgrund iSd § 338 StPO. Begründet ist die Revision deshalb, sofern das Urteil auf dieser Gesetzesverletzung beruht, § 337 StPO. Da das Gericht die Überzeugung von der Schuld des K ausweislich der Urteilsbegründung auch aufgrund der Zeugenaussage des H gewonnen hat, beruht das Urteil auf der Gesetzesverletzung.

2. Vernehmung des Zeugen A

Der Vernehmung des Zeugen A ging eine von der Strafjustiz beeinflusste und ihr daher zurechenbare innervollzugliche Maßnahme in der Untersuchungshaft voraus: Der Untersuchungshäftling K wurde gemeinsam mit dem Untersuchungshäftling A in einem Haftraum untergebracht. Diese Haftsituation des K ermöglichte dem A Wahrnehmungen, zu denen er in der Hauptverhandlung als Zeuge vernommen wurde.

---

16 Beulke/Swoboda StrafProzR Rn. 468; Roxin/Schünemann StrafVerfR § 24 Rn. 32.

17 Fezer StrafProzR 15/37.

18 BGHSt 38, 214 (226) = BeckRS 1992, 6661; OLG Düsseldorf NZV 2010, 306; OLG Hamm NZV 2010, 308 (309).

19 Roxin/Schünemann StrafVerfR § 24 Rn. 34; Volk/Engländer GK StPO § 28 Rn. 22.

a) Verletzung des Kernbereichs privater Lebensgestaltung

Die „Bespitzelung" des Untersuchungshäftlings K durch einen anderen Häftling zum Zwecke der Informationsgewinnung ist eine Maßnahme, die mit dem Prinzip eines fairen Verfahrens („Fair-trial-Gedanke"[20]) nicht zu vereinbaren ist. Es ist naheliegend, hierin einen Verstoß gegen § 136a StPO zu sehen.[21] Zwar handelt es sich zweifellos nicht um eine Vernehmungssituation. Aber der Einsatz des Spitzels A hat für die Strafverfolgungsbehörde einen Informationsgewinnungseffekt, zu dessen Erzeugung das Gesetz entweder die Beschuldigtenvernehmung (§ 136 StPO) oder diverse heimliche Maßnahmen akustischer Überwachung (§§ 100a, 100c StPO) unter strengen rechtlichen Voraussetzungen vorsieht. Im Rahmen einer offenen Vernehmung darf der Beschuldigte nicht getäuscht werden, § 136a I StPO. Daraus kann man schließen, dass es erst recht verboten ist, dem Beschuldigten freimütige Äußerungen zu entlocken, indem ihm der vernehmungsähnliche Charakter der Situation verheimlicht wird. Da der A auf Betreiben der Staatsanwaltschaft mit K in einem Haftraum zusammengelegt wurde, ist die Aushorchung des K durch A der Strafverfolgungsbehörde zuzurechnen.

Ein weiterer Ansatz, um die Unzulässigkeit der Informationsgewinnungsmaßnahme zu begründen, ist der Aspekt des Kernbereichs privater Lebensgestaltung. Diese dem verfassungsrechtlichen Schutz der Menschenwürde und Persönlichkeitsentfaltung korrespondierende höchstpersönliche Sphäre der Person ist absolut unantastbar und damit einem auf Abwägung beruhenden Ermittlungseingriff der Strafverfolgungsbehörden entzogen, § 100d I StPO. In den Kernbereich darf selbst bei der Verfolgung schwerster Verbrechen nicht eingegriffen werden.[22] Materiell gehört zum Kernbereich privater Lebensgestaltung das Führen von Selbstgesprächen. Zwar spricht der Inhalt der von K geführten Selbstgespräche eher für die Zuordnung zur „Sozialsphäre", die gegen strafprozessuale Ermittlungszugriffe wesentlich schwächer abgeschirmt ist. Gespräche mit Angaben über eine konkret begangene Straftat gehören nicht zum unantastbaren Kernbereich privater Lebensgestaltung, vgl. § 100c IV 2, 3 StPO aF.[23] Jedoch gilt dies nur für Fälle echter Kommunikation mit mindestens einem Gesprächspartner. Ein Selbstgespräch ist ungeachtet seines Inhalts eine höchstpersönliche Ausdrucksform, die unwillkürlich auftretende Bewusstseinsinhalte verbalisiert und persönliche Erwartungen, Befürchtungen, Bewertungen, Selbstanweisungen sowie seelisch-körperliche Gefühle und Befindlichkeiten zum Inhalt hat.[24] Im Selbstgespräch kehrt das sich unbeobachtet wähnende Individuum sorgsam unter Verschluss gehaltene Inhalte seines Gefühlslebens nach außen, um auf diese Weise psychischen Druck und seelische Spannungen abzubauen. Vorstufe der Lautbildung beim Selbstgespräch ist eine im Bewusstsein ablaufende Gedankenentwicklung in Form eines

20 Küpper JZ 1990, 416 (417).

21 So BGHSt 34, 362 (363) = NJW 1987, 2525; s. auch Ellbogen, Die verdeckte Ermittlungstätigkeit, 2004, S. 90 ff.; Walter StrafProzR Rn. 177: analoge Anwendung des § 136a StPO.

22 BGHSt 50, 206 (210) = NJW 2005, 3295.

23 BGHSt 50, 206 (212) = NJW 2005, 3295; Joecks/Jäger StPO § 100d Rn. 2; Meyer-Goßner/Schmitt/Köhler § 100d Rn. 3; differenzierend Walter StrafProzR Rn. 275. Die zitierte – durch Gesetz vom 17.8.2017 geänderte – Vorschrift hatte folgenden Wortlaut: „Gespräche in Betriebs- oder Geschäftsräumen sind in der Regel nicht dem Kernbereich privater Lebensgestaltung zuzurechnen. Das Gleiche gilt für Gespräche über begangene Straftaten und Äußerungen, mittels derer Straftaten begangen werden."

24 Zitiert nach BGHSt 50, 206 (213) = NJW 2005, 3295.

„inneren Sprechens“. Demzufolge ist das Aussprechen der Gedanken eine Form des „lauten Denkens“, das eine typische Erscheinungsform des nichtöffentlich geführten Selbstgesprächs ist. Dessen Inhalt nimmt daher an der Gedankenfreiheit teil.[25] Wie die Gedanken selbst gehören auch die in Laute geformten Gedanken des Selbstgesprächs zum unantastbaren Kernbereich privater Lebensgestaltung. Die Selbstgespräche des K in der Untersuchungshaft hätten durch eine heimliche Überwachungsmaßnahme weder nach § 100a StPO noch nach § 100c StPO und auch nicht nach § 100f StPO abgehört werden dürfen. Die Tabuzone „Kernbereich“ setzt eine unübersteigbare Schranke, auch wenn dies explizit nur in § 100d StPO, hingegen nicht in § 100f StPO normiert ist. Das Einschleusen des Mithäftlings in den Haftraum wurde von der Staatsanwaltschaft betrieben, um das Verbot der technischen Überwachung zu umgehen. Untersuchungshäftling A übernahm die Funktion einer installierten Abhöreinrichtung und wirkte gewissermaßen als menschliches Surrogat einer „Wanze“.[26] Dem K war damit die Möglichkeit des unbeobachteten und unüberwachten Selbstgesprächs genommen. Dies ist ein schwerwiegender Eingriff in die verfassungsrechtlich gewährleistete Fundamentalposition des Individuums gem. Art. 1, 2 GG.

Aus dem Verstoß gegen Fairnessgrundsatz und die Unantastbarkeit des höchstpersönlichen Kernbereichs des K resultiert ein Verwertungsverbot. Nach dem oben (1. b) Gesagten kommt es nicht darauf an, ob K bzw. sein Verteidiger der Verwertung der von A gemachten Zeugenaussage widerspricht.

b) Beruhen

Die Einbeziehung der Aussage des A in die richterliche Überzeugungsbildung ist eine Übertretung des Verwertungsverbotes. Da das Gericht seine Überzeugung von der Schuld des K auch aus dieser Aussage geschöpft hat, beruht das Urteil auf der Gesetzesverletzung.

3. Vorspielen des Bandes der Telekommunikationsüberwachung

In der Hauptverhandlung wurden die von der Polizei anlässlich der Überwachung der Telekommunikation gewonnenen und gespeicherten Überwachungsergebnisse durch Abspielen der Aufnahme reproduziert. Die Rechtmäßigkeit dieses Vorgangs in der Hauptverhandlung hängt zusammen mit der rechtlichen Beurteilung des primären Überwachungsgeschehens im Ermittlungsverfahren. Dessen Rechtmäßigkeit ist deshalb zuerst zu prüfen.

a) Überwachung der Telekommunikation, § 100a StPO

Gegenstand der Überwachung müsste eine Telekommunikation gewesen sein. Darunter versteht man den Vorgang des Aussendens, Übermittelns und Empfangens von Nachrichten jeglicher Art mittels Telekommunikationsanlagen, § 3 Nr. 22 TKG.[27] Der Anruf des K bei seinem Rechtsanwalt unterfällt dieser Definition ungeachtet der Tatsache, dass R den Anruf nicht entgegennahm und K keine Nachricht auf der Mailbox hinterließ. Allerdings erfasste die Überwachung hier im Zusammenhang mit diesem Anrufversuch verbale Äußerungen des K, die nicht an den Telekommunika-

25 BGH NJW 2012, 945 Rn. 15; dazu Mitsch NJW 2012, 1486 ff.
26 Mitsch NJW 2008, 2295 (2299).
27 Meyer-Goßner/Schmitt/Köhler § 100a Rn. 6.

tionspartner R gerichtet waren. Da sich auch keine zweite Person in Hörweite des K aufhielt, existierte überhaupt kein Kommunikationspartner, der Adressat oder Empfänger der von K ausgesprochenen Worte hätte sein können. Zudem hatte K die Telekommunikationsverbindung zu R abgebrochen. Diese blieb nur infolge des manuellen Bedienungsfehlers ohne Wissen des K aufrechterhalten. Nach Ansicht des BGH stehen alle diese Umstände der Einschlägigkeit des § 100a StPO nicht entgegen. Maßgebend sei allein, dass objektiv noch eine Telekommunikationsverbindung zwischen K und R bestand. Hätte K intentional eine Nachricht auf die Mailbox gesprochen, wäre dies zweifelsfrei Telekommunikation gewesen. Dass die von K gesprochenen Worte in eine andere Richtung gingen und nicht für R bestimmt waren, sei unerheblich.[28]

In der Literatur wird die Einbeziehung des zufällig mitgehörten „Raumgesprächs" in den von § 100a StPO abgedeckten Bereich der Telekommunikation zu Recht bestritten.[29] Telekommunikation ist nur eine Kommunikation, bei der zwischen den Partnern eine Distanz besteht, zu deren Überbrückung es der Nutzung einer technischen Einrichtung – der Telekommunikationsanlage – bedarf.[30] Wenn die in der Küche mit einer Freundin telefonierende Hausfrau und Mutter während des Telefonats ihren wenige Meter von ihr entfernt im Garten herumtobenden Kindern zuruft, sie sollten nicht so laut sein, dann findet zwischen den beiden Freundinnen Telekommunikation statt, nicht aber zwischen der telefonierenden Mutter und ihren Kindern. Telekommunikationspartnerin ist die Mutter im Verhältnis zu ihrer Freundin, nicht im Verhältnis zu ihren Kindern. § 100a StPO ist nun eine Eingriffsnorm, die auf die Kommunikation zwischen Telekommunikationspartnern zielt. Für die Überwachung von Sprechinhalten, die während eines Telekommunikationsvorganges an einen an der Telekommunikation nicht beteiligten Adressaten gerichtet sind, ist § 100a StPO nicht bestimmt. Das gilt erst recht für Sprechinhalte, die an gar keinen Adressaten gerichtet, sondern Selbstgespräch sind. Die heimliche Überwachung solcher stimmlicher Äußerungen fällt – je nach Standort des Sprechenden – in den Gegenstandsbereich entweder des § 100c StPO oder des § 100f StPO. Hier kommt § 100c StPO in Betracht, da K sich in seinem Haus aufhielt, als er mit R zu telefonieren versuchte.[31] Auf § 100a StPO konnte die Beweisgewinnung nicht gestützt werden. Folglich ist § 100a StPO auch keine tragfähige Rechtsgrundlage für die Verwertung des abgehörten Selbstgesprächs[32].

b) Wohnraumüberwachung, § 100c StPO

Möglicherweise hat die Verwertung des abgehörten Selbstgesprächs eine rechtliche Grundlage darin, dass zur Erlangung des Abhörergebnisses eine Wohnraumüberwachung nach § 100c StPO hätte angeordnet werden dürfen. Da eine derartige Anordnung tatsächlich nicht ergangen ist, könnte § 100c StPO allenfalls Basis einer Argumentation mit einem „hypothetischen Ersatzeingriff" sein.

28 BGH NJW 2003, 2034 (2035).
29 Hellmann StrafProzR Rn. 333.
30 Fezer NStZ 2003, 625 (627).
31 Fezer NStZ 2003, 625 (627).
32 Beulke/Swoboda StrafProzR Rn. 253.

aa) Hypothetischer Ermittlungseingriff

Die Verwertbarkeit des abgehörten Selbstgesprächs könnte auf die Erwägung gestützt werden, dass die von K in seinem Haus ausgesprochenen Worte zulässigerweise mit einer auf § 100c StPO gestützten Abhörmaßnahme hätten eingefangen werden dürfen. Diese Argumentation mit einer Art „rechtmäßigem Alternativverhalten" im Strafprozessrecht ist dem Grunde nach anerkannt. Umstritten ist jedoch, ob die Hypothesenbildung von der konkreten Möglichkeit einer solchen ersatzweisen Anordnung ausgehen muss oder ob die abstrakte Möglichkeit ausreicht. Die überwiegende Meinung verlangt zu Recht die konkrete Möglichkeit, von der vorhandenen „Reserve"-Rechtsgrundlage tatsächlich in einer Weise Gebrauch zu machen, dass damit dasselbe Ermittlungsergebnis erzielt worden wäre.[33] Aber selbst vor dem weniger strengen abstrakten Maßstab ist die Annahme begründet, dass hier das tatsächlich erzielte Abhörergebnis durch die hypothetische Maßnahme nicht in legaler Weise gewonnen worden konnte. Denn die gesetzlichen Voraussetzungen der Telekommunikationsüberwachung gem. § 100a I, II Nr. 1h StPO und der akustischen Wohnraumüberwachung gem. § 100c I Nr. 1 iVm § 100b II Nr. 1f StPO stimmen nicht überein. Anders als die Telekommunikationsüberwachung (§ 100d I StPO: „...allein...") ist die akustische Wohnraumüberwachung („Großer Lauschangriff") schon dann unzulässig, wenn nicht substantiiert ausgeschlossen werden kann, dass die Überwachung auch den Kernbereich privater Lebensgestaltung erfasst, § 100d IV 1 StPO („negative Kernbereichsprognose").[34] Letztgenannte Voraussetzung ist hier nicht erfüllt. Bei der akustischen Überwachung eines Wohnhauses lässt sich nie ausschließen, dass zum Kernbereich gehörendes Privatleben in die Überwachung einbezogen wird.[35] § 100c StPO vermag der Überwachung des K und der Verwertung seines abgehörten Selbstgesprächs keine rechtliche Grundlage zu geben.

bb) Überwachungsfreie Verteidigerkommunikation, § 148 StPO

Die Überwachung des Gesprächs könnte darüber hinaus unzulässig gewesen sein, weil sie die überwachungsfreie Kommunikation des Verteidigers mit seinem Mandanten berührte. Aus § 148 StPO wird der allgemeine Gedanke abgeleitet, dass jegliche Kommunikation des Verteidigers mit dem Beschuldigten von staatlicher Überwachung freizuhalten ist und Erkenntnisse aus einer derartigen Überwachung im Verfahren gegen den Beschuldigten nicht verwertet werden dürfen.[36] Das betrifft auch die Überwachung der Telekommunikation.[37] Allerdings greift dieser Schutz erst ein, wenn zwischen dem Beschuldigten und dem Verteidiger bereits eine Verteidigerbeziehung besteht. Kommunikation in der Anbahnungsphase liegt noch außerhalb des Schutzbereichs.[38] Hier war der Anrufversuch des K die erste Kontaktaufnahme mit R im Rahmen des gegen ihn laufenden Strafverfahrens. Ein Verteidigerverhältnis bestand noch nicht. Daher kann die Unverwertbarkeit von Erkenntnissen, die den Strafverfolgungsbehörden im Rahmen der Telekommunikationsüberwachung zugefallen sind, nicht aus § 148 StPO abgeleitet werden.

---

33 Fezer NStZ 2003, 625 (630).
34 Beulke/Swoboda StrafProzR Rn. 266.
35 OLG Düsseldorf NStZ 2009, 54 (55).
36 Meyer-Goßner/Schmitt/Schmitt § 148 Rn. 2.
37 Meyer-Goßner/Schmitt/Köhler § 100a Rn. 21.
38 Meyer-Goßner/Schmitt/Schmitt § 148 Rn. 4.

cc) Kernbereich privater Lebensgestaltung

Unabhängig von der rechtlichen Bewertung des Überwachungsvorgangs, der der Polizei die Gelegenheit zum Mithören des Selbstgesprächs verschaffte, könnte die Verwertung unzulässig sein, weil das Selbstgespräch zum Kernbereich privater Lebensgestaltung gehört. Der Kernbereich des Privatlebens ist eine absolut eingriffsfreie unantastbare Sphäre der Person, aus der die Strafverfolgungsbehörden ohne Einwilligung des Betroffenen keine Informationen schöpfen dürfen. Gleichwohl aus diesem Bereich gewonnene Erkenntnisse dürfen in dem Verfahren nicht verwertet werden. Diese Beschränkung strafprozessualer Wahrheitsfindung folgt unmittelbar aus Verfassungsrecht, ist aber auch in § 100d StPO einfachgesetzlich konkretisiert. Wie bereits oben (2. a) ausgeführt wurde, gehören Selbstgespräche immer zum Kernbereich und zwar auch dann, wenn sie sich inhaltlich unmittelbar auf konkrete begangene Straftaten beziehen. Daraus folgt, dass das Gericht die in der Hauptverhandlung vorgespielte Aufnahme des Selbstgesprächs bei der Überzeugungsbildung nicht berücksichtigen durfte.

c) Verwertungsverbot

Die Erörterung hat gezeigt, dass der Verwertung des Selbstgesprächs in der Hauptverhandlung schon die Rechtswidrigkeit der Überwachungsmaßnahme entgegenstand. Darüber hinaus handelt es sich bei dem Selbstgespräch um einen Erkenntnisgegenstand, der wegen seines Kernbereichsbezugs auch als Ergebnis eines rechtmäßigen Beweisgewinnungsvorgangs unverwertbar ist.

d) Beruhen

Das Gericht hat seine Überzeugung von der Schuld des K auch aus den Schlussfolgerungen abgeleitet, die ihm die in der Hauptverhandlung gehörte Reproduktion des Selbstgesprächs aufdrängte. Daher beruht das Urteil auch auf den Gesetzesverletzungen, die im Zusammenhang mit diesem Selbstgespräch begangen wurden.

4. Aufnahmen des Kamerateams

a) Verletzung des § 169 I 2 GVG

Die Zulassung von Ton- und Filmaufnahmen während der Augenscheinseinnahme im Haus des K könnte eine Verletzung des § 169 I 2 GVG sein. Die Tatortbesichtigung war ein Bestandteil der Beweisaufnahme in der Hauptverhandlung. Obwohl dieser Vorgang sich außerhalb des Gerichtssaals und außerhalb des Justizgebäudes abspielte, war er eine „Verhandlung vor dem erkennenden Gericht".[39] Indem der Vorsitzende dem Team des Hessischen Rundfunks Aufnahmen im Haus des K gestattete, verletzte er § 169 I 2 GVG. Dieses Verbot ist indisponibel und kann weder durch eine Zustimmung des Gerichts noch durch Zustimmung anderer Verfahrensbeteiligter aufgehoben werden.

b) Beruhen

Fraglich ist, ob das angefochtene Urteil auf dieser Verletzung des Gesetzes beruht. Die Frage würde sich allerdings nicht stellen, wenn die Gesetzesverletzung ein absoluter Revisionsgrund iSd § 338 StPO wäre. In Betracht kommt hier § 338 Nr. 6 StPO.

39 Meyer-Goßner/Schmitt/Schmitt GVG § 169 Rn. 6.

§ 169 I 2 GVG ist eine Vorschrift über die Öffentlichkeit des Verfahrens. Diese Vorschrift ist verletzt worden. Der Wortlaut des § 338 Nr. 6 StPO scheint also diese Gesetzesverletzung zu erfassen. Indessen ordnet die hM nur solche Verstöße gegen Vorschriften über die Öffentlichkeit diesem absoluten Revisionsgrund zu, durch die die Öffentlichkeit ungesetzlich ausgeschlossen oder beschränkt wurde. Die rechtswidrige Zulassung oder Erweiterung der Öffentlichkeit sei ein bloßer relativer Revisionsgrund.[40] Der Gegenmeinung ist zuzugestehen, dass der Wortlaut des § 338 Nr. 6 StPO diese Beschränkung nicht nahelegt.[41] Vorzugswürdig ist jedoch die hM. Der Katalog der absoluten Revisionsgründe setzt sich aus besonders schwerwiegenden Verfahrensfehlern zusammen. Dazu gehört zweifellos die rechtswidrige Beschränkung der Öffentlichkeit. Dass ein Verfahrensfehler in der umgekehrten Richtung geringeres Gewicht hat, erkennt man zB daran, dass die meisten Fälle nichtöffentlicher Hauptverhandlung nach dem Gesetz auf gerichtlicher Ermessensentscheidung beruhen. Dagegen ist die Öffentlichkeit der Hauptverhandlung gem. § 169 I 1 GVG ein striktes gesetzliches Gebot, von dem selbst bei vollkommenem Konsens aller Verfahrensbeteiligter nicht abgerückt werden darf. Es handelt sich daher nur um einen relativen Revisionsgrund. An den Beruhenszusammenhang werden keine hohen Anforderungen gestellt. Ausreichend ist die Möglichkeit, dass das Urteil ohne die Gesetzesverletzung anders ausgefallen wäre.[42] Auf die Durchführung und Ergebnisse des Augenscheins wird die Anwesenheit eines Kamerateams und Dreharbeiten bei der Tatortbesichtigung kaum Einfluss haben können. Wenn aber in diesem Zusammenhang auch Aussagen des Angeklagten und von Zeugen gemacht worden sind, ist eine Beeinflussung denkbar. Ein Beruhen des Urteils wäre dann gegeben.

5. Ausschluss der Zuhörer von der Tatortbesichtigung

a) Verletzung des § 169 I 1 GVG

Die Tatortbesichtigung wurde nicht als vorweggenommener Teil der Hauptverhandlung durch einen kommissarischen Richter nach Maßgabe des § 225 StPO durchgeführt. Für diese zur Vorbereitung der Hauptverhandlung dienende Beweisaufnahme gilt § 169 I 1 GVG nicht.[43] Die Einnahme des Augenscheins durch das Gericht fand hier während der Hauptverhandlung zwischen Aufruf der Sache und Urteilsverkündung statt. Damit gehört sie zum Anwendungsbereich des § 169 I 1 GVG. Dass dieser Teil der Hauptverhandlung räumlich ausgelagert wurde, liegt in der Natur der Sache und hat auf die Anwendbarkeit des § 169 I 1 GVG keinen unmittelbaren Einfluss.[44] Da der Vorsitzende den teilnahmewilligen Bürgern den Zutritt zu dem Haus des K verwehrte, liegt ein dem Gericht zurechenbarer Ausschluss der Öffentlichkeit vor. Das Gericht hat diesen Teil der Hauptverhandlung also nicht im Einklang mit § 169 I 1 GVG durchgeführt.

b) Ausschluss oder Ausschließung der Öffentlichkeit

Die Durchführung einer nichtöffentlichen Hauptverhandlung ist kein Verstoß gegen § 169 I 1 GVG, wenn entweder die Öffentlichkeit kraft Gesetzes ausgeschlossen ist

40 BGHSt 36, 119 (122) = NJW 1989, 1741; Meyer-Goßner/Schmitt/Schmitt § 338 Rn. 47.
41 Kühne StrafProzR Rn. 703; Roxin NStZ 1989, 376 (377); Roxin/Schünemann StrafVerfR § 47 Rn. 26.
42 Meyer-Goßner/Schmitt/Schmitt § 337 Rn. 37.
43 Hellmann StrafProzR Rn. 647.
44 Meyer-Goßner/Schmitt/Schmitt GVG § 169 Rn. 6.

oder das Gesetz dem Gericht die Befugnis gibt, die Öffentlichkeit auszuschließen. Einen gesetzlichen Ausschluss der Öffentlichkeit gibt es nur im Strafverfahren gegen einen jugendlichen Angeklagten, § 48 I JGG.[45] Gerichtliche Ausschließung der Öffentlichkeit ist unter den Voraussetzungen der §§ 171a ff. GVG möglich. Hier ist aber keine dieser Vorschriften einschlägig. Eine dritte Kategorie der Einschränkung des Öffentlichkeitsgrundsatzes bilden die immanenten Schranken dieses Prinzips, die deshalb nicht positivgesetzlich normiert sind. Immanent ist dem Öffentlichkeitsgrundsatz die Beschränkung durch tatsächliche und rechtliche Unmöglichkeit. Über die räumliche Kapazität der verfügbaren Gerichtssäle hinaus besteht grundsätzlich kein Anspruch auf Öffentlichkeit. Allenfalls in extremen Ausnahmefällen kann die Justiz gezwungen sein, in einen gerichtsexternen Raum mit größerem Fassungsvermögen auszuweichen.[46] Eine immanente rechtliche Schranke resultiert aus der Forderung, dass die Verwirklichung des Öffentlichkeitsgrundsatzes im konkreten Fall nicht einen ungerechtfertigten straftatbestandsmäßigen Zustand erzeugen darf.[47] Dieser Gedanke ist in § 172 Nr. 3 GVG punktuell positivgesetzlich umgesetzt. In diesem normierten Fall steht die Ausschließung der Öffentlichkeit im Ermessen des Gerichts, weil der Eingriff in das Privatgeheimnis (§ 203 StGB) im Einzelfall durch den strafprozessualen Kontext gerechtfertigt sein kann.[48] Im vorliegenden Fall hätte die Anwesenheit von Zuhörern in dem Haus des K zur Folge, dass das Hausrecht des K verletzt und tatbestandsmäßiger Hausfriedensbruch (§ 123 StGB) begangen würde. Zwar kann dies durch ein überwiegendes Interesse an einer rechtsstaatskonformen Verfahrensdurchführung gerechtfertigt sein. Jedoch kann von einem generellen Vorrang des Öffentlichkeitsprinzips gegenüber dem Hausrecht nicht ausgegangen werden.[49] Stimmt der Hausrechtsinhaber nicht zu, muss der Öffentlichkeitsgrundsatz zurücktreten. Hier hat K den Mitbürgern den Zutritt zu seinem Haus ausdrücklich verwehrt. Dem musste sich das Gericht beugen. Ein Verstoß gegen § 169 I 1 GVG liegt daher nicht vor.

6. Vorführung der Videoaufnahmen in nichtöffentlicher Hauptverhandlung

a) Verletzung des § 169 I 1 GVG

Die Vorführung der Videoaufnahmen war ein Teil der Hauptverhandlung und gehört daher zum Anwendungsbereich des § 169 I 1 GVG. Da Zuhörer während dieses Teils der Hauptverhandlung nicht im Sitzungssaal anwesend sein durften, wurde die Verhandlung entgegen § 169 I 1 GVG nicht öffentlich durchgeführt. Dies wäre eine Verletzung des Öffentlichkeitsgrundsatzes, sofern kein Fall gesetzlich vorgeschriebener oder erlaubter nichtöffentlicher Hauptverhandlung vorläge.

b) Ausschluss oder Ausschließung der Öffentlichkeit

Das Gericht hat die Ausschließung der Öffentlichkeit mit Gefährdung der öffentlichen Ordnung und Sittlichkeit begründet und somit auf § 172 Nr. 1 GVG gestützt. Es ist gewiss möglich, die Vorführung von Videoaufnahmen, die Szenen extremer Gewalt gegen Menschen zeigen sowie den Charakter „harter" Pornographie haben,

45 Hellmann StrafProzR Rn. 645.
46 Meyer-Goßner/Schmitt/Schmitt GVG § 169 Rn. 5.
47 Mitsch MedienStrafR § 4 Rn. 10.
48 Schönke/Schröder/Eisele StGB § 203 Rn. 29.
49 Meyer-Goßner/Schmitt/Schmitt GVG § 169 Rn. 6; aA Lilie NStZ 1993, 121 (125).

unter diese sehr weiten und unbestimmten Generalklauseln zu subsumieren. Indessen ist auch hier die Kategorie der immanenten Schranken besser geeignet, den – obligatorischen – Ausschluss der Öffentlichkeit zu erklären: Hätte das Gericht die Videoaufnahmen in einem mit Zuhörern voll besetzten Gerichtssaal vorgeführt, wäre dies ein Vorgang gewesen, der den Tatbestand der Gewaltdarstellung (§ 131 I Nr. 1a StGB) und der Verbreitung gewaltpornographischer Inhalte (§ 184a S. 1 Nr. 1 StGB) erfüllt. Dass bestimmte tatbestandsmäßige Formen des Umgangs mit inkriminierten Medien zu beruflichen oder dienstlichen Pflichten bestimmter Funktionsträger gehören können, hat das Gesetz punktuell in § 131 II, § 184b V, § 184c VI StGB berücksichtigt. Die öffentliche Vorführung im Rahmen eines Strafverfahrens ist nicht erwähnt, weil der strafprozessuale Zweck auch ohne öffentliche Vorführung und damit in nichttatbestandsmäßiger Form erreicht werden kann. Eine Vorführung der Aufnahmen in öffentlicher Hauptverhandlung wäre also rechtswidrig und strafbar gewesen. Daher war die Verwirklichung des Öffentlichkeitsgrundsatzes rechtlich unmöglich. Aufgrund dieser immanenten Schranke war die Öffentlichkeit gesetzeskonform ausgeschlossen.

c) Unverwertbarkeit der Videoaufnahmen

Die Vorführung der Videoaufnahmen in der Hauptverhandlung könnte eine Gesetzesverletzung gewesen sein, weil dieses Beweismittel der Staatsanwaltschaft aufgrund der Informationen in die Hände gefallen ist, die bei der Überwachung der Telekommunikation des K und dessen Selbstgespräch in seinem Haus gewonnen wurden. Unmittelbar erlangte die Staatsanwaltschaft die von K auf seinem Grundstück versteckten Videobänder im Zuge einer Durchsuchung des Anwesens und der dabei erfolgten Beschlagnahme. Dass bei diesen Maßnahmen Verfahrensrecht verletzt wurde, ist nicht ersichtlich. Deshalb lässt sich aus diesem Vorgang auch kein unselbstständiges Beweisverwertungsverbot[50] ableiten. Die Unverwertbarkeit der Videoaufnahmen könnte aber Resultat der „Fernwirkung“ einer vorgelagerten Gesetzesverletzung sein. Wie oben festgestellt, war die Überwachung des Selbstgesprächs, das K nach dem fehlgeschlagenen Anruf bei R führte, rechtswidrig. Daraus resultierte das Verbot, dieses Überwachungsergebnis – also den Inhalt des Selbstgesprächs – in dem Verfahren gegen K zu verwerten. Dieses Verwertungsverbot betrifft aber zunächst einmal nur das aufgenommene Selbstgespräch. Hier hingegen geht es um die Verwertung von Beweisen, die mit dem unverwertbaren Selbstgespräch lediglich mittelbar zusammenhängen. Es geht darum, ob wegen der Unverwertbarkeit des „vergifteten Baums“ – aufgenommenes Selbstgespräch – auch die „Früchte“ dieses Baums „vergiftet“, also unverwertbar sind („fruit-of-the-poisonous-tree-doctrine“[51]). Es handelt sich um eines der umstrittensten Themen der Lehre von den Beweisverwertungsverboten.[52] Der Gesetzgeber hat dazu bisher nicht Stellung genommen. Das Meinungsbild in Rechtsprechung und Literatur ist uneinheitlich. Die Rechtsprechung lehnt eine derartige Extension der Verwertungsverbote ab, weil ansonsten die Gefahr bestünde, dass ein einziger Verfahrensfehler im Vorverfahren das ganze Strafverfahren „lahmlegen“ könnte. Die Literatur bevorzugt eine differenzierende einzelfallbezogene Lösung, deren Schwerpunkt auf einer Abwägung der widerstreitenden Interessen

50 Zu diesem Begriff vgl. Küpper JZ 1990, 416 (417).

51 Putzke/Scheinfeld StrafProzR Rn. 401.

52 Beulke/Swoboda StrafProzR Rn. 482; Kindhäuser/Schumann StrafprozR § 23 Rn. 38 ff.; Murmann Prüfungswissen StrafProzR Rn. 252.

beruht.[53] Danach soll vor allem bei schwerwiegenden Gesetzesverletzungen eine Fernwirkung zu bejahen sein,[54] umgekehrt eine Fernwirkung dann nicht eintreten, wenn das betroffene Beweismittel auch mittels einer alternativen legalen Maßnahme gewonnen worden wäre.[55] Mit einem unzulässigen Eingriff in den Kernbereich privater Lebensgestaltung wird in besonders schwerwiegender Weise der Anspruch des Beschuldigten auf ein rechtsstaatliches Verfahren geleugnet. Schon aus diesem Grund muss das daraus resultierende Verwertungsverbot auch Fernwirkung haben. Hinzu kommt, dass die von K im Brunnen versteckten Videobänder von der Polizei nicht gefunden worden wären, wenn sie nicht den Hinweis aus dem abgehörten Selbstgespräch gehabt hätten. Daher greift auch der Gedanke des hypothetischen alternativen Ermittlungserfolgs nicht. Das illegal abgehörte Selbstgespräch unterlag daher einem Verwertungsverbot mit Fernwirkung. Deshalb durften die bei K beschlagnahmten Videoaufnahmen in dem Verfahren nicht zu Beweiszwecken verwertet werden.

d) Beruhen

Da das Gericht seine Überzeugung von der Schuld des Angeklagten auch aus den in der Hauptverhandlung betrachteten Videoaufnahmen gewonnen hat, beruht das Urteil auf der Verletzung des Verwertungsverbots.

III. Ergebnis

Fünf der oben erörterten Verfahrensvorgänge enthalten Verletzungen des Verfahrensrechts. Außer auf der Zulassung von Film- und Tonaufnahmen durch das Team des Hessischen Rundfunks beruht das Urteil auf sämtlichen Gesetzesverletzungen. Die auf diese Verfahrensfehler gestützte Revision ist daher begründet. R kann daher die zulässige Revision des K in vielfältiger Weise erfolgversprechend begründen.

Frage 2: Wie sind die Erfolgsaussichten der Verfahrensrüge, mit der die Staatsanwaltschaft ihre Revision begründet?

I. Revisionsgrund Verstoß gegen die Belehrungspflicht, § 55 II StPO

Die Staatsanwaltschaft hat ihre Revision in verfahrensrechtlicher Hinsicht allein auf die Rüge unterbliebener Zeugenbelehrung über ein Aussageverweigerungsrecht gestützt.

1. Gesetzesverletzung und Beruhen

Dem Zeugen H stand wegen der Gefahr der Selbstbelastung aus § 55 I StPO ein Aussageverweigerungsrecht zu. Darüber hätte der Vorsitzende ihn während der Vernehmung belehren müssen, § 55 II StPO. Da H nicht belehrt wurde, liegt eine Verletzung des § 55 II StPO vor. Auf dieser Gesetzesverletzung beruht das Urteil. Denn es kann nicht ausgeschlossen werden, dass H einige für die gerichtliche Überzeugungsbildung

53 Murmann Prüfungswissen StrafProzR Rn. 254.
54 Hellmann StrafProzR Rn. 792.
55 Beulke/Swoboda StrafProzR Rn. 483; Küpper JZ 1990, 416 (423).

relevante Angaben zurückgehalten hätte, wenn er ordnungsgemäß über sein Aussageverweigerungsrecht belehrt worden wäre.

2. Ausschluss des Revisionsgrundes, § 339 StPO

Da die Staatsanwaltschaft die Revision zuungunsten des K eingelegt hat, könnte sie durch § 339 StPO daran gehindert sein, ihr Rechtsmittel mit der Verletzung des § 55 II StPO zu begründen. Dann müsste diese Vorschrift einen ausschließlich für den Angeklagten bestimmten Schutzzweck haben. Der Zweck des Aussageverweigerungsrechts und der ihm dienenden Belehrungspflicht ist in erster Linie die Bewahrung des Zeugen vor der Gefahr der Selbst- oder Angehörigenbelastung. Ein unmittelbar auf den Angeklagten bezogener Schutzzweck ist das nicht. Zwar lässt sich argumentieren, dass § 55 StPO auch verhindern soll, dass der Zeuge aus Furcht vor eigener Strafverfolgung oder der Verfolgung von Angehörigen falsche Angaben macht, die den Angeklagten belasten. Aber auch dieser Zweck wirkt nicht „lediglich zugunsten des Angeklagten“. Es liegt im Interesse der Allgemeinheit und damit natürlich auch der Staatsanwaltschaft, dass wahrheitswidrige Zeugenaussagen vermieden werden. § 55 StPO ist somit eine Norm, deren Anwendung nicht ausschließlich eine Besserstellung des Angeklagten bezweckt. Daher ist ihre Verletzung ein Revisionsgrund, auf den auch die Staatsanwaltschaft eine zum Nachteil des Angeklagten eingelegte Revision stützen kann.

II. Ergebnis

Die Staatsanwaltschaft kann ihre Revision mit der auf Verletzung des § 55 II StPO bezogenen Verfahrensrüge begründen.

Fall 8: „Blut und Alkohol"

Stefan (S) befuhr im Juli 2023 am Steuer seines Pkw in stark alkoholisiertem Zustand eine Bundesstraße. Dabei kam er mehrmals von der Fahrbahn ab, überfuhr einen Leitpfahl, ein Verkehrszeichen und prallte schließlich gegen einen Baum. Nur zwei Minuten danach wurde der ebenfalls stark alkoholisierte Motorradfahrer Moritz (M) an der Unfallstelle wegen überhöhter Geschwindigkeit aus der Kurve getragen und durch die Luft geschleudert. M hatte Glück, landete auf einer grünen Wiese und wurde nur leicht verletzt. Nachdem sich M von dem ersten Schock erholt hatte, entfernte er sich zu Fuß von der Unfallstelle.

Die an der Unfallstelle eingetroffenen Polizeibeamten Anton (A) und Bernhard (B) fanden das auf einer Wiese liegende Motorrad des M. Da der dazugehörige Fahrer nicht auffindbar war und die Polizeibeamten auf der Fahrt zum Unfallort niemanden gesehen hatten, der der Fahrer sein könnte, fuhren sie auf der Straße weiter, um den Fahrer zu finden. Nach einem halben Kilometer entdeckten sie den auf der linken Fahrbahnseite in Fahrtrichtung gehenden M. An seiner ledernen Motorradkluft erkannten sie, dass es sich um den verunglückten Motorradfahrer handeln könnte. Als sie den M eingeholt hatten, hielten sie ihr Fahrzeug an und stiegen aus. A ging auf M zu, zeigte seinen Dienstausweis und fragte ihn: „Sind Sie der Motorradfahrer, der einen halben Kilometer von hier mit seiner Maschine verunglückt ist, die jetzt führerlos auf der Wiese liegt?" A nahm dabei wahr, dass der Atem des M stark nach Alkohol roch. M war zu überrascht, um gegen diese Befragung irgendwelche Einwände vorzubringen und antwortete daher: „Ja, warum?" Anstelle einer Antwort gab A dem M den Befehl: „Sie steigen jetzt bei uns ein und dann fahren wir in die Klinik und machen erst einmal eine Blutentnahme. Unterwegs erzählen Sie uns, was da passiert ist". M stieg gehorsam in das Polizeifahrzeug ein. Nachdem A ihn aufgefordert hatte: „So, jetzt erzählen Sie mal", brachte M hervor: „Ja mei, bin halt zu schnell gefahren. Pech gehabt." Als A ungeduldig auf weitere Unfallschilderungen drängte, erwiderte M: „Jetzt sag ich nichts mehr".

In dem Krankenhaus ordnete A sogleich an, dass dem M eine Blutprobe entnommen werde. Die Polizeibeamten wussten, dass sie während der Fahrt ins Krankenhaus telefonisch einen Staatsanwalt erreichen konnten, der sodann beim zuständigen Ermittlungsrichter die Anordnung der Blutentnahme beantragt hätte. Nach telefonischer Schilderung des Sachverhalts hätte der Richter fernmündlich die Blutentnahme anordnen können. Da es einen richterlichen Bereitschaftsdienst gab, war dieses Procedere möglich. Es hätte die Blutentnahme nur um etwa eine Stunde verzögert. Die Polizeibeamten unterließen dieses Vorgehen aber bewusst, weil sie befürchteten, M könne sich in der Zwischenzeit der Blutentnahme durch Flucht entziehen. Für diese Annahme gab es allerdings keine tatsächlichen Anhaltspunkte. Vielmehr verhielt sich M apathisch und folgsam. Da in dem Krankenhaus gerade kein Arzt für die Durchführung der Blutentnahme zur Verfügung stand, führte die Krankenschwester Danuta (D) die Blutentnahme durch und übergab den beiden Polizeibeamten die Blutprobe. A und B wussten, dass D keine Ärztin ist. Die Untersuchung des entnommenen Blutes ergab, dass M während der Motorradfahrt eine Blutalkoholkonzentration zwischen 2,4 und 2,6‰ gehabt hat.

S hatte schwere Verletzungen erlitten, die einen sechswöchigen Aufenthalt auf der Intensivstation und weiteren mehrmonatigen stationären Klinikaufenthalt nach sich zogen. Nach dem Eintreffen von Notarzt und Rettungssanitätern am Unfallort war S sofort in das nächste Krankenhaus gebracht worden. Dort wurde ihm im Rahmen der Operationsvorbereitung von der Krankenschwester Kathi (K) eine Blutprobe entnommen. Nachdem die Operation begonnen hatte, erschien der Polizeibeamte Pohl (P) in dem Krankenhaus, um dem S eine Blutprobe entnehmen zu lassen. Dies war jedoch wegen der bereits stattfindenden Operation des S nicht möglich. Daher verlangte P von K die Herausgabe der Blutprobe, die diese zuvor zur Operationsvorbereitung dem S entnommen hatte. K gab den noch vorhandenen Rest der Blutprobe an P heraus.

Die Auswertung der Blutprobe ergab, dass der S während der Autofahrt eine Blutalkoholkonzentration im Bereich zwischen 2,27 und 3,59‰ gehabt haben muss. Eine exaktere Bestimmung des Alkoholwertes war nicht möglich.

Die näheren Umstände der Alkoholaufnahme, die zu der hohen Alkoholisierung des S geführt hatten, ließen sich in dem Strafverfahren gegen S nicht mehr aufklären. Die Staatsanwaltschaft klagte den S wegen fahrlässiger Gefährdung des Straßenverkehrs aus § 315c I Nr. 1, III Nr. 2 StGB an. M wurde wegen Trunkenheit im Verkehr gem. § 316 StGB angeklagt.

In der Hauptverhandlung vor dem Strafrichter am Amtsgericht machte M von seinem Schweigerecht Gebrauch. Der Strafrichter vernahm daraufhin die Polizeibeamten A und B als Zeugen. Beide Zeugen gaben unter anderem an, was ihnen M über den Unfall gesagt hatte, nachdem sie ihn auf der Landstraße angehalten und mitgenommen hatten. Der Verteidiger Veit (V) des M fragte die Zeugen, ob sie den M als Beschuldigten belehrt hätten, bevor er ihnen von dem Unfallhergang erzählte. Beide Zeugen bekundeten, dass M nicht belehrt worden sei, da es sich ja schließlich „nur um eine Befragung und keine offizielle Vernehmung" gehandelt habe. Nachdem V diese Antwort bekommen hatte, erklärte er sofort an das Gericht gewandt, dass er der Verwertung der Aussagen dieser beiden Zeugen widerspreche. Anschließend verlas der Richter das Gutachten über die Auswertung der dem M entnommenen Blutprobe. Als V einwandte, auch die Blutprobe dürfe wegen mehrerer Verfahrensfehler nicht verwertet werden, befragte der Richter die beiden Polizeibeamten zu diesem Vorgang. Beide schilderten wahrheitsgemäß, wie es zu der Blutentnahme gekommen ist und warum sie keine richterliche Anordnung erwirkt haben.

In der Hauptverhandlung gegen S machte der Angeklagte von seinem Schweigerecht Gebrauch. Der Polizeibeamte P sagte als Zeuge über die Vorgänge um die Herausgabe der Blutprobe durch K aus. K selbst machte von ihrem Zeugnisverweigerungsrecht Gebrauch, weil der Chefarzt sie entsprechend angewiesen und S das Krankenhauspersonal nicht von der Schweigepflicht entbunden hatte. Das Ergebnis der Blutuntersuchung wurde durch Verlesung des diesbezüglichen Gutachtens in die Beweisaufnahme eingeführt.

Der Richter kann angesichts der ermittelten Blutalkoholkonzentration nicht ausschließen, dass S zur Tat- und Unfallzeit schuldunfähig gewesen ist. Er zieht daher eine Verurteilung wegen fahrlässigen Vollrauschs in Erwägung.

Bearbeitervermerk:

Frage 1: Könnte M mit Aussicht auf Erfolg Revision einlegen, wenn er auf der Grundlage der Aussagen von A und B sowie des Ergebnisses der Blutuntersuchung wegen fahrlässiger Trunkenheit im Verkehr (§ 316 II StGB) zu einer Geldstrafe von 15 Tagessätzen verurteilt würde?

Frage 2: Ist eine verfahrensrechtlich einwandfreie Verurteilung des S aus § 323a StGB iVm § 315c I Nr. 1a, III Nr. 2 StGB auf der Grundlage der Zeugenaussage des P und des Ergebnisses der Blutuntersuchung möglich?

Gutachtliche Vorüberlegungen

Frage 1: Könnte M mit Aussicht auf Erfolg Revision einlegen, wenn er auf der Grundlage der Aussagen von A und B sowie des Ergebnisses der Blutuntersuchung wegen fahrlässiger Trunkenheit im Verkehr (§ 316 II StGB) zu einer Geldstrafe von 15 Tagessätzen verurteilt würde?

Die hypothetische Prüfung der Erfolgsaussicht der Revision beginnt mit einer Erörterung der Zulässigkeitsvoraussetzungen, zu denen der Sachverhalt Anknüpfungspunkte enthält. Hier sollte der Bearbeiter vor allem die Angabe in der Fragestellung aufgreifen, dass von einer Verurteilung zu 15 Tagessätzen Geldstrafe auszugehen sei. Dieser Hinweis führt ihn nämlich zu § 313 StPO und von dort ist es nur ein kurzer gedanklicher Weg zu § 335 StPO. Zu erörtern ist also das umstrittene Problem, ob die Zulässigkeit der Sprungrevision von einer Annahme durch das Gericht abhängig ist. Im Übrigen ist die Zulässigkeit unproblematisch. Die Begründetheitsprüfung hat bei der inzwischen höchstrichterlich geklärten Thematik des Verwertungsverbots nach mangelhafter Beschuldigtenbelehrung (§§ 163a IV 2, 136 I 2 StPO) anzusetzen. Das Hauptproblem besteht hier darin zu begründen, dass die Befragung des M durch A und B eine Beschuldigtenvernehmung gewesen ist bzw. einer solchen Vernehmung gleichzustellen ist. Der zweite Ansatzpunkt für die Begründetheit der Revision ist die Verwertung des Blutprobenergebnisses. Für ein Verwertungsverbot könnte es zwei Gründe geben: den Verstoß gegen das Arzterfordernis (§ 81a I StPO) und die Missachtung des Richtervorbehalts (§ 81a II StPO). Nach der Neuregelung des § 81 a II StPO, durch die der Richtervorbehalt gelockert wurde, greift nur noch der erstgenannte Gesichtspunkt im Ergebnis durch.

Frage 2: Ist eine verfahrensrechtlich einwandfreie Verurteilung des S aus § 323a StGB iVm § 315c I Nr. 1a, III Nr. 2 StGB auf der Grundlage der Zeugenaussage des P und des Ergebnisses der Blutuntersuchung möglich?

Zunächst ist zu klären, ob der Sachverhalt, auf den eine Verurteilung aus § 323a StGB gestützt werden könnte, überhaupt Gegenstand des Verfahrens ist. Das ist eine Frage des prozessualen Tatbegriffs (§ 264 StPO). Danach ist die Beweisbarkeit des Vollrauschdelikts zu erörtern. Als Beweismittel kommen die Zeugenaussage des P und das Ergebnis der Blutuntersuchung in Betracht. Die Verwertbarkeit der Zeugenaussage ist in erster Linie an § 252 StPO zu messen. Die Verwertbarkeit der Blutprobe ist ein schwieriges Thema. Zentrale Norm ist § 97 I Nr. 3 StPO, obwohl P die Blutprobe nicht beschlagnahmt hat. Ein zweiter ausschlaggebender Gesichtspunkt ist die hypothetische Möglichkeit, das Beweisergebnis statt durch Beschlagnahme mittels Blutentnahme gem. § 81a StPO zu erlangen.

Lösungsgliederung

Frage 1

I. Zulässigkeit der Revision
1. Statthaftigkeit
2. Annahmeerfordernis
3. Revisionsberechtigung
4. Frist, Form, Begründung

II. Begründetheit der Revision
1. Zeugenaussagen von A und B
   a) Belehrungsmangel
   b) Verwertungsverbot
2. Blutprobe
   a) Anordnungsvoraussetzungen
      aa) Beschuldigter
      bb) Untersuchungsgrund
      cc) Gesundheitsungefährlichkeit
   b) Anordnungszuständigkeit
   c) Durchführung
   d) Verwertungsverbot
      aa) Verstoß gegen Arzterfordernis
      bb) Widerspruchserfordernis

III. Ergebnis

Frage 2

I. Verfahrensgegenstand

II. Verwertbarkeit der Beweise
1. Zeugenaussage des P
   a) § 252 StPO
   b) § 203 StGB
2. Blutalkoholgutachten
   a) § 97 I Nr. 3 StPO
   b) § 81a StPO

III. Ergebnis

Lösungsvorschlag

Frage 1: Könnte M mit Aussicht auf Erfolg Revision einlegen, wenn er auf der Grundlage der Aussagen von A und B sowie des Ergebnisses der Blutuntersuchung wegen fahrlässiger Trunkenheit im Verkehr (§ 316 II StGB) zu einer Geldstrafe von 15 Tagessätzen verurteilt würde?

I. Zulässigkeit der Revision

1. Statthaftigkeit

Die Revision wäre ein zulässiges Rechtsmittel. Zwar erwähnt § 333 StPO nur Urteile der Strafkammern und Schwurgerichte, während hier ein Strafrichter am Amtsgericht entschieden hätte. Jedoch ist auch eine Revision gegen amtsgerichtliche Strafurteile möglich, wenn das gem. § 312 StPO statthafte Rechtsmittel der Berufung „übersprungen" und somit eine „Sprungrevision" eingelegt wird, § 335 I StPO.

2. Annahmeerfordernis

Fraglich ist, ob die Zulässigkeit der Sprungrevision davon abhängig ist, dass zuvor von einem zuständigen Gericht das Rechtsmittel angenommen worden ist. Anlass dieser Erwägung ist die Regelung des § 313 StPO, die die Zulässigkeit der Berufung gegen Urteile mit den im Gesetz bezeichneten geringen Sanktionen an einen gerichtlichen Annahmebeschluss (§ 322a StPO) bindet. Daraus könnte geschlossen werden, dass die gegen ein solches Urteil eingelegte Sprungrevision ebenfalls nur nach gerichtlicher Annahme zulässig ist. Die Frage ist in Rechtsprechung und Literatur umstritten.[1] Für ein Annahmeerfordernis auch bei der Sprungrevision wird geltend gemacht, dass § 335 I StPO eine „zulässige" Berufung voraussetzt, was bei Urteilen mit geringfügigen Sanktionen eben nur nach gerichtlicher Annahme der Fall sei.[2] Dem hält die Gegenmeinung zutreffend den Wesensunterschied von Berufung und Revision entgegen. In der Revision geht es nur noch um Rechtsfragen, während die Berufung eine zweite Tatsacheninstanz ist. Daher ist bei der Berufung die Einschränkung des § 313 StPO sinnvoll, bei der Revision einschließlich der Sprungrevision ist sie nicht erforderlich.[3] Zudem meint „zulässig" in § 335 I StPO nur die Statthaftigkeit der Berufung und nicht die Erfüllung sonstiger Zulässigkeitsvoraussetzungen.[4] Hätte der Gesetzgeber bei der Sprungrevision eine dem § 313 StPO entsprechende Einschränkung gewollt, hätte er das in § 335 StPO explizit zum Ausdruck bringen müssen.[5] Einer Annahme der Berufung oder der Sprungrevision selbst bedarf es im Fall des § 335 StPO also nicht. M könnte sogar in einem Fall des § 313 StPO noch zur Revi-

1 Kühne StrafProzR Rn. 1062.

2 Kindhäuser/Schumann StrafProzR § 31 Rn. 4; Meyer-Goßner/Schmitt/Schmitt § 335 Rn. 21; Schroeder/Verrel StrafProzR Rn. 302

3 Beulke/Swoboda StrafProzR Rn. 559; Walter StrafProzR Rn. 612.

4 OLG Zweibrücken NStZ 1994, 203; OLG Karlsruhe NStZ 1995, 562; OLG Hamm NJW 2003, 3286 (3287); Roxin/Schünemann StrafVerfR § 55 Rn. 4.

5 OLG Zweibrücken NStZ 1994, 203; Hellmann StrafProzR Rn. 898.

sion übergehen, wenn er zunächst Berufung eingelegt hätte und diese vom Berufungsgericht gem. § 322a StPO nicht angenommen worden wäre.[6]

3. Revisionsberechtigung

Als Angeklagter ist M zur Einlegung der Revision berechtigt, § 296 I StPO. Durch eine Verurteilung wäre er auch beschwert.[7]

4. Frist, Form, Begründung

M muss die Revision binnen einer Woche nach Verkündung des Urteils schriftlich oder mündlich zu Protokoll der Geschäftsstelle des Gerichts einlegen, § 341 I StPO. Binnen eines weiteren Monats (§ 345 I StPO) muss die Revision nach Maßgabe des § 344 StPO begründet werden.

II. Begründetheit der Revision

Die Revision ist begründet, wenn das Urteil auf einer vom Revisionsgericht zu berücksichtigenden Gesetzesverletzung beruht, § 337 StPO.

1. Zeugenaussagen von A und B

Im Zusammenhang mit den Zeugenaussagen von A und B in der Hauptverhandlung könnte Recht verletzt worden sein. Dies kann darauf beruhen, dass A und B selbst Gesetzesverletzungen begangen haben, als sie den M nach dem Verkehrsunfall befragten und in die Klinik brachten. Diese Gesetzesverletzungen könnten in die Hauptverhandlung hineinwirken.

a) Belehrungsmangel

Bei der Befragung des M durch A könnte §§ 163a IV 2, 136 I 2 StPO verletzt worden sein. Dann müsste diese Befragung eine Beschuldigtenvernehmung gewesen sein. Das ist fraglich, da A dem Gespräch mit M offenbar einen informellen Charakter zugedacht hatte und daher auf Förmlichkeiten wie Belehrungen verzichtete. Aber der rechtliche Schutz des Beschuldigten durch gesetzlich vorgeschriebene Vernehmungs-Formalien kann nicht dadurch außer Kraft gesetzt werden, dass ein Strafverfolgungsorgan eine informelle Vorgehensweise wählt, um den Vernehmungszweck zu erreichen, ohne dabei beschränkende Vernehmungsregelungen einhalten zu müssen. Deshalb besteht eine Pflicht zur Belehrung über das Schweigerecht auch dann, wenn in einer vernehmungsähnlichen Situation eine „informatorische Befragung" durchgeführt wird. Allerdings setzt das voraus, dass die befragte Person schon Beschuldigter ist. Beschuldigter ist, wer einer Straftat verdächtig ist und gegen den deswegen bereits ermittelt wird.[8] Hier hatten A und B zunächst keinen Anlass zu der Annahme, dass der verunglückte Motorradfahrer eine Straftat begangen haben könnte. M hatte bei seinem Unfall nur sich selbst, aber keine Dritten gefährdet. Daher brauchten sie ihn vorläufig nicht als Beschuldigten behandeln, sondern durften ihn fragen, ohne Belehrungen zu erteilen. Auch als die Polizeibeamten den nach Alkohol riechenden Atem

6 Roxin/Schünemann StrafVerfR § 55 Rn. 4.
7 Beulke/Swoboda StrafProzR Rn. 537; Joecks/Jäger StPO vor § 296 Rn. 14; Walter StrafProzR Rn. 604.
8 Meyer-Goßner/Schmitt/Schmitt Einl. Rn. 76.

des M wahrnahmen, mussten sie noch nicht unbedingt zur Beschuldigtenvernehmung übergehen. Zwar lag nunmehr der Verdacht einer Trunkenheitsfahrt iSd § 316 StGB vor. Jedoch hat die Strafverfolgungsbehörde einen Beurteilungsspielraum dahingehend, ob der Tatverdacht schon stark genug ist für die Einleitung gezielter Ermittlungen.[9] Allerdings haben A und B den M spätestens in dem Moment in die Beschuldigtenstellung gerückt, als sie ihn aufforderten, in das Polizeifahrzeug einzusteigen und zur Blutentnahme mit in die Klinik zu kommen.[10] Die Ankündigung einer Maßnahme nach § 81a StPO brachte zum Ausdruck, dass M von den beiden Polizeibeamten verdächtigt wird, eine Straftat nach § 316 StGB begangen zu haben.[11] Die weitere Befragung des M durfte somit nur noch als Beschuldigtenvernehmung erfolgen. Daher musste M über sein Recht belehrt werden, keine Angaben zur Sache zu machen. Eine solche Belehrung wurde dem M nicht erteilt, wie A und B in der Hauptverhandlung selbst einräumten. Darin liegt eine Verletzung der §§ 163a IV 2, 136 I 2 StPO.

b) Verwertungsverbot

Verletzungen von Verfahrensrecht durch Maßnahmen im Ermittlungsverfahren können nicht unmittelbar eine Revision begründen. Denn das Urteil kann darauf nicht unmittelbar beruhen. Dazu bedarf es Gesetzesverletzungen in der Hauptverhandlung. Eine solche könnte sich hier daraus ergeben, dass das Gericht durch die Vernehmung von A und B die Äußerungen des M in die Hauptverhandlung eingeführt und dadurch ein Verwertungsverbot verletzt hat. Ein positivgesetzlich begründetes Verwertungsverbot bezüglich der Aussagen eines Beschuldigten, der nicht oder nicht richtig über sein Schweigerecht belehrt wurde, existiert allerdings nicht. Insbesondere handelt es sich nicht um einen Fall des § 136a StPO. Auch zieht nicht jede Verfahrensrechtsverletzung bei einem Beweisgewinnungsvorgang zwangsläufig und automatisch ein Verwertungsverbot nach sich. Aber aufgrund einer Abwägung der durch die Rechtsverletzung beeinträchtigten Interessen mit dem Interesse an einer funktionierenden Strafrechtspflege kann im Einzelfall ein Verwertungsverbot entstehen.[12] Hier stehen sich das Interesse des Beschuldigten, bei einer Vernehmung nicht in die Gefahr unbedachter Selbstbelastung zu geraten und das Interesse der Allgemeinheit an einer funktionstüchtigen Strafrechtspflege gegenüber. Beide Interessen haben verfassungsrechtliche Relevanz und sind abstrakt gesehen hochrangig. Im konkreten Fall wiegt hier das Interesse des M jedoch schwerer. Das Strafverfolgungsinteresse betrifft eine relativ geringfügige Straftat. Demgegenüber hat das Interesse an Freiheit von Selbstbelastung hohen Rang, zumal es als eine Komponente von Menschenwürde und Persönlichkeitsrecht qualifiziert werden kann.[13] Rechtsprechung und Literatur nehmen daher bei einem Verstoß gegen die Belehrungspflicht zu Recht einhellig ein Verwertungsverbot an.[14]

9 BGHSt 51, 367 (372) = NJW 2007, 2706; BGHSt 38, 214 (228) = NJW 1992, 1463; BGH NStZ 2008, 48; Meyer-Goßner/Schmitt/Schmitt Einl. Rn. 77.

10 BGHSt 38, 214 (228) = NJW 1992, 1463: Gespräche, die der Polizeibeamte mit dem Verdächtigen im Polizeifahrzeug auf dem Weg zur Polizeiwache führt; ebenso Geppert FS Schroeder, 2006, 675 (686).

11 Roxin FS Schöch, 2010, 823 (829).

12 BGHSt 38, 214 (220) = NJW 1992, 1463.

13 BGHSt 38, 214 (220) = NJW 1992, 1463.

14 Joecks/Jäger StPO § 136 Rn. 23; Kindhäuser/Schumann StrafProzR § 6 Rn. 49; Volk/Engländer GK StPO § 9 Rn. 11.

Allerdings macht die Rechtsprechung zwei Einschränkungen und lässt die Verwertung der Zeugenaussage trotz fehlerhafter Belehrung zu: Kannte der Beschuldigte sein Recht zu Schweigen ohnehin, bedurfte er zur Wahrnehmung dieses Rechts keiner ausdrücklichen Belehrung. Das Fehlen der Belehrung kann dann sein Recht nicht beeinträchtigt haben. Daher entfällt unter dieser Voraussetzung das Verwertungsverbot.[15] Hier ist jedoch nichts dafür ersichtlich, dass M über seine Rechte als Beschuldigter informiert war, zumal ihm gar nicht bewusst war, dass er sich gegenüber dem ihn fragenden Polizeibeamten in einer Beschuldigtenstellung befand. Ihm war auch nicht eröffnet worden, welcher strafrechtliche Vorwurf gegen ihn erhoben wird. Die zweite Einschränkung betrifft die Geltendmachung der Unverwertbarkeit in der Hauptverhandlung. Der Angeklagte müsse der Verwertung bis zu dem in § 257 StPO genannten Zeitpunkt widersprechen, anderenfalls die Zeugenaussage verwertbar bleibe. Hat der Angeklagte keinen Verteidiger, gilt das Widerspruchserfordernis nur, wenn der Vorsitzende auf die Widerspruchsmöglichkeit hingewiesen hat.[16] Hier hat der Verteidiger V der Verwertung der von A und B gemachten Zeugenaussagen rechtzeitig widersprochen.

2. Blutprobe

Eine weitere Gesetzesverletzung im Ermittlungsverfahren könnte dadurch begangen worden sein, dass dem M auf Anordnung des A eine Blutprobe entnommen wurde. Als gesetzliche Grundlage dieser Maßnahme kommt § 81a StPO in Betracht.

a) Anordnungsvoraussetzungen

aa) Beschuldigter

M ist aufgrund der Befragungen, die der Blutentnahme vorausgegangen sind, Beschuldigter. Daher ist für eine gegen ihn gerichtete körperliche Untersuchung die Rechtsgrundlage § 81a StPO einschlägig.

bb) Untersuchungsgrund

Da M in die Blutentnahme nicht eingewilligt hat,[17] muss der in § 81a I 1 StPO normierte Untersuchungsgrund gegeben sein. Die Blutentnahme ist eine körperliche Untersuchung, die der Feststellung der Blutalkoholkonzentration im Körper des M dient. Die Blutalkoholkonzentration ist ein Indiz für alkoholbedingte Fahruntüchtigkeit, die ein Tatbestandsmerkmal des Delikts Trunkenheit im Verkehr (§ 316 StGB) ist. Da das Strafverfahren gegen M den Verdacht bezüglich dieser Straftat zum Gegenstand hat, ist die Blutalkoholkonzentration eine Tatsache, die für das Verfahren von Bedeutung ist.

cc) Gesundheitsungefährlichkeit

Schon bei der Anordnung der Maßnahme muss geprüft werden, ob ihre Durchführung Nachteile für die Gesundheit des Beschuldigten befürchten lässt. Nur wenn diese Prognose negativ ausfällt, ist die Anordnung der Blutentnahme zulässig. Hier gab es keine Anhaltspunkte für die Besorgnis einer Gesundheitsgefährdung.[18]

15 BGHSt 38, 214 (225) = NJW 1992, 1463.
16 BGHSt 38, 214 (226) = NJW 1992, 1463.
17 T. Heinrich NZV 2010, 278 (281).
18 SK-StPO/Rogall § 81a Rn. 41: im Regelfall geringfügiger und harmloser Eingriff.

b) Anordnungszuständigkeit

Zuständig für die Anordnung der Blutentnahme ist grundsätzlich der Richter, § 81a II 1 StPO. Nur bei Gefahr im Verzug darf die Blutentnahme auch von der Staatsanwaltschaft oder ihren Ermittlungsbeamten angeordnet werden. Trotz der Ausnahme in § 81a II 2 StPO ist zunächst zu prüfen, ob die Zuständigkeitsregelung des § 81a II 1 StPO gewahrt wurde. Denn § 81a II 2 StPO hat eine strengere Verdachtsvoraussetzung als § 81a II 1 StPO, da nur ein auf „Bestimmte Tatsachen" gestützter Verdacht beachtlich ist. Hier hat A als Ermittlungsbeamter der Staatsanwaltschaft die körperliche Untersuchung des M in Gestalt einer Blutentnahme angeordnet. Dies ist nur unter der Voraussetzung rechtmäßig, dass die Erwirkung der richterlichen Anordnung den Untersuchungserfolg gefährden würde. Ein dafür relevanter Gesichtspunkt ist der kontinuierliche Abbau des Blutalkohols im Körper des M, der eine exakte Bestimmung des Blutalkoholgehalts zur Tatzeit gefährden könnte. Andererseits ist eine Bestimmung dieses Wertes trotz zeitlichen Abstands zur Tatbegehung im Weg der Rückrechnung möglich, sodass die Tatsachenfeststellung durch die Verzögerung jedenfalls nicht vollständig vereitelt würde.[19] Zudem bestand im vorliegenden Fall die Möglichkeit, mit relativ wenig Zeitverlust die richterliche Untersuchungsanordnung herbeizuführen. Auch wenn sich rückblickend herausstellt, dass eine solche Möglichkeit nicht gegeben war, muss zumindest stets der Versuch unternommen werden, einen Richter zu erreichen.[20] Davon durften die Polizeibeamten hier auch nicht deswegen absehen, weil sie dem M Fluchtabsichten unterstellten. Für diese Annahme gab es keine tatsächliche Grundlage. Schließlich hätten die Polizeibeamten selbst unter der Voraussetzung feststehender Unerreichbarkeit eines Richters keine Eilkompetenz gehabt. Denn vorrangig wäre dann die Eilanordnung durch einen Staatsanwalt.[21] Da dieser aber ohne weiteres erreichbar war, gab es für eine polizeiliche Anordnung keine Notwendigkeit. In Anbetracht des relativ geringfügigen Delikts, um das es in dem Verfahren geht, war somit eine Eilzuständigkeit der Polizeibeamten nicht zu begründen.

Die Entnahme der Blutprobe ohne richterliche Anordnung könnte aber gem. § 81a II 2 StPO zulässig gewesen sein. Diese im Juli 2017 eingeführte und zur Zeit der Blutentnahme geltende Einschränkung des Richtervorbehalts setzt nur voraus, dass bestimmte Tatsachen den Verdacht einer Straftat nach § 315c I Nr. 1a oder § 316 StGB begründen.[22] Hier begegneten A und B genügend Umstände, die ihnen einen derartigen Tatverdacht aufdrängten. Das äußere Erscheinungsbild und der nach Alkohol riechende Atem des M ließen die Polizeibeamten zu Recht vermuten, dass M unter Alkoholeinfluss mit dem Motorrad gefahren ist. Dies begründet den Verdacht einer Trunkenheit im Verkehr, § 316 StGB. Dass dieser Verdacht durch das infolge Belehrungsfehlers abgelegte Geständnis des M verstärkt wurde, ist unerheblich. Auch ohne die Äußerung des M sind die Voraussetzungen des § 81a II 2 StPO erfüllt.

c) Durchführung

Die „Mitnahme" des M in die Klinik zur Blutabnahme war keine vorläufige Festnahme iSd § 127 I StPO. Aber unabhängig davon, ob M den Polizeibeamten freiwillig

19 LG Krefeld NZV 2010, 307 (308); Beulke/Swoboda StrafProzR Rn. 241; aA Laschewski NZV 2008, 637 (638).
20 T. Heinrich NZV 2010, 278.
21 T. Heinrich NZV 2010, 278 (279).
22 Meyer-Goßner/Schmitt/Schmitt § 81a Rn. 26.

in die Klinik gefolgt ist oder sich deren Befehl gebeugt hat, ist der Eingriff in die Fortbewegungsfreiheit zwecks Ermöglichung der Blutentnahme zulässig. § 81a StPO als Ermächtigungsgrundlage für die körperliche Untersuchung impliziert auch die Ermächtigung zur Ausübung von Zwang, um den Beschuldigten dem die Maßnahme ausführenden Arzt vorzustellen.[23] Die Blutentnahme selbst darf nur von einem Arzt nach den Regeln der ärztlichen Kunst durchgeführt werden. Dem M wurde die Blutprobe von der Krankenschwester D entnommen. D ist keine approbierte Ärztin. Ohne Einwilligung des M hätte D diesen Eingriff nur unter ärztlicher Leitung und Verantwortung vornehmen dürfen.[24] Diese Voraussetzung ist aber nicht erfüllt. Der Umstand, dass aktuell kein Arzt erreichbar war, begründet keine Ausnahme vom Arzterfordernis. Eine Eilkompetenz wegen Gefahr im Verzug gibt es in Bezug auf die Durchführungsmodalitäten nicht. Daher war die Durchführung der Blutentnahme rechtswidrig.

d) Verwertungsverbot

Bei Anordnung und Durchführung der Blutentnahme wurde gegen das Erfordernis ärztlicher Mitwirkung verstoßen. Es ist zu prüfen, ob daraus das Verbot resultiert, das Ergebnis der Blutuntersuchung zu Beweiszwecken zu verwerten.

aa) Verstoß gegen das Arzterfordernis

Die durch eine Blutentnahme, bei der gegen das Arzterfordernis verstoßen wurde, gewonnene Blutprobe wird allgemein für verwertbar gehalten, wenn der die Maßnahme anordnende Beamte die Person, die den Eingriff durchführte, für einen Arzt gehalten hat. Denn Schutzzweck des Arzterfordernisses sei die Bewahrung des Betroffenen vor Gesundheitsschäden[25] und nicht die Gewinnung eines qualitativ besonders hochwertigen Beweisergebnisses (Aspekt der Qualitätssicherung).[26] Mit Abschluss des Eingriffs sei der Schutzzweck des Arzterfordernisses erledigt, die anschließende Verwertung des Blutprobenergebnisses stehe damit in keinem Zusammenhang mehr.[27] Insbesondere könne die Verwertung des Untersuchungsergebnisses keine Vertiefung der Schutzzweckbeeinträchtigung mehr bewirken. Zudem wäre meistens die Erwirkung einer Blutentnahme durch einen Arzt möglich gewesen. Im vorliegenden Fall war dies jedoch gerade nicht so. Ein Arzt war tatsächlich nicht erreichbar. Hinzu kommt, dass A und B die D nicht irrtümlich für eine Ärztin hielten, sondern wussten, dass sie Krankenschwester ist. Daher muss schon zur Prävention bewusster Umgehung des Arzterfordernisses der Verstoß gegen das Arzterfordernis die Konsequenz der Unverwertbarkeit nach sich ziehen.[28] Gegen die Verwendung des Blutuntersuchungsergebnisses zu Beweiszwecken besteht also ein Verwertungsverbot.

bb) Widerspruchserfordernis

Nach der Rechtsprechung wird die Unverwertbarkeit des Blutprobenergebnisses in der Hauptverhandlung nur unter der Voraussetzung berücksichtigt, dass der Ange-

23 Beulke/Swoboda StrafProzR Rn. 241; Fahl JuS 2001, 47 (51); SK-StPO/Rogall § 81a Rn. 111.

24 SK-StPO/Rogall § 81a Rn. 53.

25 Beulke/Swoboda StrafProzR Rn. 477; SK-StPO/Rogall § 81a Rn. 52.

26 BGHSt 24, 125 (128) = NJW 1971, 1097; Kindhäuser/Schumann StrafProzR § 23 Rn. 29; Roxin/Schünemann StrafVerfR § 24 Rn. 49; Volk/Engländer GK StPO § 28 Rn. 27; vgl. aber SK-StPO/Rogall § 81a Rn. 52.

27 Roxin/Schünemann StrafVerfR § 24 Rn. 49.

28 SK-StPO/Rogall § 81a Rn. 84, 89; Walter StrafProzR Rn. 352.

klagte der Verwertung widerspricht. V hat der Verwertung des Blutprobenergebnisses widersprochen.

III. Ergebnis

Die zulässige Revision wäre begründet. Sowohl die Zeugenaussagen von A und B als auch das Ergebnis der Blutuntersuchung unterliegen einem Verwertungsverbot. Sofern das Gericht den M verurteilt und die Überzeugung von seiner Schuld auch auf diese Beweisergebnisse stützt, liegt eine Gesetzesverletzung vor, auf der das Urteil beruht.

Frage 2: Ist eine verfahrensrechtlich einwandfreie Verurteilung des S aus § 323a StGB iVm § 315c I Nr. 1a, III Nr. 2 StGB auf der Grundlage der Zeugenaussage des P und des Ergebnisses der Blutuntersuchung möglich?

I. Verfahrensgegenstand

Die rechtliche Möglichkeit einer Verurteilung wegen eines Vollrauschdelikts (§ 323a StGB) setzt voraus, dass die Tat, durch die dieser Straftatbestand verwirklicht wurde, Gegenstand der Hauptverhandlung ist. Das Gericht darf nur über eine Tat urteilen, die angeklagt ist und durch den Eröffnungsbeschluss in das Hauptverfahren einbezogen worden ist.[29] Maßgeblich ist der prozessuale Tatbegriff iSd § 264 StPO. Die Staatsanwaltschaft hat gegen S Anklage erhoben wegen Gefährdung des Straßenverkehrs, weil S im alkoholbedingt fahruntüchtigen Zustand ein Kraftfahrzeug geführt und auf der Fahrt fremde Sachen von bedeutendem Wert gefährdet hat. Der diesen strafrechtlichen Vorwurf tragende Sachverhalt ist die Fahrt mit dem Pkw. Der Straftatbestand Vollrausch hingegen wird vor Antritt der Fahrt durch das Trinken alkoholhaltiger Getränke verwirklicht. Diesen Vorgang, die näheren Umstände der Alkoholaufnahme durch S, vermochte die Staatsanwaltschaft jedoch nicht aufzuklären. Folglich enthält die Anklageschrift auch keine Beschreibung des Trinkens alkoholhaltiger Getränke. Das bedeutet aber nicht, dass der Alkoholkonsum, der der Trunkenheitsfahrt vorausging, nicht Bestandteil der Tat ist, die durch Anklage zum Gegenstand des gerichtlichen Strafverfahrens gemacht wurde. Die Tat im prozessualen Sinne umfasst alle Tatsachen, die nach natürlicher Auffassung einen einheitlichen Lebensvorgang darstellen und deren getrennte prozessuale Behandlung eine unnatürliche Aufspaltung einer zusammenhängenden Einheit wäre.[30] Auf das Trinken alkoholhaltiger Getränke und eine sich daran anschließende Fahrt mit einem Kraftfahrzeug trifft das zu. Denn der Straftatbestand Vollrausch besteht aus diesen beiden Komponenten (Rauschherbeiführung, Rauschtat) und er wäre überhaupt nicht anwendbar, wenn nicht beide Teile Gegenstand eines einheitlichen Strafverfahrens wären. Reißt man beide Hälften des Gesamtgeschehens auseinander und verteilt sie auf zwei verschiedene Strafverfahren, ist die Anwendung des § 323a StGB weder in dem einen noch in dem anderen Verfahren möglich. Der Sachverhalt, der die Rauschherbeiführung durch Trinken alkoholhaltiger Getränke trägt und der Sachverhalt, der die im

29 Meyer-Goßner/Schmitt/Schmitt § 264 Rn. 7a.
30 Meyer-Goßner/Schmitt/Schmitt § 264 Rn. 2.

Rauschzustand begangene Tat trägt, sind zwei Teile ein und derselben prozessualen Tat. Wenn die Anklage nur einen der beiden Teile explizit umreißt, ist dennoch der andere Teil ebenfalls Gegenstand des Verfahrens. So ist es hier: Die Anklage bezeichnet das Führen des Kraftfahrzeugs durch S unter Alkoholeinfluss. Damit wird ebenfalls implizit auf vorangegangenen Alkoholkonsum hingewiesen. Insbesondere die Angabe der festgestellten hohen Blutalkoholkonzentration enthält die Aussage, dass das Führen des Kraftfahrzeugs Rauschtat eines Vollrauschdelikts gewesen sein könnte. Dies hat zur Folge, dass das Gericht die Tat auch unter diesem rechtlichen Gesichtspunkt zu würdigen hat. Daher sind alle Tatsachen, auf denen eine Verurteilung aus § 323a StGB beruhen könnte, Gegenstand der Hauptverhandlung.

II. Verwertbarkeit der Beweise

Eine Verurteilung des S wegen Vollrauschs setzt voraus, dass das Gericht in der Hauptverhandlung die Überzeugung gewinnt, dass S eine Tat begangen hat, die alle Strafbarkeitsvoraussetzungen des § 323a StGB iVm § 315c I Nr. 1a, III Nr. 2 StGB erfüllt. Dafür müsste die Tat bewiesen werden können. Dies hängt unter anderem davon ab, ob die vorhandenen Beweise in der Hauptverhandlung verwertet werden dürfen.

1. Zeugenaussage des P

P hat in der Hauptverhandlung als Zeuge über die näheren Umstände der Blutprobensicherstellung ausgesagt. Seine Aussage enthält also auch Angaben über die Kommunikation mit K.

a) § 252 StPO

Die Zeugenaussage des P könnte gem. § 252 StPO unverwertbar sein. § 252 StPO normiert nicht lediglich ein Verlesungsverbot, sondern ein umfassendes Verwertungsverbot bezüglich des Themas „frühere Zeugenaussage“. Hier hat sich K in der Hauptverhandlung auf ein Zeugnisverweigerungsrecht berufen. Rechtsgrundlage des Zeugnisverweigerungsrechts ist § 53a I 1 StPO iVm § 53 I Nr. 3 StPO. Als Krankenschwester ist K Berufsgehilfin eines nach § 53 I Nr. 3 StPO zeugnisverweigerungsberechtigten Arztes. Dieser hatte entschieden, dass K in der Hauptverhandlung das Zeugnis verweigern soll, § 53a I 2 StPO. S hatte das medizinische Personal nicht von der Schweigepflicht entbunden, §§ 53 II 1, 53a II StPO. K machte in der Hauptverhandlung erstmalig von ihrem Zeugnisverweigerungsrecht Gebrauch. Fraglich ist, ob K vor der Hauptverhandlung als Zeugin vernommen worden war. Der Polizeibeamte P hatte eine förmliche Vernehmung der K nicht durchgeführt. Er war aber in amtlicher Eigenschaft der K entgegengetreten und hatte sie zur Herausgabe der dem S entnommenen Blutprobe aufgefordert. Dies impliziert das an K gerichtete Verlangen, Angaben darüber zu machen, welchem Patienten die herausgegebene Blutprobe zuzuordnen ist. Denn die Übergabe irgendeiner Blutprobe wäre für das Strafverfahren wertlos gewesen. P benötigte von der K die Versicherung, dass das übergebene Blut dem Körper des S entnommen worden war. Indem K dem P die Blutprobe aushändigte, erklärte sie also konkludent, dass es sich um Blut handele, das dem S entnommen worden war. Das ist eine Zeugenaussage in einer vernehmungsähnlichen Situation. Der Schutzzweck des § 252 StPO bezieht sich auf prozessuale Vorgänge dieser Art.[31] Die Informa-

31 Meyer-Goßner/Schmitt/Schmitt § 252 Rn. 7.

tion über die Herkunft der Blutprobe, die K dem P gegeben hat, darf gem. § 252 StPO in der Hauptverhandlung gegen S nicht verwertet werden. Da somit nicht bewiesen werden kann, dass die ausgewertete Blutprobe dem Angeklagten S zuzuordnen ist, kann auch nicht bewiesen werden, dass S im Zeitpunkt der Tat alkoholisiert war.

b) § 203 StGB

Die Zeugenaussage des P könnte auch deswegen unverwertbar sein, weil sie Angaben der K enthält, die eine strafbare Verletzung von Privatgeheimnissen beinhalten. K gehört als Krankenhausangestellte zu dem gem. § 203 III 2 iVm I Nr. 1 StGB zur Geheimhaltung verpflichteten Personenkreis. Die an P weitergegebene Information, dass dem Patienten S zur Operationsvorbereitung Blut abgenommen wurde und dass der Rest dieses Blutes sich in dem überreichten Gefäß befindet, fällt unter ihre strafbewehrte Schweigepflicht. Indem sie dem P dieses Geheimnis offenbarte, verwirklichte sie den Straftatbestand § 203 StGB. Umstritten ist allerdings, ob aus dieser materiell-strafrechtlich ahndbaren Pflichtverletzung ein Beweisverwertungsverbot resultiert. Die hM nimmt an, dass unselbstständige Verwertungsverbote nur als Konsequenz von rechtswidrigem Verhalten der Strafverfolgungsorgane entstehen. Fehlverhalten von Privatpersonen soll grundsätzlich kein Verwertungsverbot nach sich ziehen.[32] Lediglich bei extremen Menschenrechtsverletzungen – zB Erzwingung eines Geständnisses mittels Folter – ist das von einem Privaten erlangte und der Strafverfolgungsbehörde zur Verfügung gestellte Beweismittel für diese unverwertbar.[33] Ein Verstoß gegen § 203 StGB führe somit nicht zu einem Beweisverwertungsverbot.[34] Vereinzelt wird hingegen die Meinung vertreten, dass ein Verwertungsverbot entstehe, wenn der Zeuge durch seine Aussage in der Hauptverhandlung eine Straftat nach § 203 StGB begeht.[35] Um einen solchen Fall handelt es sich hier jedoch nicht. Daher steht § 203 StGB der Verwertung der Zeugenaussage des P nicht entgegen.

2. Blutalkoholgutachten

Zentrale Bedeutung für eine Verurteilung des S auf der Grundlage des Vollrauschtatbestands hätte das Gutachten über die Auswertung der Blutprobe, die dem S entnommen worden war. Sofern dieses Beweismittel nicht verwertet werden darf, ist auch eine Verurteilung des S aus § 323a StGB nicht möglich.

a) § 97 I Nr. 3 StPO

Die Verwertbarkeit des Blutprobenergebnisses könnte zweifelhaft sein, weil die Erlangung der Blutprobe durch P möglicherweise rechtswidrig gewesen ist. Bei der Blutprobe handelte es sich um einen Gegenstand, auf den sich das Zeugnisverweigerungsrecht des Arztes gem. § 53 I Nr. 3 StPO erstreckte.[36] Daher bestand an der Blutprobe ein Beschlagnahmeverbot gem. § 97 I Nr. 3, II 2 StPO. Allerdings hat P die Blutprobe nicht iSd § 94 II StPO beschlagnahmt, weil K sie ihm herausgegeben hat. Dennoch wirkt sich das Beschlagnahmeverbot auf die rechtliche Bewertung dieses

---

32 Beulke/Swoboda StrafProzR Rn. 478; Kindhäuser/Schumann StrafProzR § 23 Rn. 34; Roxin/Schünemann StrafVerfR § 24 Rn. 65; Walter StrafProzR Rn. 355.
33 Volk/Engländer GK StPO § 28 Rn. 35.
34 Meyer-Goßner/Schmitt/Schmitt § 53 Rn. 6.
35 Fezer JuS 1978, 472.
36 Wohlers NStZ 1990, 245 (246).

Übergabeaktes aus. Es bewirkt, dass eine Pflicht zur Herausgabe nicht besteht. Die Herausgabe könnte deshalb nicht erzwungen werden, § 95 II 2 StPO. Rechtlich einwandfrei wäre unter diesen Umständen nur eine freiwillige Herausgabe des Gegenstandes. Über das Fehlen einer Herausgabepflicht müsste der Gewahrsamsinhaber aber belehrt werden.[37] P hat von K die Herausgabe der Blutprobe verlangt, ohne sie darüber zu belehren, dass eine Herausgabepflicht nicht besteht. Daher ist die Sicherstellung der Blutprobe rechtswidrig. Der Entstehung eines Beweisverwertungsverbotes könnte gleichwohl entgegenstehen, dass die Strafverfolgungsbehörde das Beweismittel möglicherweise auf einem anderen – legalen – Wege hätte erlangen können.[38] Denkbar ist eine unmittelbare Erlangung der Blutprobe durch Blutentnahme gem. § 81a I StPO.[39]

b) § 81a StPO

Die Entnahme einer Blutprobe zur Operationsvorbereitung war keine strafverfahrensrechtliche Ermittlungsmaßnahme gem. § 81a StPO. Denn sie erfolgte nicht auf Anordnung eines Strafverfolgungsorgans gem. § 81a II StPO.[40] Jedoch hätte ein zuständiges Strafverfolgungsorgan auf der Grundlage des § 81a I StPO die Befugnis gehabt, eine Blutentnahme anzuordnen. Abstrakt bestand somit die Möglichkeit der Beweismittelgewinnung in rechtmäßiger Weise. Indessen korrespondierte in der tatsächlichen Ermittlungssituation dieser abstrakten Betrachtung der Rechtslage keine konkrete Beweisgewinnungschance. Vor der Operation hatte P noch nicht die Gelegenheit, eine Blutentnahme bei S anzuordnen. Danach war dies nicht mehr möglich, weil S für eine weitere Blutentnahme nicht mehr zur Verfügung stand. Der abstrakt eröffnete alternative Weg war also tatsächlich nicht zu beschreiten.[41] Schon aus diesem Grund ist ein Abstellen auf § 81a StPO als alternative Eingriffsnorm nicht möglich.[42] Hinzu kommt, dass § 81a StPO auch deshalb keine rechtmäßige Alternative zur rechtswidrigen Beschlagnahme sein kann, weil das durch § 97 StPO geschützte Rechtsgut nicht zum Normbereich des § 81a StPO gehört.[43] Diese Vorschrift erlaubt den Eingriff in die körperliche Unversehrtheit, nicht aber den Eingriff in das Vertrauensverhältnis zwischen Arzt und Patient. Eine wirkliche Alternative wäre § 81a StPO nur, wenn diese Vorschrift der Strafverfolgungsbehörde die Befugnis gäbe, sich über die Schranken des § 97 I Nr. 3 StPO hinwegzusetzen. Das ist indessen nicht der Fall.

III. Ergebnis

Eine verfahrensrechtlich einwandfreie Verurteilung des S aus § 323a StGB iVm § 315c I Nr. 1a, III Nr. 2 StGB ist nicht möglich. Die Tat des S kann in der Hauptverhandlung nicht mit prozessrechtlich zulässigen Mitteln bewiesen werden. Die Zeugenaussage des P ist gem. § 252 StPO unverwertbar. Unverwertbar ist auch das Ergebnis der Blutprobenuntersuchung.

---

37 Mayer JZ 1989, 908 (909); Meyer-Goßner/Schmitt/Schmitt § 95 Rn. 6; § 97 Rn. 6; Wohlers NStZ 1990, 245 (246).
38 Meyer-Goßner/Schmitt/Schmitt § 97 Rn. 6.
39 OLG Celle NStZ 1989, 385.
40 OLG Celle NStZ 1989, 385.
41 Wohlers NStZ 1990, 245 (246).
42 Wohlers NStZ 1990, 245 (246).
43 Mayer JZ 1989, 908 (910).

Fall 9: „Spätfolgen einer Verletzung"

Aufgrund einer Privatklage ist Anton (A) vor dem Strafrichter am Amtsgericht wegen vorsätzlicher Körperverletzung angeklagt. Ihm wird vorgeworfen, im Verlauf eines verbal geführten Streits den Bruno (B) plötzlich mit beiden Händen gepackt und dann gegen eine Mauer gestoßen zu haben. Dabei sei B mit dem Kopf gegen die Mauer geprallt und habe eine Gehirnerschütterung davongetragen. B hatte gegen A Strafantrag gestellt und durch einen Rechtsanwalt Klage erheben lassen. In der Hauptverhandlung erschien Chris (C), der Zwillingsbruder des B und gab sich als B aus. C sagte als Zeuge gegen A aus. Der Arzt Xaver (X), bei dem B nach der Tat in Behandlung war, schilderte als Zeuge die Verletzungen des B. B hatte ihn von der Schweigepflicht entbunden. Nachdem X seine Aussage gemacht hatte, erklärte C – der vermeintliche B – überraschend, dass er den Strafantrag gegen A zurücknehme.

Der Richter fragt daraufhin den Staatsanwalt, ob er ein besonderes öffentliches Interesse an der Strafverfolgung sehe. Der Staatsanwalt verneint, meint aber, auf ein besonderes öffentliches Interesse komme es nicht an. Denn es gehe hier nicht um ein Antragsdelikt, sondern um ein Offizialdelikt. „Das sehe ich anders" entgegnet der Richter und verkündet das Urteil, dass das Verfahren eingestellt werde.

Die Staatsanwaltschaft legt gegen dieses Urteil Revision ein. Die Revision wird mit der Verletzung materiellen Strafrechts begründet.

Einige Wochen später meldet sich bei der Polizei der Zeuge Zacharias (Z), der die Auseinandersetzung zwischen A und B beobachtet hatte. Danach habe A den B nicht mit dem Kopf gegen die Steinmauer gestoßen, sondern mit einer Eisenstange auf den Kopf des B eingeschlagen. Die Staatsanwaltschaft leitet daraufhin gegen A ein Strafverfahren ein. B wurde erneut von einem Arzt untersucht. Dabei stellt sich heraus, dass B infolge der Schläge mit der Eisenstange eine dauernde geistige Behinderung erlitten hatte, die zunächst nicht erkannt worden war.

Ein anderer Zeuge Yannick (Y) meldet sich bei der Polizei und berichtet, der A habe an dem Tag, an dem das Strafverfahren gegen ihn von dem Amtsrichter eingestellt worden war, in einer Gastwirtschaft gefeiert und dabei lauthals verkündet, dass er dem B in Wirklichkeit mit einer Eisenstange eins „übergebraten" hatte. Außerdem stellt sich nun heraus, dass in der Hauptverhandlung Zwillingsbruder C als B aufgetreten war.

Bearbeitervermerk:

Frage 1: Wie sind die Erfolgsaussichten der Revision?

Frage 2: Angenommen, die Staatsanwaltschaft hätte nicht Revision eingelegt: Könnte sie jetzt noch eine Verurteilung des A wegen schwerer Körperverletzung (§ 226 I Nr. 3 StGB) erreichen?

Frage 3: Könnte A noch wegen Körperverletzung mit Todesfolge (§ 227 StGB) verurteilt werden, wenn er wegen gefährlicher Körperverletzung (§ 224 I Nr. 2 StGB) rechtskräftig verurteilt worden wäre und B eine Woche nach Eintritt der Rechtskraft an den bei der Tat erlittenen Verletzungen verstorben wäre?

Gutachtliche Vorüberlegungen

Frage 1: Wie sind die Erfolgsaussichten der Revision?

Zu prüfen sind Zulässigkeit und Begründetheit der Revision. Die Zulässigkeit bereitet keine Schwierigkeiten. Es handelt sich um eine Sprungrevision gem. § 335 StPO. Dass das Gericht mit der Sache aufgrund einer Privatklage befasst worden ist, steht einer Revisionsberechtigung der Staatsanwaltschaft nicht entgegen. Die Staatsanwaltschaft kann sich an dem Privatklageverfahren beteiligen und auch gegen das erstinstanzliche Urteil Rechtsmittel einlegen. Unschädlich ist, dass sie ein besonderes öffentliches Verfolgungsinteresse verneint hat. Im Rahmen der Begründetheitsprüfung ist zunächst auf die Strafantragsthematik einzugehen. Der Bearbeiter muss erkennen, dass das Revisionsgericht diesen Punkt auf jeden Fall aufgreifen muss, obwohl die Staatsanwaltschaft dazu in ihrer Revisionsbegründung keine Ausführungen gemacht hat. Die Prüfung des Strafantrags wird nicht durch eine ordnungsgemäß begründete Verfahrensrüge iSd § 344 II StPO veranlasst. Da es um das Vorliegen von Verfahrensvoraussetzungen geht, muss das Gericht dies von Amts wegen prüfen. Im Ergebnis liegt ein wirksamer Strafantrag noch vor, woraus sich zugleich ergibt, dass die Einstellung des Verfahrens durch den Strafrichter eine Fehlentscheidung war. Die von der Staatsanwaltschaft erhobene Sachrüge erweist sich hingegen als nicht durchgreifend. Der Strafrichter hat mit der hM den Stoß des Körpers gegen die Mauer nicht als Körperverletzung „mittels eines gefährlichen Werkzeugs" qualifiziert. Diese Auslegung des § 224 I Nr. 2 StGB ist nicht zu beanstanden, eine Gesetzesverletzung iSd § 337 StPO ist diese Tatbewertung nicht.

Frage 2: Angenommen, die Staatsanwaltschaft hätte nicht Revision eingelegt: Könnte sie jetzt noch eine Verurteilung des A wegen schwerer Körperverletzung (§ 226 I Nr. 3 StGB) erreichen?

Zu erörtern ist die Möglichkeit der Durchführung eines neuen Strafverfahrens wegen schwerer Körperverletzung oder die Wiederaufnahme des rechtskräftig abgeschlossenen Verfahrens. Auf der ersten Schiene steht die Prüfung des Strafklageverbrauchs (Art. 103 III GG) im Mittelpunkt. Dabei ist vor allem problematisch, dass das Verfahren nicht durch Sachurteil, sondern durch ein Prozessurteil gem. § 260 III StPO beendet wurde. Im Ergebnis besteht aber das Verfahrenshindernis. Die Möglichkeit der Wiederaufnahme des Verfahrens begegnet ebenfalls dem Problem, dass das verfahrensabschließende Urteil kein Sachurteil, sondern eine Verfahrenseinstellung durch Prozessurteil war. Dennoch kann man die Statthaftigkeit des Wiederaufnahmeantrags begründen. Als Wiederaufnahmegrund kommt § 362 Nr. 2 StPO in Betracht, greift aber letztlich nicht durch, weil C zwar falsch ausgesagt hat, aber nicht dadurch, sondern durch die Rücknahme des Strafantrags die Verfahrenseinstellung erwirkt hat. § 362 Nr. 4 StPO scheint daran zu scheitern, dass A nicht explizit freigesprochen wurde. Dennoch lässt sich begründen, dass die Einstellung des Verfahrens einem Freispruch gleicht. Ein erfolgreicher Wiederaufnahmeantrag der Staatsanwaltschaft ist daher begründbar.

Frage 3: Könnte A noch wegen Körperverletzung mit Todesfolge (§ 227 StGB) verurteilt werden, wenn er wegen gefährlicher Körperverletzung (§ 224 I Nr. 2 StGB) rechtskräftig verurteilt worden wäre und B eine Woche nach Eintritt der Rechtskraft an den bei der Tat erlittenen Verletzungen verstorben wäre?

Eine Verurteilung des A aus § 227 StGB könnte unter den gegebenen Voraussetzungen nur durch eine Art „Ergänzungsklage" (Berichtigungsklage, Vervollständigungsklage) erreicht werden. Solche Instrumente sieht das geltende Strafprozessrecht aber nicht vor. Vielmehr steht einem neuen Verfahren Art. 103 III GG entgegen. Eine Wiederaufnahme des Verfahrens ist mangels Wiederaufnahmegrund ebenfalls nicht möglich. Eine Verurteilung aus § 227 StGB ist deshalb nicht erreichbar.

Lösungsgliederung

Frage 1

I. Zulässigkeit
1. Statthaftigkeit
2. Anfechtungsberechtigung
3. Beschwer
4. Form, Frist, Begründung

II. Begründetheit
1. Verfahrenshindernisse
   a) Antragsdelikt
   b) Antragstellung
   c) Antragsrücknahme
   d) Offizialdelikt
2. Sachrüge
   a) Revisionserheblicher Sachverhalt
   b) Gefährliche Körperverletzung, § 224 I Nr. 2 StGB

III. Ergebnis

Frage 2

I. Neues Strafverfahren
1. Sachurteil
2. Tatidentität

II. Wiederaufnahme des Verfahrens
1. Zulässigkeit der Wiederaufnahme
   a) Statthaftigkeit
   b) Antragsberechtigung
   c) Inhalt und Form
2. Begründetheit der Wiederaufnahme
   a) § 362 Nr. 2 StPO
   b) § 362 Nr. 4 StPO

III. Ergebnis

Frage 3

I. Neues Strafverfahren

II. Wiederaufnahme des Verfahrens

III. Ergebnis

Lösungsvorschlag

Frage 1: Wie sind die Erfolgsaussichten der Revision?

I. Zulässigkeit

1. Statthaftigkeit

Die Revision ist statthaft gegen Urteile der Strafkammern und Schwurgerichte, § 333 StPO. Strafkammern und Schwurgerichte sind Spruchkörper beim Landgericht, § 60 GVG. Hier richtet sich das Rechtsmittel der Staatsanwaltschaft nicht gegen ein Strafkammerurteil, sondern gegen ein Urteil des Strafrichters beim Amtsgericht. Gegen Urteile des Strafrichters – und des Schöffengerichts – ist in erster Linie das Rechtsmittel Berufung statthaft, § 312 StPO. Jedoch kann ein solches Urteil auch mit der Revision angefochten werden, § 335 I StPO. Die Berufung wird gewissermaßen „übersprungen", es handelt sich daher um einen Fall der Sprungrevision. Unerheblich ist, dass das Urteil des Strafrichters kein Sachurteil, sondern ein Prozessurteil iSd § 260 III StPO ist. Auch ein Prozessurteil kann Gegenstand einer Revision sein.

2. Anfechtungsberechtigung

Die Staatsanwaltschaft ist gem. § 296 I StPO anfechtungsberechtigt. Dies gilt auch für ein Urteil, das in einem Privatklageverfahren ergangen ist. Denn die Staatsanwaltschaft kann im Privatklageverfahren jederzeit die Verfolgung übernehmen, § 377 II 1 StPO.

3. Beschwer

Die Staatsanwaltschaft ist durch jedes Urteil, das sie für fehlerhaft hält, beschwert.[1] Dabei spielt es keine Rolle, ob das Urteil ein Sachurteil oder – wie hier – ein Prozessurteil ist. Die Beschwer entfällt auch nicht deswegen, weil die Staatsanwaltschaft erklärt hat, es bestehe kein besonderes öffentliches Interesse an der Strafverfolgung.

4. Form, Frist, Begründung

Die Revision muss binnen einer Woche nach Verkündung des Urteils schriftlich oder durch Erklärung zu Protokoll der Geschäftsstelle des Amtsgerichts eingelegt werden, § 341 I StPO. Für die erforderliche Begründung genügt die schlichte Erklärung, es werde die Verletzung materiellen Strafrechts gerügt, § 344 II StPO.[2] Fraglich ist, ob die Revision gegen ein Prozessurteil, mit dem das Verfahren eingestellt wird, überhaupt mit der Sachrüge begründet werden kann. Denn Wesen des Prozessurteils ist, dass das Gericht überhaupt nicht über die Sache – also den materiell-strafrechtlichen Vorwurf – entscheidet, weil schon aus prozessrechtlichen Gründen das Verfahren eingestellt werden muss. So hat hier der Strafrichter entschieden, dass die Durchführung des Verfahrens unzulässig sei, weil der erforderliche Strafantrag fehle. Jedoch impliziert diese Entscheidung eine materiell-strafrechtliche Qualifikation der Tat dahingehend, dass sie nur einen Straftatbestand erfüllt, an den das Gesetz ein Strafan-

1 Joecks/Jäger StPO vor § 296 Rn. 15; Meyer-Goßner/Schmitt/Schmitt vor § 296 Rn. 16; Walter StrafProzR Rn. 604.

2 Joecks/Jäger StPO § 344 Rn. 9; Meyer-Goßner/Schmitt/Schmitt § 344 Rn. 18.

tragserfordernis knüpft. Hier liegt der Einstellungsentscheidung des Strafrichters die Wertung zugrunde, dass die dem A vorgeworfene Tat eine Körperverletzung gem. § 223 I StGB und nicht eine gefährliche (§ 224 I StGB) oder schwere Körperverletzung (§ 226 I StGB) ist. Diese materiell-strafrechtliche Würdigung kann mit der auf die Sachrüge gestützten Revision angegriffen werden.

II. Begründetheit

Die Revision ist begründet, wenn das angefochtene Urteil auf einer Gesetzesverletzung beruht, § 337 StPO.[3] Das Revisionsgericht prüft jedoch nur mögliche Gesetzesverletzungen, die vom Revidenten ordnungsgemäß gerügt worden sind. Da hier die Staatsanwaltschaft nur die allgemeine Sachrüge erhoben und keine Verfahrensfehler geltend gemacht hat, wird das Revisionsgericht auch nur prüfen, ob das materielle Strafrecht falsch angewendet worden ist. Verletzungen des Verfahrensrechts sind hingegen nicht Gegenstand des Revisionsverfahrens. Darüber hinaus muss das Revisionsgericht aber von Amts wegen und ohne spezielle Rüge seitens des Revidenten prüfen, ob die Verfahrensvoraussetzungen erfüllt sind und ob Verfahrenshindernisse bestehen.[4]

1. Verfahrenshindernisse

Von Amts wegen hat das Revisionsgericht zu prüfen, ob die erforderlichen Verfahrensvoraussetzungen erfüllt sind.[5] Stellt sich nämlich heraus, dass eine Verfahrensvoraussetzung fehlt, darf sich das Revisionsgericht mit den geltend gemachten Gesetzesverletzungen nicht befassen. Hier könnte als Verfahrensvoraussetzung ein Strafantrag erforderlich sein.[6]

a) Antragsdelikt

In dem Strafverfahren vor dem Amtsgericht wurde über eine Strafbarkeit des A wegen vorsätzlicher Körperverletzung gem. § 223 StGB verhandelt. Die Verfolgung dieses Delikts ist gem. § 230 I 1 StGB von einem Strafantrag abhängig. Fehlt der Strafantrag und besteht auch kein besonderes öffentliches Strafverfolgungsinteresse, ist das Strafverfahren unzulässig und muss eingestellt werden.[7]

b) Antragstellung

Strafantragsberechtigter ist der durch die Tat Verletzte, § 77 I StGB. Verletzter ist die Person, die Inhaberin des durch die Tat verletzten Rechtsgutes ist.[8] Hier soll B von A körperlich misshandelt worden sein. Wenn diese Behauptung zutrifft, ist B tatsächlich Verletzter und zur Stellung des Strafantrags berechtigt. Da aber die Stellung des Strafantrags immer am Anfang des Strafverfahrens erfolgt, kann für die Verletzteneigenschaft iSd § 77 I StGB kein Schuldnachweis zum Nachteil des Beschuldigten erforderlich sein. Wer Verletzter ist, richtet sich nach dem Sachverhalt, der Fundament des Anfangsverdachts gem. § 152 II StPO ist. Verletzter ist daher B, der somit zur

3 Beulke/Swoboda StrafProzR Rn. 563; Schroeder/Verrel StrafProzR Rn. 309.
4 Meyer-Goßner/Schmitt/Schmitt § 352 Rn. 2; Walter StrafProzR Rn. 652.
5 Joecks/Jäger § 352 Rn. 2; Kindhäuser/Schumann StrafProzR § 31 Rn. 15.
6 Weidemann/Scherf Revision StrafR Rn. 113 ff.
7 Schönke/Schröder/Bosch StGB § 77 Rn. 48.
8 Schönke/Schröder/Bosch StGB § 77 Rn. 10.

Stellung des Strafantrags berechtigt ist. B hat auch einen Strafantrag gestellt. Es sind keine Anhaltspunkte dafür ersichtlich, dass B infolge der bei der Tat erlittenen Kopfverletzungen einen geistigen Schaden davongetragen hat, der seine Fähigkeit zur Stellung eines wirksamen Strafantrags beeinträchtigt. B hat daher einen wirksamen Strafantrag gestellt.

c) Antragsrücknahme

Der Strafantrag könnte jedoch zurückgenommen worden sein. Ein wirksam gestellter Strafantrag kann bis zum rechtskräftigen Abschluss des Strafverfahrens zurückgenommen werden, § 77d StGB. Dafür reicht eine mündliche Erklärung gegenüber dem Strafverfolgungsorgan, das die Leitung des Verfahrens innehat. Hier wurde in der Hauptverhandlung gegenüber dem Gericht die Rücknahme des Strafantrags erklärt. Allerdings hat nicht B, sondern der an seiner Stelle in der Hauptverhandlung erschienene C die Rücknahme des Strafantrags erklärt. Rücknahmeberechtigt ist, wer den Strafantrag gestellt hat, also B.[9] C ist weder Strafantragsberechtigter gem. § 77 I StGB noch hat er den Strafantrag gestellt. Daher kommt er unter keinem Gesichtspunkt als Rücknahmeberechtigter in Betracht. Seine Rücknahmeerklärung ist unbeachtlich. Daran ändert auch nichts der Umstand, dass er sich vor Gericht als B ausgab und von sämtlichen Verfahrensbeteiligten für B gehalten wurde. Eine Rücknahme des Strafantrags liegt nicht vor. Der von B gestellte Strafantrag ist weiterhin existent und gibt dem Strafverfahren die erforderliche Grundlage. Das Gericht hätte deshalb das Verfahren nicht gem. § 260 III StPO einstellen dürfen.

d) Offizialdelikt

Unabhängig von dem Strafantrag könnte die Durchführung des Strafverfahrens gegen A zulässig sein, weil Gegenstand des Verfahrens ein Offizialdelikt ist. So verhielte es sich hier, wenn die Tat, die dem A vorgeworfen wird, nicht eine einfache Körperverletzung gem. § 223 I StGB, sondern eine qualifizierte Körperverletzung gem. § 224 StGB oder § 226 StGB wäre. Zwar wurde A nur wegen einfacher Körperverletzung angeklagt. Jedoch ist das Gericht an diese strafrechtliche Würdigung der Tat nicht gebunden, § 155 II StPO. Vielmehr hat es die angeklagte Tat im prozessualen Sinn unter allen in Betracht kommenden strafrechtlichen Gesichtspunkten zu würdigen und gegebenenfalls in der Hauptverhandlung gem. § 265 I StPO einen entsprechenden Hinweis zu geben. Hier könnte die Tat, die dem A vorgeworfen wird, eine gefährliche Körperverletzung gem. § 224 I Nr. 2, Nr. 5 StGB oder eine schwere Körperverletzung gem. § 226 I Nr. 3 StGB gewesen sein. Da die Staatsanwaltschaft ihre Revision mit der Sachrüge begründet hat, soll dieses Thema hier in diesem Zusammenhang erörtert werden (unten 2.).

2. Sachrüge

a) Revisionserheblicher Sachverhalt

Das Revisionsgericht hat aufgrund der ordnungsgemäß erhobenen Sachrüge zu prüfen, ob das Gericht das materielle Strafrecht auf den Sachverhalt, den es seiner Entscheidung zugrunde gelegt hat, richtig angewendet hat.[10] Prüfungsgegenstand ist nur

9 Schönke/Schröder/Bosch StGB § 77d Rn. 2.
10 Walter StrafProzR Rn. 646.

der Sachverhalt, der in der Hauptverhandlung festgestellt worden ist.[11] Deshalb haben Tatsachen, die außerhalb des Verfahrens nach Urteilsverkündung bekannt geworden sind, keinen Einfluss auf die Prüfung und Entscheidung des Revisionsgerichts. Nicht zu berücksichtigen ist hier also der durch die Angaben des Zeugen Z der Staatsanwaltschaft zur Kenntnis gebrachte Sachverhalt, wonach A den B mit einer Eisenstange auf den Kopf geschlagen habe.

b) Gefährliche Körperverletzung, § 224 I Nr. 2 StGB

Der Strafrichter hat die Tat des A als Körperverletzung gem. § 223 I StGB gewürdigt und seiner Entscheidung somit die Auffassung zugrunde gelegt, dass der festgestellte Sachverhalt die Voraussetzungen des § 224 I StGB nicht erfülle. Jedoch könnte das Stoßen des B gegen eine steinerne Mauer eine Körperverletzung mittels eines gefährlichen Werkzeugs sein, § 224 I Nr. 2 Alt. 2 StGB. Der von A verursachte Aufprall des Kopfes des B gegen die Mauer hat in etwa den gleichen Verletzungseffekt wie zB ein Schlag mit einem Ziegelstein auf den Kopf des B. Der Unterschied besteht nur darin, dass hier der Körper des B gegen den Stein bewegt wurde, während in dem Vergleichsfall ein Stein gegen den Körper des B bewegt wird. Das Gefahrpotential der einen Methode kann ebenso stark sein wie das der anderen.[12] Daher ist die Ansicht vertretbar, dass beide Vorgehensweisen den Tatbestand des § 224 I Nr. 2 Alt. 2 StGB erfüllen und es keinen Unterschied mache, ob das Werkzeug gegen den Körper oder der Körper gegen das Werkzeug bewegt wird. Dies entspricht der hM, die es als Fall des § 224 I Nr. 2 Alt. 2 StGB ansieht, wenn der Täter das Opfer so stößt, dass es in die Klinge eines Messers fällt, das ein anderer in der Hand hält.[13] Allerdings wird dies auf Gegenstände beschränkt, die – wie ein Messer – beweglich sind. Das Stoßen des Körpers gegen einen unbeweglichen Gegenstand – zB Hauswand, Fels, Fußboden – sei keine Körperverletzung mittels eines Werkzeugs.[14] Denn der Wortsinn des Merkmals „Werkzeug“ erfasse unbewegliche Sachen nicht.[15] Dem ist deswegen zuzustimmen, weil es möglich sein sollte, Körperverletzungen unter Einbeziehung gefährlicher unbeweglicher Gegenstände unter § 224 I Nr. 5 StGB zu subsumieren, wenn sie wirklich den Gefährlichkeitsgrad haben, der die Bewertung als gefährliche Körperverletzung rechtfertigt.[16] Ist das nicht der Fall – was der Richter offenbar so beurteilte –, hat die Tat nicht den Strafwürdigkeitsgehalt, den § 224 I StGB voraussetzt. Der Strafrichter hat daher zu Recht die Tat des A nur als einfache vorsätzliche Körperverletzung gem. § 223 I StGB bewertet. Die Sachrüge der Staatsanwaltschaft greift nicht durch.

III. Ergebnis

Die Revision der Staatsanwaltschaft ist begründet, weil der Strafrichter zu Unrecht das Verfahren eingestellt hat. Da dem Verfahren ein wirksamer Strafantrag zugrunde lag, hätte er das Verfahren mit einem Sachurteil abschließen müssen.

11 Schroeder/Verrel StrafProzR Rn. 298; Volk/Engländer GK StPO § 36 Rn. 1.

12 Schönke/Schröder/Sternberg-Lieben StGB § 224 Rn. 7.

13 Schönke/Schröder/Sternberg-Lieben StGB § 224 Rn. 3a.

14 Krey/Hellmann/Heinrich StrafR BT I Rn. 279; Wessels/Hettinger/Engländer StrafR BT Rn. 230; aA Eckstein NStZ 2008, 125 (127); Küpper/Börner StrafR BT I § 2 Rn. 14.

15 Lackner/Kühl/Heger StGB § 224 Rn. 4; Schönke/Schröder/Sternberg-Lieben StGB § 224 Rn. 7.

16 Wessels/Hettinger/Engländer StrafR BT Rn. 230.

Frage 2: Angenommen, die Staatsanwaltschaft hätte nicht Revision eingelegt: Könnte sie jetzt noch eine Verurteilung des A wegen schwerer Körperverletzung (§ 226 I Nr. 3 StGB) erreichen?

I. Neues Strafverfahren

Da das Strafverfahren gegen A rechtskräftig abgeschlossen ist, stellt sich die Frage, ob das Verbrechen schwere Körperverletzung (§ 226 I Nr. 3 StGB) zum Gegenstand eines neuen Strafverfahrens gegen A gemacht werden könnte. Dem könnte allerdings das Verfahrenshindernis des Strafklageverbrauchs entgegenstehen, Art. 103 III GG.

1. Sachurteil

Das Strafverfahren gegen A ist durch ein rechtskräftiges Urteil abgeschlossen worden. Allerdings ist dieses Urteil kein Sachurteil, sondern ein Prozessurteil iSd § 260 III StPO. Die Wirkung des „ne bis in idem" erzeugen aber nur Urteile, die eine gerichtliche Entscheidung über den materiell-strafrechtlichen Tatvorwurf enthalten, also Sachurteile. Jedoch gibt es auch Prozessurteile, die inzident eine Feststellung dahingehend treffen, dass der Angeklagte eine bestimmte Straftat nicht begangen hat.[17] Diese Urteile haben also gewissermaßen ein Freispruchselement, auf dem die Entscheidung über das Verfahrenshindernis bzw. das Fehlen einer Verfahrensvoraussetzung aufbaut. Wird das Verfahren durch Prozessurteil wegen Verjährung eingestellt, drückt diese Entscheidung auch die materiell-strafrechtliche Würdigung des Gerichts aus, dass der Angeklagte keinen Straftatbestand verwirklicht hat, hinsichtlich dessen noch keine Verjährung eingetreten wäre. Ebenso verhält es sich mit einem Prozessurteil, mit dem das Strafverfahren wegen des Fehlens eines Strafantrags eingestellt wird. Dieser Entscheidung liegt die gerichtliche Feststellung zugrunde, dass der Angeklagte kein Offizialdelikt begangen, also durch seine Tat keinen Straftatbestand verwirklicht hat, dem das Gesetz kein Strafantragserfordernis zuschreibt. Prozessurteile dieser Art erwachsen wie Sachurteile in materielle Rechtskraft und erzeugen den Strafklageverbrauch des Art. 103 III GG.[18] Hier hat der Strafrichter das Verfahren eingestellt, weil er die Tat des A als einfache Körperverletzung iSd § 223 I StGB bewertete und deshalb ein Strafantragserfordernis gem. § 230 I StGB annahm. Diese Entscheidung beinhaltet die Feststellung, dass gegen A kein Verdacht einer schweren Körperverletzung iSd § 226 I StGB bestand. Dies ist eine sachurteilsähnliche Entscheidung, die von Art. 103 III GG erfasst ist.

2. Tatidentität

Die Reichweite des Strafklageverbrauchs wird durch den Verfahrensgegenstand des rechtskräftig abgeschlossenen Verfahrens bestimmt. Maßgebendes Kriterium ist die Tat im prozessualen Sinn.[19] Der Strafklageverbrauch erfasst alle Sachverhaltselemente, die zu dieser Tat gehören. Das betrifft auch Umstände, die in dem Verfahren nicht bekannt waren und deshalb tatsächlich nicht zur Grundlage der verfahrensabschlie-

17 Engländer StrafProzR Rn. 283.
18 Meyer-Goßner/Schmitt/Schmitt Einl. Rn. 172; Roxin/Schünemann StrafVerfR § 52 Rn. 18.
19 Beulke/Swoboda StrafProzR Rn. 512; Roxin/Schünemann StrafVerfR § 52 Rn. 11.

ßenden Entscheidung gemacht werden konnten. Gerade bei solchen Tatsachen macht sich der im Zentrum des Art. 103 III GG stehende Konflikt zwischen materieller Gerechtigkeit und Rechtssicherheit bemerkbar. Das rechtskräftige Urteil erzeugt für den Angeklagten einen Vertrauenstatbestand dahingehend, dass ihm auch bislang unerkannte Tatsachen nicht mehr in einem Strafverfahren vorgeworfen werden können, wenn über diese wegen ihrer Zugehörigkeit zum Verfahrensgegenstand bereits in dem abgeschlossenen Verfahren hätte entschieden werden müssen. Hier war Gegenstand der Hauptverhandlung eine von A zum Nachteil des B begangene Körperverletzung. Diese Tat war durch Zeit, Ort, Begehungsweise und Verletzungsfolgen am Körper des B hinreichend konkretisiert und umgrenzt. In dem neuen Strafverfahren soll es ebenfalls um eine von A zum Nachteil des B begangene Körperverletzung gehen. Diese Tat ist im Wesentlichen mit der des ersten Strafverfahrens identisch, unterscheidet sich von ihr jedoch hinsichtlich der Begehungsweise und der Intensität des verursachten Gesundheitsschadens. Diese abweichenden Details sind jedoch nicht in der Lage, eine neue Tat zu bilden. Denn diese Tat ist ohne die Bestandteile, die schon in dem ersten Verfahren die Tat konstituierten, nicht denkbar. Beide Taten haben somit denselben Sockel, was sich auch konkurrenzrechtlich dadurch ausdrücken würde, dass die um weitere Details angereicherte Straftat (§ 226 I Nr. 3 StGB) die merkmalsärmere Tat – den Grundtatbestand (§ 223 StGB) – aus dem Gesichtspunkt der Spezialität verdrängen würde.[20] Daraus folgt, dass die Tat, die die Staatsanwaltschaft in einem neuen Verfahren verfolgen möchte, bereits Gegenstand des rechtskräftig abgeschlossenen Verfahrens vor dem Strafrichter gewesen ist. Das Verfahrenshindernis „ne bis in idem" steht der Durchführung eines neuen Strafverfahrens entgegen.

II. Wiederaufnahme des Verfahrens

Die Staatsanwaltschaft könnte eine Verurteilung des A wegen schwerer Körperverletzung (§ 226 I Nr. 3 StGB) erreichen, wenn eine Wiederaufnahme des rechtskräftig abgeschlossenen Strafverfahrens möglich wäre.

1. Zulässigkeit der Wiederaufnahme

a) Statthaftigkeit

Der Antrag auf Wiederaufnahme des Verfahrens ist statthaft, wenn das Verfahren durch ein rechtskräftiges Urteil abgeschlossen worden ist, §§ 359, 362 StPO. Nach hM soll das jedoch nur für den Abschluss des Strafverfahrens durch Sachurteil gelten. Prozessurteile, durch die gem. § 260 III StPO das Verfahren eingestellt wird, seien nicht wiederaufnahmefähig.[21] Das ist insoweit zutreffend, als Prozessurteile im Normalfall keine Strafklageverbrauchswirkung entfalten und daher die Fortsetzung des Verfahrens nach Wegfall des Verfahrenshindernisses auch ohne Wiederaufnahme möglich sein kann. Jedoch hat das vorliegende Prozessurteil – wie oben gesehen – eine Rechtskraftwirkung auch in Bezug auf den materiell-strafrechtlichen Tatvorwurf und errichtet daher eine Sperre gegenüber einem neuen Strafverfahren. Die Feststellung, dass ein erforderlicher Strafantrag fehle und deshalb das Verfahren eingestellt werden müsse, ist untrennbar verbunden mit der materiell-strafrechtlichen Feststellung, dass A „nur" eine Körperverletzung gem. § 223 I StGB begangen habe. Der

20 Wessels/Hettinger/Engländer StrafR BT Rn. 254.
21 Meyer-Goßner/Schmitt/Schmitt vor § 359 Rn. 4; aA SK-StPO/Frister vor § 359 Rn. 16.

Urteilsspruch bringt somit zugleich zum Ausdruck, dass A keine qualifizierte Körperverletzung begangen habe. Die Sperrwirkung, die die Rechtskraft des Urteils in dieser Hinsicht entfaltet, kann nur durch eine Wiederaufnahme des Verfahrens überwunden werden. Der Antrag auf Wiederaufnahme des Verfahrens ist daher statthaft.

b) Antragsberechtigung

Die Staatsanwaltschaft ist gem. § 365 StPO iVm § 296 I StPO berechtigt, einen Antrag auf Wiederaufnahme des Verfahrens zu stellen.[22]

c) Inhalt und Form

Der Antrag auf Wiederaufnahme des Verfahrens muss den gesetzlichen Wiederaufnahmegrund sowie die Beweismittel angeben, § 366 StPO. Der Antrag kann schriftlich oder durch Erklärung zu Protokoll der Geschäftsstelle gestellt werden, § 366 II StPO.

2. Begründetheit der Wiederaufnahme

Der Antrag auf Wiederaufnahme des Verfahrens ist begründet, wenn ein gesetzlicher Wiederaufnahmegrund vorliegt. Das Gesetz unterscheidet zwischen Wiederaufnahme zugunsten des Angeklagten (§ 359 StPO) und zuungunsten des Angeklagten (§ 362 StPO). Da die Staatsanwaltschaft eine Verurteilung des A wegen schwerer Körperverletzung erstrebt, beantragt sie eine Wiederaufnahme zuungunsten des Angeklagten. Es müsste ein Wiederaufnahmegrund nach § 362 StPO vorliegen.

a) § 362 Nr. 2 StPO

C hat sich in der Hauptverhandlung als B ausgegeben und hat als Zeuge ausgesagt. Indem er vorsätzlich seine Personalien falsch angegeben hat, hat er eine vorsätzliche uneidliche Falschaussage gem. § 153 StGB begangen.[23] Hinzukommen müsste allerdings, dass C die falsche Aussage durch ein zugunsten des Angeklagten A abgelegtes Zeugnis begangen hat. Dafür ist dem Sachverhalt nichts zu entnehmen. C hat zwar ein den A begünstigendes Urteil herbeigeführt, indem er den von B gestellten Strafantrag zurückgenommen hat. Jedoch ist die Rücknahme des Strafantrags keine Zeugenaussage. Der Wiederaufnahmegrund des § 362 Nr. 2 StPO liegt daher nicht vor.

b) § 362 Nr. 4 StPO

Indem A in der Gastwirtschaft vor Zuhörern bekundete, er habe dem B mit einer Eisenstange auf den Kopf geschlagen, hat er außergerichtlich eingestanden, diese Tat begangen zu haben. Ein Geständnis des A liegt also vor. Gegen die Glaubwürdigkeit dieses Geständnisses bestehen keine Bedenken. Fraglich ist aber, ob A ein „Freigesprochener" ist. Das Verfahren gegen A wurde nicht durch Sachurteil, sondern durch Prozessurteil gem. § 260 III StPO beendet. A wurde nicht freigesprochen, sondern das Verfahren gegen ihn wurde eingestellt. Allerdings hat dieses Urteil in Bezug auf die Straftatbestände (§§ 224 I, 226 I StGB), deren Anwendung durch Wiederaufnahme des Verfahrens ermöglicht werden soll, dieselbe Wirkung wie ein Freispruch. Indem das Gericht das Verfahren wegen des Fehlens eines Strafantrags einstellte, traf es

22 Meyer-Goßner/Schmitt/Schmitt § 365 Rn. 2.
23 Schönke/Schröder/Bosch/Schittenhelm StGB vor § 153 Rn. 14.

zugleich die Entscheidung, dass die Tat des A zwar Körperverletzung gem. § 223 I StGB, nicht aber gefährliche Körperverletzung gem. § 224 I StGB oder schwere Körperverletzung gem. § 226 I StGB ist. Dementsprechend erfasst auch die Strafklageverbrauchswirkung des Urteils (Art. 103 III GG) diese beiden Straftatbestände. Daher ist es gerechtfertigt, die Einstellung des Verfahrens wegen Fehlens der Verfahrensvoraussetzung Strafantrag einem Freispruch gleichzustellen.[24]

Der Wiederaufnahmegrund § 362 Nr. 4 StPO liegt vor.

III. Ergebnis

Die Staatsanwaltschaft kann eine Verurteilung des A wegen schwerer Körperverletzung (§ 226 I Nr. 3 StGB) erreichen, indem sie gem. § 362 Nr. 4 StPO die Wiederaufnahme des Verfahrens beantragt.

Frage 3: Könnte A noch wegen Körperverletzung mit Todesfolge (§ 227 StGB) verurteilt werden, wenn er wegen gefährlicher Körperverletzung (§ 224 I Nr. 2 StGB) rechtskräftig verurteilt worden wäre und B eine Woche nach Eintritt der Rechtskraft an den bei der Tat erlittenen Verletzungen verstorben wäre?

I. Neues Strafverfahren

Einer Verurteilung des A wegen Körperverletzung mit Todesfolge (§ 227 StGB) auf der Grundlage eines neuen Strafverfahrens könnte das Prozesshindernis Strafklageverbrauch (Art. 103 III GG) entgegenstehen. Die Verurteilung wegen gefährlicher Körperverletzung (§ 224 I Nr. 2 StGB) basiert auf einem Sachurteil, dessen Rechtskraft strafklageverbrauchende Wirkung hat. Diese Wirkung ist aber auf den Bereich der Tat beschränkt, die Gegenstand des Verfahrens und des Urteils war. Verfahrens- und Entscheidungsgegenstand war die von A zum Nachteil des B begangene Körperverletzung. Die Körperverletzungsfolge „Tod des B“ konnte dem Urteil gegen A noch nicht zugrunde gelegt werden, weil B noch lebte. Der Todeserfolg ist ein Ereignis, das außerhalb des Verfahrens liegt. Dies schließt aber nicht aus, dass die Rechtskraft des Urteils auch diesen Taterfolg erfasst. Denn der Todeserfolg hängt mit seiner Ursache, der Körperverletzung zusammen und ist daher Teil der Tat im prozessualen Sinn. Eine getrennte Aburteilung von Körperverletzung und Todeserfolg ist nicht möglich, weil der Erfolg ohne seine Ursache keine komplette Straftat begründen kann. Wenn daher die Körperverletzung Gegenstand eines Strafverfahrens ist, ist auch die aus ihr hervorgegangene Todesfolge Gegenstand dieses Verfahrens.

Eine andere rechtliche Beurteilung ist auch nicht deswegen möglich, weil der Todeserfolg erst eintrat, nachdem das Strafverfahren schon rechtskräftig abgeschlossen war. Das Gericht hatte zu keinem Zeitpunkt die Möglichkeit, den durch die Körperverletzung verursachten Tod in sein Urteil einzubeziehen. Dieser Umstand verdeutlicht

24 KK-StPO/Schmidt § 362 Rn. 10; Meyer-Goßner/Schmitt/Schmitt § 362 Rn. 4.

zwar, dass ein Bedürfnis für eine Ergänzung des rechtskräftigen Urteils durch nachträgliche Einbeziehung des erst später eingetretenen Taterfolgs besteht. Indessen gibt das geltende Strafprozessrecht dafür keine Handhabe. Der Vorschlag einer „Ergänzungsklage“ ist vom Gesetzgeber nicht aufgegriffen und umgesetzt worden.[25] Daher steht der Durchführung eines neuen Strafverfahrens zwecks Verfolgung und Ahndung der Körperverletzung mit Todesfolge das Verfahrenshindernis „ne bis in idem“ entgegen, Art. 103 III GG.[26]

II. Wiederaufnahme des Verfahrens

Eine Verurteilung des A wegen Körperverletzung mit Todesfolge aufgrund Wiederaufnahme des Verfahrens wäre möglich, wenn einer der Wiederaufnahmegründe des § 362 StPO vorläge. Das ist aber nicht der Fall. Anders als bei der Wiederaufnahme zugunsten des Angeklagten (§ 359 Nr. 5 StPO) reichen bei der Wiederaufnahme zuungunsten beliebig neue Tatsachen oder Beweismittel nicht. Der Umstand, dass der Tod des B erst nach Eintritt der Rechtskraft des Urteils eingetreten ist, begründet also keine Wiederaufnahmemöglichkeit.

III. Ergebnis

Die Staatsanwaltschaft hat keine Möglichkeit mehr, eine Verurteilung und Bestrafung des A wegen Körperverletzung mit Todesfolge (§ 227 StGB) herbeizuführen.

---

25 Beulke/Swoboda StrafProzR Rn. 509; Roxin/Schünemann StrafVerfR § 52 Rn. 16; Volk/Engländer GK StPO § 32 Rn. 9.

26 Krey/Heinrich DtStrafVerfR Rn. 1713; Schroeder/Verrel StrafProzR Rn. 334; Volk/Engländer GK StPO § 32 Rn. 9.

Fall 10: „Eine problematische Hauptverhandlung"

Arnold (A) wurde von der Staatsanwaltschaft vor dem Schöffengericht wegen Misshandlung seiner Töchter Tonia (T) und Xenia (X) angeklagt.

Der Beginn der Hauptverhandlung ist an einem Montag auf 9.00 Uhr angesetzt. Da an dem Wochenende zuvor die Sommerzeit auf Winterzeit umgestellt worden war, erschienen alle Verfahrensbeteiligten bereits kurz vor 8.00 Uhr im Gerichtssaal. Der Vorsitzende Valentin (V) fragte die Anwesenden, ob sie mit dem früheren Beginn der Hauptverhandlung einverstanden seien. Da niemand widersprach, rief der Vorsitzende um 8.15 Uhr die Sache auf. Als einzige Zuhörerin war Franka (F) – die Lebensgefährtin des A – im Sitzungssaal anwesend. A erklärte nach entsprechender Belehrung durch den Vorsitzenden, dass er von seinem Schweigerecht Gebrauch mache.

Um 9.00 Uhr erschien der Bürger Horst (H) im Sitzungssaal, der als Zuhörer der Hauptverhandlung beiwohnen wollte. H wunderte sich darüber, dass die Sitzung schon in vollem Gang war. Der Vorsitzende, der das Eintreffen des H bemerkt hatte, nickte dem Neuankömmling kurz zu und fuhr dann mit der Verhandlung fort.

Die Töchter T (18 Jahre) und X (19 Jahre) waren als Zeuginnen erschienen. Vor der Vernehmung von X und T wurde A vom Vorsitzenden Richter V aufgefordert, den Sitzungssaal zu verlassen. V begründete das damit, dass die Zeuginnen in Gegenwart des A wahrscheinlich nicht die Wahrheit sagen würden. Tatsächlich hatte die T dem V vor Beginn der Sitzung mitgeteilt, dass sie wahrscheinlich die Aussage verweigern werde, wenn A während ihrer Vernehmung im Sitzungssaal anwesend ist. Die beiden Schöffen äußerten sich zu der Entscheidung des V nicht. A verließ daraufhin den Sitzungssaal.

Die Zeugin T erschien mit einer Mütze auf dem Kopf, die sie tief ins Gesicht gezogen hatte, sodass ihre Stirn vollständig verdeckt war. Der Vorsitzende Richter forderte sie auf, die Mütze abzunehmen, da „dieser Aufzug" mit der Würde des Gerichts nicht zu vereinbaren sei. T nahm widerwillig die Mütze ab. Dabei kam eine quer über die Stirn verlaufende frische Wunde zum Vorschein. Vor der T war die Ex-Frau Elisa (E) des A als Zeugin vernommen worden. Dabei hatte E ausgesagt, dass T erst gestern von A verprügelt und an der Stirn verletzt worden sei. V forderte T nun auf, näher zu treten, damit Richter und Schöffen die Verletzung genau sehen können. T leistete der Aufforderung Folge, protestierte aber gegen die „richterliche Besichtigung" und erklärte, als Tochter des A brauche sie ihren Körper nicht für irgendwelche Ermittlungen zur Verfügung zu stellen. Danach wurde T zur Person vernommen. Anschließend erklärte sie, dass sie von ihrem Zeugnisverweigerungsrecht Gebrauch mache. V und die Schöffin Leonie (L) betrachteten eingehend die Verletzung am Kopf der T. Der Schöffe Moritz (M) war währenddessen kurz eingenickt und wachte erst wieder auf, als T im Zuhörerraum Platz genommen hatte.

Die zweite Tochter X des A sagte aus, sie lebe mit A zusammen in der Wohnung von A's neuer Freundin F. F saß im Zuhörerbereich in der ersten Reihe. X war während der Vernehmung sehr unsicher und schaute sich wiederholt hilfesuchend zu F um. F lächelte ihr freundlich zu und nickte aufmunternd mit dem Kopf. Die Aussage der X entlastete den A. Im Ermittlungsverfahren hatte sich die X gegenüber der Polizei noch auf ihr Zeugnisverweigerungsrecht berufen.

Der Vorsitzende hielt es für wahrscheinlich, dass X die Unwahrheit gesagt hatte, weil sie ihrem Vater zu einem Freispruch verhelfen wollte. Daher entschied er die X unvereidigt zu lassen. Erst jetzt wurde A wieder in das Sitzungszimmer geholt. Er wurde von V darüber informiert, dass T ihr Zeugnis verweigert habe. Der Inhalt der von X gemachten Aussage wurde dem A ebenfalls bekanntgegeben. Über die Betrachtung der Wunde an der Stirn der T, über die Kommunikation zwischen F und X während deren Zeugenvernehmung und über die Nichtvereidigung der X wurde A nicht unterrichtet.

Für alle Beteiligten überraschend meldete sich nun plötzlich der bisher schweigsam gewesene Schöffe M zu Wort. Er fühle sich verpflichtet, nun auch einmal etwas zu der Art zu sagen, wie der Angeklagte mit seinen Kindern umgeht. Er – M – wohne nämlich in der Nähe der Familie A. Eines Tages habe er zufällig gesehen, wie A seine Tochter X mit einem Stock heftig auf das Gesäß geschlagen habe.

Der Verteidiger des A protestierte gegen die Art und Weise, wie ein Mitglied des Gerichts sein angebliches Wissen in die Hauptverhandlung einführe. Mit ordentlicher Beweisaufnahme habe dies nichts mehr zu tun. Daraufhin entgegnete der Vorsitzende V, eine förmliche Beweisaufnahme sei hinsichtlich der von M persönlich gemachten Beobachtungen gar nicht notwendig. Denn diese Tatsachen seien ja „gerichtsbekannt“ und damit „offenkundig“. Der Verteidiger quittierte diese Bemerkung mit Kopfschütteln.

Am Ende der Hauptverhandlung wurde A wegen gefährlicher Körperverletzung gem. §§ 223, 224 StGB zu einer Freiheitsstrafe von zwei Jahren verurteilt. Die Vollstreckung der Strafe wurde zur Bewährung ausgesetzt.

In der mündlichen Urteilsbegründung legte der V dar, wie das Gericht zu seiner Überzeugung von der Schuld des A gekommen ist:

Das Gericht sei davon überzeugt, dass A nur deshalb von seinem Schweigerecht Gebrauch gemacht habe, weil er sich nicht selbst belasten wollte. Auch die Zeugin T habe die Aussage verweigert, weil sie ihren Vater A nicht belasten wollte. Die frische Wunde an der Stirn der T beweise zudem, dass A ein jähzorniger und gewalttätiger Mensch ist.

Die entlastenden Aussagen der Zeugin X hält das Gericht für unwahr. Anders sei es nicht zu verstehen, dass X in der Hauptverhandlung ausgesagt hat, nachdem sie im Ermittlungsverfahren noch von ihrem Zeugnisverweigerungsrecht Gebrauch gemacht hatte. Das spreche dafür, dass die Zeugin sich in der Zwischenzeit eine Aussage zurechtgelegt habe, mit der sie den Angeklagten entlasten kann.

Schließlich hätten die Aussagen des Schöffen M bestätigt, dass A seine Töchter misshandelt hat.

Kurz bevor V mit der mündlichen Urteilsbegründung begann, hatte A mit Erlaubnis des V den Sitzungssaal verlassen, um die Toilette aufzusuchen. A kehrte erst nach Beendigung der mündlichen Urteilsbegründung wieder in den Sitzungssaal zurück. V bat den Verteidiger des A, seinen Mandanten kurz über die Urteilsbegründung zu informieren.

Bearbeitervermerk:

Zur Vorbereitung einer Revisionsbegründung ist der geschilderte Verlauf der Hauptverhandlung auf Ansatzpunkte für erfolgversprechende Verfahrens- und Sachrügen zu überprüfen.

Gutachtliche Vorüberlegungen

Die Begründetheit einer Revision kann auf Verletzungen des Verfahrensrechts und auf Verletzungen des materiellen Strafrechts beruhen. Dementsprechend ist zur Begründung der Revision eine Verfahrensrüge und eine Sachrüge möglich. Anknüpfungspunkte für die Sachrüge bietet erst die Urteilsbegründung, während die Verfahrensrüge auf Vorgänge im Verlauf der Hauptverhandlung gestützt wird. Deshalb ist es zweckmäßig, mit der Erörterung möglicher Verfahrensrügen zu beginnen, dabei den Sachverhalt in chronologischer Abfolge zu überprüfen und die Sachrüge an den Schluss des Gutachtens zu stellen. Hier könnte bereits der zu frühe Beginn der Hauptverhandlung Verfahrensrecht verletzt haben. Da dies auf den ersten Blick aber nur eine bloße Formalität zu betreffen scheint, muss man darüber nachdenken, welche gewichtige Rechtsposition durch den vorgezogenen Sitzungsbeginn beeinträchtigt sein könnte. Das Erscheinen des Zuhörers H im Sitzungssaal kann den Bearbeiter auf die richtige Spur bringen. Die Vorgänge um die Betrachtung der Verletzung an der Stirn der Zeugin T berühren verschiedene prozessrechtliche Gesichtspunkte. Zu würdigen ist insbesondere ein eventuelles Weigerungsrecht der T sowie die ermüdungsbedingte Unaufmerksamkeit des Schöffen M. Problematisch an der Vernehmung der Zeugin X erscheint die dauernde Kommunikation mit der Zuhörerin F sowie die Nichtvereidigung der Zeugin. Eine Vielzahl von Verfahrensmängeln sind im Zusammenhang mit der vorübergehenden Entfernung des A aus dem Gerichtssaal aufzudecken. Der Einwurf des Schöffen M zwingt zur Auseinandersetzung mit der Frage, auf welche Weise privates Wissen von Gerichtsmitgliedern prozessrechtlich einwandfrei in die gerichtliche Wahrheitsfindung einbezogen werden kann. Am Ende der Hauptverhandlung ist erneut zu erörtern, welchen Einfluss Absenzen von Verfahrensbeteiligten auf die Rechtmäßigkeit der Hauptverhandlung haben können. Bei sämtlichen festgestellten Verfahrensrechtsverletzungen ist jeweils kurz auf die Beruhensfrage einzugehen. Für eine Sachrüge bietet der Sachverhalt insofern Stoff, als die Überzeugungsbildung des Gerichts Umstände berücksichtigt haben könnte, die der Beweiswürdigung entzogen sind.

Lösungsgliederung

I. Verfahrensrügen

1. Beginn der Hauptverhandlung um 8.15 Uhr
   a) Öffentlichkeit der Hauptverhandlung
   b) Beruhen
2. Betrachtung der Kopfwunde der T
   a) Ordnungsverfügung
   b) Körperliche Untersuchung
   c) Schlafender Schöffe
   d) Beruhen
3. Vernehmung der Zeugin X
   a) Anwesenheit der F
   b) Nichtvereidigung der Zeugin
   c) Beruhen
4. Vorübergehende Entfernung des A aus dem Sitzungssaal
   a) Gefährdung der Wahrheitsfindung
   b) Beschluss des Gerichts
   c) Dauer der Abwesenheit des A
   d) Unterrichtung des A
   e) Beruhen
5. Aussage des Schöffen M
   a) Zeugenaussage
   b) Offenkundigkeit
   c) Beruhen
6. Abwesenheit des A während der Urteilsverkündung
   a) Anwesenheitspflicht
   b) Beruhen

II. Sachrüge

1. Beweiswürdigung des Gerichts
   a) Schweigen des A
   b) Zeugnisverweigerung der T
   c) Zeugenaussage der X
2. Beruhen

III. Ergebnis

Lösungsvorschlag

I. Verfahrensrügen

1. Beginn der Hauptverhandlung um 8.15 Uhr

a) Öffentlichkeit der Hauptverhandlung

Durch den Beginn der für 9.00 Uhr angesetzten Hauptverhandlung um 8.15 Uhr könnte der Grundsatz der Öffentlichkeit und § 169 I 1 GVG verletzt worden sein. Die Öffentlichkeit der Verhandlung beinhaltet das Recht jedes einzelnen Bürgers, als Zuhörer der Hauptverhandlung im Gerichtssaal beiwohnen zu können. Zur Ermöglichung der Wahrnehmung dieses Rechts ist die Justiz gehalten, dem Publikum rechtzeitig klare, verständliche und leicht zugängliche Informationen über Zeit und Ort der Verhandlung zu geben.[1] Ausreichend ist dafür in der Regel die Anbringung eines Terminszettels vor dem Eingang des Verhandlungssaales. Ist dies geschehen, muss sich das Gericht auch an die publik gemachten Festlegungen hinsichtlich Zeit und Ort der Verhandlung halten. Weicht das Gericht an einen anderen Sitzungsort aus oder wird die Sitzungszeit vorgezogen oder verschoben, muss darauf rechtzeitig in ausreichender Form hingewiesen werden.[2] Hier war als Sitzungsbeginn 9.00 Uhr bekannt gegeben worden. Darauf mussten sich Zuhörer verlassen können. Ein früherer Beginn ohne rechtzeitige Ankündigung begründete die Gefahr, dass Zuhörer zu spät im Sitzungssaal erscheinen würden. Diese Gefahr hatte sich hier tatsächlich im Fall des Zuhörers H realisiert. In dem verfrühten Beginn der Hauptverhandlung liegt daher eine Verletzung des § 169 I 1 GVG. Diese hätte nur dadurch geheilt werden können, dass das Gericht mit der Hauptverhandlung um 9.00 Uhr noch einmal von vorn begonnen hätte.[3] An dem Verstoß gegen § 169 I 1 GVG ändert auch die Tatsache nichts, dass alle um 8.15 Uhr im Gerichtssaal anwesenden Personen mit dem Beginn der Sitzung einverstanden waren. Der Öffentlichkeitsgrundsatz ist zwingendes Verfahrensrecht und steht nicht zur Disposition der Beteiligten.[4] Zudem müssten die Personen einverstanden sein, denen der Öffentlichkeitsgrundsatz eine subjektive Rechtsstellung einräumt, also tatsächlich anwesende und nicht anwesende potentielle Zuhörer. Faktisch wäre ein derartiges Einverständnis der Allgemeinheit allenfalls dann möglich, wenn die Kapazität des Sitzungssaales bereits durch die Menge anwesender Zuhörer vollständig erschöpft wäre und alle anwesenden Zuhörer mit dem früheren Sitzungsbeginn einverstanden wären.

b) Beruhen

Das Urteil des Schöffengerichts beruht auf der Verletzung des § 169 I 1 GVG. Denn diese Gesetzesverletzung ist ein absoluter Revisionsgrund gem. § 338 Nr. 6 StPO. Daher wird das Beruhen des Urteils auf der Gesetzesverletzung unwiderleglich vermutet. Dies ist hier auch der Fall, wenn man mit der hM verlangt, dass der Verstoß gegen § 169 I 1 GVG auf ein Verschulden des Gerichts zurückzuführen ist.[5] Eine Revision des A hätte schon aus diesem Grund Aussicht auf Erfolg.

1 Meyer-Goßner/Schmitt/Schmitt GVG § 169 Rn. 3; Murmann Prüfungswissen StrafProzR Rn. 169b; Walter StrafProzR Rn. 443.
2 Meyer-Goßner/Schmitt/Schmitt GVG § 169 Rn. 4a, 6.
3 Weidemann/Scherf Revision StrafR Rn. 241.
4 Roxin/Schünemann StrafVerfR § 47 Rn. 24.
5 Meyer-Goßner/Schmitt/Schmitt § 338 Rn. 49; Weidemann/Scherf Revision StrafR Rn. 240; aA Roxin/Schünemann StrafVerfR § 47 Rn. 24.

2. Betrachtung der Kopfwunde der T

a) Ordnungsverfügung

Die Aufforderung des V an T, die Mütze abzunehmen, könnte als Maßnahme zur Aufrechterhaltung der Ordnung in der Sitzung zulässig gewesen sein. Gem. § 176 GVG obliegt es dem Vorsitzenden, gegen Störungen eines geordneten Sitzungsverlaufs geeignete Maßnahmen zu ergreifen. Dazu gehören auch Weisungen gegenüber anwesenden Personen, die in unangemessener Bekleidung vor Gericht erschienen sind.[6] Was gem. § 178 GVG als „Ungebühr" repressiv geahndet werden kann, kann gem. § 176 GVG präventiv unterbunden werden. Ob das Tragen einer Kopfbedeckung im Gerichtssaal ein Umstand ist, der die Ordnung der Sitzung beeinträchtigt, ist fraglich. Das Abnehmen der Kopfbedeckung beim Betreten von Räumen ist möglicherweise ein bloßes Gebot der Höflichkeit. Andererseits nimmt bei weiblichen Personen am Tragen eines Hutes, Kopftuches oder einer sonstigen Kopfbedeckung zB in Restaurants, Kirchen, öffentlichen Verkehrsmitteln usw. niemand Anstoß. Im vorliegenden Fall ist nicht ersichtlich, welche störende Wirkung die von T getragene Mütze in der Hauptverhandlung haben könnte, wenn man davon absieht, dass möglicherweise die Beweisaufnahme behindert werden könnte. Dies ist jedoch kein Fall des § 176 GVG, sondern ist im Kontext des Rechts der Beweisaufnahme zu behandeln. Auf § 176 GVG kann die an T gerichtete Aufforderung zum Abnehmen der Mütze nicht gestützt werden.

b) Körperliche Untersuchung

Die Aufforderung zum Abnehmen der Mütze könnte als vorbereitende Maßnahme im Rahmen einer körperlichen Untersuchung gem. § 81c I StPO zulässig gewesen sein. Dem könnte jedoch schon entgegenstehen, dass T als Tochter des Angeklagten gem. § 52 I Nr. 3 StPO ein Zeugnisverweigerungsrecht und gem. § 81c III 1 StPO ein daran anknüpfendes Untersuchungsverweigerungsrecht hatte. Darauf hat sich T gegenüber dem Gericht auch ausdrücklich berufen. § 81c III StPO käme jedoch nicht zum Zuge, wenn das Betrachten der Verletzung an der Stirn der T keine körperliche Untersuchung iSd § 81c StPO wäre. Körperliche Untersuchung ist jede den Körper betreffende Sachverhaltserforschung, die von dem Betroffenen mehr verlangt als die schlichte körperliche Anwesenheit am Ort des Verfahrens. Eingriffscharakter erlangt die körperliche Untersuchung dadurch, dass sie von dem Betroffenen die Duldung von Einwirkungen auf den Körper verlangt, die über das Anschauen mit bloßem Auge hinausgehen. Dies ist typischerweise der Fall, wenn es um die Betrachtung von Stellen des Körpers geht, die normalerweise durch Kleidung verdeckt sind. Besteht die Sachverhaltserforschung dagegen in dem Betrachten der Figur oder Größe eines Menschen oder im Anschauen von Körperteilen, die üblicherweise nicht bekleidet oder sonst verhüllt sind, erschöpft sich die Belastung des Betroffenen in der körperlichen Anwesenheit. Eine Anwesenheitspflicht in der Hauptverhandlung hat eine Person, die als Zeuge vernommen werden soll. Dafür bedarf es keiner besonderen gesetzlichen Grundlage. Die Pflicht zur Anwesenheit besteht auch für einen Zeugen, der ein Zeugnisverweigerungsrecht hat und dieses auch ausüben will. Bietet sich bei der Vernehmung des anwesenden Zeugen dem Gericht die Gelegenheit, den Körper des Zeugen in Augenschein zu nehmen, so ist dies rechtlich von der Anwesenheitspflicht des Zeugen gedeckt. Einer darüber hinausgehenden Befugnisnorm bedarf es

6 Meyer-Goßner/Schmitt/Schmitt GVG § 178 Rn. 3.

nicht. Daher handelt es sich nicht um eine körperliche Untersuchung iSd § 81c I StPO.[7] Die Tatsache, dass die Verletzung an der Stirn durch die Mütze auf dem Kopf der T verdeckt war, macht aus der Maßnahme noch keine körperliche Untersuchung.[8] Das Abnehmen der Kopfbedeckung ist ein geringfügiger Akt, zu dessen Duldung die Zeugin im Rahmen ihrer Vernehmung verpflichtet ist. Insbesondere ist diese Art der Entkleidung nicht geeignet, das Schamgefühl der T als Frau zu beeinträchtigen. Daher kommt § 81c StPO nicht zur Anwendung. Das Untersuchungsverweigerungsrecht der T hindert die Augenscheinseinnahme an ihrem Körper nicht. Die Betrachtung der Kopfwunde war zulässig. Zudem würde der erfolgreichen Rüge einer Verfahrensrechtsverletzung möglicherweise entgegenstehen, dass der Verteidiger des A in der Hauptverhandlung der Inaugenscheinseinnahme der T durch den Vorsitzenden nicht widersprochen hat. Zwar ist die „Widerspruchslösung“ der Rechtsprechung bisher nur auf andere Fälle unzulässiger Beweisverwertung angewandt worden. Es existiert aber eine Tendenz zur Ausdehnung des Widerspruchserfordernisses.[9]

c) Schlafender Schöffe

Die Augenscheineinnahme am Körper der Zeugin T könnte rechtswidrig gewesen sein, weil der Schöffe M während dieses Vorgangs schlief. M konnte daher die Erkenntnisse, die die Betrachtung der Verletzung an der Stirn der T dem Gericht verschaffen konnten, nicht unmittelbar gewinnen. Dies ist ein Verstoß gegen den beweisrechtlichen Grundsatz der Unmittelbarkeit.[10] Der M schöpfte seine Überzeugung von der Schuld des A nur teilweise aus unmittelbaren Wahrnehmungen in der Hauptverhandlung.[11] Zudem war M in der Hauptverhandlung geistig nicht anwesend, während er schlief. Rechtlich steht das der körperlichen Abwesenheit gleich, wenn der Zustand sich über einen erheblichen Zeitraum erstreckt und daher wesentliche Vorgänge der Hauptverhandlung nicht wahrgenommen werden.[12] Das vollständige Verschlafen der Augenscheineinnahme am Körper der T betrifft einen wesentlichen Teil der Beweisaufnahme. Das Gericht war deshalb während dieses Vorgangs nicht ordnungsgemäß besetzt.

d) Beruhen

Das Beruhen des Urteils auf der rechtswidrigen geistigen Abwesenheit des M wird gesetzlich vermutet, wenn der Verfahrensfehler die Qualität eines absoluten Revisionsgrundes hat. Überwiegend wird der Verfahrensmangel als Fehler in der Besetzung des Spruchkörpers qualifiziert.[13] Daher ist § 338 Nr. 1 StPO einschlägig.[14] Vorzugswürdig erscheint indessen die Annahme rechtswidriger Abwesenheit iSd § 338 Nr. 5 StPO. Auf jeden Fall liegt ein absoluter Revisionsgrund vor.[15] Das Urteil beruht also auf der Gesetzesverletzung.

7 OLG Hamm MDR 1974, 1036 (Größenvergleich); SK-StPO/Rogall § 81a Rn. 22.
8 SK-StPO/Rogall § 81a Rn. 23.
9 Informativ und krit. dazu Beulke/Swoboda StrafProzR Rn. 460a.
10 Beulke/Swoboda StrafProzR Rn. 409.
11 Roxin/Schünemann StrafVerfR § 46 Rn. 38.
12 BGHSt 11, 74 (77) = NJW 1958, 31; Joecks/Jäger StPO § 226 Rn. 2.
13 Hellmann StrafProzR Rn. 638.
14 BGHSt 2, 14 (16) = BeckRS 1951, 102864; Joecks/Jäger StPO § 338 Rn. 9; Meyer-Goßner/Schmitt/Schmitt § 338 Rn. 10, 15.
15 AA Beulke/Swoboda StrafProzR Rn. 408: § 337 StPO.

3. Vernehmung der Zeugin X

a) Anwesenheit der F

Die Vernehmung der Zeugin X könnte rechtswidrig gewesen sein, weil die F im Gerichtssaal anwesend war während X ihre Aussage machte. Damit könnte § 58 I StPO verletzt worden sein. Voraussetzung dafür ist, dass F Zeugin gewesen ist. Zeuge wird jemand aufgrund von Wahrnehmungen, die Gegenstände betreffen, die in dem Verfahren von Bedeutung sind.[16] Da F mit A zusammenlebte, dürfte sie Beobachtungen gemacht haben, die für das Verfahren von Bedeutung sein könnten. Allerdings war F in der Hauptverhandlung nicht als Zeugin geladen. Daher war F keine „später zu hörende" Zeugin. Daran ändert auch die Tatsache nichts, dass die Nichtberücksichtigung der F eine Verletzung der gerichtlichen Aufklärungspflicht sein könnte, § 244 II StPO. Zudem gilt die Missachtung des § 58 I StPO nur als Verstoß gegen eine Ordnungsvorschrift, der revisionsrechtlich irrelevant ist.[17]

b) Nichtvereidigung der Zeugin

Verfahrensrecht könnte dadurch verletzt worden sein, dass X nach ihrer Aussage nicht vereidigt wurde. Eine Entscheidung über die Vereidigung des Zeugen ist nur zu treffen, wenn der Aussage ausschlaggebende Bedeutung zukommt, § 59 I 1 StPO. Davon kann man hier ausgehen, da X den A mit ihrer Aussage entlastete. Die Entscheidung über die Vereidigung der Zeugin steht im Ermessen des Vorsitzenden bzw. Gerichts, § 59 I 1 StPO.[18] Eine falsche Anwendung des § 59 I 1 StPO könnte deswegen darin bestehen, dass hier ein richterliches Ermessen gar nicht ausgeübt wurde. Von der Vereidigung der X wurde abgesehen, weil der Vorsitzende annahm, dass ein Vereidigungsverbot bestand. Der Entscheidung lag also kein Ermessensgebrauch zugrunde. Dies wäre allerdings korrekt, wenn tatsächlich die Voraussetzungen eines Vereidigungsverbotes vorgelegen hätten. In Betracht kommt das Vereidigungsverbot aus § 60 Nr. 2 StPO. X wurde aufgrund ihrer Aussage vor Gericht verdächtigt, die Unwahrheit gesagt zu haben, um auf diese Weise ihren Vater vor der Verurteilung zu bewahren. Der Verdacht richtet sich also auf eine von X begangene (versuchte) Strafvereitelung, §§ 258 I, IV, 22 StGB. Daher scheinen die Voraussetzungen des § 60 Nr. 2 StPO erfüllt zu sein. Indessen ist zu beachten, dass Gegenstand des Strafvereitelungsverdachts die von X vor Gericht gemachte angebliche Falschaussage ist. Unter diesen Umständen kann die Vereidigung ihren Zweck, den Zeugen zu einer wahrheitsgemäßen Aussage zu bewegen, noch erreichen. Da sich die Strafvereitelung im Versuchsstadium befindet, könnte X durch eine Berichtigung der Aussage noch strafbefreiend zurücktreten, § 24 StGB. Aus diesem Grund ist § 60 Nr. 2 StPO auf eine Strafvereitelung, die gerade durch die Aussage, um deren Beeidigung es geht, begangen wurde, nicht anwendbar. § 60 Nr. 2 StPO erfasst nur strafbares Verhalten des Zeugen außerhalb der Hauptverhandlung.[19] Von der Vereidigung der X durfte hier also nicht nach § 60 Nr. 2 StPO abgesehen werden. Das Gericht hätte eine Ermessensentscheidung nach § 59 I 1 StPO treffen müssen.

---

16 Meyer-Goßner/Schmitt/Schmitt vor § 48 Rn. 1.

17 Joecks/Jäger StPO § 58 Rn. 13; Meyer-Goßner/Schmitt/Schmitt § 58 Rn. 17.

18 Meyer-Goßner/Schmitt/Schmitt § 59 Rn. 13.

19 Joecks/Jäger StPO § 60 Rn. 6; Meyer-Goßner/Schmitt/Schmitt § 60 Rn. 20; Roxin/Schünemann StrafVerfR § 26 Rn. 44.

c) Beruhen

Der Verstoß gegen §§ 59 I 1, 60 Nr. 2 StPO ist kein absoluter Revisionsgrund iSd § 338 StPO. Die Revision kann mit Erfolgsaussicht auf diese Gesetzesverletzung somit nur unter der Voraussetzung gestützt werden, dass ein Beruhenszusammenhang tatsächlich besteht, § 337 StPO. Obwohl die diesbezüglichen Anforderungen nicht hoch sind, ist hier ein Beruhen auszuschließen. Das Gericht hat der Zeugin nicht geglaubt und eine Entscheidung getroffen, die von der Aussage der X nicht getragen wird. Es ist nicht anzunehmen, dass eine Vereidigung der Zeugin das Gericht zu einer anderen Beweiswürdigung veranlasst hätte.

4. Vorübergehende Entfernung des A aus dem Sitzungssaal

Die vorübergehende Entfernung des Angeklagten aus dem Sitzungssaal ist eine Maßnahme, die unter den Voraussetzungen des § 247 StPO zulässig ist. Gegen die rechtlichen Anforderungen dieser Vorschrift könnte hier in mehrfacher Weise verstoßen worden sein.

a) Gefährdung der Wahrheitsfindung

Der Angeklagte darf für die Zeit einer Vernehmung aus dem Gerichtssaal entfernt werden, wenn zu befürchten ist, dass die Aussageperson in Anwesenheit des Angeklagten nicht die Wahrheit sagen würde, § 247 S. 1 StPO. Dafür reicht auch die Ankündigung eines Zeugen, in Gegenwart des Angeklagten von einem Zeugnisverweigerungsrecht Gebrauch zu machen.[20] Die Befürchtung, dass die Anwesenheit des A die Wahrheitsfindung beeinträchtigen würde, war hier begründet, da die Zeuginnen T und X als Opfer der von A mutmaßlich begangenen Taten galten und als Angehörige Zeugnisverweigerungsrechte hatten, § 52 I Nr. 3 StPO. Dass die T dann trotz Abwesenheit ihres Vaters ihr Zeugnis verweigerte, führt nicht rückwirkend zur Fehlerhaftigkeit der Anwendung des § 247 S. 1 StPO.[21]

b) Beschluss des Gerichts

Die Anordnung der Entfernung des Angeklagten aus dem Sitzungszimmer hat das Gericht zu treffen. Erforderlich ist ein Gerichtsbeschluss.[22] Bei einem Kollegialgericht müssen also alle Mitglieder des Spruchkörpers an der Entscheidung mitwirken. Die Verfügung des Vorsitzenden allein reicht nicht. Das Schöffengericht besteht aus dem Vorsitzenden und den beiden Schöffen, § 29 I GVG. Die Schöffen müssen neben dem Vorsitzenden mit über die Anwendung des § 247 S. 1 StPO entscheiden. Hier hat V die Entscheidung allein getroffen. Der Entfernung des A aus dem Sitzungszimmer liegt daher keine Anordnung des Gerichts zugrunde. Daher wurde § 247 S. 1 StPO verletzt.

c) Dauer der Abwesenheit des A

Der Ausschluss des Angeklagten ist auf den Zeitraum begrenzt, den das Gesetz mit „während einer Vernehmung" beschreibt. Umgekehrt folgt daraus, dass dem Angeklagten bei allen Vorgängen die Anwesenheit im Sitzungszimmer ermöglicht werden

---

20 Meyer-Goßner/Schmitt/Schmitt § 247 Rn. 4.
21 Meyer-Goßner/Schmitt/Schmitt § 247 Rn. 3.
22 Meyer-Goßner/Schmitt/Schmitt § 247 Rn. 14.

muss, die nicht zur Vernehmung gehören. Vorgänge, die mit der Vernehmung zwar zeitlich eng zusammenhängen, aber eine eigenständige rechtliche Qualität haben, unterfallen dem § 247 S. 1 StPO nicht. Werden sie durchgeführt, während der Angeklagte aufgrund der Entscheidung des Gerichts nicht im Sitzungssaal anwesend ist, liegt ein Verstoß gegen § 247 StPO vor.[23] Ein Verfahrensfehler kann dann nur dadurch vermieden werden, dass diese Vorgänge in Anwesenheit des Angeklagten wiederholt werden[24]. Hier wurden während der Abwesenheit des A nicht nur die Zeuginnen T und X vernommen. Es wurde darüber hinaus der richterliche Augenschein am Körper der T eingenommen. Außerdem wurde nach der Vernehmung der Zeugin X die Entscheidung getroffen, diese Zeugin gem. § 60 Nr. 2 StPO unvereidigt zu lassen. Trotz Zusammenhanges mit der Zeugenvernehmung sind sowohl Augenscheinseinnahme als auch die Entscheidung über die Nichtvereidigung der X eigenständige Verfahrensabschnitte, die vom Anwendungsbereich des § 247 S. 1 StPO nicht erfasst sind.[25] Die Aufrechterhaltung des Ausschlusses aus dem Sitzungszimmer auch während dieser Vorgänge war eine falsche Anwendung des § 247 S. 1 StPO und daher ein Verstoß gegen das in §§ 230, 231 StPO verankerte Verbot, gegen einen abwesenden Angeklagten die Hauptverhandlung durchzuführen.

d) Unterrichtung des A

A hätte nach seiner Rückkehr in das Sitzungszimmer vom Vorsitzenden über den wesentlichen Inhalt dessen unterrichtet werden müssen, was während seiner Abwesenheit ausgesagt und verhandelt wurde, § 247 S. 4 StPO. Hier wurde A über den Inhalt der Aussage informiert, die die Zeugin X gemacht hatte. Erforderlich war jedoch, dass A auch über die Vorgänge unterrichtet wird, die während seiner Abwesenheit an sich gar nicht hätten stattfinden dürfen. So hätte der Vorsitzende dem A auch mitteilen müssen, dass und aus welchem Grund die Zeugin X nicht vereidigt wurde.

e) Beruhen

Die fehlerhafte Anwendung des § 247 StPO hat zugleich die rechtliche Qualität, dass wesentliche Teile der Hauptverhandlung ohne anwesenden Angeklagten durchgeführt wurden, obwohl dafür kein rechtlicher Grund vorlag. Diese Gesetzesverletzung ist ein absoluter Revisionsgrund gem. § 338 Nr. 5 StPO.[26] Daher wird vermutet, dass das Urteil auf der Gesetzesverletzung beruht.

5. Aussage des Schöffen M

a) Zeugenaussage

M hat in der Hauptverhandlung über Beobachtungen berichtet, die er in Bezug auf A gemacht hatte und deren Gegenstand für das Verfahren von Bedeutung ist. Daher war M Zeuge und hätte demzufolge sein Wissen im Wege einer Zeugenvernehmung in die Hauptverhandlung einbringen müssen.[27] Als M seine Wahrnehmungen kundtat, war er als Schöffe Mitglied des erkennenden Gerichts. Die Verfahrensrollen des Zeugen

23 Meyer-Goßner/Schmitt/Schmitt § 247 Rn. 7.
24 BGHSt 48, 221 (232) = NJW 2003, 2107.
25 BGHSt 48, 221 (231) = NJW 2003, 2107.
26 BGHSt 48, 221 (231) = NJW 2003, 2107.
27 Hellmann StrafProzR Rn. 711.

und des Richters sind aber inkompatibel, dh wer in dem Verfahren als Zeuge ausgesagt hat, kann nicht (mehr) als Richter amtieren, § 22 Nr. 5 StPO.[28] Sofern also die Wissensbekundung des M eine Zeugenaussage war, war seine weitere Mitwirkung an dem Verfahren als Schöffe eine Verletzung des § 22 Nr. 5 GVG. Näher liegt jedoch die Annahme, dass die Mitteilung eigener Wahrnehmungen durch M keine Zeugenaussage war. Dafür spricht schon das Fehlen jeglicher Förmlichkeiten, die bei einer Zeugenvernehmung vorgeschrieben sind. M war während der Vernehmung der anderen Zeugen anwesend (§ 58 I StPO), er wurde nicht vom Vorsitzenden als Zeuge belehrt (§ 57 StPO) und hat auch keine Angaben zu seinen Personalien gemacht (§ 68 StPO). Es wurde auch nicht über seine Vereidigung entschieden (§ 59 StPO). Das Verfahrensrecht könnte deshalb hier dadurch verletzt worden sein, dass M der Sache nach eine Zeugenaussage hätte machen müssen, er tatsächlich aber nicht als Zeuge vernommen wurde.

b) Offenkundigkeit

Eine formelle Zeugenvernehmung wäre aber nicht erforderlich gewesen, wenn die Tatsachen, die M in der Hauptverhandlung mitteilte, offenkundig gewesen wären. Denn über Offenkundiges braucht in der Hauptverhandlung nicht Beweis erhoben zu werden.[29] Offenkundigkeit gibt dem Gericht nicht nur das Recht, einen Beweisantrag abzulehnen (§ 244 III 2 Alt. 1 StPO), sondern entbindet es auch von der auf § 244 II StPO beruhenden Pflicht, über die Tatsache überhaupt Beweis zu erheben. Denn wenn die Beweiserhebung überflüssig ist,[30] gebietet schon der Beschleunigungsgrundsatz den Verzicht auf dieses Procedere. Offenkundig sind Tatsachen, die entweder allgemeinkundig oder gerichtskundig sind.[31] Allgemeinkundig sind die angeblichen Grobheiten des A gegenüber seiner Tochter keinesfalls. Sie könnten aber gerichtskundig sein, weil M von ihnen weiß und M ein Mitglied des erkennenden Gerichts ist. Jedoch sind gerichtskundig nur Tatsachen, von denen die Richter im Zusammenhang mit ihrer amtlichen Tätigkeit zuverlässig Kenntnis erlangt haben.[32] M machte seine Beobachtungen hingegen privat. Privates Wissen eines Richters begründet keine Gerichts- und Offenkundigkeit, sondern muss durch Zeugenvernehmung in die Hauptverhandlung eingeführt werden. Da die Kenntnisse des M weder offenkundige Tatsachen betrafen noch durch Zeugenvernehmung in die Hauptverhandlung eingeführt worden sind, durften sie bei der Urteilsfindung nicht berücksichtigt werden.

c) Beruhen

Das Urteil beruht auf der Gesetzesverletzung, weil V in der mündlichen Urteilsbegründung betonte, dass die Überzeugung der Richter von der Schuld des A auch aus der Mitteilung des M gewonnen wurde.

28 Hellmann StrafProzR Rn. 713; Roxin/Schünemann StrafVerfR § 26 Rn. 6.
29 Beulke/Swoboda StrafProzR Rn. 404; Heger StrafProzR Rn. 364; Roxin/Schünemann StrafVerfR § 24 Rn. 8; Volk/Engländer GK StPO § 23 Rn. 11.
30 Meyer-Goßner/Schmitt/Schmitt § 244 Rn. 50.
31 Beulke/Swoboda StrafProzR Rn. 404; Roxin/Schünemann StrafVerfR § 24 Rn. 9 f.
32 Meyer-Goßner/Schmitt/Schmitt § 244 Rn. 52; Roxin/Schünemann StrafVerfR § 24 Rn. 10.

6. Abwesenheit des A während der Urteilsverkündung

a) Anwesenheitspflicht

Da A sich während der mündlichen Eröffnung der Urteilsgründe durch V nicht im Sitzungssaal aufhielt, könnte das in §§ 230, 231 StPO verankerte Anwesenheitsgebot verletzt worden sein. Danach muss der Angeklagte während der gesamten Hauptverhandlung ohne Unterbrechung im Sitzungssaal anwesend sein. Zur Hauptverhandlung gehört auch noch die mündliche Urteilsverkündung durch den Vorsitzenden Richter, § 268 II StPO.[33] Die Durchführung der Hauptverhandlung trotz Abwesenheit des Angeklagten könnte jedoch gem. § 231 II StPO zulässig gewesen sein. A hat sich selbst aus der Hauptverhandlung entfernt. Dies müsste jedoch eigenmächtig geschehen sein.[34] Eigenmächtiges Entfernen ist das vorsätzliche Verlassen des Sitzungssaals ohne Rechtfertigungs- und Entschuldigungsgrund. Nicht eigenmächtig handelt der Angeklagte, wenn er mit ausdrücklicher Gestattung des Gerichts den Sitzungssaal verlassen hat.[35] So verhielt es sich hier. Aufgrund der Billigung seines vorübergehenden Abtretens durch das Gericht durfte A darauf vertrauen, dass das Gericht die Hauptverhandlung nicht während seiner Abwesenheit fortführen würde. Die mündliche Verkündung der Urteilsgründe in Abwesenheit des A war daher eine Gesetzesverletzung.

b) Beruhen

Unzulässige Durchführung der Hauptverhandlung in Abwesenheit des Angeklagten ist ein absoluter Revisionsgrund gem. § 338 Nr. 5 StPO.[36] Die mündliche Eröffnung der Urteilsgründe durch den Vorsitzenden ist auch ein wesentlicher Teil der Hauptverhandlung.[37] Das Beruhen des Urteils auf der gesetzwidrigen Abwesenheitsverhandlung wird daher unwiderleglich vermutet. A hat das Recht, die Rechtswidrigkeit der Urteilsverkündung in seiner Abwesenheit mit der Revision zu rügen, auch nicht dadurch verwirkt, dass er im Einvernehmen mit dem Gericht den Gerichtssaal verlassen hatte.[38]

II. Sachrüge

1. Beweiswürdigung des Gerichts

Mit der Sachrüge können Rechtsverletzungen im Bereich der gerichtlichen Beweiswürdigung der revisionsgerichtlichen Prüfung unterbreitet werden.[39] Das Revisionsgericht darf aber nicht die Beweiswürdigung des Tatgerichts durch eine eigene Beweiswürdigung ersetzen. Rechtliche Fehler der Beweiswürdigung sind vor allem unzulässige Schlussfolgerungen bzw. die Anknüpfung an Tatsachen, die der Beweiswürdigung entzogen sind.[40]

33 Meyer-Goßner/Schmitt/Schmitt § 230 Rn. 7, § 268 Rn. 14.
34 LR/Becker § 231 Rn. 11; Meyer-Goßner/Schmitt/Schmitt § 231 Rn. 9.
35 LR/Becker § 231 Rn. 22; Meyer-Goßner/Schmitt/Schmitt § 231 Rn. 11.
36 Joecks/Jäger StPO § 230 Rn. 19; Meyer-Goßner/Schmitt/Schmitt § 231 Rn. 25.
37 Roxin/Schünemann StrafVerfR § 44 Rn. 47; aA Meyer-Goßner/Schmitt/Schmitt § 338 Rn. 38.
38 LR/Becker § 231 Rn. 46.
39 Joecks/Jäger StPO § 261 Rn. 30; Meyer-Goßner/Schmitt/Schmitt § 337 Rn. 26; Weidemann/Scherf Revision StrafR Rn. 575.
40 Meyer-Goßner/Schmitt/Schmitt § 261 Rn. 38.

a) Schweigen des A

Das Gericht könnte dadurch eine Gesetzesverletzung begangen haben, dass es die Ausübung des Schweigerechts des Angeklagten als Schuldindiz gedeutet hat. Mit der Verweigerung einer Einlassung zur Sache hat A sein Recht aus § 243 V 1 StPO wahrgenommen. Das Gericht darf aus dieser Rechtswahrnehmung keine belastenden Schlüsse ziehen.[41] Denn andernfalls wäre das Schweigerecht des Angeklagten wertlos, seine Ausübung hätte dann den Effekt, der durch dieses Recht gerade vermieden werden soll: Der Angeklagte soll die Freiheit haben, sich nicht selbst zu belasten. Diese Freiheit gewährleistet das Schweigerecht aber nur unter der Voraussetzung, dass sein Gebrauch keinerlei belastende Konsequenzen auslösen kann. Daher darf das Gericht die mutmaßlichen Motive des Angeklagten im Falle der Einlassungsverweigerung nicht zum Gegenstand der Beweiswürdigung machen. Indem das Gericht das Schweigen des A als Schuldeingeständnis gewertet hat, überschritt es die Grenzen zulässiger Beweiswürdigung und verletzte § 261 StPO.[42]

b) Zeugnisverweigerung der T

Das Gericht könnte auch dadurch die rechtlichen Beschränkungen der freien Beweiswürdigung missachtet haben, dass es aus der Zeugnisverweigerung der T Schlussfolgerungen gezogen hat, die den A belasten. Ebenso wie das Schweigerecht des Angeklagten ist auch das Zeugnisverweigerungsrecht des Angehörigen der richterlichen Beweiswürdigung entzogen. Der Richter darf aus der berechtigten Zeugnisverweigerung nicht schlussfolgern, dass der Zeuge von diesem Recht nur deswegen Gebrauch gemacht hat, weil er den Angeklagten nicht belasten wollte.[43] Wären derartige Schlussfolgerungen zulässig, wäre das Zeugnisverweigerungsrecht entwertet. Das Gericht hat also § 261 StPO verletzt, weil es die berechtigte Zeugnisverweigerung der T als Zurückhaltung einer den A belastenden Zeugenaussage gewürdigt hat.

c) Zeugenaussage der X

Das Gericht könnte seine Kompetenz zur Beweiswürdigung dadurch überschritten haben, dass es die Aussage der X in einen Zusammenhang mit der Zeugnisverweigerung im Ermittlungsverfahren brachte und daraus auf die Unglaubhaftigkeit der Aussage schloss. Zwar erklärt das Gericht hier die Tatsache der Zeugnisverweigerung im Ermittlungsverfahren nicht unmittelbar zu einer Grundlage seiner Überzeugungsbildung: Das wäre schon deswegen nicht zulässig, weil das Aussageverhalten der X nicht zum „Inbegriff der Verhandlung" gehört. Das Gericht verwertet die frühere Zeugnisverweigerung nur als Anknüpfungspunkt für die Würdigung der in der Hauptverhandlung gemachten Zeugenaussage. Aber letztlich zieht das Gericht damit aus dem Gebrauch des Zeugnisverweigerungsrechts Schlüsse, die den Angeklagten belasten und die daher der Ausübung des Zeugnisverweigerungsrechts selbst die

---

41 BGHSt 25, 365 (368) = NJW 1974, 2295; BGHSt 32, 140 (144) = NJW 1984, 1829; Beulke/Swoboda StrafProzR Rn. 495; Heinrich/Reinbacher Examinatorium StrafProzR 39/13; Hellmann StrafProzR Rn. 807; Joecks/Jäger StPO § 261 Rn. 13; Murmann Prüfungswissen StrafProzR Rn. 210.

42 Meyer-Goßner/Schmitt/Schmitt § 261 Rn. 16.

43 BGHSt 22, 113 (114) = BeckRS 1968, 105134; BGHSt 32, 140 (142) = NJW 1968, 1246; BGHSt 34, 324 (327) = NStZ 1987, 373; BGH NStZ 1987, 182 (183); 1989, 281; 2003, 443 (444); 2010, 101 (102); Beulke/Swoboda StrafProzR Rn. 496; Hellmann StrafProzR Rn. 807; Joecks/Jäger StPO § 261 Rn. 18; Meyer-Goßner/Schmitt/Schmitt § 261 Rn. 20.

Wirkung eines den Angeklagten belastenden Zeugenverhaltens zuschreiben. Dadurch wird dieses Recht, das dem Zeugen gerade die Freiheit garantieren soll, den Angeklagten nicht belasten zu müssen, ebenso entwertet wie im Fall der Verwertung einer Zeugnisverweigerung in der Hauptverhandlung.[44] Diese Form der Glaubwürdigkeitsbeurteilung verstößt gegen § 261 StPO.[45]

2. Beruhen

Wie die mündliche Urteilsbegründung bestätigt, hat das Gericht seine Überzeugung von der Schuld des A aus sämtlichen unzulässigen Beweiswürdigungen gewonnen. Damit beruht das Urteil auf den oben festgestellten Gesetzesverletzungen, § 337 StPO.

III. Ergebnis

Im Verlauf der Hauptverhandlung wurden vom Gericht zahlreiche Gesetzesverletzungen begangen, die Grundlage erfolgversprechender Verfahrensrügen sein können. Darüber hinaus hat das Gericht auch in mehrfacher Weise gegen rechtliche Beschränkungen der Beweiswürdigung verstoßen. Daraus lassen sich erfolgversprechende Sachrügen ableiten.

---

44 BGH NStZ 1987, 182 (183).
45 Meyer-Goßner/Schmitt/Schmitt § 261 Rn. 20; Roxin/Schünemann StrafVerfR § 26 Rn. 37.

Fall 11: „Die Fremdenlegionäre"

Gegen den 82-jährigen Albert (A) und den 80-jährige Bernhard (B) – beide deutsche Staatsangehörige – wurde im Jahr 2010 von der Staatsanwaltschaft ein Strafverfahren eingeleitet. Grundlage war der Verdacht, dass A und B in den Jahren 1960 bis 1962 als Mitglieder der Fremdenlegion in der damaligen belgischen Kolonie Kongo Männer, Frauen und Kinder ermordet haben sollen. Das Schwurgericht ließ die Anklage zum Hauptverfahren zu. Am ersten Hauptverhandlungstag war B wegen Erkrankung nicht erschienen. Das Gericht trennte daher das Verfahren gegen B vorübergehend ab und verhandelte gegen A allein. A machte von seinem Schweigerecht keinen Gebrauch und ließ sich umfassend zur Sache ein. Im Wesentlichen räumte er ein, von der Planung der Überfälle Kenntnis gehabt zu haben, sich daran aber nicht aktiv beteiligt zu haben. An der Ausführung der Aktionen sei er ebenfalls nicht beteiligt gewesen. Dagegen habe sein Mitangeklagter B an allen Aktionen der Fremdenlegion unmittelbar aktiv mitgewirkt. Am zweiten Hauptverhandlungstag war B wieder gesund und im Gerichtssaal anwesend. Das Gericht beschloss daher, die getrennten Verfahren wieder miteinander zu verbinden. Zu Beginn der Sitzung wurden B und sein Verteidiger von dem Vorsitzenden ausführlich darüber unterrichtet, was A bei seiner Vernehmung zur Sache ausgesagt hatte. Den Antrag des Verteidigers, die Vernehmung des A in Anwesenheit des B zu wiederholen, wies das Gericht zurück.

Einen Monat nach Hauptverhandlungsbeginn machten die Verteidiger des A Verhandlungsunfähigkeit geltend und beantragten die Einstellung des Verfahrens. Mehrere vom Gericht beauftragte Gutachter stellten übereinstimmend fest, A leide an einer schweren koronaren Herzkrankheit und sei aufgrund der dadurch begründeten Herzinfarktgefahr verhandlungsunfähig.

Die koronare Herzkrankheit ließe sich durch eine Ballonkatheterbehandlung wahrscheinlich beheben. Die Erfolgsaussicht bei einer derartigen Behandlung beträgt 80–90%. Andererseits besteht das Risiko eines Gefäßverschlusses in Höhe von 3% und das Risiko eines tödlichen Ausgangs von 0,5%. In 3% der Fälle wird eine Notoperation erforderlich und bei 30% aller Fälle ergibt sich die Notwendigkeit der Wiederholung des Eingriffs.

Mit Beschluss vom 4.2.2012 lehnte das LG den Antrag auf Einstellung des Verfahrens ab. Es hielt A zwar für verhandlungsunfähig, sah darin aber keinen Grund zur Verfahrenseinstellung. Die Krankheit des A sei durch die Ballonkatheterbehandlung behebbar. Nach diesem höchstwahrscheinlich erfolgreichen Eingriff werde eine annähernd normale, altersentsprechende Leistungsfähigkeit erreicht. Gleichzeitig ergebe sich dann für A die Möglichkeit, wieder an der Hauptverhandlung teilzunehmen. A sei folglich nicht auf Dauer verhandlungsunfähig. Da A sich weigerte, den ärztlich empfohlenen Eingriff vornehmen zu lassen, beschloss das Schwurgericht, die Hauptverhandlung in seiner Abwesenheit fortzusetzen. Weder A noch sein Verteidiger focht diesen Beschluss an.

Nach Anklageerhebung hatte sich dem Verfahren die 85-jährige N als Nebenklägerin angeschlossen. N ist die Mutter des damals 15-jährigen O, der im Jahr 1961 zu den Einwohnern eines Dorfes gehörte, an denen eine Legionärsgruppe ein Massaker verübt hatte. O sei durch einen Machetenhieb schwer verletzt worden, habe aber überlebt, weil er sich totgestellt hatte. Zehn Jahre später sei O an Malaria verstorben. Das Gericht beschloss, die N als Nebenklägerin zuzulassen.

Das Gericht regte gegenüber den Verfahrensbeteiligten an, in ein „Verständigungsverfahren" einzutreten, um auf diese Weise die Hauptverhandlung zu vereinfachen und zu beschleunigen und damit auch dem Alter und der Gesundheit der Angeklagten Rechnung zu tragen. Während B und sein Verteidiger dies ablehnten, waren Staatsanwalt und A einverstanden. Dem Vorschlag des Gerichts, auf der Grundlage des § 30 StGB eine zeitige Freiheitsstrafe „im einstelligen Bereich" zu verhängen, sofern A auf Rechtsmittel verzichtet, stimmten der Staatsanwalt, A und sein Verteidiger zu. Die Nebenklägerin N hingegen erklärte, dass sie einer solchen Vereinbarung widerspreche. Das Gericht verurteilte den A wegen Verabredung zum Mord aus §§ 211, 30 II Alt. 3 StGB zu einer Freiheitsstrafe von 7 ½ Jahren. B wurde wegen Mordes zu lebenslanger Freiheitsstrafe verurteilt. A erklärte nach Verkündung des Urteils zu Protokoll, dass er auf Rechtsmittel verzichte.

Dennoch legte nicht nur B, sondern auch der Verteidiger des A am nächsten Tag gegen das Urteil durch Erklärung zu Protokoll der Geschäftsstelle form- und fristgerecht Revision ein. Anschließend bemühte sich der Verteidiger, den A davon zu überzeugen, dass eine Revision sinnvoll sei. A verwies demgegenüber darauf, dass er vor Gericht den Verzicht auf Rechtsmittel erklärt habe und sich daran gebunden fühle. Am darauffolgenden Tag erklärte A bei der Geschäftsstelle des Landgerichts zu Protokoll, dass er das von seinem Verteidiger eingelegte Rechtsmittel zurücknehme. Aber noch an demselben Tag ließ sich A durch seinen Verteidiger zu einem Sinneswandel bewegen. In einem an das Landgericht adressierten Telefax teilte A mit, dass er die heute erklärte Revisionsrücknahme widerrufe. V begründete die Revision allgemein mit Verletzung des materiellen Strafrechts und mit fehlerhafter Behandlung der Verhandlungsunfähigkeit des A. Die Revisionsbegründungsschrift des Verteidigers wurde fristgemäß beim Gericht eingereicht.

Die Revision des B wurde von seinem Verteidiger fristgerecht und inhaltlich korrekt mit einer Verfahrensrüge begründet, die auf die Trennung und Wiederverbindung der Verfahren an den ersten beiden Hauptverhandlungstagen abstellte.

N ließ durch ihren Rechtsanwalt Revision gegen das Urteil einlegen. Sie machte geltend, A habe wegen versuchten Mordes verurteilt werden müssen. Auch wenn er an der Ausführung der Mordtaten nicht unmittelbar mitgewirkt habe, sei er doch als Mittäter wegen versuchten Mordes an ihrem Sohn O zu verurteilen.

Abwandlung: Nach der Verurteilung unterzog sich A der Ballonkatheterbehandlung. Der Eingriff verlief erfolgreich, seine Verhandlungsfähigkeit war danach wieder hergestellt. In der Begründung seiner Revision rügte A, dass in seiner Abwesenheit verhandelt wurde und die dem Urteil zugrunde liegenden Taten längst verjährt seien. Die Revisionsbegründung war von V rechtzeitig an das Landgericht geschickt worden. Wegen eines unvorhersehbaren Streiks bei der Post ging der Schriftsatz aber erst nach Fristablauf beim Gericht ein.

Bearbeitervermerk:

Frage 1: Wie sind die Erfolgsaussichten der Revision des A im Ausgangsfall und in der Abwandlung?

Frage 2: Wie sind die Erfolgsaussichten der Revision des B?

Frage 3: Wie sind die Erfolgsaussichten der Revision der N?

Hinweis:
Es ist davon auszugehen, dass die Taten von A und B nach dem am Tatort geltenden Strafrecht ebenso strafbar sind wie nach deutschem Strafrecht.
Bis 1969 verjährte Mord (§ 211 StGB) nach 20 Jahren, mit Wirkung vom 6.8.1969 wurde die Verjährungsfrist auf 30 Jahre verlängert, mit Gesetz vom 16.7.1979 wurde die Verjährung für Mord aufgehoben.

Gutachtliche Vorüberlegungen

Frage 1: Wie sind die Erfolgsaussichten der Revision des A im Ausgangsfall und in der Abwandlung?

Im Ausgangsfall ist bei der Zulässigkeitsprüfung besondere Aufmerksamkeit dem Umstand zu schenken, dass es in der Verhandlung vor dem Schwurgericht eine „Verständigung“ gegeben hat. Diese hat Einfluss auf die Möglichkeit eines Rechtsmittelverzichts, gegebenenfalls sogar auf die Möglichkeit einer Rechtsmittelrücknahme. Die Begründetheit hat sich der Frage etwaiger Verfolgungsverjährung sowie der Verhandlungsunfähigkeit zu widmen. Im Vordergrund steht die Frage, ob eine Gesetzesänderung, durch die das Verjährungsrecht zum Nachteil des Täters nach der Tat verschärft wird, wirksam ist. Die Verhandlungsunfähigkeit des Angeklagten gewinnt hier ihre rechtliche Relevanz aus der Unzulässigkeit einer Hauptverhandlung in Abwesenheit des Angeklagten. In der Abwandlung sind in der Zulässigkeitsstation die Fristversäumung und die Möglichkeit der Heilung dieses Zulässigkeitsmangels zu erörtern. Die Begründetheitsprüfung stützt sich auf § 231a StPO. Hier kommt es darauf an zu erkennen, ob A die Gesetzesverletzung in der Revision überhaupt geltend machen kann.

Frage 2: Wie sind die Erfolgsaussichten der Revision des B?

Da die Zulässigkeit der Revision keine Fragen aufwirft, ist hier allein die Begründetheit erörterungsbedürftig. Da die Revisionsbegründung sich allein auf die Verfahrenstrennung und Wiederverbindung der Verfahren bezieht, besteht die Aufgabe darin herauszufinden, gegen welches Verfahrensgesetz dadurch verstoßen worden sein könnte.

Frage 3: Wie sind die Erfolgsaussichten der Revision der N?

Um diese Frage beantworten zu können, muss man im Wesentlichen die Vorschriften über die Nebenklage (§§ 395 f. StPO) aufmerksam lesen. Dann wird man erkennen, dass die Zulässigkeit der Revision fraglich ist.

Lösungsgliederung

Frage 1

A. Ausgangsfall
I. Zulässigkeit
1. Statthaftigkeit
2. Revisionsberechtigung
3. Beschwer
4. Frist und Form
5. Revisionsbegründung
6. Rechtsmittelverzicht
7. Rechtsmittelrücknahme

II. Begründetheit
1. Verjährung
   a) Ablauf der Verjährungsfrist
   b) Unverjährbarkeit
2. Verhandlungsunfähigkeit

III. Ergebnis
B. Abwandlung
I. Zulässigkeit
1. Übereinstimmungen mit dem Ausgangsfall
2. Abweichung vom Ausgangsfall
   a) Revisionsbegründungsfrist
   b) Wiedereinsetzung in den vorigen Stand

II. Begründetheit
1. Prozesshindernis
2. Verfahrensrüge

III. Ergebnis

Frage 2

I. Zulässigkeit
II. Begründetheit
III. Ergebnis

Frage 3

I. Zulässigkeit
1. Statthaftigkeit
2. Revisionsberechtigung

II. Ergebnis

Lösungsvorschlag

Frage 1: Wie sind die Erfolgsaussichten der Revision des A im Ausgangsfall und in der Abwandlung?

A. Ausgangsfall

Die Revision hat Aussicht auf Erfolg, wenn sie zulässig und begründet ist.

I. Zulässigkeit

1. Statthaftigkeit

Da Gegenstand des Rechtsmittels ein Urteil der Schwurgerichtsstrafkammer (§ 74 II GVG) ist, ist die Revision statthaft, § 333 StPO.

2. Revisionsberechtigung

A ist als Angeklagter gem. § 296 I StPO revisionsberechtigt. Unerheblich ist, dass nicht A selbst, sondern sein Verteidiger die Revision eingelegt hat. Denn gem. § 297 StPO kann der Verteidiger für den Beschuldigten Rechtsmittel einlegen. Dies geschah hier auch nicht gegen den ausdrücklichen Willen des A. Zwar hatte A erklärt auf Rechtsmittel zu verzichten. Jedoch ist dieser Verzicht unbeachtlich (s. unten 6.).

3. Beschwer

Da A verurteilt worden ist, ist er durch das Urteil beschwert.[1] Dem steht nicht entgegen, dass dem Urteil eine Verständigung vorausgegangen ist, bei der A ausdrücklich sein Einverständnis mit einer Verurteilung zu einer zeitigen Freiheitsstrafe unter zehn Jahren erklärt hatte.

4. Frist und Form

Laut Sachverhalt hat V bei Einlegung der Revision die in § 341 I StPO vorgeschriebene Form gewahrt und die Revisionsfrist eingehalten.

5. Revisionsbegründung

Die Zulässigkeit der Revision setzt voraus, dass eine den Anforderungen des § 344 StPO entsprechende Revisionsbegründung innerhalb der Frist des § 345 StPO eingereicht wird.[2] V hat die Revision korrekt mit der Sachrüge begründet.[3] Ob darüber hinaus die Geltendmachung der Verhandlungsunfähigkeit des A als ordnungsgemäße Verfahrensrüge angesehen werden kann, ist fraglich. Das kann jedoch hier dahinstehen, da die Zulässigkeit der Revision davon nicht abhängt.

1 Weidemann/Scherf Revision StrafR Rn. 17.
2 Weidemann/Scherf Revision StrafR Rn. 43.
3 Kindhäuser/Schumann StrafProzR § 31 Rn. 9.

6. Rechtsmittelverzicht

Die Revision wäre unzulässig, wenn A wirksam auf Rechtsmittel verzichtet hätte, § 302 StPO.[4] Ein Rechtsmittelverzicht kann erst nach Verkündung des Urteils (§ 260 I StPO) – allerdings vor Bekanntgabe der Urteilsgründe – erklärt werden.[5] Daher ist die Zustimmung des A zu dem Vorschlag des Gerichts im Rahmen des „Verständigungsverfahrens“ kein wirksamer Rechtsmittelverzicht. Hier hat jedoch A auch nach der mündlichen Urteilsverkündung zu Protokoll gegeben, dass er auf die Einlegung der Revision verzichte. Im Normalfall wird durch eine solche Erklärung das eingelegte Rechtsmittel unzulässig. Allerdings ist zu beachten, dass die Entscheidung des A für den Revisionsverzicht maßgeblich durch die Verständigung mit Gericht und Staatsanwaltschaft beeinflusst sein dürfte. Ob es sich tatsächlich so verhält, ist aber letztlich irrelevant. Denn § 302 I 2 StPO erklärt den Rechtsmittelverzicht schon dann für unzulässig und damit unwirksam, wenn ihm überhaupt eine Verständigung iSd § 257c StPO vorausgegangen ist. Auf eine verzichtsmotivierende Wirkung der Verständigung kommt es nicht an. Hier hatte das Gericht mit Angeklagten und Staatsanwaltschaft auf der Basis von § 257c StPO konsensual kommuniziert. Damit ist der von A erklärte Rechtsmittelverzicht unwirksam. Dies ist selbst dann der Fall, wenn A in der von § 35a S. 3 StPO vorgeschriebenen Form qualifiziert über die Freiheit seiner Verzichtsentscheidung belehrt worden ist.[6]

7. Rechtsmittelrücknahme

Die Revision könnte jedoch aufgrund der von A innerhalb der Revisionsfrist abgegebenen Revisionsrücknahmeerklärung unzulässig geworden sein. Grundsätzlich hat die Rücknahmeerklärung den Wegfall des Rechtsmittels und die Unzulässigkeit erneuter Rechtsmitteleinlegung zur Folge. Daran vermag auch ein späterer Widerruf der Rücknahme nichts zu ändern.[7] Hier allerdings könnte § 302 I 2 StPO der Wirksamkeit der Rechtsmittelrücknahme entgegenstehen. Die Verzichtssperre des § 302 I 2 StPO könnte dadurch umgangen werden, dass unmittelbar nach Rechtsmitteleinlegung die Rücknahme des Rechtsmittels erklärt wird. Aus diesem Grund ist auch eine Rechtsmittelrücknahme unwirksam, wenn sie erkennbar allein dem Zweck dient, die Verzichtsschranke des § 302 I 2 StPO zu unterlaufen.[8] Indessen ist eine Umgehungsabsicht schwer nachzuweisen. Letztendlich kommt es darauf aber auch gar nicht an. Die zentrale Frage ist, ob A vor Ablauf der Revisionseinlegungsfrist noch die rechtliche Möglichkeit der Revisionseinlegung hatte, nachdem er die zuvor eingelegte Revision zurückgenommen hatte. Denn unmittelbar bewirkt die Rücknahme nur, dass die eingelegte Revision nicht mehr vorhanden ist. Dagegen ergibt sich hinsichtlich der Möglichkeit erneuter Revisionseinlegung vor Ablauf der Frist aus der Rechtsmittelrücknahme unmittelbar keine rechtliche Konsequenz. Dass nach der Rücknahme des ersten Rechtsmittels die Einlegung eines zweiten Rechtsmittels nicht mehr möglich ist, kann man allein als Folge der in der Rücknahme enthaltenen

4 Kindhäuser/Schumann StrafProzR § 31 Rn. 12.
5 Meyer-Goßner/Schmitt/Schmitt § 302 Rn. 14.
6 Beulke/Swoboda StrafProzR Rn. 395e.
7 Meyer-Goßner/Schmitt/Schmitt § 302 Rn. 9; Roxin/Schünemann StrafVerfR § 53 Rn. 29.
8 Joecks/Jäger StPO § 302 Rn. 18; Meyer-Goßner/Schmitt/Schmitt § 302 Rn. 26 f.; Niemöller/Schlothauer/Weider/Niemöller, Gesetz zur Verständigung im Strafverfahren, 2010, Teil B § 302 Rn. 16; enger BGHSt 55, 82 (86) = NStZ 2010, 409: Umgehung nur, wenn das Gericht auf diese Vorgehensweise hingewirkt hat.

Verzichtserklärung begründen.[9] Da aber hier gem. § 302 I 2 StPO ein wirksamer Verzicht nicht möglich ist, vermag auch die Revisionsrücknahme die nochmalige Einlegung der Revision nicht zu verhindern.[10] A hatte also nach der Rücknahme der Revision noch die Möglichkeit, Revision einzulegen. Indem er die zuvor erklärte Revisionsrücknahme widerrief, brachte er hinreichend deutlich zum Ausdruck, dass er erneut Revision einlegen will. Die Benutzung des Kommunikationsmittels Telefax entspricht auch dem Schriftformerfordernis des § 341 I StPO,[11] das sowohl für die Rücknahme als auch für deren Widerruf gilt.[12]

II. Begründetheit

Die Revision ist begründet, wenn das angefochtene Urteil auf einer Gesetzesverletzung beruht, § 337 StPO. Verletzungen des Verfahrensrechts berücksichtigt das Revisionsgericht aber nur, wenn und soweit der Revident eine ordnungsgemäße Verfahrensrüge erhoben hat, § 352 I StPO. Etwas anderes gilt jedoch für Verfahrenshindernisse und das Fehlen von Verfahrensvoraussetzungen. Diese muss das Revisionsgericht von Amts wegen prüfen, soweit ihre rechtliche Wirkung darin besteht, das Revisionsgericht an einer Entscheidung in der Sache zu hindern.[13]

1. Verjährung

a) Ablauf der Verjährungsfrist

Das Strafverfahren wäre einzustellen, wenn die Tat des A verjährt wäre.[14] Die Verjährung ist ein Prozesshindernis,[15] weil gem. § 78 I 1 StGB das Ziel eines jeden Strafverfahrens absolut unerreichbar geworden ist. Die Verfolgungsverjährung muss auch in der Revisionsinstanz von Amts wegen berücksichtigt werden, ohne dass es dafür einer Rüge seitens des Revisionsführers bedürfte. Da seit Begehung der Taten, die dem A vorgeworfen wurden, bis zur Einleitung des Strafverfahrens fast 50 Jahre vergangen sind, könnte Verfolgungsverjährung eingetreten sein. Eine Verjährungsunterbrechung gem. § 78c StGB wäre im Jahr 2010 nicht mehr möglich gewesen, wenn zu diesem Zeitpunkt die gesetzliche Verjährungsfrist bereits abgelaufen wäre. Die längste Verjährungsfrist des geltenden Strafrechts beträgt 30 Jahre, § 78 III Nr. 1 StGB. Diese Zeitspanne ist hier verstrichen. Somit ist Verjährung eingetreten, es sei denn, die verfahrensgegenständliche Tat gehört zu den Delikten, die nach § 78 II StGB oder § 5 VStGB[16] unverjährbar sind.

b) Unverjährbarkeit

Da A aus §§ 211, 30 II StGB verurteilt wurde, könnte es sich um einen unverjährbaren Mord handeln. Allerdings war Mord bis zur Gesetzesänderung im Jahr 1979 nicht unverjährbar. Ursprünglich verjährte Mord nach 20 Jahren, seit 6.8.1969 in

9 Weidemann/Scherf Revision StrafR Rn. 63.
10 Gericke NStZ 2011, 110 (112).
11 Meyer-Goßner/Schmitt/Schmitt Einl Rn. 139a.
12 Gössel StrafVerfR 306; Weidemann/Scherf Revision StrafR Rn. 60.
13 Meyer-Goßner/Schmitt/Schmitt § 352 Rn. 2.
14 Schroeder/Verrel StrafProzR Rn. 56.
15 Beulke/Swoboda StrafProzR Rn. 281.
16 § 5 VStGB ist die am 30.6.2002 in Kraft getretene Nachfolgeregelung des früheren § 78 II StGB, der das Verbrechen „Völkermord“ (§ 220a StGB aF) unverjährbar stellte.

30 Jahren. Erst seit dem Gesetz vom 16.7.1979 ist Mord unverjährbar. Zur Tatzeit galt also noch die 20-jährige Verjährungsfrist. Erst durch Gesetzesänderungen nach der Tat wurde das Verjährungsrecht verschärft. Es ist fraglich, ob das verfassungsrechtliche Rückwirkungsverbot (Art. 103 II GG) der Anwendung des jetzigen § 78 II StGB auf die Tat des A entgegensteht. Zum Teil wird dies mit dem Argument verneint, dass die Verjährung ein prozessrechtliches Institut sei und die Garantien des Art. 103 II GG nur für das materielle Strafrecht gälten. Jedoch ist beides nicht unbestritten. Es wird die Meinung vertreten, dass die Verjährung auch materiell-strafrechtlichen („gemischten“) Charakter habe[17] und dass der Wirkungsbereich des Art. 103 II GG auch Verfahrensrecht erfasse.[18] Aber diese Meinungskontroversen sind für die Entscheidung unerheblich.[19] Ausschlaggebend kann nur sein, ob der von einer nach der Tatbegehung in Kraft getretenen Verschärfung des Verjährungsrechts Betroffene dadurch in schutzwürdigem Vertrauen auf den Fortbestand der milderen Rechtslage beeinträchtigt wird. Das ist jedoch hM nicht der Fall. Niemand wird bei der Begehung einer Straftat in dem Vertrauen darauf geschützt, dass die Verfolgung der Tat nach einer bestimmten Zeitspanne verjährt ist.[20] Daher tangieren nachträgliche Gesetzesänderungen, durch die eine Verjährungsfrist verlängert oder gar ganz aufgehoben wird, grundsätzlich nicht das Rückwirkungsverbot des Art. 103 II GG.[21] Anders ist es nur, wenn nach bereits eingetretener Verjährung das Gesetz so geändert wird, dass gemäß der neuen Rechtslage die Tat noch nicht verjährt wäre.[22] Die in den Jahren 1960–1962 geltende 20-jährige Verjährungsfrist für Mord war weder im Jahr 1969, als die Verjährungsfrist auf 30 Jahre verlängert wurde, noch im Jahr 1979, als die Verjährung für Mord aufgehoben wurde, verstrichen. Daher ist die Unverjährbarkeitsregel des § 78 II StGB auf die Tat des A anwendbar. Der sachliche Anwendungsbereich des § 78 II StGB erfasst nicht nur den täterschaftlichen vollendeten Mord, sondern auch Mordteilnahme und versuchten Mord, sowie die versuchte Beteiligung am Mord. Daher ist eine Tat, deren Strafbarkeit sich aus §§ 211, 30 StGB ergibt, unverjährbar.[23] Die Tat des A ist also nicht verjährt.

2. Verhandlungsunfähigkeit

Ein faires Strafverfahren ist nur gegenüber einem Beschuldigten möglich, der seine Interessen vernünftig wahrnehmen und seine Verteidigung in verständiger und verständlicher Weise führen kann. Wer aus gesundheitlichen Gründen dazu nicht in der Lage ist, ist verhandlungsunfähig. Verhandlungsunfähigkeit ist, sofern sie dauernd und unbehebbar ist, ein Prozesshindernis.[24] Das Verfahren gegen einen dauerhaft verhandlungsunfähigen Beschuldigten muss eingestellt werden.[25] Hier ist A aufgrund seiner angeschlagenen Gesundheit verhandlungsunfähig. Fraglich ist allein, ob dieser Zustand unbehebbar ist. Denn es bestand die Möglichkeit, durch eine erfolgverspre-

17 Jescheck/Weigend StrafR AT § 86 I 1.
18 Schönke/Schröder/Hecker StGB § 2 Rn. 6.
19 Roxin/Greco StrafR AT I § 5 Rn. 58.
20 Jescheck/Weigend StrafR AT § 86 I 1 Fn. 3; Roxin/Greco StrafR AT I § 5 Rn. 60; Roxin/Schünemann StrafVerfR § 21 Rn. 9.
21 Eingehend zur abweichenden Meinung Mitsch in M. Vormbaum, Spätverfolgung von NS-Unrecht, 2023, S. 249 ff.
22 BGH NJW 1995, 1297 (1301); Roxin/Greco StrafR AT I § 5 Rn. 60.
23 Schönke/Schröder/Bosch StGB § 78 Rn. 1.
24 Engländer StrafProzR Rn. 7; Volk/Engländer GK StPO § 14 Rn. 16.
25 Beulke/Swoboda StrafProzR Rn. 277; Meurer NStZ 1993, 599 (600).

chende ärztliche Behandlung (Ballonkatheterbehandlung) die Herzkrankheit des A zu heilen. Weigert sich der Beschuldigte grundlos, die seine Verhandlungsfähigkeit wiederherstellenden Maßnahmen vornehmen zu lassen, wird die faktisch gegebene Verhandlungsunfähigkeit nicht berücksichtigt. Er wird dann einem verhandlungsfähigen Beschuldigten gleichgestellt. Anders ist es jedoch, wenn dem Beschuldigten die ärztliche Behandlung nicht zuzumuten ist. So verhält es sich hier. Der mit einer Ballonkatheterbehandlung verbundene Eingriff ist nicht unerheblich. Der begrenzten Erfolgsaussicht stehen nicht unbeträchtliche Risiken gegenüber. Daher war es dem A nicht zuzumuten, sich dieser ärztlichen Behandlung zu unterziehen.[26] Seine Verhandlungsunfähigkeit ist eine dauernde. Daher liegt ein Prozesshindernis vor. Dieses Prozesshindernis existiert auch noch im Zeitpunkt der Prüfung durch das Revisionsgericht. Deshalb muss das Revisionsgericht darauf reagieren unabhängig davon, ob A die rechtsfehlerhafte Behandlung seiner schon im Schwurgerichtsverfahren bestehenden Verhandlungsunfähigkeit durch die Strafkammer mit einer korrekten Verfahrensrüge beanstandet hat.

III. Ergebnis

Aufgrund der zulässigen Revision des A ist das Verfahren gem. § 260 III StPO einzustellen. Weil A dauernd verhandlungsunfähig ist, besteht ein Prozesshindernis.

B. Abwandlung

Die Revision hat Aussicht auf Erfolg, wenn sie zulässig und begründet ist.

I. Zulässigkeit

1. Übereinstimmungen mit dem Ausgangsfall

Die oben unter A. I. 1–4, 6, 7 erörterten Zulässigkeitsvoraussetzungen sind auch in der Abwandlung erfüllt. Eine Abweichung könnte sich in Bezug auf die Revisionsbegründung ergeben.

2. Abweichung vom Ausgangsfall

a) Revisionsbegründungsfrist

Die Frist zur Einreichung der Revisionsbegründung bei Gericht beträgt einen Monat, § 345 I 1 StPO. Der Lauf dieser Frist beginnt mit dem Ablauf der Revisionseinlegungsfrist. Maßgeblich für die Fristwahrung ist nicht die Absendung des Begründungsschriftsatzes, sondern dessen Eingang bei dem Gericht.[27] Hier ging der Schriftsatz erst nach Ablauf der Frist beim Landgericht ein. Die Frist des § 345 I 1 StPO wurde also nicht gewahrt. Daran ändert nichts die Tatsache, dass die Revisionsbegründung ohne den Poststreik rechtzeitig beim Gericht eingegangen wäre und der Grund für die Verzögerung von A nicht zu vertreten ist. Daher ist die von A eingelegte Revision unzulässig.

26 BVerfG NStZ 1993, 598 (599).
27 Meyer-Goßner/Schmitt/Schmitt vor § 42 Rn. 13.

b) Wiedereinsetzung in den vorigen Stand

A könnte aber den Zulässigkeitsmangel kompensieren, indem er Wiedereinsetzung in den vorigen Stand beantragt. Dadurch würde er so gestellt, als wäre die Revisionsbegründungsfrist noch nicht abgelaufen, sodass er noch fristgemäß die Revisionsbegründung einreichen könnte. Voraussetzung der Wiedereinsetzung ist, dass A den Grund für die Fristversäumung nicht zu vertreten hat, § 44 S. 1 StPO. A trifft an der Fristversäumung nicht deshalb ein Verschulden, weil er die Revisionsbegründungsschrift nicht früher abgesandt hat. Denn eine Frist darf bis zu dem Punkt ausgeschöpft werden, an dem spätestens die Handlung vollzogen werden muss, durch die bei normalem Verlauf die Frist gewahrt würde.[28] Insbesondere muss sich der Revisionsführer nicht auf Störungen einstellen, für die er nicht verantwortlich ist. Eine Zugangsverzögerung aufgrund eines Streiks bei der Post fällt nicht in den Verantwortungsbereich des A. Er muss nur die gewöhnliche Postlaufzeit einkalkulieren.[29] Daher hat er die Revisionsbegründungsfrist nicht schuldhaft versäumt. A müsste nun den Antrag auf Wiedereinsetzung in den vorigen Stand stellen (§ 45 I StPO) und zugleich die versäumte Handlung nachholen, § 45 II 2 StPO. Da aber A den Revisionsbegründungsschriftsatz schon an das Gericht gesandt hat und dieser dort sogar bereits eingegangen ist, kann die Wiedereinsetzung auch ohne Antrag gewährt werden, § 45 II 3 StPO. Daher ist die Revision zulässig.

II. Begründetheit

Die Revision ist begründet, wenn das angefochtene Urteil auf einer Gesetzesverletzung beruht, § 337 StPO.

1. Prozesshindernis

Von Amts wegen hat das Revisionsgericht zu prüfen, ob der Befassung mit der Revision Verfahrenshindernisse entgegenstehen. In Betracht kommt hier allein das Verfahrenshindernis der Verhandlungsunfähigkeit des Angeklagten. Aufgrund seiner Erkrankung war A während des erstinstanzlichen Verfahrens vor der Schwurgerichtsstrafkammer verhandlungsunfähig. Dieser Zustand war auch ein dauernder und unbehebbarer, weil die Heilung versprechende medizinische Behandlung ihm nicht zuzumuten war. Hier hatte sich A aber doch dieser Behandlung unterzogen und war daraufhin wieder verhandlungsfähig geworden. Für die rechtliche Beurteilung der Zulässigkeit des Verfahrens ist dieser tatsächliche Zustand maßgeblich. Unerheblich ist also, dass A ihn durch gewissermaßen überobligationsmäßiges Verhalten herbeigeführt hat. Ein Prozesshindernis besteht daher nicht.

2. Verfahrensrüge

Die Schwurgerichtskammer hat gegen § 231a I StPO verstoßen, indem sie die Weigerung des A, sich ärztlicher Behandlung zu unterziehen, als vorsätzliche und schuldhafte Herbeiführung der Verhandlungsunfähigkeit bewertete. Die Durchführung der Hauptverhandlung in Abwesenheit des A war deshalb nicht von § 231a I StPO gedeckt und folglich ein Verstoß gegen § 230 I StPO. Eine Verletzung des § 230 StPO ist ein absoluter Revisionsgrund gem. § 338 Nr. 5 StPO. Dennoch könnte diese Ge-

28 Meyer-Goßner/Schmitt/Schmitt § 44 Rn. 12a.
29 Meyer-Goßner/Schmitt/Schmitt § 44 Rn. 16.

setzesverletzung hier revisionsrechtlich unbeachtlich sein. Denn gem. § 336 S. 2 StPO sind rechtsfehlerhafte Entscheidungen – die gemäß § 336 S. 1 StPO grundsätzlich zur Begründetheit einer Revision beitragen können – nicht revisibel, wenn sie mit der sofortigen Beschwerde angefochten werden können. Revisionsrechtlich erheblich ist dann nur die Entscheidung, die das Beschwerdegericht auf die sofortige Beschwerde hin erlassen hat.[30] Hier handelt es sich um einen Beschluss auf der Grundlage des § 231a III StPO. Dieser unterliegt gem. § 231a III 3 StPO der sofortigen Beschwerde. A hat von dieser Anfechtungsmöglichkeit keinen Gebrauch gemacht. Daher kann er die Verletzung des § 231a StPO auch nicht mehr mit der Revision geltend machen.[31]

III. Ergebnis

Die Revision des A ist unbegründet.

Frage 2: Wie sind die Erfolgsaussichten der Revision des B?

I. Zulässigkeit

Gegen die Zulässigkeit der Revision des B bestehen keine Bedenken. Insbesondere ist davon auszugehen, dass B – bzw. sein Verteidiger – den Schriftsatz mit der Verfahrensrüge in der § 344 II 2 StPO entsprechenden Weise verfasst hat.

II. Begründetheit

Die Revision ist begründet, wenn das angefochtene Urteil auf einer Verletzung des Gesetzes beruht, § 337 StPO. B hat die Revision mit einer Verfahrensrüge begründet. Die Trennung der Verfahren am ersten Hauptverhandlungstag und die Wiederverbindung der Verfahren am zweiten Hauptverhandlungstag sei rechtswidriges Verfahren gewesen. Damit könnte § 230 I StPO verletzt worden sein. Am ersten Hauptverhandlungstag fand die Verhandlung ohne B statt. Allerdings war zuvor das Verfahren gegen B abgetrennt worden, sodass formell B kein Angeklagter dieses Verfahrens war. Jedoch könnte die anschließende Wiederverbindung der Verfahren zur Folge gehabt haben, dass die Hauptverhandlung am ersten Verhandlungstag wie ein Abwesenheitsverfahren gegen den Angeklagten B erscheint. Denn infolge der Wiederverbindung der Verfahren gewann das Gericht seine Überzeugung von der Schuld der Angeklagten nicht aus zwei strikt voneinander abgegrenzten Verfahrenssträngen, die jeweils allein den A bzw. den B betrafen, sondern aus dem einheitlichen Verfahren. Daher ist nicht auszuschließen, dass das Gericht sich sein Urteil in Bezug auf B auch aufgrund der Erkenntnisse gebildet hat, die am ersten Hauptverhandlungstag – in Abwesenheit des B – gewonnen wurden. Dafür spricht insbesondere die Tatsache, dass an diesem ersten Hauptverhandlungstag der Angeklagte A Angaben zur Sache gemacht hat und dabei auch den B betreffende Aussagen gemacht hat. Es kann nicht ausgeschlossen werden, dass dies auch in die Entscheidungsfindung gegenüber B ein-

30 Gössel StrafVerfR S. 151.
31 LR/Becker § 231a Rn. 47; Joecks/Jäger StPO § 231a Rn. 15; Meyer-Goßner/Schmitt/Schmitt § 231a Rn. 25.

geflossen ist. Die vorübergehende Trennung und Wiederverbindung der Verfahren wäre nur unter der Voraussetzung rechtlich unbedenklich gewesen, dass während der Abwesenheit des B ausschließlich Vorgänge erörtert worden wären, die den B und den gegen ihn verhandelten Vorwurf nicht betreffen.[32] Das war hier jedoch nicht der Fall, da A bei seiner Einlassung zur Sache auch den Tatbeitrag des B zur Sprache gebracht hat. Dieser Verfahrensmangel wurde auch nicht dadurch geheilt, dass B und sein Verteidiger am zweiten Hauptverhandlungstag über den Verlauf des ersten Hauptverhandlungstages informiert wurde. Vielmehr hätte die Hauptverhandlung des ersten Tages in Anwesenheit des B wiederholt werden müssen.[33] Eine bloße Unterrichtung über die Vorgänge während der Abwesenheit des Angeklagten reicht nur in dem Fall des § 247 StPO. In diesem Fall ist jedoch die Verhandlung in Abwesenheit des Angeklagten rechtmäßig. Für die Verfahrensweise nach einer rechtswidrigen Verhandlung in Abwesenheit des Angeklagten kann somit dem § 247 StPO nichts entnommen werden.[34] Die Durchführung der Hauptverhandlung in der am ersten und zweiten Verhandlungstag praktizierten Weise verletzte somit § 230 StPO. Da es sich dabei um einen absoluten Revisionsgrund handelt (§ 338 Nr. 5 StPO), beruht das Urteil auf dieser Gesetzesverletzung.

III. Ergebnis

Die Revision des B ist begründet.

Frage 3: Wie sind die Erfolgsaussichten der Revision der N?

I. Zulässigkeit

1. Statthaftigkeit

Die Revision ist gegen das Urteil der Schwurgerichtskammer ein statthaftes Rechtsmittel, § 333 StPO.

2. Revisionsberechtigung

Zur Anfechtung mit der Revision ist neben den in § 296 StPO bezeichneten Verfahrensbeteiligten auch berechtigt, wer sich als Nebenkläger dem Verfahren angeschlossen hat.[35] Hier hat N erklärt, dass sie dem Verfahren als Nebenklägerin beitrete. Zudem hat das Gericht gem. § 396 II StPO beschlossen, die N als Nebenklägerin zuzulassen. Jedoch ist fraglich, ob N überhaupt nebenklageberechtigt war. Da N nicht selbst Verletzte der Taten ist, die den Angeklagten vorgeworfen werden, kommt nur eine Nebenklageberechtigung nach § 395 II Nr. 1 StPO in Betracht. Der Sohn O der N ist Opfer einer Straftat geworden. Diese Tat hat die tatbestandsmäßige Qualität einer gefährlichen Körperverletzung (§§ 223, 224 I Nr. 2 StGB) sowie eines versuchten Totschlags oder versuchten Mordes. Dass zwischen der Körperverletzung durch den Machetenhieb und dem zehn Jahre später eingetretenen Tod des O ein Zusammen-

32 BGHSt 30, 74 (75) = NJW 1981, 1568; Meyer-Goßner/Schmitt/Schmitt § 230 Rn. 11.
33 BGHSt 30, 74 (76) = NJW 1981, 1568.
34 BGHSt 30, 74 (77) = NJW 1981, 1568.
35 Meyer-Goßner/Schmitt/Schmitt § 296 Rn. 8; § 401 Rn. 1.

hang besteht, der für eine Strafbarkeit aus § 227 StGB ausreicht, kann als ausgeschlossen angesehen werden. Daher ist O lediglich Opfer eines versuchten Tötungsdelikts und nicht – wie § 395 II Nr. 1 StPO es voraussetzt – „durch eine rechtswidrige Tat getötet worden". § 395 II Nr. 1 StPO bezieht sich nur auf vollendete Tötungsdelikte.[36] N war daher gar nicht nebenklageberechtigt. Folglich steht ihr auch keine Revisionsberechtigung zu. Daran ändert der Zulassungsbeschluss des Gerichts nichts, da dieser lediglich deklaratorische Wirkung hat, eine fehlende Nebenklageberechtigung also nicht ersetzen kann.[37]

II. Ergebnis

Die Revision der N ist unzulässig.

36 Meyer-Goßner/Schmitt/Schmitt § 395 Rn. 7.
37 Meyer-Goßner/Schmitt/Schmitt § 396 Rn. 14.

Fall 12: „Man stirbt nur zweimal"

Arnold (A), Bertram (B) und Clara (C) machen gemeinsam in den Alpen eine Bergtour. C ist Schauspielerin und die Verlobte des A. Die drei wollen auf den Gipfel der 3500 m hohen „Sternkoppe". Auf halber Höhe stellt C fest, dass ihre Schuhe für eine Fortsetzung des Anstiegs ungeeignet sind. Man vereinbart deshalb, dass A und B ohne C den Gipfel erklimmen. C soll in einer Berghütte zurückbleiben und warten, bis A und B vom Gipfel zurückkommen. A und B erreichen nach drei Stunden den Gipfel. Auf dem Abstieg geht A voran, während B sich einige Meter hinter ihm hält. Als A sich an einer gefährlichen Stelle zu B umdreht, stellt er fest, dass B nicht mehr da ist. Da er ihn auch nach längerer Suche und trotz lauten Rufens nicht findet, fürchtet er, dass B verunglückt ist.

Als A allein an der Berghütte ankommt, wo C wartet, bekommt C einen hysterischen Anfall. „Mörder, Mörder!" schreit sie den A an und rennt davon. Gegen A wird von der Staatsanwaltschaft ein Ermittlungsverfahren eingeleitet wegen des Verdachts, den B auf dem Abstieg vom Gipfel in eine Schlucht gestoßen und getötet zu haben. Obwohl die Leiche des B nicht gefunden wird, klagt die Staatsanwaltschaft A wegen Mordes an. Eines der Hauptbeweismittel ist ein „Tagebuch", das in der Wohnung des A beschlagnahmt wurde. Das Tagebuch enthält keinen Hinweis auf den Namen seines Verfassers, wird aber dem A zugeschrieben, weil das Schriftbild der Handschrift des A stark ähnelt. Die Aufzeichnungen stammen jedoch nicht von A, sondern sind eine von C angefertigte Fälschung, die sie dem A untergeschoben hat. Obwohl C die Handschrift des A recht gut nachgeahmt hat, hätte bei genauer Prüfung ermittelt werden können, dass die Aufzeichnungen nicht von A selbst gefertigt wurden. Unter dem Datum des Tages vor der Bergtour findet sich in dem Buch eine Eintragung, die den A belastet: „Ich hasse Bertram. Er will mir Clara wegnehmen. Er muss weg, ich muss was machen. Morgen passiert es, jetzt oder nie!". Des Weiteren enthält das Tagebuch noch sehr private und intime Details, unter anderem in Bezug auf die Beziehung des A zu C. C macht als Zeugin in der Hauptverhandlung Aussagen, die den A schwer belasten. Sie behauptet unter anderem, A habe ihr gleich nach dem Abstieg gestanden, den B umgebracht zu haben. Nach der Vernehmung der C wollte der Vorsitzende eigentlich aus dem beschlagnahmten Tagebuch die den A belastenden Stellen verlesen. Aus ungeklärten Gründen war jedoch das Tagebuch am Tag vor dem Hauptverhandlungstermin verschwunden und nicht mehr aufgefunden worden. Daher trägt der Vorsitzende den wesentlichen Inhalt des von ihm – nicht aber von den anderen Prozessbeteiligten – gelesenen Tagebuchtextes mündlich vor, soweit er sich daran noch erinnern kann. Der Verteidiger Valentin (V) des A erklärt, das angebliche Tagebuch könne nicht von A stammen, da dieser selbst sein Tagebuch einen Tag vor der Bergtour verbrannt habe. Außerdem macht V geltend, dass Tagebuchaufzeichnungen überhaupt nicht im Strafverfahren verwertet werden dürfen. Zudem sei es nicht korrekt, den Inhalt eines Schriftstücks durch eine mündliche Zusammenfassung des Vorsitzenden Richters in die Hauptverhandlung einzuführen. Die Kammer geht auf diese Einwände nicht ein und verurteilt den A wegen Mordes zu lebenslanger Freiheitsstrafe. Die gegen das Urteil eingelegte Revision bleibt ohne Erfolg.

Nachdem A 15 Jahre der Freiheitsstrafe verbüßt hat, wird der Rest der Strafe zur Bewährung ausgesetzt. Ein Jahr nach der Entlassung des A aus der Haft erblickt A eines Tages in einem Bistro einen Mann, der dem B verblüffend ähnlich sieht. Obwohl A den B zuletzt vor 17 Jahren gesehen hat, erkennt A seinen früheren Freund, der sich trotz der langen Zeit äußerlich kaum verändert hat, wieder. A spricht den Mann an und es stellt sich heraus, dass es tatsächlich der vermeintlich umgebrachte B ist. Im Gespräch erfährt A von B, dass dessen mysteriöses Verschwinden auf der Bergtour Teil eines von B und C ausgedachten raffinierten Planes war. Ziel dieses Planes war, den A in Mordverdacht und letztlich ins Gefängnis zu bringen. C war nämlich damals schon die Geliebte des B und hatte vor, sich von A zu trennen.

Als A diese Geschichte aus dem Mund des B gehört hat, gerät er heftig in Wut und erschlägt den B mit der Vase, die auf dem Bistrotisch stand. C war schon zwei Jahre zuvor an Krebs verstorben.

Abwandlung:

Nachdem A von der Schwurgerichtskammer wegen Mordes zu lebenslanger Freiheitsstrafe verurteilt worden war, legte er gegen das Urteil sofort Revision ein. Zwei Wochen später gelang dem A die Flucht aus der Untersuchungshaft. Noch am selben Tag begegnete A dem B in einem Straßencafé. Es kam zu der im Ausgangssachverhalt geschilderten Auseinandersetzung mit tödlichem Ausgang. Unmittelbar nach der Tötung des B beging A Suizid.

Bearbeitervermerk:

A. Ausgangsfall

Frage 1: Bietet die Schilderung der Hauptverhandlung vor der Schwurgerichtskammer Anhaltspunkte für die Einschätzung, dass die Revision des A gegen seine Verurteilung hätte Erfolg haben müssen?

Frage 2: Was kann A gegen die Verurteilung zu lebenslanger Freiheitsstrafe wegen der „ersten Ermordung" des B tun?

Frage 3: Kann A wegen der Tötung des B verurteilt werden?

B. Abwandlung

Frage 1: Die Mutter M des A möchte zur Rehabilitierung ihres Sohnes die Verurteilung zu lebenslanger Freiheitsstrafe beseitigen lassen. Was kann sie tun und wie sind ihre Erfolgsaussichten?

Frage 2: Wie wäre Frage 1 zu beantworten, wenn A einen Tag nach Ablauf der Revisionsbegründungsfrist Suizid begangen hätte und seine Revision zuvor nicht ordnungsgemäß begründet hätte?

Gutachtliche Vorüberlegungen

A. Ausgangsfall

Frage 1: Bietet die Schilderung der Hauptverhandlung vor der Schwurgerichtskammer Anhaltspunkte für die Einschätzung, dass die Revision des A gegen seine Verurteilung hätte Erfolg haben müssen?

Im Mittelpunkt der Frage steht die Einbeziehung der gefälschten Tagebuchaufzeichnungen in die Hauptverhandlung. Der Einstieg in die Erörterung der Verwertungsverbots-Thematik erfordert zunächst eine Auseinandersetzung mit dem Umstand, dass diese Aufzeichnungen nicht echt sind und tatsächlich nicht von A stammen, sondern ihm untergeschoben worden sind. Danach ist auf die umstrittene Frage einzugehen, welchen Stellenwert Tagebuchaufzeichnungen in der Privatsphäre ihres Verfassers haben. Ein weiterer Aspekt ist die von dem Vorsitzenden angewandte Methode zur Einführung des Tagebuchinhalts in die Beweisaufnahme. Zu klären ist, ob die Regeln über den Urkundenbeweis überhaupt einschlägig sind und ob sie korrekt angewandt worden sind. Abschließend ist noch in Erwägung zu ziehen, dass das Gericht Verfahrensrecht verletzt haben könnte, weil es die Fälschung der Tagebuchaufzeichnungen nicht aufgeklärt hat.

Frage 2: Was kann A gegen die Verurteilung zu lebenslanger Freiheitsstrafe wegen der „ersten Ermordung" des B tun?

Hier sind die Voraussetzungen einer Wiederaufnahme des Verfahrens zugunsten des Verurteilten zu erörtern. Geprüft werden müssen die in Betracht kommenden Wiederaufnahmegründe.

Frage 3: Kann A wegen der Tötung des B verurteilt werden?

Da A bereits wegen Tötung des B verurteilt worden war und einen großen Teil der Freiheitsstrafe verbüßt hat, drängt sich die Frage auf, ob damit auch die strafrechtliche Behandlung der wirklichen Tötung des B durch A ihre Erledigung gefunden haben könnte. Eine exakte strafprozessrechtliche Prüfung hat in erster Linie zu ermitteln, ob die vermeintliche und die wirkliche Tötung des B dieselbe Tat ist. Die zweite Überlegung geht in die Richtung einer Anrechnung der bereits verbüßten Strafe auf die Strafe, die A wegen der wirklichen Tötung des B zu erwarten hätte. Abschließend ist auf die Möglichkeit einer Begnadigung einzugehen.

B. Abwandlung

Frage 1: Die Mutter M des A möchte zur Rehabilitierung ihres Sohnes die Verurteilung zu lebenslanger Freiheitsstrafe beseitigen lassen. Was kann sie tun und wie sind ihre Erfolgsaussichten?

Einziges Thema ist die Möglichkeit einer Wiederaufnahme des Verfahrens nach dem Tod des Verurteilten, durch den verhindert wurde, dass das Strafurteil rechtskräftig wurde. Die Strafprozessordnung gewährt den Angehörigen des Verurteilten ein Wiederaufnahmerecht nur im Fall des Versterbens nach Eintritt der Rechtskraft.

Frage 2:

Hier ist zu erörtern, ob – abweichend von Frage 1 – die Verurteilung des A schon vor seinem Tod rechtskräftig geworden ist.

Lösungsgliederung

A. Ausgangsfall

Frage 1

I. Begründetheit einer auf Verfahrensrechtsverletzung gestützten Revision

1. Verstoß gegen ein Verwertungsverbot
   a) Verwertbarkeit von Tagebuchaufzeichnungen
      aa) Scheinbares Tagebuch
      bb) Verwertungsregeln bei Tagebuchaufzeichnungen
   b) Anwendung der Sphärentheorie
2. Fehlerhafte Einführung des Tagebuchinhalts in die Hauptverhandlung
   a) Urkundenbeweis
   b) Zeugenbeweis
   c) Offenkundigkeit
3. Nichtaufklärung der Tagebuchfälschung

II. Ergebnis

Frage 2

I. Rechtsmittel

II. Sonstige Rechtsbehelfe

1. Allgemeine Zulässigkeitsvoraussetzungen
2. Wiederaufnahmegründe
   a) § 359 Nr. 1 StPO
   b) § 359 Nr. 2 StPO
   c) § 359 Nr. 5 StPO

III. Ergebnis

Frage 3

I. Zulässigkeit eines Strafverfahrens

1. Strafklageverbrauch
2. Anrechnung verbüßter Strafe
3. Begnadigung

II. Ergebnis

B. Abwandlung

Frage 1

I. Revision

1. Revision des A
2. Revision der M

II. Wiederaufnahme des Verfahrens

1. Wiederaufnahme gem. §§ 359, 361 StPO
2. Entsprechende Anwendung des § 361 StPO

III. Ergebnis

Frage 2

I. Revision

II. Wiederaufnahme des Verfahrens

III. Ergebnis

Lösungsvorschlag

A. Ausgangsfall

Frage 1: Bietet die Schilderung der Hauptverhandlung vor der Schwurgerichtskammer Anhaltspunkte für die Einschätzung, dass die Revision des A gegen seine Verurteilung hätte Erfolg haben müssen?

I. Begründetheit einer auf Verfahrensrechtsverletzung gestützten Revision

Die Revision hätte Erfolg gehabt, wenn sie zulässig und begründet gewesen wäre. Da der Sachverhalt für Erörterungen zur Zulässigkeit keinen Anlass gibt, ist nur auf die Begründetheit einzugehen. Begründet wäre die Revision, wenn das angefochtene Urteil auf einer Verletzung des Gesetzes beruht hätte, § 337 StPO. Nach der Aufgabenstellung sollen hier nur Verletzungen des Verfahrensrechts (Verfahrensrügen) thematisiert werden.

1. Verstoß gegen ein Verwertungsverbot

Die Strafkammer könnte Verfahrensrecht verletzt haben, weil sie bei der Wahrheitsfindung den Inhalt des angeblich von A verfassten Tagebuches verwertet hat. Dies wäre eine Gesetzesverletzung, wenn ein Verwertungsverbot bestanden hätte.

a) Verwertbarkeit von Tagebuchaufzeichnungen

Ein Verwertungsverbot könnte durch den tagebuchartigen Charakter des verwerteten Textes begründet worden sein. Diese Hypothese erfordert die Klärung zweier Fragen: erstens, inwiefern es von Belang ist, dass es sich gar nicht um Tagebuchaufzeichnungen handelte und zweitens, inwiefern wirkliche Tagebuchaufzeichnungen verwertbar sind oder einem Verwertungsverbot unterliegen.

aa) Scheinbares Tagebuch

Da der verwertete Text tatsächlich keine Tagebuchaufzeichnung war, hätte die Strafkammer Verfahrensrecht verletzt, wenn sie in Kenntnis dieser Gegebenheit die rechtlichen Regeln über die Verwertbarkeit „echter" Tagebuchaufzeichnungen angewendet hätte. Der Kammer war der Charakter der Fälschung jedoch nicht bewusst und die Richter nahmen an, dass es sich um ein echtes Tagebuch des A handelte. Daher kann eine Verfahrensrechtsverletzung nicht darin liegen, dass überhaupt die für echte Tagebücher geltenden Verwertungskriterien zugrunde gelegt wurden. Verfahrensrechtswidrig kann vielmehr sein, dass auf der Basis, von der die Kammer ausging, die Regeln über die Verwertbarkeit von Tagebuchaufzeichnungen falsch angewendet wurden. Da die Richter offenbar keine Bedenken hatten, den Aufzeichnungsinhalt uneingeschränkt zu verwerten, spricht viel dafür, dass sie nicht Tagebuchregeln angewendet haben, obwohl gar kein Tagebuch vorlag, sondern Tagebuchregeln nicht bzw. nicht richtig angewendet haben (näher dazu unten b). Davon zu unterscheiden ist der möglicherweise darin liegende Fehler, dass die Kammer sich nicht darum bemüht hat, den wirklichen Fälschungscharakter der angeblich von A stammenden Tagebuchaufzeichnungen aufzudecken und daraus dann möglicherweise den A sogar entlastende Schlüsse zu ziehen. Diese Verfahrensrechtsverletzung hat jedoch nichts mit einem Verwertungsverbot zu tun und ist gesondert zu erörtern (unten 3.).

bb) Verwertungsregeln bei Tagebuchaufzeichnungen

Schriftlich oder auf andere Weise (zB akustisch auf Audiokassette oder CD)[1] fixierte menschliche Äußerungen mit Tagebuchcharakter sind zur Wahrheitsfindung im Strafverfahren nicht unbeschränkt verwertbar. Mit Rücksicht auf Persönlichkeitsrecht und Menschenwürde (Art. 2 I GG, Art. 1 I GG) sind derartige Informationsquellen dem strafprozessualen Zugriff zumindest teilweise entzogen.[2] Dabei kommt es nicht auf Äußerlichkeiten wie zB die Etikettierung eines Heftes mit den Worten „Mein Tagebuch“ an, sondern auf die inhaltliche Qualität der Aufzeichnungen.[3] Es muss sich um Aussagen höchstpersönlichen Charakters ohne Sozialbezug handeln, die ihr Urheber erkennbar geheim halten will.[4] Eine derartige Qualität haben hier eindeutig die Passagen, in denen intime Details der Beziehung zwischen A und C zur Sprache kommen. Aber auch die Bemerkungen über die mutmaßlich hinter dem Rücken des A entstandene Liaison der C mit B und die Trennungsabsichten der C einschließlich der Schritte, die A zur Verhinderung einer Trennung zu unternehmen gedenkt, weisen alle Qualitätsmerkmale von Tagebuchaufzeichnungen auf. A fasst damit seine seelischen Nöte angesichts des drohenden Bruchs der Beziehung mit C in Worte und erstellt damit nicht lediglich eine nüchterne Bilanz objektiver Tatsachen, sondern verleiht tiefen und intensiven Gefühlserlebnissen sprachlichen Ausdruck. Dass dies von einem Geheimhaltungswillen getragen ist, wird typischerweise durch Verwendung von Medien, die als „Tagebuch“ bezeichnet und diskret aufbewahrt werden, manifestiert. Ein Sozialbezug wird nicht schon dadurch begründet, dass Überlegungen zur Beseitigung (Tötung) des B angestellt und aufgeschrieben werden. Solange diese nicht gegenüber einem anderen kommuniziert worden sind, verbleiben sie ebenso im Privatbereich, als befänden sie sich noch im Kopf ihres Erzeugers.[5] Es ist deshalb davon auszugehen, dass der Text, den das Gericht bei der Urteilsfindung gegen A verwertet hat, die Qualität von Tagebuchaufzeichnungen hat.

Rechtsprechung und das überwiegende Schrifttum beurteilen die Verwertbarkeit von Tagebuchaufzeichnungen anhand der sog. „Sphärentheorie“.[6] Danach wird das Leben eines Menschen in drei Sphären gegliedert, die einen unterschiedlich starken Persönlichkeitsbezug aufweisen und daran anknüpfend unterschiedlich stark gegen strafprozessuale Zugriffe abgeschirmt sind:[7] Absolut unantastbar ist der sog. „Kernbereich“ privater Lebensgestaltung, in dem die höchstpersönlichen Lebensvorgänge des

1 Ellbogen NStZ 2001, 460.
2 BGHSt 19, 325 (326) = NJW 1964, 1139; BGHSt 34, 397 (399) = NJW 1988, 1037; Putzke/Scheinfeld StrafProzR Rn. 479.
3 Beulke/Swoboda StrafProzR Rn. 473; Hellmann/Claus Fallsammlung StrafProzR Rn. 191; Ellbogen NStZ 2001, 460 (461); Küpper JZ 1990, 416 (420).
4 Ellbogen NStZ 2001, 460 (463).
5 Ellbogen NStZ 2001, 460 (463).
6 Geis JZ 1991, 112 ff.
7 Beulke/Swoboda StrafProzR Rn. 470; Schroeder/Verrel StrafProzR Rn. 114; Schroth JuS 1998, 969 (979).

Menschen – vor allem seine Intimsphäre – eingeschlossen sind.[8] Informationen aus dieser Sphäre dürfen in keinem Fall und unter keinen Umständen zur Tataufklärung im Strafverfahren erhoben und verwertet werden. Der zweite Bereich ist die schlichte Privatsphäre, die nicht absolut, aber relativ gegen strafprozessuale Ausforschung zum Zweck der Wahrheitsfindung geschützt ist.[9] Verwertbar sind Informationen aus dieser Sphäre, wenn als Ergebnis einer Abwägung der konkreten Umstände des Falles das Interesse an der Strafverfolgung schwerer wiegt als das Informationszurückhaltungsinteresse der betroffenen Person.[10] Die dritte Sphäre ist der Sozialbereich, in dem der Mensch mit anderen Menschen in Verbindung tritt und sich damit auch der Beobachtung, Befragung und Bewertung durch andere aussetzt. Dieser Sphäre angehörende Tatsachen dürfen im Strafverfahren uneingeschränkt ermittelt und verwertet werden.[11] Das Vorliegen einer verbotswidrigen Verwertung hängt hier also davon ab, welcher Sphäre die verwerteten Tatsachen und Informationen zuzurechnen sind.

b) Anwendung der Sphärentheorie

Eine generelle Zuordnung der Tagebuchaufzeichnungen zum Kernbereich privater Lebensgestaltung[12] könnte damit begründet werden, dass das Tagebuchschreiben für den Menschen dieselbe Funktion habe wie ein Selbstgespräch. Bei letzteren ist weitgehend anerkannt, dass sie unabhängig von inhaltsbezogenen Kriterien dem innersten Bereich der Persönlichkeitsentfaltung angehören und deshalb der strafprozessualen Verwertung absolut entzogen sind. Hätte also A die in dem Tagebuch schriftlich niedergelegten Gedanken über den Konflikt mit B und C zu sich selbst gesprochen, wäre jede auf akustischer Überwachung (§§ 100a, 100c, 100f StPO) beruhende Verwertung unzulässig.[13] Selbstgesprächsähnliche Funktion kann das Tagebuchführen haben, wenn es dem Menschen zB darum geht, über bestimmte Gedanken oder Gefühle in einem längeren Prozess zu reflektieren und der Flüchtigkeit des gesprochenen Wortes und der Gefahr des Vergessens durch schriftliche oder sonstige mediale Speicherung entgegenzuwirken. Das Tagebuch ist dann nur ein Hilfsmittel zur Stützung des im Wesentlichen innerpsychischen Vorgangs – „Projektion des forum internum auf das Papier“[14] – und sollte dementsprechend der Sphäre zugerechnet werden, in der der Mensch sich am weitesten aus dem Sozialleben zurückzieht und von diesem abschottet. Dient das Aufschreiben von Überlegungen aber nur oder vorrangig der rationalen Planung und Vorbereitung künftiger Handlungen mit Sozialbezug oder handelt es sich um „buchhalterische Aufzeichnungen eines Schwerverbrechers über seine Delikte“[15], ist eine Qualifikation als Kernbereichsvorgang nicht anzuerkennen.[16] Soweit also die schriftliche Aufzeichnung Surrogat oder „Zubehör“ eines

8 Kindhäuser/Schumann StrafProzR § 23 Rn. 50; Murmann Prüfungswissen StrafProzR Rn. 238.
9 Kindhäuser/Schumann StrafProzR § 23 Rn. 49.
10 BGHSt 34, 397 (401) = NJW 1988, 1037; BGH NStZ 2000, 383; Meyer-Goßner/Schmitt/Schmitt Einl Rn. 56a.
11 Kindhäuser/Schumann StrafProzR § 23 Rn. 48.
12 Dafür zB Ellbogen NStZ 2006, 180; Geis JZ 1991, 112 (116); Jahn NStZ 2000, 383 (384); Murmann Prüfungswissen StrafProzR Rn. 239; Putzke/Scheinfeld StrafProzR Rn. 480; Schroth JuS 1998, 969 (979).
13 BGHSt 50, 206 ff. = NJW 2005, 3295; Ellbogen NStZ 2006, 180.
14 Amelung NJW 1988, 1002 (1004); Geis JZ 1991, 112 (116).
15 Roxin/Schünemann StrafVerfR § 24 Rn. 57.
16 Hellmann/Claus Fallsammlung StrafProzR Rn. 192; Jahn NStZ 2000, 383 (384); Meyer-Goßner/Schmitt/Schmitt Einl Rn. 56a; Schroth JuS 1998, 969 (979).

Selbstgesprächs ist, teilt sie dessen rechtlichen Status und ist deshalb absolut unverwertbar, wobei es auf die inhaltliche Qualität nicht ankommt. Im Übrigen gehören die Tagebuchaufzeichnungen zum schlichten Persönlichkeitsbereich und dürfen verwertet werden, sofern dies durch das Ergebnis der Abwägung legitimiert ist. Im vorliegenden Fall betreffen die Aufzeichnungen Umstände, die zumindest teilweise eindeutig der Intimsphäre des A angehören. Darüber hinaus erweckt der Sprachstil den Eindruck starker emotionaler Anspannung des Schreibers. Offenbar stand der Verfasser unter heftigem innerem Druck und musste die ihn bedrückenden Gedanken und Gefühle „herauslassen", um seine Nerven zu beruhigen. Selbstgespräch und Tagebuchaufzeichnung dienten gewissermaßen als „Ventil" zur Linderung des Überdrucks. Deshalb erscheint es gerechtfertigt, die Aufzeichnungen komplett wie ein Selbstgespräch zu bewerten und auf eine inhaltliche Differenzierung zu verzichten. Rechtsfolge ist die absolute Unverwertbarkeit der Aufzeichnungen. Die Verwertung zum Zweck der Überzeugungsbildung war daher eine Gesetzesverletzung. Sofern die Beachtlichkeit der Unverwertbarkeit von einem Widerspruch des Angeklagten bzw. seines Verteidigers abhängig sein soll,[17] ist diese Voraussetzung hier erfüllt. Da die Strafkammer ihre Überzeugung von der Schuld des A auch aus dem Inhalt des Tagebuches gewonnen hat, beruht das Urteil auf dieser Gesetzesverletzung.

2. Fehlerhafte Einführung des Tagebuchinhalts in die Hauptverhandlung

Die Strafkammer könnte Verfahrensrecht dadurch verletzt haben, dass sie den Inhalt des Tagebuches durch einen zusammenfassenden Bericht des Vorsitzenden in die Hauptverhandlung eingeführt hat.

a) Urkundenbeweis

Da die schriftlichen Aufzeichnungen in einem Tagebuch die prozessrechtliche Qualität[18] einer Urkunde haben,[19] hätte die Beweisaufnahme nach Maßgabe des § 249 StPO erfolgen müssen. Gemäß § 249 I 1 StPO ist die Urkunde in der Hauptverhandlung zu verlesen. Eine Verlesung des Urkundentextes fand hier nicht statt. Möglicherweise durfte der Urkundeninhalt aber auch auf andere Weise in die Hauptverhandlung eingeführt werden. Unter den Voraussetzungen des § 249 II 1 StPO (Selbstleseverfahren)[20] darf von der Verlesung abgesehen werden.[21] Indessen sind die Voraussetzungen nicht erfüllt, da die in § 249 II 1 StPO bezeichneten Personen vom Wortlaut der Tagebuchaufzeichnungen nicht Kenntnis genommen hatten und dazu auch keine Gelegenheit hatten. Kenntnisnahme bzw. Gelegenheit dazu vor der Hauptverhandlung ist unbeachtlich.[22] Eine dritte – allerdings umstrittene – Methode der Einführung des Urkundeninhalts in die Hauptverhandlung ist der zusammenfassende mündliche Bericht des Gerichtsvorsitzenden.[23] Jedoch sind auch die Voraussetzungen dieser Verfahrensweise nicht erfüllt. Ein Einverständnis sämtlicher Verfahrensbeteiligten liegt

17 BGH NStZ 1998, 635.

18 Zur Abweichung vom materiell-strafrechtlichen Urkundenbegriff der §§ 267 ff. StGB vgl. Beulke/Swoboda StrafProzR Rn. 203; Heger StrafProzR Rn. 375; Hellmann StrafProzR Rn. 754; Roxin/Schünemann StrafVerfR § 28 Rn. 4.

19 Beulke/Swoboda StrafProzR Rn. 203; Meyer-Goßner/Schmitt/Schmitt § 249 Rn. 3.

20 Zu den Bedenken gegen diese Methode Hellmann StrafProzR Rn. 683.

21 Meyer-Goßner/Schmitt/Schmitt § 249 Rn. 16 ff.

22 Meyer-Goßner/Schmitt/Schmitt § 249 Rn. 23.

23 Meyer-Goßner/Schmitt/Schmitt § 249 Rn. 25 ff.

nicht vor, da A bzw. sein Verteidiger der Verwertung der Tagebuchaufzeichnungen überhaupt widersprochen und insbesondere die mündliche Einführung des Tagebuchinhalts gerügt hatte. Ein ordnungsgemäßer Urkundenbeweis wurde daher nicht durchgeführt. Somit wurde § 249 I StPO verletzt. Das Urteil beruht auf dieser Gesetzesverletzung.

b) Zeugenbeweis

Die Nichterfüllung der in § 249 StPO formulierten Anforderungen an einen ordnungsgemäßen Urkundenbeweis wären jedoch gegenstandslos, wenn es sich gar nicht um einen Urkundenbeweis handelte, sondern der Tagebuchinhalt mit einer anderen Beweisart in die Hauptverhandlung eingeführt wurde. Da der Vorsitzende mündlich vortrug, was er durch Lesen der Aufzeichnungen erfahren hatte, könnte es sich um einen Zeugenbeweis handeln. Wenn dabei alle rechtlichen Anforderungen des Zeugenbeweises beachtet worden wären, hätte die Einführung des Tagebuchinhalts in die Hauptverhandlung ohne Gesetzesverletzung stattgefunden. Fraglich ist jedoch, ob mit dem Vorsitzenden Richter als Zeuge überhaupt ein rechtmäßiger Zeugenbeweis möglich war. Zwar kann außer dem Angeklagten jeder Prozessbeteiligte Zeuge sein, auch ein Angehöriger des erkennenden Gerichts.[24] Es kann aber niemand Zeuge und Richter zugleich sein. Diese beiden Verfahrensrollen sind inkompatibel. Ein Richter, der in der Sache als Zeuge vernommen wurde, ist kraft Gesetzes von der Ausübung des Richteramtes in diesem Verfahren ausgeschlossen, § 22 Nr. 5 StPO.[25] Hier ist der Vorsitzende nach seinem Vortrag nicht aus dem Verfahren ausgeschieden. Darin liegt aber kein Verstoß gegen § 22 Nr. 5 StPO, weil der mündliche Bericht über den Inhalt der Tagebuchaufzeichnungen keine Zeugenaussage war. Die Vernehmung von Zeugen in der Hauptverhandlung ist Sache des Vorsitzenden, § 238 I StPO. Der Vorsitzende kann daher nicht als Zeuge aussagen, ohne zuvor aus dem Richterkollegium ausgeschieden und durch seinen Vertreter ersetzt worden zu sein. Der Vorsitzende kann sich nicht selbst vernehmen. Da hier ein Wechsel auf der Richterbank nicht stattgefunden hat, steht fest, dass der mündliche Bericht des Vorsitzenden über den Tagebuchinhalt nicht den Charakter einer Zeugenvernehmung und Zeugenaussage hatte. Damit liegt keine Verletzung der Vorschriften über den Zeugenbeweis und auch kein Verstoß gegen § 22 Nr. 5 StPO vor. Andererseits ist aber auch der Verstoß gegen § 249 I StPO nicht ausgeräumt.

c) Offenkundigkeit

Eine Verletzung von Vorschriften über den Urkundenbeweis oder den Zeugenbeweis könnte deswegen entfallen, weil die mündliche Information über den Inhalt der Tagebuchaufzeichnungen durch den Vorsitzenden überhaupt kein Akt der Beweisaufnahme war. Dies wäre der Fall, wenn die Tatsachen, die Gegenstand des Referats waren, offenkundig und deshalb nicht beweisbedürftig wären.[26] Da der Inhalt der Tagebuchaufzeichnungen nicht allgemein bekannt war, kommt allenfalls die Variante „Gerichtskundigkeit“ in Betracht.[27] Käme es hier allein auf die Kenntnis des Vorsitzenden an, wäre Gerichtskundigkeit zu bejahen, da der Vorsitzende im Zusammen-

24 Meyer-Goßner/Schmitt/Schmitt vor § 48 Rn. 15.
25 Beulke/Swoboda StrafProzR Rn. 182.
26 Beulke/Swoboda StrafProzR Rn. 404.
27 Meyer-Goßner/Schmitt/Schmitt § 244 Rn. 50.

hang mit seiner amtlichen Tätigkeit zuverlässig Kenntnis vom Inhalt der Tagebuchaufzeichnungen erlangt hat. Zwar kann auch bei Kollegialgerichten die Kenntnis eines Mitglieds ausreichen, wenn dieses sein Wissen den anderen Gerichtsmitgliedern vermittelt.[28] Jedoch ist das hier nicht möglich. Der Vorsitzende ist nicht in der Lage, den anderen Mitgliedern der Kammer den genauen Wortlaut der Tagebuchaufzeichnungen mitzuteilen. Dies wäre unschädlich, wenn es nur auf den ungefähren Inhalt und nicht auf den exakten Wortlaut ankäme. Aber hier kommt es nicht nur auf den exakten Wortlaut, sondern darüber hinaus auch auf äußere Kennzeichen des Textes, insbesondere die Eigenheiten der Handschrift, an. Denn letztlich soll der Tagebuchtext dem A zugeschrieben werden, wozu ein Identifikationsmerkmal wie die Handschrift unverzichtbar ist. Die durch optischen Augenschein erlangte Kenntnis vom Schriftbild der Tagebuchaufzeichnungen kann der Vorsitzende den anderen Gerichtsmitgliedern keinesfalls vermitteln. Daher berichtete der Vorsitzende nicht über offenkundige Tatsachen. Der Tagebuchinhalt hätte im Wege einer ordnungsgemäßen Beweisaufnahme in die Hauptverhandlung eingeführt werden müssen. Da das Tagebuch nicht mehr vorhanden war, hätte der Vorsitzende als Zeuge aussagen müssen. Das wäre jedoch erst nach der Ersetzung des Vorsitzenden durch seinen Stellvertreter möglich gewesen. Außerdem wäre erforderlich gewesen, dass die Hauptverhandlung ausgesetzt wird und wieder von vorn beginnt, damit nicht gegen § 226 StPO verstoßen wird.[29]

3. Nichtaufklärung der Tagebuchfälschung

Das Gericht könnte seine Aufklärungspflicht (§ 244 II StPO) dadurch verletzt haben, dass es nicht den Fälschungscharakter der dem A zugeschriebenen angeblichen Tagebuchaufzeichnungen aufgedeckt hat. Darauf könnte A in der Revision eine sog. „Aufklärungsrüge" stützen. Zu der Aufklärungspflicht gehört auch die Vergewisserung über den Wert von Beweismitteln für die Wahrheitsfindung. Geht es um einen im Urkundenbeweis zu verwertenden Text, ist dessen Authentizität ein wichtiges Kriterium des Beweiswerts. Jedoch kann eine Verletzung der Aufklärungspflicht nur geltend gemacht werden, wenn das Gericht eine Aufklärungsmaßnahme unterlassen hat, die sich ihm aufgedrängt hat. Es müssen also konkrete Umstände benannt werden können, aufgrund derer sich das Gericht zu weiteren Ermittlungen hätte gedrängt fühlen müssen.[30] Solche Umstände können zwar auch vorliegen, wenn kein Verfahrensbeteiligter auf sie einen entsprechenden Beweisantrag stützt. Handelt es sich jedoch um Umstände, die eine Beweiserhebung zugunsten des Angeklagten ermöglichen würden, und hat die Verteidigung keinen darauf gestützten Beweisantrag gestellt, ist dies ein Indiz dafür, dass die Umstände auch für das Gericht nicht präsent waren. Hier wurde das Gericht zwar mit der Behauptung des Verteidigers konfrontiert, das Tagebuch stamme nicht von A. Jedoch gab es keinen konkreten Hinweis auf eine abweichende Handschrift. Zudem war das Tagebuch verschwunden, sodass ein Handschriftenvergleich nicht mehr möglich war. Daher lässt sich eine Verletzung der gerichtlichen Aufklärungspflicht nicht begründen.

28 Meyer-Goßner/Schmitt/Schmitt § 244 Rn. 53.
29 Meyer-Goßner/Schmitt/Schmitt § 226 Rn. 5.
30 Meyer-Goßner/Schmitt/Schmitt § 244 Rn. 101.

II. Ergebnis

Eine auf Verletzung des Verfahrensrechts gestützte Revision hätte erfolgreich sein müssen, weil die Voraussetzungen des § 337 StPO erfüllt sind. Denn die Strafkammer hat Verfahrensrecht verletzt, als sie den Inhalt eines angeblichen Tagebuchs entgegen einem Verwertungsverbot verwertete. Außerdem wurde der Inhalt dieses Schriftstücks nicht in prozessrechtskonformer Weise in die Hauptverhandlung eingeführt. Darauf beruhte das Urteil.

Frage 2: Was kann A gegen die Verurteilung zu lebenslanger Freiheitsstrafe wegen der „ersten Ermordung" des B tun?

I. Rechtsmittel

Strafurteile können mit Berufung und/oder Revision angefochten werden. Da A durch eine Strafkammer verurteilt worden ist, wäre die Revision das statthafte Rechtsmittel, § 333 StPO.[31] Die Möglichkeit der Anfechtung eines Urteils mit einem Rechtsmittel besteht aber nur so lange, wie das Urteil noch nicht rechtskräftig geworden ist.[32] Rechtskräftig wird ein Urteil unter anderem dann,[33] wenn alle zur Verfügung stehenden Rechtsmittel ausgeschöpft worden sind und das (letzte)[34] Rechtsmittelgericht abschließend entscheiden hat. Gegen das Strafurteil der Strafkammer gibt es als einziges Rechtsmittel die Revision. Gegen die Entscheidung des Revisionsgerichts gibt es kein weiteres Rechtsmittel. Wenn also das Strafkammerurteil mit Revision angefochten wurde und das Revisionsgericht entschieden hat, ohne die Sache wieder in die Strafkammerinstanz zurückzuverweisen (§ 354 II StPO), ist der Rechtsmittelweg erschöpft und das Urteil rechtskräftig geworden. So ist es hier: A hatte Revision eingelegt, die Revision blieb aber erfolglos, dh sie wurde als unzulässig oder unbegründet erachtet. Das Urteil wurde damit rechtskräftig. Die nochmalige Einlegung der Revision gegen dieses Urteil ist nicht zulässig.

II. Sonstige Rechtsbehelfe

A könnte die Aufhebung seiner Verurteilung in einem Wiederaufnahmeverfahren anstreben. Die Wiederaufnahme ist kein Rechtsmittel, sondern ein außerordentlicher Rechtsbehelf, der nur gegen rechtskräftig gewordene Urteile statthaft ist.[35] Daher ist die Wiederaufnahme ein Instrument zur Durchbrechung der Rechtskraft von Strafurteilen.[36]

31 Beulke/Swoboda StrafProzR Rn. 559; Hellmann StrafProzR Rn. 898.
32 Bloy JuS 1986, 585.
33 Zu früherem Eintritt der Rechtskraft vgl. Hellmann StrafProzR Rn. 830.
34 **Hinweis:** Im Fall der Berufung gegen ein Urteil des Strafrichters oder des Schöffengerichts führt die Entscheidung des Berufungsgerichts noch nicht den Rechtskrafteintritt herbei, wenn gegen das Berufungsurteil Revision eingelegt wird.
35 Beulke/Swoboda StrafProzR Rn. 533; Hellmann StrafProzR Rn. 950.
36 Meyer-Goßner/Schmitt/Schmitt vor § 359 Rn. 1.

1. Allgemeine Zulässigkeitsvoraussetzungen

Der Antrag auf Wiederaufnahme des Verfahrens hat die gleichen allgemeinen Zulässigkeitsvoraussetzungen wie ein Rechtsmittel, zB Revision, § 365 StPO.[37] Damit wird auf §§ 296 ff StPO verwiesen. Als Verurteilter ist A gem. § 365 StPO iVm § 296 I StPO antragsberechtigt.[38] Da A verurteilt wurde, ist er auch beschwert.[39]

2. Wiederaufnahmegründe

a) § 359 Nr. 1 StPO

Wiederaufnahmegrund könnte die Verwendung des dem A untergeschobenen „Tagebuchs" in der Hauptverhandlung sein. Dann müsste es sich bei diesem Schriftstück um eine „Urkunde" handeln. Fraglich ist dabei, welcher Urkundenbegriff zugrunde zu legen ist. Denn der materiell-strafrechtliche Urkundenbegriff der §§ 267 ff. StGB und der strafprozessuale Urkundenbegriff des § 249 StPO stimmen nicht überein. Während der Urkundenbegriff des § 267 StGB die Erkennbarkeit des Ausstellers voraussetzt,[40] gelten als Urkunden iSd § 249 StPO auch anonyme Texte, also Schriftstücke ohne Ausstellerangabe.[41] Hier enthielt das scheinbare Tagebuch keine explizite Bezeichnung seines Verfassers. Lediglich aus Umständen wie Fundort, Schriftbild und Inhalt ließ sich der Schluss auf die Urheberschaft des A ziehen. Dies reicht zur Erfüllung des materiell-strafrechtlichen Urkundenbegriffs indessen nicht aus. Eine „Urkunde" iSd § 267 StGB war die Tagebuchaufzeichnung daher nicht. § 359 Nr. 1 StPO wäre daher nur anwendbar, wenn hier der strafprozessuale Urkundenbegriff maßgeblich wäre. Das ist jedoch nicht der Fall. § 359 Nr. 1 StPO geht von dem materiell-strafrechtlichen Urkundenbegriff der §§ 267 ff StGB aus.[42] Denn nur auf dieser Grundlage lässt sich den von § 359 Nr. 1 StPO verwendeten Begriffen „echt" und „unecht" ein Bedeutungsgehalt zuschreiben. Ein anonymes Schreiben kann weder „echt" noch „unecht" sein, weil diese Eigenschaft untrennbar mit der Ausstellerangabe verbunden ist. Echt ist eine Urkunde, deren Aussteller die Person ist, auf die sich die Ausstellerbezeichnung bezieht. Unecht ist demgemäß eine Urkunde, deren Aussteller nicht die Person ist, auf die die Ausstellerangabe deutet.[43] Für die Maßgeblichkeit des materiell-strafrechtlichen Urkundenbegriffs spricht auch, dass unter dieser Prämisse § 359 Nr. 1 StPO ebenso wie die Nr. 2 und die Nr. 3 des § 359 StPO auf die Beeinflussung des Urteils durch – nach § 267 StGB – strafbares Verhalten abstellt. Der Wiederaufnahmegrund des § 359 Nr. 1 StPO liegt hier also nicht vor.

b) § 359 Nr. 2 StPO

Ein Wiederaufnahmegrund könnte darauf beruhen, dass C in dem Verfahren gegen A als Zeugin falsch ausgesagt hat. C hatte als Zeugin ausgesagt, den Angeklagten A mit ihrer Aussage belastet und dabei die Unwahrheit gesagt. Dadurch hat sich C wegen uneidlicher Falschaussage gem. § 153 StGB strafbar gemacht. Damit sind die Voraussetzungen des Wiederaufnahmegrundes des § 359 Nr. 2 StPO erfüllt. Allerdings ver-

37 Gössel GS H. Kaufmann, 1986, 977 (990).
38 Meyer-Goßner/Schmitt/Schmitt § 365 Rn. 2; KK-StPO/Schmidt § 365 Rn. 3.
39 KK-StPO/Schmidt § 365 Rn. 2.
40 Freund, Urkundenstraftaten, 2. Aufl. 2010, Rn. 113; Lackner/Kühl/Heger StGB § 267 Rn. 2, 14.
41 KK-StPO/Diemer § 249 Rn. 9.
42 Joecks/Jäger StPO § 359 Rn. 2; KK-StPO/Schmidt § 359 Rn. 5; Meyer-Goßner/Schmitt/Schmitt § 359 Rn. 4.
43 Lackner/Kühl/Heger StGB § 267 Rn. 17.

langt § 364 S. 1 Alt. 1 StPO für die Geltendmachung dieses Wiederaufnahmegrundes grundsätzlich eine rechtskräftige Verurteilung der Person, die als Zeugin ein Aussagedelikt begangen habe soll. Diese Voraussetzung ist hier nicht erfüllt und kann auch nicht mehr erfüllt werden, da C verstorben ist und die Durchführung eines Strafverfahrens post mortem nicht möglich ist. Für diesen Fall sieht jedoch § 364 S. 1 Alt. 2 StPO vor, dass der Antrag auf Wiederaufnahme des Verfahrens auch ohne rechtskräftiges Urteil gestellt werden kann, es sei denn, die Durchführung des Strafverfahrens scheitert am Mangel an Beweisen. Hier steht der Durchführung des Strafverfahrens in erster Linie der Tod der C entgegen. Andererseits dürfte es auch schwierig sein, den Beweis der Falschaussage zu erbringen, da auch B nicht mehr lebt. Die Zulässigkeit des Wiederaufnahmeantrags wird dadurch aber nicht ausgeschlossen. Vielmehr muss das von C begangene Aussagedelikt als Voraussetzung der Begründetheit im – durch den Antrag eingeleiteten – Wiederaufnahmeverfahren geprüft werden, vgl. § 370 I StPO.[44]

c) § 359 Nr. 5 StPO

Ein Grund für die Wiederaufnahme des Strafverfahrens zugunsten des A könnte sich schließlich aus § 359 Nr. 5 StPO ergeben. Erforderlich sind neue Tatsachen oder Beweismittel. Als Anknüpfungspunkt dafür kommt hier die Begegnung des A mit B in dem Bistro und der damit manifestierte Umstand in Betracht, dass B nicht auf der Bergtour ums Leben gekommen ist. Dies ist gewiss eine Tatsache, die schon allein geeignet wäre, einen Freispruch des A zu begründen. Fraglich ist allerdings, ob diese Tatsache „neu" ist. Denn dass B die Bergtour überlebt hat, ist eine Tatsache, die bereits während des Strafverfahrens gegen A und zur Zeit der Urteilsverkündung existierte. Aber „Neuheit" umfasst auch nachträgliches Bekanntwerden einer ursprünglich dem Gericht unbekannten Tatsache.[45] Dass das Gericht seinerzeit vom Gegenteil der Tatsache „B lebt noch" ausgegangen ist – „B ist tot" – , steht der Neuheit der Tatsache nicht entgegen.[46] Zudem kann der Leichnam des von A getöteten B als neues Beweismittel (Augenscheinsobjekt) dafür angesehen werden, dass B nicht – wie das Gericht seinem Urteil zugrunde legte – auf der Bergtour getötet wurde, sondern erst 17 Jahre später verstorben ist. Damit sind die Voraussetzungen des Wiederaufnahmegrundes § 359 Nr. 5 StPO erfüllt.

III. Ergebnis

A kann einen zulässigen Antrag auf Wiederaufnahme seines Strafverfahrens stellen.

Frage 3: Kann A wegen der Tötung des B verurteilt werden?

I. Zulässigkeit eines Strafverfahrens

1. Strafklageverbrauch

A könnte wegen der Tötung des B nicht verurteilt werden, wenn die Durchführung eines Strafverfahrens gegen A unzulässig wäre. Dies wäre der Fall, wenn ein Verfah-

44 KK-StPO/Schmidt § 364 Rn. 6.
45 KK-StPO/Schmidt § 359 Rn. 24; Meyer-Goßner/Schmitt/Schmitt § 359 Rn. 30.
46 Meyer-Goßner/Schmitt/Schmitt § 359 Rn. 31.

renshindernis bestünde. In Betracht kommt hier das Verfahrenshindernis Strafklageverbrauch („ne bis in idem“) gem. Art. 103 III GG. Danach ist die doppelte Bestrafung einer Tat verboten, nach der ersten Verurteilung also die Durchführung eines auf eine zweite Verurteilung zielenden Strafverfahrens unzulässig. Hier war A wegen vorsätzlicher Tötung des B bereits zu lebenslanger Freiheitsstrafe verurteilt worden und hatte aufgrund dieses Urteils auch 15 Jahre seines Lebens im Strafvollzug verbracht. Die Tötung des B ist ein Vorfall, aufgrund dessen die Aussetzung des Restes der lebenslangen Freiheitsstrafe (§ 57a StGB) möglicherweise widerrufen werden muss, § 57a III 2 StGB iVm § 56f I 1 Nr. 1 StGB, was zur Folge hätte, dass auch der „Rest“ der lebenslangen Freiheitsstrafe – oder ein Teil davon – noch vollstreckt werden muss. Würde A jetzt erneut wegen Tötung des B verurteilt, käme zu dieser lebenslangen Freiheitsstrafe eine weitere – vermutlich langjährige – Freiheitsstrafe hinzu. Dies wäre ein Verstoß gegen Art. 103 III GG, wenn die dieser zweiten Verurteilung zugrunde liegende Tat identisch wäre mit jener, welche die über 15 Jahre zurückliegende Verurteilung zu lebenslanger Freiheitsstrafe veranlasst hatte. Für eine Identität der Taten spricht der Umstand, dass jeder Mensch nur einmal stirbt, also die erfolgreiche Tötung eines Menschen nur einmal möglich ist. Daher ist die Begehung eines vollendeten Tötungsdelikts gegenüber einem Opfer nur einmal möglich. Indessen ist dies ein Gesichtspunkt, der für die Definition und Begrenzung der Tat im prozessualen Sinn nicht – jedenfalls nicht allein – maßgeblich ist. Bedeutsamer sind die Kriterien Ort und Zeit der Tat.[47] Haben sich die Vorgänge, die tatsächliche Grundlage zweier Strafurteile sind, zu vollkommen unterschiedlichen Zeiten und zudem noch an weit voneinander entfernten verschiedenen Orten ereignet, handelt es sich um zwei verschiedene Taten, mögen die Sachverhalte auch im Übrigen einige Übereinstimmungen und Gemeinsamkeiten aufweisen. Dass sich zwei verschiedene Straftaten gegen ein und dasselbe Opfer richten, ist bei jedem Tatbestand außer dem der vollendeten Tötung ohne weiteres möglich und schon deshalb kein Grund, die beiden Taten zu einer prozessualen Tateinheit zusammenzufügen. Deshalb sind zwei verschiedene Taten auch dann anzunehmen, wenn – wie hier – zwei Strafurteile jeweils auf der richterlichen Überzeugung beruhen, dass der Angeklagte – zu unterschiedlichen Zeiten an unterschiedlichen Orten – einen Menschen getötet hat, der mit dem Opfer der jeweils anderen Tat identisch ist. Dass eines der beiden Urteile ein Justizirrtum sein muss, steht der Verschiedenheit der Taten nicht entgegen. Die zweite – wirkliche – Tötung des Opfers ist eine andere Tat als die erste – scheinbare – Tötung desselben Opfers. Daher verbraucht die Verurteilung wegen der ersten Tat die Strafklage bezüglich der zweiten Tat nicht. Zudem könnte das Verbot einer Bestrafung der „zweiten“ Tat auch zur Folge haben, dass der Angeklagte über Gebühr vor strafrechtlicher Sanktionierung bewahrt würde. Denn bezüglich der zu Unrecht erlittenen Verurteilung hat der Angeklagte die Möglichkeit der Wiederaufnahme des Verfahrens (s. oben). Wenn dieses Verfahren frühzeitig durchgeführt werden kann, bleibt der Angeklagte von der Vollstreckung der gegen ihn verhängten Freiheitsstrafe zu einem großen Teil verschont. In einem solchen Fall wäre es nicht gerecht, wenn die „zweite“ wirkliche Tötung des Opfers überhaupt keine strafrechtlichen Folgen nach sich ziehen könnte. Anderenfalls hätte das Fehlurteil für den Angeklagten die Wirkung eines „Freibriefes“ zur Tötung des Menschen, dessen Tötung ihm – zu Unrecht – in dem ersten Strafverfahren zur Last gelegt worden war.

47 Beulke/Swoboda StrafProzR Rn. 513; Huber JuS 2012, 208; Murmann Prüfungswissen StrafProzR Rn. 172; Volk/Engländer GK StPO § 13 Rn. 3.

2. Anrechnung verbüßter Strafe

In Anbetracht der Tatsache, dass A für die vom Gericht irrig angenommene Tötung des B bereits eine langjährige Freiheitsstrafe verbüßt hat, könnte man erwägen, ob diese Sanktionslast auf die wegen der „zweiten" – wirklichen – Tötung des B zu erwartende Strafe angerechnet werden muss und dies dazu führt, dass die „zweite" Tat nicht mehr verfolgt werden kann. Dem Strafprozessrecht ist die Idee, dass von der Verfolgung einer Straftat deswegen abgesehen wird, weil der Beschuldigte wegen einer anderen Tat bereits eine Sanktion auferlegt bekommen hat, nicht fremd. In § 154 StPO ist den Strafverfolgungsbehörden das Absehen von einer Verfolgung gestattet, wenn die zu prognostizierende Sanktion neben einer bereits anderweitig verhängten Sanktion „nicht beträchtlich ins Gewicht fällt". § 154 StPO ist auch dann anwendbar, wenn die Vollstreckung der wegen einer anderen Tat verhängten Sanktion bereits begonnen hat und noch nicht abgeschlossen ist.[48] Hier ist die Vollstreckung der lebenslangen Freiheitsstrafe noch nicht beendet, da dem A der Strafrest nicht gem. § 57a III 2 StGB iVm § 56g I StGB erlassen worden ist. Fraglich ist allerdings, ob bei einer Tat, die zumindest als Totschlag (§ 212 StGB) – eventuell sogar als Mord (§ 211 StGB) – strafbar ist, die zu erwartende Sanktion „nicht beträchtlich ins Gewicht" fallen kann. Eine derartige Sanktionsprognose wäre denkbar, wenn auf die wegen Totschlags oder Mordes zu erwartende Freiheitsstrafe die unschuldig erlittene Haft angerechnet werden müsste und dadurch die aufgrund der wirklichen Tötung des B verwirkte Strafe weitgehend erledigt sein würde. Indessen gibt es für eine derartige Anrechnung erlittener Freiheitsentziehung keine gesetzliche Grundlage. § 51 I StGB sieht eine Anrechnung von Freiheitsentziehungen vor, die der Beschuldigte wegen derselben Tat oder zumindest einer Tat, die Gegenstand desselben Verfahrens war, erlitten hat. Hier jedoch fehlt es sowohl an Tat- als auch an Verfahrensidentität. Die Anrechnung einer Strafe, die der Beschuldigte wegen einer anderen Tat in einem anderen Verfahren auferlegt bekommen und verbüßt hat, ist im Gesetz nicht vorgesehen. Deshalb lässt sich auch nicht prognostizieren, dass A wegen der Tötung des B eine Freiheitsstrafe auferlegt bekommen wird, von der aufgrund der Anrechnung bereits erlittener Haft allenfalls ein geringer Rest vollstreckt werden könnte. Zudem erfolgt die unmittelbar aus dem Gesetz folgende Anrechnung nach § 51 I StGB nicht bei der Bemessung der im Sanktionsausspruch des Urteils zu verkündenden Strafe, sondern bei der Berechnung der zu verbüßenden Strafzeit durch die Vollstreckungsbehörde.[49] Das Gericht verhängt im Urteil die ungekürzte Strafe, von der anschließend die gem. § 51 I StGB anzurechnende Frist abzuziehen ist. § 154 StPO setzt aber voraus, dass das zu prognostizierende Strafurteil ein Strafmaß festsetzen würde, das gegenüber der bereits anderweitig verhängten Sanktion „nicht beträchtlich ins Gewicht fällt".

3. Begnadigung

Durch eine Begnadigung könnte A davor bewahrt werden, eine Strafe wegen der Tötung des B verbüßen zu müssen. Wie der Standort der einschlägigen Vorschrift § 452 StPO im Vollstreckungsrecht zeigt, begründet der Gnadenakt aber kein Verfolgungshindernis, sondern ein Vollstreckungshindernis.[50] Die Begnadigung kann nur

48 KK-StPO/Diemer § 154 Rn. 4.
49 Lackner/Kühl/Heger StGB § 51 Rn. 4.
50 Birkhoff/Lemke, Gnadenrecht, 2012, Rn. 334; HK-StPO/Pollähne § 452 Rn. 3; Meyer-Goßner/Schmitt/Schmitt § 449 Rn. 4.

einem Verurteilten zuteilwerden. Denn wer noch nicht – rechtskräftig – verurteilt ist, gilt noch als unschuldig (Art. 6 II EMRK) und bedarf einer Begnadigung (noch) nicht, weil er eventuell mit Rechtsbehelfen oder Rechtsmitteln eine Verurteilung abwenden kann.[51] Aus diesem Grund vermag eine Begnadigung nicht die Durchführung eines strafprozessualen Erkenntnisverfahrens zu verhindern. Erst nach dessen rechtskräftigem Abschuss kann eine Begnadigung in Betracht kommen.

II. Ergebnis

Einer Verurteilung des A wegen der Tötung des B stehen rechtliche Hindernisse nicht entgegen.

B. Abwandlung

Frage 1: Die Mutter M des A möchte zur Rehabilitierung ihres Sohnes die Verurteilung zu lebenslanger Freiheitsstrafe beseitigen lassen. Was kann sie tun und wie sind ihre Erfolgsaussichten?

I. Revision

1. Revision des A

Eine Fortsetzung des von A mit der Einlegung der Revision angestoßenen Rechtsmittelverfahrens ist nicht möglich. Mit dem Tod des A ist ein Verfahrenshindernis entstanden. Daher ist eine Sachentscheidung nicht mehr zulässig. Das Verfahren muss gem. § 206a StPO eingestellt werden.[52]

2. Revision der M

Eine eigene Revision der M wäre nur zulässig, wenn M Anfechtungsberechtigte wäre. Da sie nicht Beschuldigte ist, steht ihr kein Anfechtungsrecht nach § 296 StPO zu. Eine Anfechtungsberechtigung aus § 298 I StPO setzt voraus, dass M gesetzliche Vertreterin des A ist. Als Mutter war M gesetzliche Vertreterin, solange A minderjährig war, §§ 1626, 1629 BGB. Mit Erreichung der Volljährigkeit, also mit Vollendung des 18. Lebensjahres, endete die gesetzliche Vertretung. Damit entfiel auch die auf § 298 I StPO gegründete Rechtsmittelberechtigung der M. M kann daher nicht zulässig Revision einlegen.

II. Wiederaufnahme des Verfahrens

1. Wiederaufnahme gem. §§ 359, 361 StPO

M könnte gem. § 359 StPO den Antrag auf Wiederaufnahme des Verfahrens zugunsten des A stellen. Ein solcher Antrag kann auch noch gestellt werden, wenn der Ver-

51 Birkhoff/Lemke, Gnadenrecht, 2012, Rn. 243.
52 BGHSt 45, 108 (111) = NJW 1999, 3644; Meyer-Goßner/Schmitt/Schmitt § 206a Rn. 8.

urteilte verstorben ist, § 361 I StPO. Antragsbefugt sind dann unter anderem Verwandte aufsteigender Linie, also auch die Mutter, § 361 II StPO. Allerdings könnte einer Wiederaufnahme entgegenstehen, dass A gegen seine Verurteilung eine zulässige Revision eingelegt hatte. Dadurch wurde der Eintritt der Rechtskraft des Urteils gehemmt, § 343 I StPO. Durch den Tod des A änderte sich daran nichts, im Gegenteil: Aufgrund des Versterbens des A ist der Eintritt der Rechtskraft endgültig unmöglich geworden. Auf die Zulässigkeit des Wiederaufnahmeantrags könnte das Einfluss haben, weil die Wiederaufnahme ein außerordentlicher Rechtsbehelf ist, der nur gegen rechtskräftige Urteile statthaft ist. Solange ein Urteil noch nicht rechtskräftig geworden ist, ist ein diesbezügliches Wiederaufnahmeverfahren nicht zulässig. Nach hM ist daher § 361 StPO nicht anwendbar, wenn der Verurteilte während eines noch nicht rechtskräftig abgeschlossenen Rechtsmittelverfahrens verstirbt.[53]

2. Entsprechende Anwendung des § 361 StPO

Die analoge Anwendung des § 361 StPO im Falle des vor Eintritt der Rechtskraft verstorbenen Verurteilten wird von der hM mit der Begründung verneint, dass dafür kein Bedürfnis bestehe, da wegen Nichteintritts der Rechtskraft die Unschuldsvermutung endgültig für den Verurteilten wirkt. Deshalb sei kein Rechtsschutzbedürfnis für eine Rehabilitierung im Wege eines Wiederaufnahmeverfahrens gegeben.[54] Dem kann man jedoch entgegenhalten, dass in dem Verfahren gegen A ein Stadium erreicht war, in dem die Unschuldsvermutung zwar normativ immer noch in Kraft war, tatsächlich jedoch bereits durch ein Strafurteil widerlegt worden war.[55] Auch wenn dieses Urteil letztlich nicht rechtskräftig geworden ist, stempelt es den Angeklagten als Straftäter ab und beeinträchtigt dadurch – auch postmortal – sein Ansehen.[56] Die Fortgeltung und Endgültigkeit der Unschuldsvermutung bietet gegen diese stigmatisierende Wirkung keinen ausreichenden Schutz.[57] Durch die Einstellung des Strafverfahrens wird die entehrende Wirkung der Verurteilung nicht beseitigt. Vielmehr betont die Einstellung des Verfahrens wegen eines Verfahrenshindernisses, dass die sachliche Richtigkeit des erstinstanzlichen Urteils revisionsgerichtlich nicht in Frage gestellt wird. Das Rehabilitierungsinteresse ist daher ebenso stark wie im Fall des Versterbens nach Eintritt der Rechtskraft.[58] Ob die Anwendung des § 361 StPO auf diesen Fall überhaupt eine Analogie ist und daher wegen des Fehlens einer planwidrigen Regelungslücke unzulässig ist,[59] kann durchaus in Abrede gestellt werden. Denn tatsächlich ist das Verfahren gegen A – wenngleich nach seinem Tod – rechtskräftig abgeschlossen worden, nämlich durch die Einstellung wegen Tod des Angeklagten.[60] Weder § 359 StPO noch § 361 StPO fordert explizit einen Eintritt der Rechtskraft vor dem Tod des Verurteilten. Die Anwendung des § 361 StPO ist daher insoweit durchaus wortlautkonform. Allenfalls der Umstand, dass die Verfahrensbeendigung nicht durch Sachurteil, sondern durch einen Beschluss nach § 206a StPO herbeigeführt worden ist, könnte gegen eine direkte Anwendung des § 361 StPO eingewandt

53 HK-StPO/Temming § 361 Rn. 5; Meyer-Goßner/Schmitt/Schmitt § 361 Rn. 3; SK-StPO/Frister § 361 Rn. 2.
54 SK-StPO/Frister § 361 Rn. 2.
55 Laubenthal GA 1991, 20 (24).
56 Sternberg-Lieben ZStW 108 (1996), 721 (723).
57 Laubenthal GA 1991, 20 (26).
58 AK-StPO/Loos § 361 Rn. 7.
59 So Laubenthal GA 1991, 20 (30).
60 Dagegen Laubenthal GA 1991, 20 (29).

werden. Aber von der Formalie, ob nach dem Tod des Angeklagten das Verfahren durch einen Beschluss nach § 206a StPO oder durch ein Prozessurteil nach § 260 III StPO eingestellt wird, darf es nicht abhängig sein, ob ein Wiederaufnahmeantrag nach § 361 StPO zulässig ist oder nicht. In Bezug auf Entscheidungen nach § 206a StPO weist das Wiederaufnahmerecht deshalb eine planwidrige Regelungslücke auf, die durch entsprechende Anwendung des § 361 StPO geschlossen werden kann.

III. Ergebnis

M kann nach § 361 StPO iVm § 359 StPO einen Antrag auf Wiederaufnahme des Verfahrens stellen.

Frage 2: Wie wäre Frage 1 zu beantworten, wenn A einen Tag nach Ablauf der Revisionsbegründungsfrist Suizid begangen hätte und seine Revision zuvor nicht ordnungsgemäß begründet hätte?

I. Revision

Hinsichtlich der Möglichkeit einer Anfechtung der Verurteilung mit dem Rechtsmittel der Revision ergibt sich keine Änderung. Eine Fortsetzung des Revisionsverfahrens ist nach dem Tod des A nicht mehr möglich.

II. Wiederaufnahme des Verfahrens

Hinsichtlich der Möglichkeit eines Wiederaufnahmeverfahrens ergäbe sich gegenüber der Frage 1 zugrunde liegenden Situation eine Änderung, wenn die Verurteilung des A vor seinem Tod rechtskräftig geworden wäre. Dann wäre § 361 StPO direkt anwendbar und M könnte einen Antrag auf posthume Wiederaufnahme des Verfahrens stellen. Für einen Eintritt der Rechtskraft vor dem Tod des A spricht der Umstand, dass A seine Revision nicht ordnungsgemäß begründet hatte und die Revisionsbegründungsfrist abgelaufen war, bevor er verstarb. Nach Ablauf der Revisionsbegründungsfrist hatte A nicht mehr die Möglichkeit, die Zulässigkeit seiner Revision durch Nachholung der Revisionsbegründung herzustellen. Deshalb scheint mit Erreichen des Endes der Begründungsfrist die Anfechtungsmöglichkeit endgültig weggefallen und das Urteil deshalb rechtskräftig geworden zu sein.[61] Dem steht jedoch entgegen, dass die Nichterfüllung der Begründungsobliegenheit des § 344 StPO nicht per se die endgültige Unzulässigkeit der Revision herbeiführt. Vielmehr bedarf es dazu noch eines Verwerfungsbeschlusses der Strafkammer, deren Urteil mit der Revision angefochten wurde, § 346 I StPO. Selbst dieser Beschluss führt noch nicht unmittelbar die Rechtskraft des angefochtenen Urteils herbei. Denn A hätte gemäß § 346 II 1 StPO noch das Recht, binnen einer Woche eine Entscheidung des Revisionsgerichts – also des BGH – zu beantragen. Rechtskraft träte erst mit dem ungenutzten Verstreichen der Wochenfrist oder mit der abschlägigen Entscheidung des Revisionsgerichts ein.[62]

61 Vgl. Gössel GS H. Kaufmann, 1986, 977 (985).

62 Meyer-Goßner/Schmitt/Schmitt § 346 Rn. 5.

Als A starb, war die Wochenfrist des § 346 II 1 StPO noch nicht verstrichen. Das Urteil der Strafkammer war also noch nicht rechtskräftig geworden. Die Stellung des Antrags auf Wiederaufnahme des Verfahrens ist deshalb nur auf der Grundlage analoger Anwendung des § 361 StPO möglich.

III. Ergebnis

M kann nach § 361 StPO iVm § 359 StPO einen Antrag auf Wiederaufnahme des Verfahrens stellen.

Strafprozessuale Zusatzfragen

Frage 1: Gegen T wird wegen versuchten Mordes Anklage vor dem Schwurgericht erhoben. Muss ihm ein Pflichtverteidiger bestellt werden, wenn er keinen Wahlverteidiger hat, wohl aber über genügend Geld verfügt, selbst einen zu beauftragen?

Lösung:

Gemäß § 141 I StPO wird dem Angeschuldigten, der noch keinen Verteidiger hat, im Zwischenverfahren ein Pflichtverteidiger bestellt, wenn ein Fall des § 140 I oder II StPO vorliegt. Hier ist wegen des Vorwurfs des versuchten Mordes Anklage beim Landgericht zu erheben (§ 74 II Nr. 3 GVG). Gemäß § 140 I Nr. 1 StPO muss T daher ein Pflichtverteidiger bestellt werden. Die notwendige Verteidigung folgt zudem aus § 140 I Nr. 2 StPO (Verbrechen gem. §§ 211, 22, 12 I StGB).

Bei der Pflichtverteidigerbestellung sind die Einkommens- und Vermögensverhältnisse des Beschuldigten bedeutungslos, denn mit dieser sichert der Rechtsstaat das staatliche Interesse an der Durchführung eines prozessordnungsgemäßen Strafverfahrens.[1]

Frage 2: In der Hauptverhandlung bestreitet der angeklagte T, dass er schon seit geraumer Zeit seinen Lebensunterhalt mit Raubüberfällen finanziert. Der Staatsanwalt S regt daher an, zum Beweis hierüber
a) das bei einer rechtmäßigen Durchsuchung der Wohnung des T beschlagnahmte und von diesem als „Tagebuch" bezeichnete Heft, in dem er ausschließlich über seine Einnahmequellen der letzten zwei Jahre Buch geführt hat, zu verlesen und
b) den Mithäftling und Zellengenossen M, dem T in der Untersuchungshaft ausführlich von seinem Vorleben berichtet hat, als Zeugen zu vernehmen.
Der Verteidiger V des T widerspricht dem, weil ein Tagebuch nicht als Beweismittel herangezogen werden dürfe und weil M von der Polizei gezielt als „Spion" auf die Zelle des T verlegt worden sei, um T nachdem er ihm absolute Verschwiegenheit zugesichert und sein Vertrauen erschlichen habe, die Schilderung seiner Vortaten zu entlocken. Das bestreiten M, Polizei und Staatsanwaltschaft durchaus glaubhaft. Gleichwohl schließt die Strafkammer die Richtigkeit der Behauptung des V nicht aus, da M nachweislich schon einmal in anderer Sache in der von V geschilderten Weise eingesetzt worden war. Weitere Ansätze, die näheren Umstände der Angaben des T gegenüber M aufzuklären, sind nicht gegeben, weshalb Restzweifel verbleiben.
Prüfen Sie, ob die Strafkammer den Beweisanregungen des S Folge zu leisten hat.

Lösung:

Die Strafkammer darf den Beweisanregungen[2] des S nur Folge leisten, wenn die zu erhebenden Beweise keinem Beweisverwertungsverbot unterliegen.

1 BVerfG NJW 1984, 113; Meyer-Goßner/Schmitt/Schmitt § 140 Rn. 1.
2 **Hinweis:** Es handelt sich nicht um Beweisanträge, sondern nur um Beweisanregungen, über die das Gericht im Rahmen seiner Aufklärungspflicht (§ 244 II StPO) entscheidet, s. Beulke/Swoboda StrafProzR Rn. 435.

a) Verwertung des „Tagebuchs"

Ein Beweisverwertungsverbot hinsichtlich des Tagebuches könnte sich aus einem Beweiserhebungsverbot in Form eines Beschlagnahmeverbotes ergeben. Zwar führt nicht jedes Erhebungsverbot zu einem Verwertungsverbot, jedoch ist anerkannt, dass ein Erhebungsverbot ein Verwertungsverbot häufig nach sich zieht (sog. unselbstständiges Beweisverwertungsverbot) und auch nicht von dessen ausdrücklicher Normierung abhängt.[3] Entscheidend ist eine Bewertung des Einzelfalls, in der Kriterien wie der Schutzzweck der verletzten Beweiserhebungsnorm[4] und eine Abwägung des staatlichen Interesses an der Strafverfolgung gegen das Individualinteresse des Bürgers auf Wahrung seiner Rechte unter Einbeziehung des Gewichts des Verfahrensverstoßes und der Schwere des Delikts berücksichtigt werden können.[5]

Fraglich ist zunächst, ob bezüglich des Tagebuches ein Beschlagnahmeverbot bestand. Grundsätzlich unterliegen Gegenstände, die als Beweismittel für die strafrechtliche Untersuchung von Bedeutung sein können, der Beschlagnahme nach § 94 I, II StPO. Aus § 97 I StPO ergeben sich Beschlagnahmeverbote, die an bestehende Zeugnisverweigerungsrechte anknüpfen. Die Beschlagnahme eines Tagebuches fällt jedoch nicht unter ein solches ausdrückliches Verbot. Ein Verbot könnte sich aber aus Art. 1 I, Art. 2 I GG ergeben. Denn obwohl nach dem Untersuchungsgrundsatz eine umfassende Sachverhaltsaufklärung durch alle erreichbaren Beweismittel erforderlich ist (§ 244 II StPO), darf die Wahrheitserforschung im Rechtsstaat nicht um jeden Preis betrieben werden.[6] Tagebuchaufzeichnungen sind meist intimer Art und zur Kenntnis anderer Personen nicht bestimmt. Insofern kann die Persönlichkeitssphäre des Tagebuchführenden betroffen sein.

Es werden verschiedene Ansätze vertreten, um zu klären, ob sich aus der Beeinträchtigung der Persönlichkeitssphäre des Betroffenen ein Verbot der Beschlagnahme und Verwertung von Tagebüchern ergibt:[7]

Nach der sog. Drei-Sphären-Theorie[8] ist zum Schutz des Beschuldigten vor strafverfahrensrechtlichen Eingriffen in Art. 2 I, Art. 1 I GG zwischen drei Sphären der Persönlichkeit zu unterscheiden. Der Sozialbereich erfasst Aufzeichnungen über Geschäftsgespräche, sonstige äußere Ereignisse oder Ähnliches. Dieser genieße keinen besonderen Schutz, da die Ereignisse im offenen Kommunikationsraum stattfänden und daher nicht den inneren Bereich der Persönlichkeit des Betroffenen berührten. Die Privatsphäre betrifft Aufzeichnungen über private Gespräche oder Ereignisse. Diese dürften nur beschlagnahmt und verwertet werden, wenn eine Gesamtabwägung dazu führe, dass die Rechte aus Art. 2 I, Art. 1 I GG hinter dem Interesse der Allgemeinheit an einer funktionsfähigen Strafrechtspflege zurückstehen müssten. Als dritte Sphäre erfasst die Intimsphäre das Intimleben als solches und innere Vorgänge des Aufzeichnenden. Dieser Bereich sei jedem staatlichen Eingriff entzogen und inso-

3 Beulke/Swoboda StrafProzR Rn. 457.

4 So BGHSt 46, 189 (195) = NJW 2001, 528; Rudolphi MDR 1970, 93 (97 ff.).

5 So die sog. Abwägungslehre, BGHSt 47, 172 (179 f.) = NJW 2002, 975; BGHSt 38, 214 (221 ff.) = NJW 1992, 1463; s. auch Beulke/Swoboda StrafProzR Rn. 458.

6 BGHSt 38, 372 (374) = NJW 1993, 338.

7 S. Ellbogen NStZ 2001, 460 ff.

8 BVerfGE 80, 367 (373 ff.) = NJW 1990, 563; BGHSt 34, 397 ff. = NJW 1988, 1037; BGHSt 19, 325 ff. = NJW 1964, 1139.

fern auch keiner Abwägung zugänglich. Er gehöre zum unantastbaren Bereich privater Lebensführung.

Im vorliegenden Fall bezeichnete T seine Aufzeichnungen zwar als „Tagebuch", nutzt es allerdings nur, um genau über in Frage stehende Geschäfte – mithin äußere Ereignisse – Buch zu führen. Damit enthält das Tagebuch inhaltlich lediglich Aufzeichnungen über seinen Sozialbereich, der keinem besonderen Schutz unterliegt. Die reine Deklarierung als „Tagebuch" kann wegen Missbrauchsgefahren zu keinem anderen Ergebnis führen.[9] Der Intimbereich des T ist nicht berührt. Die Anwendung dieses Ansatzes führt also nicht zu einem Beschlagnahmeverbot und damit auch nicht zu einem daraus resultierenden Beweisverwertungsverbot.

Ein weiterer Ansatz unterscheidet nicht zwischen unterschiedlichen Sphären und betont, dass die Menschenwürde nach Art. 1 I GG einer Abwägung nicht zugänglich sei.[10] Höchstpersönliche Aufzeichnungen seien daher im Strafverfahren unverwertbar. Hierzu seien auch Aufzeichnungen über den Ablauf begangener Straftaten zu zählen. Die ausdrückliche Einbeziehung von Aufzeichnungen über Straftaten in den geschützten Bereich lässt hiernach im vorliegenden Fall möglicherweise Zweifel aufkommen, ob das „Tagebuch" des T beschlagnahmt und verwertet werden darf, enthält es doch vor allem Aufzeichnungen über geplante bzw. dann begangene Straftaten. Allerdings verzichtet auch dieser Ansatz nicht auf den Aspekt, dass es sich um höchstpersönliche Aufzeichnungen handeln muss. Ein Bezug zum höchstpersönlichen Bereich des T ist hier jedoch nicht festzustellen. Die Aufzeichnungen stellen lediglich eine Buchführung dar. Durch eine Beschlagnahme dieser Aufzeichnungen wird die Menschenwürde nicht angetastet. Mithin führt auch dieser Ansatz nicht zu einem Beweiserhebungs- und auch nicht zu einem Beweisverwertungsverbot.

Nach einem weiteren Ansatz ist nicht auf die Art. 2 I, Art. 1 I GG abzustellen, sondern auf die Gewissensfreiheit nach Art. 4 GG.[11] Ein Beschlagnahme- und Verwertungsverbot sei anzunehmen, wenn und soweit die Aufzeichnungen Ausdruck eines Gewissenskonfliktes seien. Auch hier lässt sich jedoch darauf verweisen, dass es sich bei den Aufzeichnungen des T lediglich um Dokumentationen handelt. Gewissensfragen werden hierin nicht erörtert. Demnach kommt auch dieser Ansatz zu keinem anderen Ergebnis.

Ergebnis:

Die zur umfassenden Sachaufklärung verpflichtete Strafkammer hat daher das beschlagnahmte Tagebuch des T als Beweismittel zuzulassen, mithin der Beweisanregung des S zu folgen.

b) Vernehmung des Mithäftlings M als Zeuge

aa) Zunächst sollte geklärt werden, ob M – unterstellt er ist tatsächlich gezielt von der Polizei als „Spion" eingesetzt worden – vernommen werden dürfte. Die Aussagen des M könnten dann möglicherweise aufgrund des Beweisverwertungsverbotes nach § 136a III 2 StPO wegen eines Verstoßes gegen § 136a I StPO nicht verwertbar sein. § 136a StPO verbietet bestimmte Vernehmungsmethoden, welche die Freiheit der

9 Beulke/Swoboda StrafProzR Rn 473.
10 Wolter GS Meyer, 1990, 493 (506 ff.).
11 Amelung NJW 1990, 1753 (1758 f.); Lorenz JR 1994, 430 (432).

Willensentschließung und der Willensbetätigung des Beschuldigten beeinträchtigen könnten. Da die Verbote lediglich für „Vernehmungen" gelten, muss zunächst festgestellt werden, ob es sich hier um eine Vernehmungssituation zwischen M und T handelte. Grundsätzlich fallen unter den Vernehmungsbegriff nur solche Befragungen, die von einem Staatsorgan in amtlicher Funktion mit dem Ziel der Gewinnung einer Aussage durchgeführt werden.[12] Folglich werden davon nicht Privatpersonen erfasst, die ohne amtlichen Auftrag recherchieren. Handelt es sich bei dem Privaten jedoch um einen Beauftragten der Strafverfolgungsorgane, so ist diese Situation einer Vernehmung gleichzustellen, so dass auch dem Verwertungsverbot nach § 136a III 2 StPO Geltung zukommt. § 136a StPO darf nicht dadurch umgangen werden, dass Privatpersonen in die polizeilichen Ermittlungen eingeschaltet werden.[13] Im vorliegenden Fall ist M – unterstellt er wurde gezielt auf die Zelle des T verlegt, um diesen auszuhorchen – als eine solche Art Werkzeug eingesetzt worden. Demnach ist § 136a StPO hier anwendbar.

Deshalb könnte ein verbotener Fall der Täuschung iSd § 136a I 6. Var. StPO vorliegen. Dazu muss das verbotene bewusst wahrheitswidrige Vorspiegeln von der erlaubten kriminalistischen List abgegrenzt werden. M hat bewusst dem T seine Verschwiegenheit vorgespiegelt, um ihm ein Geständnis zu entlocken. Es handelt sich dabei um eine Täuschung, die dem Staat wegen der gezielten „Verwendung" des M zugerechnet werden muss.[14] Die Schilderungen, die M dem T entlockt hat, beruhen demnach auf einer verbotenen Vernehmungsmethode und unterliegen damit dem absoluten Beweisverwertungsverbot nach § 136a III StPO. Unterstellt man also, dass M gezielt als „Spion" auf die Zelle des T gelegt wurde, so dürfte M wegen des Verwertungsverbotes nach § 136a StPO nicht vernommen werden.

bb) Es stellt sich dann aber die Frage, ob dieses Vernehmungsverbot auch gilt, wenn nicht aufgeklärt werden kann, ob M tatsächlich gezielt auf die Zelle des T verlegt wurde, um P auszuhorchen. Unklar ist also, ob die verbotene Vernehmungsmethode tatsächlich dem Staat zugerechnet werden muss. Würde man hierauf den Grundsatz in dubio pro reo anwenden, müsste die Vernehmung unterbleiben.

Überwiegend wird verlangt, dass der Beschuldigte vollen Nachweis über die Anwendung einer verbotenen Vernehmungsmethode zu erbringen hat. Der In-dubio-pro-reo-Grundsatz gelte hierfür nicht.[15] M könnte nach dieser Ansicht vernommen werden, da die Verwendung einer verbotenen Vernehmungsmethode nicht feststeht.

Diesen Grundsatz relativierend wird zT gefordert, an den Nachweis keine zu hohen Anforderungen zu stellen und Zweifel an der Rechtmäßigkeit der Vernehmungsmethode ausreichen zu lassen.[16] Hierfür spricht, dass es in vielen Fällen für den Beschuldigten nur schwer möglich sein wird, den Nachweis zu führen. Im vorliegenden Fall ist gerichtsbekannt, dass M schon einmal als Spion eingesetzt wurde. Das dürfte in Verbindung mit der Behauptung des V genügen, hinreichende Zweifel zu begründen.

---

12 Formeller Vernehmungsbegriff, BGHSt 42, 139 (145) = NJW 1996, 2940; Ellbogen, Die verdeckte Ermittlungstätigkeit, 2004, S. 86 f.; zum materiell orientierten Vernehmungsbegriff s. zB Dencker StV 1994, 667 (674).

13 BGHSt 34, 362 (363 f.) = NJW 1987, 2525; Beulke/Swoboda StrafProzR Rn. 146.

14 S. BGHSt 34, 362 = NJW 1987, 2525, der jedoch aufgrund der Untersuchungshaftsituation „verbotenen Zwang" iSd § 136a I 2 StPO annimmt.

15 So BGHSt 16, 164 (167) = NJW 1961, 1979.

16 Beulke/Swoboda StrafProzR Rn. 143.

Eine weitere Ansicht betont die Bedeutung der freien Willensentschließung des aussagenden Beschuldigten und plädiert daher im Sinne der Rechtsstaatlichkeit für eine uneingeschränkte Anwendung des In-dubio-pro-reo-Grundsatzes.[17] M dürfte danach nicht vernommen werden, da in dubio pro reo angenommen werden müsste, dass T unrechtmäßig vernommen wurde.

Ergebnis:

Die Entscheidung der Strafkammer hängt davon ab, ob in dubio pro reo eine verbotene Vernehmungsmethode und damit ein Beweisverwertungsverbot anzunehmen ist oder nicht. In ersterem Fall darf M nicht vernommen werden, in letzterem kann er gehört und seine Aussage verwertet werden.

Frage 3: T drang am 19.7.2023 gegen 2:30 Uhr in das Haus des O ein, um dort eine Riemenschneider-Skulptur im Wert von mehr als 400.000 EUR zu entwenden. Um in die Wohnung zu gelangen, schlug er im Erdgeschoss des Hauses ein Fenster ein. Im Obergeschoss traf er auf O, der durch die Geräusche aufgewacht war und sich vor seine Skulptur stellte. T zwang den O mittels massiver Schläge mit einem Totschläger, zur Seite zu treten und die Wegnahme zu dulden. O erlitt eine Platzwunde am Kopf, die genäht werden musste und in der Folgezeit komplikationslos verheilte. T verlud die Skulptur in sein Auto und flüchtete vom Tatort. Etwa 20 Minuten später und ca. 7 Kilometer entfernt überfuhr er an einer Kreuzung das Rotlicht einer Ampel. Zu einer Kollision mit dem Pkw des P kam es nur deshalb nicht, weil dieser dem T gerade noch ausweichen konnte.
a) Was muss die StA am Ende des Ermittlungsverfahrens tun, um eine Verurteilung des Beschuldigten herbeizuführen?
b) Was müsste die StA tun, wenn nach dem Ergebnis ihrer Ermittlungen kein Tatverdacht gegen den Beschuldigten mehr besteht?
c) Welches Gericht wäre für das Verfahren gegen T zuständig und wo ist dessen sachliche Zuständigkeit geregelt?

Lösung:

a) Gemäß § 170 I StPO erhebt die StA öffentliche Klage, wenn die Ermittlungen hierfür genügenden Anlass geben. Dies setzt einen hinreichenden Tatverdacht iSd § 203 StPO voraus. Dieser ist gegeben, wenn bei vorläufiger Tatbewertung eine Verurteilung wahrscheinlich ist.[18] Die StA muss daher, um eine Verurteilung des T herbeizuführen, beim zuständigen Gericht eine Anklageschrift einreichen.

b) Bieten die Ermittlungen gegen den Beschuldigten keinen hinreichenden Tatverdacht iSd § 203 StPO, so stellt die StA gem. § 170 II StPO das Verfahren ein. Eine solche Einstellung kann aus unterschiedlichen Gründen erfolgen – weil der Beschuldigte keinen Straftatbestand verwirklicht hat, Verfahrenshindernisse bestehen oder Verfahrensvoraussetzungen fehlen. Eine Einstellung nach § 170 II StPO führt zu keinem Strafklageverbrauch und das Verfahren kann jederzeit wiederaufgenommen werden.[19]

c) T hat hier §§ 249, 250, 315c, 53 StGB verwirklicht. Angesichts der zu erwartenden Strafe (vgl. § 24 I Nr. 2 GVG) ist daher nach § 74 I GVG eine Große Strafkammer des Landgerichts für das Verfahren gegen T zuständig.

17 Roxin/Schünemann StrafVerfR § 15 Rn. 40.
18 Meyer-Goßner/Schmitt/Schmitt § 203 Rn. 2.
19 BGH NJW 2011, 2310 (2311).

Frage 4: Nach Beginn der Hauptverhandlung vor dem LG gegen den Angeklagten A lehnt dessen Verteidiger V den Vorsitzenden Richter R ab; dabei hält er die formellen Vorgaben der StPO ein. R ist der Bruder des verstorbenen Tatopfers M. Darf R weiterhin die Verhandlung gegen A führen?
B hat in der Zeitung vom Verfahren gegen A gelesen und möchte der Verhandlung beiwohnen. Darf er das?

Lösung:

R ist gem. § 22 Nr. 3 StPO kraft Gesetzes von der Ausübung des Richteramtes gegenüber A ausgeschlossen und darf daher nicht weiter an der Verhandlung gegen A teilnehmen.[20] Das Verfahren der Entscheidung über den Ablehnungsantrag regelt § 27 II StPO. Das Strafverfahren muss im Anschluss vor der gleichen Strafkammer des Landgerichts, unter Ausschluss des R, neu beginnen. Die Besetzung der Strafkammer regelt insoweit § 21f GVG. Die weitere Mitwirkung des R würde einen absoluten Revisionsgrund gem. § 338 Nr. 2 StPO darstellen.

Gemäß § 169 I 1 GVG sind Gerichtsverhandlungen grundsätzlich öffentlich. Gemäß § 48 JGG gilt dies aber nicht bei Verfahren gegenüber Jugendlichen. Weitere Ausnahmen finden sich zudem in den §§ 171a ff. GVG. Außerdem wird die Öffentlichkeit durch die räumlichen und örtlichen Verhältnisse im Gerichtsgebäude begrenzt. Findet die Hauptverhandlung (teilweise) in bzw. auf einem Privatgebäude oder Privatgrundstück statt, muss zudem das fremde Hausrecht beachtet werden.[21] Hier darf B grundsätzlich an der Verhandlung teilnehmen.

Frage 5: A, B und D treffen sich in der Wohnung der M, um miteinander zu trinken. Nach einem heftigen Streit mit B, sticht A mit einem Steakmesser mit einer Klingenlänge von 12 cm mehrfach von hinten in den Oberkörper der B, weil er sie tot sehen will. Er versetzt der B noch sieben weitere Stiche in Hals, Brust und Rücken, bevor er von D weggezogen werden kann. Daraufhin sticht A mehrfach mit dem Messer nach dem D, um ihn durch eine Verletzung von einer weiteren Intervention zum Schutze der B abzuhalten; töten will er den D nicht. D kann den Messerstichen zunächst noch ausweichen. Als A aber ein weiteres Mal mit dem Messer auf ihn losstürmt, gerät D in Panik und befürchtet nun, dass A ihn als Tatzeugen töten wolle. Weil der Ausgang aus der Küche jedoch durch A blockiert wird, sieht D keine andere Fluchtmöglichkeit, als aus dem offenstehenden Küchenfenster vom ersten Stockwerk in den Vorgarten des Hauses zu springen, wobei er davon ausgeht, dass er den Sprung aus einer Höhe von drei bis vier Metern mit leichteren Verletzungen überstehen werde. In der Hektik des Geschehens rutscht D indes auf dem Fensterbrett aus, stürzt ab, schlägt mit dem Kopf auf dem Boden auf und verstirbt augenblicklich.
A verlässt nunmehr die Wohnung, wobei er erkennt, dass B ohne medizinische Hilfe sterben wird. Als M wenig später nach Hause kommt, wo sie im Vorgarten den D tot und in der Küche die B schwer verletzt auffindet, kann ihr die B noch mitteilen „A war's", bevor sie infolge ihrer Verletzungen das Bewusstsein verliert. Der nunmehr von M umgehend verständigte Notarzt lässt die schwer verletzte B ins Krankenhaus bringen, wo sie nur durch eine sofortige Notoperation gerettet werden kann.

20 S. auch Ellbogen/Schneider JR 2012, 188 ff.
21 Vgl. Meyer-Goßner/Schmitt/Schmitt GVG § 169 Rn. 5.

Nach der Operation versetzen die Ärzte B in ein künstliches Koma und verlegen sie auf die Intensivstation. Dort wird sie permanent überwacht. Für die B ist auf der Intensivstation vorrangig die Krankenschwester T verantwortlich, die mehrmals in der Stunde nach ihr sieht und, unterstützt durch technische Geräte, den Gesundheitszustand der B überwacht. Im Falle einer Verschlechterung des Gesundheitszustandes wird akustischer Alarm ausgelöst, so dass ihr innerhalb von wenigen Sekunden geholfen werden kann. Nach seiner Flucht hält A sich in den folgenden Tagen versteckt, weil er davon ausgeht, dass B zwischenzeitlich eine Aussage gegenüber der Polizei gemacht hat. Den Bemühungen der Polizei, ihn als mutmaßlichen Täter zu fassen, kann er sich so entziehen. Aus Furcht vor einer eventuellen Verurteilung beschließt er, in das Krankenhaus zu fahren, um „die Sache zu Ende" zu bringen. Da er aus dem Radio erfahren hat, dass D tot ist, beabsichtigt er, durch die Tötung der B die maßgebliche Belastungszeugin zu beseitigen. A weiß, dass B auf der Intensivstation durch Pflegepersonal besonders betreut wird. Deshalb zieht er sich einen weißen Arztkittel an und schleicht sich am Pflegepersonal der Intensivstation vorbei in das Zimmer der B. Dort durchtrennt er mit einem mitgeführten Messer die Schläuche für die künstliche Beatmung der B und unterdrückt manuell den akustischen Alarm. B verstirbt in Folge der Unterbrechung der künstlichen Beatmung. A kann durch Zufall in der Nähe des Krankenhauses von einer Polizeistreife gefasst werden. Bei einer ordnungsgemäßen Durchsuchung seiner Wohnung wird ein Kleidungsstück des A entdeckt und beschlagnahmt, auf dem sich Blut der B befindet.
Kann gegen A ein Haftbefehl ergehen?

Lösung:

Die Voraussetzungen der Untersuchungshaft sind in § 112 StPO geregelt. Danach setzt der Erlass eines Haftbefehls den dringenden Verdacht einer Straftat und einen Haftgrund voraus. Ferner darf die Verhängung der Untersuchungshaft nicht unverhältnismäßig sein.

a) Dringender Tatverdacht

Vorliegend ist A zumindest des versuchten Mordes an B dringend verdächtig. Ein dringender Tatverdacht liegt vor, wenn nach dem aktuellen Stand der Ermittlungen die hohe Wahrscheinlichkeit besteht, dass der Beschuldigte Täter oder Teilnehmer einer strafbaren Handlung ist. Jener Verdacht ergibt sich aus der Äußerung der B gegenüber ihrer Mutter M „Der A war's" und dem Auffinden eines Kleidungsstücks in der Wohnung des A, auf dem sich Blut der B befindet.

b) Haftgrund

Vorliegend ist der Haftgrund der Flucht (§ 112 II Nr. 1 StPO) gegeben, da A sich nach der Tat verborgen hielt. Allein die Tatsache, dass A eines versuchten Mordes dringend verdächtig ist, begründet allerdings entgegen dem Wortlaut des § 112 III StPO noch keinen Haftgrund. Die Vorschrift ist vielmehr verfassungskonform dahingehend auszulegen, dass zusätzlich zu den in ihr genannten Katalogtaten eine Flucht- oder Verdunkelungsgefahr vorliegen muss. Allerdings sind bei Vorliegen einer Katalogtat die Anforderungen an den Nachweis des Haftgrundes geringer.[22]

22 Vgl. Meyer-Goßner/Schmitt/Schmitt § 112 Rn. 37 f.

c) Keine Unverhältnismäßigkeit

Die Verhängung von Untersuchungshaft steht nicht außer Verhältnis zur Bedeutung der dem A vorgeworfenen Straftat und der zu erwartenden Strafe.

d) Ergebnis

Gegen A kann ein Haftbefehl ergehen.

Frage 6: A hat den B beraubt und hiervon beim Abendbrot seiner Ehefrau E erzählt. Dabei bezeichnete A den B wiederholt als „Penner", „Idioten" und „Affen". E war über das Benehmen des A sehr empört, wagte aber nicht, ihrem Ehemann Vorwürfe zu machen. Stattdessen zog sie sich in die Küche zurück und rief die Polizei an. Dort meldete sich der Polizeibeamte P. Bevor P der E auch nur eine Frage stellen konnte, hatte diese ihm schon ihren Namen, den Namen ihres Ehemannes, ihre Adresse sowie den Tathergang, den A ihr beschrieben hatte, mitgeteilt. Als P nach dem ersten Luftholen der E beginnen wollte, der E noch einige Fragen zu stellen, brach diese das Telefongespräch plötzlich ab, weil A gerade die Küche betreten hatte. Kurz vor dem Anruf der E war B auf der Polizeiinspektion erschienen und hatte die Strafanzeige gegen A erstattet. P konnte daher den Anruf der E sogleich diesem Vorgang zuordnen. Die Staatsanwaltschaft leitete daraufhin ein Ermittlungsverfahren gegen A ein.
Der Staatsanwalt wollte in dem Ermittlungsverfahren gegen A die E als Zeugin vernehmen. Diese machte jedoch nach ordnungsgemäßer Belehrung von ihrem Zeugnisverweigerungsrecht Gebrauch. Auch in der Hauptverhandlung, zu der E als Zeugin geladen wurde, berief sie sich auf ihr Zeugnisverweigerungsrecht. Daraufhin vernahm der Richter R den P als Zeugen über das Telefongespräch, das er mit E geführt hatte. Der Verteidiger des A wandte dagegen ein, P dürfe gar nicht über das Telefongespräch vernommen werden. Am Ende der Hauptverhandlung wurde A zu einer Freiheitsstrafe verurteilt. R stützte seine Überzeugung von der Schuld des A maßgeblich auf die Aussage des P.
Bestehen gegen die Vernehmung und Verwertung der Aussage des P rechtliche Bedenken?

Lösung:

Zunächst bestehen keine rechtlichen Bedenken bzgl. der Vernehmung und Verwertung der Aussage des P im Hinblick auf § 250 StPO. Die Vernehmung des P verstößt nicht gegen den Unmittelbarkeitsgrundsatz. P wurde als Zeuge über seine eigenen Wahrnehmungen vernommen und es wurden nicht etwa frühere Erklärungen des P verlesen. Soweit die Bekundungen des P solche eines Zeugen vom Hörensagen sind, verletzt dies nicht den Unmittelbarkeitsgrundsatz.[23]

Die Vernehmung und Verwertung der Aussage des P könnte jedoch gegen das aus § 252 StPO folgende Verwertungsverbot verstoßen. Unmittelbar ordnet § 252 StPO aber nur ein Verlesungsverbot bzgl. früherer Zeugenaussagen an. Gemeint ist die Verlesung des Vernehmungsprotokolls, das auf der Grundlage einer Zeugenvernehmung vor der Hauptverhandlung angefertigt worden war. Ein Verbot, die Aussage eines Zeugen zu verwerten, der die frühere Aussage des in der Hauptverhandlung sein Zeugnisverweigerungsrecht ausübenden Zeugen wahrgenommen hatte, ist jedenfalls dem Wortlaut des § 252 StPO nicht zu entnehmen.

23 Meyer-Goßner/Schmitt/Schmitt § 250 Rn. 4.

Jedoch ist weitgehend anerkannt, dass der Wortlaut des § 252 StPO zu eng ist und hinter dem Schutzzweck, der der Vorschrift zugrunde liegt, zurückbleibt.[24] § 252 StPO will dem Zeugen die Möglichkeit verschaffen, sein Zeugnisverweigerungsrecht in der Hauptverhandlung noch effektiv auszuüben, nachdem und obwohl er vor der Hauptverhandlung – unter Verzicht auf das Verweigerungsrecht – schon eine Aussage gemacht hatte. Um diesen Zweck nicht zu vereiteln, sind grundsätzlich alle Arten der Einführung einer früheren Aussage dieses Zeugen in die Hauptverhandlung unzulässig und ziehen ein Beweisverwertungsverbot nach sich. Das gilt insbesondere für den Rückgriff auf die frühere Zeugenaussage durch Vernehmung der Verhörsperson, der gegenüber der Zeuge seine frühere Aussage gemacht hatte.

Die Einführung der früheren Zeugenaussage durch Vernehmung eines Polizeibeamten, der an der früheren Zeugenvernehmung beteiligt gewesen ist, ist daher unzulässig bzw. stellt einen Verstoß gegen § 252 StPO dar.[25] Die Verwertung der Aussage des P würde daher gegen § 252 StPO verstoßen, wenn dessen Voraussetzungen tatsächlich vorliegen.

E müsste vor der Hauptverhandlung als Zeugin vernommen worden sein. Sie ist in dem Verfahren gegen A und in der Hauptverhandlung Zeugin. Als Ehefrau des Beschuldigten A hat E ein Zeugnisverweigerungsrecht gem. § 52 I Nr. 2 StPO.

Nach dem formellen Vernehmungsbegriff ist eine Vernehmung eine Befragung, die von einem Strafverfolgungsorgan in amtlicher Eigenschaft unter Offenlegung des strafprozessualen Kontextes durchgeführt wird.[26] Eine solche Vernehmung erfolgte hier nicht, da P gar keine Gelegenheit hatte, den Anruf der E zur Einleitung einer förmlichen Vernehmung zu nutzen. Zudem dürfte eine solche Vernehmung per Telefon auch kaum möglich sein. E hat ihre Bekundungen gegenüber P also nicht im Rahmen einer Vernehmung gemacht.

Es ist anerkannt, dass § 252 StPO auch auf Zeugenangaben im Rahmen sog. „vernehmungsähnlicher Situationen" anwendbar ist; dies gilt zB für „informatorische Befragungen".[27] Um eine solche handelt es sich hier aber nicht, weil die Initiative zu der Kommunikation von E ausging, P während der Dauer des Anrufs passiver Zuhörer blieb und keine Gelegenheit hatte, zu einer aktiven Befragung der E überzugehen.

Auf sog. „Spontanäußerungen", die der Zeuge „aus freien Stücken" gegenüber einem Strafverfolgungsorgan macht, soll § 252 StPO nach überwiegender Ansicht nicht anwendbar sein.[28] Hierfür spricht zunächst der Wortlaut des § 252 StPO; eine Spontanäußerung dürfte insoweit keine „Vernehmung" darstellen. Äußerungen von Angehörigen gegenüber Amtspersonen, die sie spontan und aus freien Stücken abgeben, seien wie Äußerungen gegenüber Privatpersonen verwertbar.[29] Eine Gegenmeinung, die sich insbesondere auf den Schutzzweck des § 252 StPO beruft, hält dagegen auch im Fall einer Spontanäußerung § 252 StPO für anwendbar.[30] Das Zeugnisverweigerungsrecht schützt die Rücksichtnahme des Zeugen auf eine zwischen ihm und dem Be-

24 Beulke/Swoboda StrafProzR Rn. 419.
25 Meyer-Goßner/Schmitt/Schmitt § 252 Rn. 13.
26 Beulke/Swoboda StrafProzR Rn. 115.
27 Meyer-Goßner/Schmitt/Schmitt § 252 Rn. 7.
28 Meyer-Goßner/Schmitt/Schmitt § 252 Rn. 8.
29 Vgl. OLG Saarbrücken NJW 2008, 1396 mwN.
30 Vgl. Beulke/Swoboda StrafProzR Rn. 420a mwN.

schuldigten bestehende besondere Beziehung; der Angehörige des Beschuldigten soll nicht gezwungen sein, im Strafverfahren als Zeuge auszusagen und damit möglicherweise zu Verurteilung und Bestrafung beizutragen.[31]

Bei dem Telefonanruf der E und ihren Angaben handelt es sich um eine Spontanäußerung, auf die nach hM § 252 StPO nicht anwendbar ist. Es liegt somit kein Verstoß gegen § 252 StPO vor. Rechtliche Bedenken gegen die Vernehmung und Verwertung der Aussage des P bestehen daher nicht. Mit der gut vertretbaren Gegenauffassung läge hingegen ein Verwertungsverbot aus § 252 StPO vor.

Hinweis: Zum Prüfungsstoff in der staatlichen Pflichtfachprüfung gehören nur die Grundzüge des Strafverfahrensrechts, wozu insbesondere das Beweisrecht zählt. Zu erwarten ist daher, dass bei der Lösung dieser Frage § 252 StPO zumindest gesehen und erkannt wird, dass eine Spontanäußerung vorliegt, die möglicherweise anders als eine (klassische) Vernehmung zu behandeln ist. Nicht erwartet wird, dass die Meinungsstreitigkeiten hierzu im Einzelnen dargelegt bzw. zwischen der Auffassung der Rechtsprechung und Literatur differenziert wird.

Frage 7: A bricht mittels eines Nachschlüssels in das Büro des E ein, um den dort befindlichen Tresor auszuräumen, in dem wie er weiß mehrere Goldbarren, größere Mengen Bargeld und persönlicher Schmuck aufbewahrt werden. Noch bevor er das im Tresor befindliche Vermögen in Höhe von ca. 45.000 EUR wahrnimmt, fällt sein Blick auf eine im Tresor lagernde und – wie er zutreffend erkennt – funktionsbereite sowie geladene Schusswaffe. Ohne die Waffe jedoch anzurühren oder weiter zu beachten, packt A die Goldbarren, den Schmuck und das gesamte Bargeld in eine eigens dafür mitgebrachte Sporttasche. Sodann begibt er sich nach Hause.

B erfährt von der Tat und ahnt sogleich, dass A die Wertsachen genommen haben muss. Um A für eine länger zurückliegende Kränkung zu bestrafen, versteckt B noch vor der polizeilichen Spurensicherung unbemerkt in dem Büro des E einen Schraubendreher mit Fingerabdrücken des A, die, wie B weiß, polizeilich registriert sind, damit A in Verdacht gerät und ein Strafverfahren gegen ihn eingeleitet wird. Den Schraubendreher, der im Eigentum des A steht, hatte B zuvor zu diesem Zweck aus dem unverschlossenen Geräteschuppen des A genommen. Die Polizei findet den Schraubendreher und stellt diesen sicher. Aufgrund der Fingerabdrücke ordnet sie den Schraubendreher dem A zu, schöpft deshalb auch Verdacht und ermittelt in der Folge gegen A.

Das Verhalten des A wird von der Staatsanwaltschaft als strafbar eingeschätzt. Sie möchte daher Anklage gegen A erheben. Wenngleich die Tat in der Presse keine besondere Erwähnung gefunden hat und A bislang nicht vorbestraft ist, beabsichtigt die Staatsanwaltschaft bei einer Straferwartung von unter vier Jahren, die Anklage wegen der ihrer Meinung nach aus der Höhe des erbeuteten Geldbetrages resultierenden „besonderen Bedeutung des Falles" beim Landgericht zu erheben.

a) An welche Strafkammer des Landgerichts müsste die Staatsanwaltschaft die Anklage richten?

b) Wie viele Richter (incl. Schöffen) müssen in diesem Verfahren dann in der Hauptverhandlung anwesend sein?

c) Dürfte während des Verfahrens ein Schöffe ausgetauscht werden?

31 Mitsch NStZ 2009, 287.

Lösung:

a) Die Staatsanwaltschaft müsste die Anklage gem. § 74 I 2 GVG an die große Strafkammer iSd § 76 I 1 GVG richten.[32]

b) Grundsätzlich besteht eine große Strafkammer gem. § 76 I GVG aus drei Berufsrichtern einschließlich des Vorsitzenden und zwei Schöffen. Unter den Voraussetzungen von § 76 II 3 GVG bleibt es bei dieser Besetzung, ansonsten beschließt die Kammer gem. § 76 II 4 GVG eine Besetzung mit zwei Berufsrichtern einschließlich des Vorsitzenden und zwei Schöffen.

c) Gemäß § 226 I StPO erfolgt die Hauptverhandlung in ununterbrochener Gegenwart der zur Urteilsfindung berufenen Personen. Hieraus folgt, dass die Richter, also auch die Schöffen, nicht wechseln dürfen. Erfolgt ein Wechsel, muss die gesamte Hauptverhandlung wiederholt werden. Eine Ausnahme bilden nur Ergänzungsrichter bzw. Ergänzungsschöffen iSd § 192 GVG. Diese dürfen für einen ausgefallenen Richter bzw. Schöffen eintreten, wenn sie an der Hauptverhandlung von Anfang an teilgenommen haben.

Frage 8: T hat den O in dessen Vorgarten mit einer Axt erschlagen. Anschließend hat er den Leichnam ins Haus gezerrt und dieses dann, um die Spuren der Tat zu verwischen, angezündet. Zufällig hat Z den ganzen Vorgang beobachtet und die Polizei gerufen. Die wenig später eintreffenden Polizeibeamten konnten den T aufgrund der genauen Personenbeschreibung des Z in der Nähe des Tatortes festnehmen.
Z ist 88 Jahre alt, schwer krank und hat nur noch eine geringe Lebenserwartung. Was kann die StA im Ermittlungsverfahren tun, um zu verhindern, dass in der Hauptverhandlung die Wahrnehmungen des Z nicht mehr zur Wahrheitsfindung zur Verfügung stehen, weil Z vor der Hauptverhandlung verstorben ist?

Lösung:

Die Staatsanwaltschaft sollte in dieser Situation Z bereits im Ermittlungsverfahren vernehmen. Verstirbt Z vor der Hauptverhandlung könnten seine Wahrnehmungen dann durch die Vernehmung der Verhörsperson als Zeugen vom Hörensagen in das Verfahren eingeführt werden. Zudem könnte das Vernehmungsprotokoll gem. § 251 I Nr. 2 StPO verlesen werden.

Auch wenn nach § 251 I StPO auch nichtrichterliche Vernehmungsprotokolle verlesen werden können, empfiehlt es sich eine ermittlungsrichterliche Vernehmung des Z herbeizuführen (§ 162 I StPO), weil die so gewonnenen Zeugenaussagen für das Verfahren „sicherer" sind.[33]

Frage 9: Beantworten Sie folgende Fragen zum strafprozessualen Beweisrecht:
a) Welche Beweismittel gibt es im Strafprozess?
b) Was unterscheidet den „Strengbeweis" vom „Freibeweis"?
c) Was ist ein „Beweisantrag"?

---

32 Kritisch gegenüber der hier praktizierten sog. beweglichen Zuständigkeit MüKoStPO/Ellbogen § 1 Rn. 10 ff.

33 Beulke/Swoboda StrafProzR Rn. 317.

Lösung:

a) Es gibt nach der StPO folgende Beweismittel:

- Zeugen (§§ 48 ff. StPO),
- Sachverständige (§§ 72 ff. StPO),
- Urkunden (§§ 249 ff. StPO),
- Augenschein (§ 86 StPO).

Die Angaben des Angeklagten gehören nicht zu den eigentlichen Beweismitteln (vgl. § 244 I StPO), da sie bei der richterlichen Beweiswürdigung aber Berücksichtigung finden, handelt es sich bei ihnen um ein Beweismittel im weiteren Sinne.[34]

b) Alle Tatsachen bzw. Umstände die für die Schuldklärung und Bestimmung der Rechtsfolgen wesentlich sind, müssen im Strengbeweisverfahren ermittelt werden, dh nur mit den unter a) genannten fünf gesetzlichen Beweismitteln.

Alle übrigen Prozessfragen können hingegen im Freibeweis aufgeklärt werden, dh der Richter kann jede Möglichkeit nutzen, um die Frage aufzuklären. Es genügt, dass er danach deren Vorliegen für glaubhaft, also für wahrscheinlich hält.[35]

c) Ein Beweisantrag ist das Begehren eines Prozessbeteiligten Beweis zu erheben, und zwar unter genauer Angabe der zu beweisenden Tatsache und des zu verwendenden Beweismittels, § 244 III 1 StPO. Ein Beweisantrag darf vom Gericht nur unter den Voraussetzungen der §§ 244 III–V, 245 II 2, 3 StPO abgelehnt werden.

Abzugrenzen ist der Beweisantrag vom Beweisermittlungsantrag und der Beweisanregung, mit denen ein Prozessbeteiligter lediglich verlangt bzw. vorschlägt, dass das Gericht in eine bestimmte Richtung ermittelt. Diese können ohne weitere Voraussetzungen abgelehnt werden, wenn das Gericht diese Ermittlungen nicht für erforderlich hält. Maßstab ist hier nur § 244 II StPO.[36]

Frage 10: T hat O auf offener Straße den Einkaufsbeutel entrissen und ist mit ihrer Beute nach Hause geeilt. In dem Beutel befinden sich auffällige Kleidungsstücke, die O gerade gekauft hatte. Da T zu Recht befürchtet, dass O sie erkannt hat, beschließt sie die Beute zunächst zu verstecken. Ihre Nachbarin N ist für einige Zeit verreist und hat ihr den Wohnungsschlüssel für Notfälle übergeben. T öffnet mit diesem Schlüssel die Wohnung der N und versteckt dort die Sachen.

Wenig später klingelt die Polizei bei T und eröffnet ihr die Beschuldigung der O, ihre Tasche, in der sich unter anderem Kleidungsstücke befunden hätten, weggenommen zu haben. Als die Beamten T einen richterlichen Durchsuchungsbeschluss präsentieren, lässt diese die Polizeibeamten herein. Die Tatbeute können die Beamten zwar nicht finden, sie können aber fünf hochwertige Parfüms sicherstellen, die noch originalverpackt sind und offensichtlich gestohlen wurden. Außerdem entdeckt ein Beamter den Wohnungsschlüssel der N und hat die Vermutung, dass sich in deren Wohnung – allerdings ohne ihr Wissen – die Tatbeute befindet.

a) Können die Parfümflaschen in einem Strafverfahren gegen T verwendet werden?

b) Besteht die Möglichkeit, in der Wohnung der N nach der Tatbeute zu suchen?

34 Beulke/Swoboda StrafProzR Rn. 179.

35 Beulke/Swoboda StrafProzR Rn. 180.

36 Vgl. Beulke/Swoboda StrafProzR Rn. 435.

Lösung:

a) Bei den Parfümflaschen handelt es sich um einen sog. Zufallsfund iSd § 108 StPO. Sie werden bei der Durchsuchung gem. § 108 I StPO einstweilen in Beschlag genommen, auch wenn sie nichts mit der Straftat zu tun haben, wegen derer die Durchsuchung angeordnet wurde.

Die StA muss hinsichtlich dieser Gegenstände ein weiteres Strafverfahren gegen T eröffnen. In diesem sind die Parfümflaschen dann als Beweismittel verwertbar.

b) Bei N handelt es sich um eine nicht tatverdächtige Person. Eine Durchsuchung bei ihr ist nur unter den Voraussetzungen von § 103 StPO zulässig. Dies setzt insbesondere voraus, dass bestimmte Tatsachen vorliegen, aus denen zu schließen ist, dass sich die Sachen in der Wohnung der N befinden. Bloße kriminalistische Erfahrungen genügen hierfür also nicht.[37]

Nach § 105 I 1 StPO dürfen Durchsuchungen nur durch den (Ermittlungs-) Richter, bei Gefahr im Verzug auch durch die Staatsanwaltschaft und ihre Ermittlungspersonen angeordnet werden. Gefahr im Verzug besteht, wenn die richterliche Anordnung der Maßnahme nicht eingeholt werden kann, ohne dass der Zweck der Durchsuchung dadurch gefährdet wird.[38] Derartige Umstände sind hier nicht ersichtlich. Zumindest eine telefonische Kontaktaufnahme mit dem zuständigen Ermittlungsrichter ist ohne die Gefahr des Beweismittelverlusts möglich. Sobald dieser einen Durchsuchungs- und Beschlagnahmebeschluss erlassen hat, darf hier die Wohnung der N nach der Tatbeute durchsucht werden.

Frage 11: T hat eine Straftat begangen und ist vor dem Amtsgericht angeklagt worden. Er bestreitet die Taten. Nachdem er zutreffend davon ausgeht, dass seine Beweisposition schlecht ist, beantragt er zum Beweis dafür, dass er nicht am Tatort war und daher die ihm zur Last gelegten Taten nicht begangen habe, die Einholung eines psychophysiologischen Sachverständigengutachtens mittels der Durchführung einer Untersuchung mit einem Polygraphen (sog. „Lügendetektor").
In seinem Antrag führt T aus, dass der Polygraph während der Untersuchung mittels sog. Sensoren Vorgänge seines Körpers wie Blutdruck, Herz- und Pulsfrequenz, Atemfrequenz und Muskelanspannung messen werde. Die Messungen durch den Polygraphen würden ergeben, dass bei ihm die für einen Täter typische starke innere Erregung bei der Beantwortung tatbezogener Fragen nicht gegeben sei. Dies werde dafür sprechen, dass er die Taten zu Recht bestreite. T hofft dabei, den Polygraphen zu überlisten. Das Gericht lehnt diesen Antrag jedoch durch einen formellen Beschluss ab. Dabei geht es zutreffend von der Annahme aus, dass es nach derzeitigem Forschungsstand (noch) nicht möglich ist, durch den Einsatz eines Lügendetektors zuverlässige und präzise Ergebnisse hinsichtlich der Schuld bzw. Unschuld des Untersuchten zu erzielen.
War die Ablehnung des Antrages auf Einholung des gewünschten Gutachtens rechtmäßig?

Lösung:

Bei dem Antrag des T könnte es sich um einen Beweisantrag handeln. Hierunter versteht man das Verlangen des Antragstellers, über eine bestimmte, die Schuld oder

37 Vgl. Meyer-Goßner/Schmitt/Schmitt § 103 Rn. 6.
38 Meyer-Goßner/Schmitt/Schmitt § 105 Rn. 2.

Rechtsfolgen der Tat betreffende Tatsachenbehauptung mit einem gesetzlich bestimmten Beweismittel Beweis zu erheben. Ein solcher Antrag, der sich auf ein genau bestimmtes Beweismittel des Strengbeweises – nämlich ein mittels eines Lügendetektors zu errichtendes Sachverständigengutachten – richtet, liegt vor. Es handelt sich bei dem Antrag des A somit auch nicht nur um eine bloße Anregung an das Gericht, bestimmte Tatsachen festzustellen, oder um einen bloßen Beweisermittlungsantrag, sondern tatsächlich um einen formellen Beweisantrag.

Zu prüfen ist daher, ob die Ablehnung des Beweisantrages im konkreten Falle rechtmäßig war. Nach § 244 II StPO hat das Gericht die Beweisaufnahme von Amts wegen auf alle Beweismittel zu erstrecken, die für die Entscheidung von Bedeutung sind (Untersuchungsgrundsatz). Das Gericht muss einem Beweisantrag grundsätzlich Folge leisten und darf ihn nur aus den gesetzlich in den §§ 244, 245 StPO genannten Gründen ablehnen. Die Ablehnung des Beweisantrages war also nur zulässig, wenn ein gesetzlicher Ablehnungsgrund vorlag. Dabei ist zwischen präsenten (zB ordnungsgemäß geladene und erschienene Zeugen und bereits herbeigeschaffte Beweise) und nicht präsenten Beweismitteln zu unterscheiden. Für letztere gilt § 244 III–V StPO, für präsente Beweismittel hingegen § 245 StPO. Das noch nicht erstellte Gutachten ist ein nicht präsentes Beweismittel.

In Betracht kommt hier eine Ablehnung des Beweisantrages nach § 244 III 3 Nr. 4 StPO. Hierzu müsste es sich beim Lügendetektor um ein völlig ungeeignetes Beweismittel handeln. Von der völligen Ungeeignetheit der Einholung eines Sachverständigengutachtens ist unter anderem auszugehen, wenn das Gutachten zu keinem verwertbaren Beweisergebnis führen kann. Nach der als zutreffend zu unterstellenden Annahme des Gerichts ist es nach dem derzeitigen Stand der Forschung in der Tat noch nicht möglich, durch die Verwendung eines Lügendetektors zuverlässige und präzise Ergebnisse über die Schuld bzw. Unschuld des Untersuchten zu erzielen. Der Antrag des A auf Feststellung seiner Unschuld mittels eines Lügendetektors ist daher auf ein Beweisergebnis ohne bestimmten Beweiswert gerichtet.

In einer früheren Entscheidung hat der BGH die Verwendung eines Lügendetektors als Verstoß gegen das Allgemeine Persönlichkeitsrecht aus Art. 2 I, Art. 1 I GG angesehen, da durch dieses Gerät unbewusste Körpervorgänge beim Untersuchten, die mit seinem Seelenzustand eng zusammenhängen, festgehalten würden.[39] Ein solcher Verstoß liegt aber nicht vor, wenn der Täter selbst in die Verwendung des Lügendetektors einwilligt. Auch der BGH hat diese früher vertretene Auffassung im Falle des Einverständnisses des Beschuldigten mit der Untersuchung inzwischen ausdrücklich aufgegeben und dabei auch eine unzulässige Beweiserhebung wegen eines Verstoßes gegen § 136a StPO oder den Nemo-tenetur-Grundsatz verneint.[40]

Die Ablehnung des Beweisantrages war daher gem. § 244 III 3 Nr. 4 StPO rechtmäßig.

39 BGHSt 5, 332 = NJW 1954, 649.
40 Ebenso BGHSt 44, 308 ff. = NJW 1999, 657.

Frage 12: Der italienische Staatsbürger T ist Kommandant des unter italienischer Flagge fahrenden Kreuzfahrtschiffes „Concordia“. Auf einer Kreuzfahrt Anfang Januar 2012 befiehlt er, um den Passagieren eine Freude zu machen, viel dichter als nach den geltenden Vorschriften zur Sicherung des Schiffsverkehrs erlaubt, was er auch weiß, an der italienischen Insel Giglio vorbeizufahren. Daraufhin rammt das sich in italienischen Gewässern befindliche Schiff, auf dem sich 4.000 Menschen befinden, mit der Backbordseite einen Felsen und schlägt Leck. Nunmehr wendet T das Schiff und fährt zurück zu der Insel, wobei das Schiff immer mehr Schlagseite bekommt und die Beleuchtung ausfällt. Im weiteren Verlauf der Ereignisse kommen 30 Passagiere, darunter sechs Deutsche, durch den Wassereintritt im Innern des Schiffs ums Leben; den übrigen Passagieren geschieht nichts.
Die ermittelnde Staatsanwältin hält das Verhalten des T für ein strafbares Verbrechen (§ 12 I und III StGB), möchte aber dennoch das Ermittlungsverfahren einstellen, weil der Aufwand für die Ermittlungen im Ausland in keinem Verhältnis stehe. Zudem ist sie sowieso der Auffassung, T sei durch den Verlust seines Jobs, die negative Medienberichterstattung und die zivilrechtliche Klage der Reederei auf Ersatz der Bergungs- und Reparaturkosten schon „genug gestraft“.
Welche strafprozessualen Möglichkeiten stehen der ermittelnden Staatsanwältin insoweit zur Verfügung?

Lösung:

Die Staatsanwaltschaft ist grundsätzlich verpflichtet, wegen aller verfolgbarer Taten einzuschreiten, § 152 II StPO (sog. Legalitätsprinzip).

Ein Absehen von der Verfolgung gem. §§ 153, 153a StGB kommt ausweislich des Gesetzeswortlautes nur bei Vergehen in Betracht.

Gem. § 153b I StPO kann mit Zustimmung des für die Hauptverhandlung zuständigen Gerichts von der Erhebung der öffentlichen Klage abgesehen werden, wenn die Voraussetzungen, unter denen das Gericht von Strafe absehen könnte, vorliegen.

Nach § 60 S. 1 StGB muss das Gericht von Strafe absehen, wenn die Folgen der Tat, die den Täter getroffen haben, so schwer sind, dass die Verhängung einer Strafe offensichtlich verfehlt wäre.

Ein Absehen nach § 60 S. 1 StGB ist gem. § 60 S. 2 StGB jedoch dann nicht möglich, wenn der Täter für die Tat eine Freiheitsstrafe von mehr als einem Jahr verwirkt hat. Dabei ist es für die Anwendung von § 60 S. 2 StGB grundsätzlich gleichgültig, ob ein Verbrechen oder ein Vergehen vorliegt, sondern ausschließlich maßgeblich, ob eine höhere Freiheitsstrafe als ein Jahr verhängt werden müsste.[41] Bei einem strafbaren Verbrechen gem. §§ 212, 13 StGB wäre daher ohne Hinzutreten weiterer Strafrahmenverschiebungen eine Anwendung von § 60 S. 1 StGB von vornherein gem. § 60 S. 2 StGB ausgeschlossen.

Ein Absehen von der Verfolgung ermöglicht daher hier eher § 153c I Nr. 1 StPO (s. auch II und 3) unter dem Aspekt der „Auslandstat“. Das Absehen von der Verfolgung unterliegt dem Opportunitätsprinzip („kann“).

41 Schönke/Schröder/Kinzig StGB § 60 Rn. 10.

Sachverzeichnis

Die fettgedruckte Zahl bezieht sich auf den Fall, die magere Zahl auf die Seitenangabe.